本书编写委员会

主　任

丁化美

副主任

顾　雷　李可书　郑　杰

编委

（按姓氏笔画排列）

丁化美　于　丽　吕益民　李可书　陈宗胜
郑　杰　皇甫文圣　顾　雷　戴　兵

执行编委

于　丽　赵俪缇

编写人员

（按姓氏笔画排列）

第一章

卜敏慧　于　丽　王滨娜　王　璇　朱介南
任　欢　孙　越　张　贺　郑　杰

第二章

王　东　王　璇　仲如见　孙　越　杨立鹏
汪早波　栾　奕　高胜斌　章鸿飞　韩志莹
戴　兵

第三章

仲如见　刘艳丽　李天罡　张　煌　张　磊
顾　雷　章鸿飞

感谢所有参与编写人员的辛勤付出，感谢所有为此书顺利出版给予帮助和支持的生态伙伴，感谢出版社编辑的专业指导，特别感谢顾雷博士在丛书编撰过程中付出的心血。

金融市场创新系列丛书

天津金融资产交易所 TIANJIN FINANCIAL ASSETS EXCHANGE
天津金融资产登记结算公司 TIANJIN FINANCIAL ASSETS DEPOSITORY & CLEARING CO.,LTD.

爆雷的逻辑

金融市场风险防范与案例剖析

天津金融资产交易所　　编著

中国法制出版社
CHINA LEGAL PUBLISHING HOUSE

丛书序

中国金融市场正在经历一场百年未有之大变局。国际国内形势深刻变化，经济结构深度调整……金融改革迎风而动，金融市场激荡前行。

天津金融资产交易所作为我国首家金融资产交易所，十年来致力于推动“直接融资 信用天下”愿景的实现，不断推进我国多层次金融市场体系的建设，并用 2.5 万亿元的直接融资额实实在在为实体经济输送金融血液的滋养。

天津金融资产登记结算公司作为我国金融市场重要的基础设施，多年来坚持走独立、公允、安全及合规性的道路，致力于让交易环境更简单，目前已经成为我国金融市场建设与发展的必备基础性工程与核心机构。

作为中国金融市场建设重要的参与者、建设者，我们同时也是思虑者、建言者。我们希望将十年之行思付诸笔端，触达金融之基础，例如“信用”与“风险”；前瞻金融之发展，例如“科技”与“空间”等。

慎思行远，知行合一。

期待以此丛书面世之机，能与读者产生共鸣，共赴中国金融市场改革征程！

丛书编委会

序　一

我国经济快速发展离不开成熟发达的金融市场。改革开放 40 多年来，我国政府多次强调，金融市场工作总基调是不断深化金融体制改革，健全促进金融市场稳定发展，完善金融监管，守住不发生系统性金融风险的底线。因此，打好防范化解金融风险攻坚战就成为维护我国金融市场稳定、持续发展的重中之重。

虽然我国建立了以“一行两会”为主的金融监管体系，构建了一整套比较完备的法律制度，但危机与风险一直没有远离市场。我们必须提高政治站位，充分认识金融风险防控的重要性和紧迫性，为完善金融法制献计献策。

（1）实体经济结构性失衡是系统性金融风险形成的重要成因。习近平总书记曾经深刻指出，透过现象看本质，金融风险是经济金融周期性因素、结构性因素和体制性因素叠加共振的结果。三个因素相互交织，突出反映了当前我国实体经济面临的结构性障碍。回顾2009年欧洲债务危机，本质原因就是西班牙、葡萄牙、爱尔兰等欧洲四国产业结构单一，没有形成国际核心竞争力，导致经济基础较为脆弱，政府财政收支状况恶化，进而引发金融危机爆发。损失是惨重的，教训是深刻的。

（2）高杠杆是潜在系统性金融风险爆发的主要变量。前中国人民银行行长周小川认为，高杠杆是宏观金融脆弱性的总根源。美国经济学家海曼 · 明斯基从预期的不稳定性出发，揭示了债务规模与现金收益不对称必然引发系统性金融危机的机理。从历史经验看，债务膨胀引发的高杠杆也是许多全球系统性金融风险爆发的直接原因。比如，20 世纪 80 年代的拉美债务危机。1980 年，巴西、阿根廷、智利等拉美 7 国平均负债率达到 34.58%，较 1970 年的平均水平增长 6.65 倍，其外债总额在 1982 年高达 3,268 亿美元，较 1970 年年初增长近

11倍。在1982年8月墨西哥债务危机冲击下，巴西、阿根廷等拉美主要国家纷纷出现金融风险，无节制的高杠杆、高负债终于导致了金融危机的大爆发。

（3）公司治理机制缺陷是风险防控的薄弱环节。国际金融危机发生后，各国监管部门都认识到，金融机构治理机制有效性不足成为造成金融危机的重要原因。比如，1995年2月，历史悠久的英国巴林银行宣布倒闭，全世界为之震惊。巴林银行倒闭的原因就是其新加坡公司的交易员未经授权，擅自从事衍生产品交易而没有受到内部监控，最后导致了历史悠久的巴林银行的快速倒闭。

打好金融风险防控攻坚战事关国家安全。随着我国经济发展进入新常态，原来被高速发展掩盖的一些结构性矛盾逐渐暴露，一些区域性、行业性风险可能逐渐演化为系统性与全局性风险因素，金融市场风险累积度日渐增大。因此，完善金融管理制度，加强监管协调，补齐监管短板，打好金融风险防控攻坚战成为维护国家安全的重要内容。

打好金融风险防控攻坚战事关金融市场稳定大局。2018年的中央金融工作会议明确指出："金融风险是当前最突出的重大风险之一。防范化解金融风险，事关国家安全、全局发展、人民群众财产安全，是一场输不起的战役"。金融是现代经济的核心，也是影响我国现代化经济体系建设的关键要素。当前，我国正处于全面建成小康社会决胜阶段，我们必须高度重视金融风险防范工作，强化对实体经济的重要性，开启全面建设社会主义现代化国家新征程。

打好金融风险防控攻坚战事关人民美好生活。金融与民生紧密相连。随着广大人民群众收入水平日益提高，金融理财产品越来越频繁地走进民众生活，并为人民群众带来财产性收入。但非法资金渠道、高额利率设置造成风险水平和杠杆率升高，给人民群众生活带来不安定因素。因此，应坚持以人民为中心，提供更好的金融产品和服务，让人民群众"钱袋子"得到更安全保障，满足人民对美好生活的需求和向往。

当然，我们有了这些清醒的认识，不等于就一定能够坚持底线思维。习近平总书记在全国金融工作会议上明确指出，做好新形势下金融工作，要坚持党中央对金融工作集中统一领导，确保金融改革发展正确方向，确保国家金融安全。因此，应牢固树立"四个意识"，坚定"四个自信"，真正打赢防范化解金融风险攻坚战。

令人欣慰的是，由天津金融资产交易所撰写的《爆雷的逻辑：金融市场风险防范与案例剖析》一书，从互联网金融市场、传统金融市场和国际金融市场中提炼近40个有代表性的案例分享给广大读者。作为长期从事法学研究和教育工作的学者，我认为这样的案例评析很有意义。“他山之石，可以攻玉”。这可以帮助金融市场参与主体严格规制越界的金融创新行为，防范开放过程中可能产生的各种金融风险，帮助金融市场监管者和立法者从中吸取经验教训，不断完善金融立法和市场监管工作。

是为序。

中国社会科学院大学副校长：王新清

序 二

《爆雷的逻辑》
——常识与初心

“知古鉴今，以史资政”。能看到多远的过去，就能看到多远的未来。

纵观世界金融数百年的历史绵延，能历经风雨而不褪色的金融机构屈指可数；回顾全球经济数十次的危机起伏，能抵抗风险而不倾覆的金融创新凤毛麟角。

近代以来，金融要素的迭代速度加快，金融危机的爆发间距缩短，百年未有的金融巨变，一如惊涛拍岸，也如静水深流。

特别是近几年，“灰犀牛”“黑天鹅”频现，让金融市场俨然成了一个角斗场，充斥着对金融初心与本质的无视，对市场规律和规则的漠视，对人性贪婪与本性的放纵……让全球金融市场及其参与者暴露在风暴眼上，随时面临爆雷风险。

金融是勇敢者的游戏，但更是善智者的天下。世界对于金融服务的需求亘古不变，人类对于金融风险的管控追求不止。

当下，防范和化解系统性金融风险已成国之要事，金融大门持续开放也是时代进步之需。身为毕生躬亲于我国金融事业发展，致力于我国金融市场建设的金融老兵，带领天津金融资产交易所和天津金融资产登记结算公司员工整理剖析了数百个广纳海内外、遍及各金融门类的风险案例，并在业内专家和出版社编辑的指导下将其中一些极具代表性的案例集结成书。

我希望，以此警示各类金融市场参与机构和投资者深刻理解金融风险背后的逻辑，避开风暴和雷区。

我希望，以此唤起各界对于金融初心的坚守，对金融规律的敬畏，更加步伐稳健地推进金融创新，真正利国利民。

我希望，以此激发员工和生态伙伴们以更强的历史使命感、更宽的国际化视野、更高的风险防范意识，去实现“直接融资　信用天下”的愿景，服务国家、造福人民，实现专业报国！

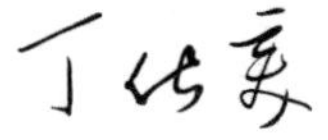

CONTENTS | 目录

二、传统金融市场篇

前　言

改革开放40多年来，金融市场发展迅速，我国不仅建立了包括“一行两会”在内的金融监管体系，而且完善了金融立法，构建了一套比较完备的金融市场法律制度。金融市场正向高质量发展迈进，具备了防控和应对外部风险的条件和能力。

目前，虽然我国金融（大中型银行）体系的风险仍在可承受范围内，但我们必须清醒地认识到，在供给侧结构性改革过程中，仍有不少金融机构（尤其是一些中小型银行）过度杠杆，过剩的产能风险并未完全释放。尤其是2013年“钱荒”之后，中国人民银行多次降息，货币政策整体维持偏宽松的态势，金融市场利率维持偏低水平，部分业务没有按照实际风险反映到银行表内外资产中，这为部分机构逆势进行规模扩张和期限套利提供了机会。为此，有效防控金融市场各类风险，尤其是互联网金融市场各类新型风险就成为重中之重。

当然，监管强化并非“一刀切”，而是疏堵结合。近年来的金融风险的诱因，有银行自身经营上的问题，有货币政策环境因素，也有监管制度和法律法规本身不完善。在这种情况下，强化监管必然需要统筹兼顾：一是要有序推进，既要针对重点风险进行处置和化解，又要考虑机构和市场的承受能力；二是疏堵结合，既要清理一些不合理的业务模式，还要为银行适应利率市场化和客户需求变化而进行的合理创新保留足够的空间，尤其是对互联网金融市场中的创新业务，更要在“堵后门”的同时“开正门”；三是要标本兼治，既要强化已有政策的执行力度，也要根据现实情况不断完善监管制度，有效降低监管成本，引导银行健全风险治理机制。

令人鼓舞的是，国务院金融稳定发展委员会已经正式在北京成立。金融稳定发展委员会成员一致认为，审慎经营理念得到强化，坚持稳中求进，坚持底线思维，结构性去杠杆有序推进，高风险金融业务收缩，市场约束机制逐步增强，一些互金平台野蛮扩张行为有所收敛，金融乱象得到初步遏制，市场主体心理预期出现积极变化，金融市场运行整体趋于稳中向好。

天津金融资产交易所一直致力于实现金融创新与发展的双重效应，牢牢把握市场规范这个核心任务，着力提升金融的“承载力”，广聚“金融之水”立足天津、服务全国，强化内部管理，增强抵御风险能力，不仅要打造品牌响、服务强的金融“航空母舰”，更要提升“金融堤坝”的护卫力，坚守金融创新发展、防范金融风险、维护金融安全的市场发展路径，遏制非法集资蔓延势头，打赢防控金融风险攻坚战。

对此，天津金融资产交易所以总结经验教训、防范各类金融风险为主旨，组织一大批实务经验丰富、理论功底扎实的优秀员工，收集国内外金融风险管理经验和监管相关案例，针对近年来国内外银行界、互联网行业、保险行业、证券行业以及金融资产交易行业案例进行了深入剖析，对国内互联网金融监管政策和法律也进行了列示和解读。本书体例新颖、内容翔实，深入浅出，从互联网金融，金融资产交易、银行、信托证券基金和国际金融市场提炼近 40 个有代表性的金融市场风险案例。按照“案件回放”“案例焦点”“风险警示”“防控措施”“不忘初心”“金融本质”和“专家点评”七个层次展开，对案例逐一进行分析，指出案发原因，分析存在问题，提出具体防范措施，展示案例的示范功能和推广价值。

当前，尽管互联网金融已经取得了快速发展，但在互联网金融领域很多方面依然存在巨大风险，风险积累程度较高。在这个关口，我们推出本书，“他山之石，可以攻玉”，期盼更好地研究市场新情况、解决新问题、探索新规律、总结新经验，为国内金融实务层面的经理们提供指导，为中高层的风险管理者提供有益的借鉴。特别是一些重大案例，不仅有利于金融市场全体参与者从中吸取经验教训，更有利于互联网金融大家庭一起分享金融市场风险防范与案例的成功经验。这有利于统一金融机构业务规范；有利于提高广大金融从业者职业道德水平；有利于为国内金融实务层面的从业人员提供指导；有利于为风险监管者从中总结过去，展望未来；金融机构更注重金融风险预防，金融监管者更注重制度建设，为更好地完善监管和立法提供鲜活的金融市场元素。

本书编写组

一、互联网金融市场篇

导 读

科技的发展带动互联网的发展，互联网金融是科技创新的产物。

互联网金融作为近年来互联网技术和金融功能的结合，依靠大数据和云计算在开放的互联网平台上形成功能性金融系统及其服务系统，包括基于网络在线平台和金融服务的金融市场系统，基于网络平台的金融市场体系、金融服务体系、金融组织体系、金融产品体系以及互联网金融监管体系等。与其形成鲜明对比的就是传统金融。

现今，互联网金融包含众筹、P2P 网贷、第三方支付、数字货币、大数据金融、信息化金融等模式。互联网金融与传统金融相比，有以下六个特点：

一是，互联网金融成本低。在互联网金融模型下，资金的供需双方都可以通过网络平台完成自己的信息筛选、匹配、定价和交易。由于无传统的交易媒介，没有交易成本，所以也就不存在高额的垄断利润。一方面，互联网金融机构可以省去开设网点的资金投入和运营成本；另一方面，消费者可以在开放透明的平台上快速找到合适的金融产品，从而降低信息不对称程度，节省时间和精力。

二是，互联网金融效率高。互联网金融业务主要由计算机处理。操作过程完全标准化。客户无须排队等候，业务处理速度更快，用户体验更好。例如，贷款审批依赖于电子商务积累的信用数据库。在数据挖掘和分析之后，引入了风险分析和信用调查模型，客户只需几秒钟就可以申请到用款。

三是，互联网金融覆盖广。在互联网金融模式下，客户可以突破时间和地域限制，找到互联网上所需的资金资源。因此，金融服务更直接，客户群更广泛。此外，互联网金融客户主要是小微企业，涵盖传统金融业的一些金融服务盲区，有利于提高资源配置效率，促进实体经济的发展。

四是，互联网金融发展快。依托大数据和电子商务的发展，互联网金融发展迅速。以余额宝为例，余额宝上线 18 天，累计用户数达到 250 多万人，累计转移资金达66亿元。

五是，互联网金融管理弱。第一，风险控制管理弱。信用信息共享机制、银行风险控制及合规和收集机制尚不健全，容易导致各种类型的风险问题。第二，监管弱。互联网金融准入门槛和行业规范较低，也缺乏完备的监管与法律体系。因此，整个行业面临许多政策和法律风险。

六是，互联网金融风险大。风险作为本书主要讨论的问题，本章中主要讨论互联网金融市场的风险，以及如何防控互联网金融市场的风险。

风险主要分为两类：一是，互联网风险。互联网金融开展的金融交易活动依赖于互联网信息的虚拟性。根据双方在互联网上提供的信息，决定是否可以达成协议。因此，如果要顺利实现或者操作互联网金融，双方必须首先确保双方在互联网上提供信息准确可靠。但现在一些违法分子利用互联网技术窃取个人有效信息，然后利用虚假信息在线进行金融交易，从而产生交易风险。例如，一些不法分子通过免费 Wi-Fi 等窃取个人信息，然后进行非法金融交易。互联网风险也反映在信息传播的广泛性上。互联网金融平台的可信度基本上是由用户评估产生的。一旦客户对平台进行了不良评估，风险会迅速扩散。

二是，金融风险。互联网金融仍然属于金融的范畴，因此传统金融业的风险也存在于互联网金融中，主要体现在信用风险和流动性风险上。信用是金融交易顺利开展的大前提，传统金融业将通过各种渠道和形式对申请人进行信用调查。根据调查结果，选择优质客户进行金融交易。虽然互联网金融现在可以借助大数据对申请人进行信用评估，但目前还没有个人信用信息系统，这会导致信用链接风险。与传统金融业相比，互联网金融缺乏担保人的信息，容易导致信用风险。再者，互联网金融资金的流动性相对较大，在出现金融安全风险的情况下，风险应急机制并不完善，流动性风险管理不完善，更容易导致流动性风险的产生。

防范互联网金融风险需要有针对性的措施。为了应对信用风险问题，可以明确界定行业准入门槛和行业运营标准，平台有责任及时准确地披露信息。同时，要完善个人信用信息系统，加快信息共享，拓宽信用数据采集渠道。对于流动性风险，主要是建立流动性管理指标体系，对流动性风险进行实时监控和评估，并利用大数据预测流动性风险。此外，应建立应急计划以应对大规模运行。为应对法律合规风险，应运用法律法规来界定互联网金融行业的主要方面，明确法律底线，并促进互联网金融公司的合法合规。法律法规与时俱进，结合时代发展需要不断完善，以适应行业的新发展。鉴于操作风险，一方面，需要减少终端、平台和网络的设计缺陷，提高使用的简单性和清晰度，建立业务操作规范和系统，以减少错误操作的可能性。另一方面，需要加强对互联网金融从业人员和交易对象的培训，以提高他们对设备操作的熟悉程度。面对技术风险，需要加强技术团队建设，开发新的安全技术，不断修复漏洞，利用防火墙、数据加密等可信技术，通过多个用户名确保数据安全，检查代码、短信、认证等实现认证。

防范互联网金融风险的关键在于系统建设。互联网金融监管是一个新课题。在互联网金融快速发展的过程中，存在监管体系和法律法规相对滞后、监管创新需求和监管人才缺乏等问题。

本篇为各位读者列举近年来金融市场中主要的风险案例，其中，不乏有一些知名的大型平台和大型互联网金融机构。本书对其中暴露的风险，进行具体分析，剖析其内在因素，以加强金融风险防范，净化互联网金融市场。

1. 合法借贷行为与非法吸收公众存款罪的主要区别①

——600 亿元庞氏骗局

案例回放

2018 年 4 月 9 日，A（上海）金融信息服务有限公司（以下简称 A 公司）实际控制人周某向上海市公安局浦东分局自首，称 A 公司在全国范围内向社会不特定公众非法吸收公众存款，已产生巨大资金缺口致使无法兑付投资人本息。公安机关随即开展调查。同年 4 月 11 日，上海浦东新区警方官方微博通报称，上海市公安局浦东分局已依法立案侦查。警方通报指出，A 公司通过借新还旧的方式偿还前期投资人到期本息，系典型的庞氏骗局。

A 公司是一家大型互联网金融公司，全国分支机构众多。在其背后，隐含着一个巨大的利益集团。据警方调查发现，整个集团包含诸多线上、线下关联平台和关联公司，涉及多个行业多种业态，网罗了资产管理公司、金融科技服务公司、商务咨询公司、贸易公司等多家子公司，同时该公司还与诸多线上平台有密切关系。

A 公司采用传统的门店推销与互联网营销相结合的线上、线下交易模式非法吸收公众存款。自 2013 年 10 月起，周某在未经批准的情况下，在全国开设 1,000 余家线下门店，招聘员工并进行培训后，通过广告宣传、电话推销及群众口口相传等方式，以允诺年化收益 5.4%—15% 不等的高额利息为饵，向社会不特定公众销售所谓的“鑫月盈”“鑫季丰”“鑫年丰”“政信通”等债权转

① 案例编写人：王滨娜

让理财产品。

自 2015 年 2 月起，周某又在互联网上开设多个线上理财平台，对外大肆销售非法理财产品，涉案金额达 600 余亿元。

案例焦点

根据《中华人民共和国刑法》第一百七十六条的规定，非法吸收公众存款罪是指违反国家金融管理法规，非法吸收公众存款或变相吸收公众存款，扰乱金融秩序的行为。该案中 A 公司虚构项目、伪造标的，非法向社会公众吸收存款。

案件主要聚焦如下几个方面：一是，A 公司旗下部分分公司不具备从事网络借贷中介机构经营资质，违法开展业务。2017 年 10 月，一份落款为环翠区防范和处置非法集资工作领导小组（环翠区地方金融监督管理局代）的《风险提示》中指出，A 公司威海分公司涉嫌违反相关管理办法，不具备从事网络借贷中介机构经营资质。虽然其后 A 公司方面回应称，由于企业合规转型的进度并未跟上当地政府的要求，公司将逐步取消线下门店（或转型线下门店），转型线上，但其无牌照经营的行为已跨越监管红线。

二是，采取线下发展客户的形式，公开宣传。《网络借贷信息中介机构业务活动管理暂行办法》等相关规定，均明确规定网络借贷信息机构不能自行或委托、授权第三方在互联网、固定电话、移动电话等电子渠道以外的物理场所进行宣传或推介融资项目，不得线下售卖互联网金融类产品。

三是，A 公司虚构项目、伪造标的靠“借新债还旧债”“拆东补西”的形式骗取资金，并且大部分资金最终都被该公司挪作自用。例如，在某一项目中，A 公司将个人投资的钱统一归集后，分批分期转移至 A 公司实际控制人周某另行创立的北京某财富集团。其后，再通过该公司投资到周某用于赚取个人利益的项目上，如萍乡某新能源汽车项目等，其本质根本不是真正的 P2P 业务。

2016 年 7 月，A 公司涉嫌资金池，通过线下门店 POS 机直接划扣投资人的投资款到 A 公司的账户上，直接或间接接受、归集出借人的资金，私设资金池，明显属于违规行为。根据《网络借贷信息中介机构业务活动管理暂行办法》第十条的规定，网络借贷信息中介机构不得从事或者接受委托从事下列活动：（1）为自身或变相为自身融资；（2）直接或间接接受、归集出借人的资金。A 公司的行为明显有资金池和自融的嫌疑，而且其线上理财平台发布的项目信息披露透明度较差，导致无法判断项目的真实性。自此，该公司的上述违法犯罪行为才正式揭开于公众眼前。

经调查，A 公司名下某理财平台花费巨额成本进行包装。从该平台官宣的大事记栏目可查到，A 公司不仅是中国女排的互联网金融品牌高级赞助商，更是把广告打到了国外。A 公司于 2015 年 9 月登陆被称为“全球 LED 显示屏最高舞台”的纽约时代广场，并且之后又亮相伦敦希思罗机场 T3 航站楼入口 LED 屏。除高调的广告营销外，各种公益活动也是 A 公司热衷的另一宣传法宝。

另外，A 公司还有很多山寨证书，进行虚假宣传。2017 年 7 月的一份上海市工商行政管理局监察总队对 A 公司的处罚决定书显示，“当事人为了提升公司形象，在未提供相应资料和参与评比的情况下，通过广州 A 企业信息咨询有限公司向中企某（北京）信用评估中心购得‘中国互联网金融行业某级信用企业’等三块信用证书及铜牌，并以此对外宣传”。此外，工商处罚信息还显示，A 公司还存在非法搜集个人信息、虚构理财项目等行为。

风险警示

在日常经营活动中，合法借贷与非法吸收公众存款行为的界限比较模糊。从法律层面看，两者主要有如下区别：

第一，借贷范围不同。前者针对的是少数个人或者是特定的对象，而后者的借贷对象存在广延性，亦即借贷的范围为具有不特定性，面向不特定的社会公众。

第二，利率的高低不同。前者的利率一般较低，且是在法律规定的银行同期贷款利率的四倍之内；而后者的利率超过了法律规定的利率最高限额。

第三，两者的行为目的不同。民间借贷行为的指向性比较明确，往往是用于生产经营等特定的急需资金的目的，而非法吸收公众存款的行为人通过非法手段吸取公众资金至其“金融机构”后，其目的虽是通过货币运营等金融手段获取利润，但资金使用方向并不明确。

防控措施

根据互联网金融的特征，从监管角度看，《互联网金融风险专项整治工作实施方案》（国办发〔2016〕21号）中关于P2P网络借贷业务的规定主要集中在如下几个方面：

（1）P2P网络借贷平台应守住法律底线和政策红线，落实信息中介性质，不得设立资金池，不得发放贷款，不得非法集资，不得自融自保、代替客户承诺保本保息、期限错配、期限拆分、虚假宣传、虚构标的，不得通过虚构、夸大融资项目收益前景等方法误导出借人，除信用信息采集及核实、贷后跟踪、抵质押管理等业务外，不得从事线下营销。

（2）P2P网络借贷平台未经批准不得从事资产管理、债权或股权转让等金融业务。P2P网络借贷平台客户资金与自有资金应分账管理，遵循专业化运营原则，严格落实客户资金第三方存管要求，选择符合条件的银行业金融机构作为资金存管机构，保护客户资金安全，不得挪用或占用客户资金。

（3）房地产开发企业、房地产中介机构和互联网金融从业机构等未取得相关金融资质，不得利用P2P网络借贷平台从事房地产金融业务；取得相关金融资质的，不得违规开展房地产金融相关业务。从事房地产金融业务的企业应遵守宏观调控政策和房地产金融管理相关规定。

不忘初心

规范发展互联网金融是国家加快实施创新驱动发展战略、促进经济结构转型升级的重要举措，对于提高我国金融服务的普惠性具有重要意义。互联网与金融深度融合是大势所趋，将对金融产品、业务、组织和服务等方面产生更加深刻的影响。互联网金融对促进小微企业发展和扩大就业发挥了现有金融机构难以替代的积极作用，为大众创业、万众创新打开了大门。促进互联网金融健康发展，有利于提升金融服务质量和效率，深化金融改革，促进金融创新发展，扩大金融业对内、对外开放，构建多层次金融体系。

但是作为非传统金融行业，互联网金融既需要市场驱动，鼓励创新，更应依法合规地稳健发展，应严格按照国家政策法规要求，坚决杜绝各类乱象情形的发生。

金融本质

“互联网＋金融”本质上仍属于金融，互联网没有改变金融风险隐蔽性、传染性、广泛性和突发性的特点。互联网金融是传统金融机构与互联网企业利用互联网技术和信息通信技术实现资金融通、支付、投资和信息中介服务的新型金融业务模式。

专家点评

2016年10月15日，国务院发展研究中心金融研究所所长张承德在“中国金融外包峰会”上发表演讲。其认为，互联网金融发展动向是金融新业态的发展趋势。这个发展趋势主要体现在如下三个方面：第一个发展趋势是专业化。互联网金融一开始出现，大家一哄而上，反正也没人管，但是随着大量的互联网金融机构的涌现，市场竞争的加剧，在互联网金融领域出现了专业化态势。第二个发展趋势就是规范化会带来规模化。因为通过网贷管理办法，它的硬门槛并没有提高，但是软门槛大幅度提高，即通过安全技术要求、合规行为的界定、合法利益的保护、资金存管，特别是信息披露的要求，会大幅度提升门槛。小机构没有办法承受这么高昂的合规成本，尤其它的网络安全性，要求定期认证，要有专业机构定期认证，信息披露要求专业机构进行审计，这些成本都是非常高的，所以它的规模化趋势根本承受不了。第三个发展趋势是多样化。现在已经出现各类互联网金融的交易平台，这些平台，各种金融产品在平台上进行交易，也出现了多种金融服务的方式，如信贷顾问这种模式，有效连接银行等金融机构和消费者。这是服务和市场的发展规律，一个平台只销售一个产品是一定会消亡的，这种多样化趋势未来还会继续发展。

2. 如何有效识别庞氏骗局并进行风险防范？[①]

——探底某宝网集资大骗局

案例回放

2018 年 1 月，曾经人来人往、热闹非凡的上海市杨浦区周家嘴路 1220 弄 1 号楼 3 层 308 室，房门紧锁、人去楼空。就在 2017 年年底，该公司的创始人还在其官微向数量庞大的粉丝高声喊话，鼓动大家投入更多资金。在官宣视频中，该创始人手持红灿灿的灯笼，神清气爽地送去新年祝福并说道，“踏遍青山人未老，这边风景独好”。而几乎就在同一时间，南京市公安局官方微博“平安南京”发出消息，某宝网实际控制人张某因涉嫌违法犯罪，于 2017 年 12 月 26 日向南京市公安机关投案自首。张某自己说，为了这个自首他准备了三年，从骗局开始的那一天他就知道最终会面对法律的制裁。

2010 年，张某的江苏某系统有限公司注册成立，注册资本为 5,000 万元，是名噪一时的某宝网的前身。2012 年起，依托 A 公司与 B 公司的某宝网上线运行，以高额收益为诱饵，持续吸收新用户资金用于兑付老用户本金及收益，并利用众多第三方支付平台和网银，向不特定社会公众大量吸收资金，投资“某宝系”企业，集资参与人遍布全国各省、区、市，范围巨大。从成立之日起的

① 案例编写人：孙越

7年时间里，张某通过独特的运营和吸粉手段，汇集了大量的粉丝，某宝网打出“交押金、看广告、做任务、赚外快”的口号，将非法集资的本质隐藏在劳务或者劳动关系中，假借是报酬或补贴的名义。

除此以外，张某为了掩盖借新还旧的骗局，虚假宣传谎称设立实体经营企业70余家，涵盖足球、电商、地产、共享单车等不同领域，精心打造产业帝国支撑高息引资链条。案发后，经调查，某宝网所称的“产业帝国”中有实际经营的公司仅20余家，涉及项目也多为虚假或偷换概念，其实际产生的利润远不能覆盖其众多骗局承诺的高额利息。

案例焦点

某宝网实际控制人张某自首时称，他依托A公司与B公司，在未经国家金融主管部门批准的情况下，通过某宝网平台巧立名目以高额回报为诱饵，收取用户保证金，将保证金资金池用于兑付，以此不断向社会公众吸收巨额资金。据其介绍，以某项目产品为例，用户需先缴纳保证金158,527元，39天后，用户将获得7,795元的工资收益，年化收益率高达50%左右。其对外宣称如此高额的回报率，两年内资金便可翻倍，十年内资金上亿元。

虽然张某自称自始即知道其行为触犯法律，且其自首后某宝网集资的大骗局立即得以定性，但让人奇怪的是，某宝网上的众多投资人仍然表现出对某宝网极大的信任和忠诚，甚至还有一些人不愿报案希望与张某“共渡难关”。

在审讯过程中，张某称案件涉及集资参与人遍布全国，不能归还的金额达300亿元。他认为这样的后果更多的是基于集资参与人的贪念，追随他的忠诚的粉丝应该为此付出相应的代价。

风险警示

1. 抵制高息诱惑

此类高收益、高回报的金融理财产品，隐含庞氏骗局特征。在本案中，受害者人数众多，受骗金额巨大，社会影响面极广。与一般 P2P 平台相比，某宝网更加复杂，更具有迷惑性，再加上张某的宣传手段具有很大诱惑性，普通投资者更加难以分辨。“纵横不出方圆，万变不离其宗”。高额收益背后必定是高风险，作为金融投资者应多了解常见非法行为的表现形式及主要特征，提高自身风险识别能力，培养正确的投资理念，对于非正常高收益产品，应抵制诱惑、谨慎甄别。

2. 前科人员创办公司，犯罪风险极高

本案某宝网法定代表人张某属于累犯，有诈骗前科，2003 年曾因诈骗罪被判处刑罚。此次，张某“重操旧业”，利用庞氏骗局募集大量资金。广大投资者不了解其经历背景，将资金投入某宝网中，最终造成财产损失。投资有风险，入市须谨慎。投资人应事先了解公司基本概况，判断投资风险，选择有资质的机构，理性投资。

防控措施

1. 辨别正常投资和庞氏骗局

庞氏骗局一般有以下特征：

（1）号称与国家或者国际背景的大项目挂钩，如某国家项目、国际某金融组织；或者号称现在某个项目是赚钱风口，只有少数人才知道。

（2）收益极高，如只需投资三五万元，两年后百万收益不是梦。

（3）全凭自愿。与传销不同，不限制人身自由，不收身份证、手机，不集体上大课，而是以资本运作。

（4）发展下线，下线人头越多收益越高，而正常投资不具备发展下线特点。

（5）建立微信群，群里经常分钱分发红包，诱惑投资者。

（6）当有人怀疑这是庞氏骗局时，诈骗者会说其是首批投资者，一旦崩盘了，首批投资者不会有损失。

2. 加强提高自身的投资意识

（1）树立正确投资理财信念。从小额投资做起，要懂得充分运用，时间久了，其收益就会相当惊人，违反常识的回报和收益必有问题。

（2）不奢求一夜暴富。投资不能急于求成，孤注一掷，追求一夜暴富，从而把资金全部投入股票、期货等高风险的品种上，这会给投资者带来巨大的投资风险。这类投资者的结果往往是血本无归，甚至是倾家荡产。更不能为了获取暴利，投资非法产品。

（3）自身不断学习。日常多关注经济方面的问题，获得对宏观大势、各类投资理财品种和具体操作的基础知识。随着投资知识的不断丰富，投资风险意识也会逐渐提高。

不忘初心

金融市场的发展需要金融创新。某宝网以“看广告，赚收益”来吸引投资者的方式，并不属于金融创新。从筹集资金的目的上看，集资诈骗罪主要将资金用于个人挥霍或偿还个人债务或以新钱还旧账，且已无力偿还筹集资金，张某所经营的某宝网利用庞氏骗局集资诈骗已成事实。

互联网金融产品的创新，一方面，应最大限度地动员和分配可利用的金融资源，满足社会经济发展对金融资源的需要；另一方面，在适应社会财富不断增长的背景下，投资者对投资产品也有更多的多样化需要和更高的投资风险管理要求。互联网金融产品的创新应当依托实体经济，在依法合规的范围内，创造有效的新型互联网金融产品。

金融本质

深度理解本案的焦点，需要回归金融的本质。金融的本质是为有钱人理财，为缺钱人融资。金融的目的是为实体经济服务，把资金流向最有效率的地方。如果金融不为实体经济服务，金融就失去了其灵魂，就是毫无意义的泡沫。

某宝网背离金融的本质，将其获得的巨额资金支付前期利息，剩余则挥霍一空，集资所得并没有参与经济过程，也没有创造收益。广大投资者应该以此案作为教训，仔细辨别此类非法集资机构，识别骗局。

专家点评

“交押金、看广告、做任务、赚外快”，这个颇具诱惑力的宣传语，是某宝网短短数年间快速崛起的秘诀。某宝网承诺注册成为参与人后，只要缴纳一定数额的保证金就能领取任务，在规定的期限内完成任务，就能获取丰厚回报。江苏某律师事务所律师王某表示，如果保证金是用于支付前面的本金或者利息，而不是用来担保后面合同的履行，那么这个保证金只是披着保证金外衣的吸储的一种手段。

3. P2P平台投融资服务中，国有公司担保模式是否一定可靠？[①]

——重庆最大P2P平台某金融债务违约事件

案例回放

重庆最大的P2P平台之一某金融被曝陷入兑付危机，贵州省某能源担保公司为其平台提供担保的57个借款项目均出现大规模逾期，逾期金额高达2.54亿元。

工商信息显示，某金融一共有两个实体公司和一个互联网平台，两个实体公司分别是A金融服务有限公司与上海B金融信息服务有限公司。其中，A金融服务有限公司于2013年6月9日在重庆设立，注册资本金为3,000万元。股

① 案例编写人：朱介南

东共三位，分别是C科技（集团）有限公司控制的重庆D投资有限公司、自然人股东陈某和张某。上海B某金融信息服务有限公司于2014年8月26日设立，注册资本金为1,000万元，股东共两位，分别是重庆D投资有限公司和自然人股东陈某。

在A金融服务有限公司的官网介绍中，A金融服务有限公司称公司是由C科技（集团）有限公司全资拥有的重庆D投资公司联合金融界资深人士共同发起创立的。A金融服务有限公司在官网上进行以下宣传：其互联网金融平台是独具特色的互联网金融信息中介服务平台，其主要产品“某保1”是由与某金融合作的国有担保公司推荐企业通过该金融平台向平台注册投资人募集资金；“某保2”是由与某金融合作的地方政府平台公司推荐其他政府平台公司通过该金融平台向注册投资人募集资金。通过实名认证的平台注册用户在某金融平台上进行借贷、担保等活动，由某金融为各方提供信息公示、债权债务登记、通知催告等居间服务。

某金融平台宣称，某金融自成立以来，始终严格遵守国家现行法律法规，遵照银监会对互联网金融平台划定的四条红线，只做信息中介、不搞资金池、客户资金交由第三方支付公司账户托管等底线，依法合规开展金融信息中介业务。某金融在融资量、融资速度、融资成本优势、安全合规等方面处于全国同类平台前列，业务区域已覆盖超过全国10个省，知名度不断提升。某金融坚持“专业、高效、安全”的经营理念，恪守行业准则，致力于为政府支持的国有政策性担保公司提供高效服务，进而为解决中小企业融资难、融资贵的问题作出努力。

逾期项目所涉的贵州省某担保公司亦是一家国有大型担保公司。据工商资料显示，其成立于2011年3月，注册资本为3亿元，股东为贵州省某经营指导服务中心、贵州省某设计研究院、贵州某化工集团、贵州某能源公司，是一家大型的国有控股担保公司。在逾期信息被曝光后，贵州某能源有限公司的4,800元人民币的股权显示已被冻结。

贵州省某担保公司的担保项目出现逾期后，包括投资者、某金融、贵州省某担保公司、两地金融办在内的各方都在协商处置方案。贵州省某担保公司在某金融已融资成功的57期在保项目出现风险，涉及1,349名投资人，担保本金金额共计2.538亿元。

据某金融董事长陈某介绍，某金融只是纯粹的互联网金融平台，其模式为国有担保公司的担保项目，拿到某金融平台进行融资。“某金融只设立合规部审查担保公司的相关项目以及文件的合规性，并不设立风控部门。”他认为作为平台，应该保持纯粹的中介性质，而不应该附带风险排查和风险补偿功能。

依靠国有担保公司的兜底作用和较高的收益率，某金融很快发展成为重庆最大的民营P2P企业。但随着经济低迷，国有担保公司的代偿能力也受到考验，本事件中贵州省某担保公司的代偿能力出现问题，该公司的担保项目出现逾期后，实质兑付方案一直处于博弈状态。

在某金融平台上，由贵州省某担保公司担保的57期担保项目融资方共有48家公司。工商登记信息显示，多家公司的从业人数不超过10人，还有个别公司未能查询到相关工商登记信息。

根据工商登记信息的公司地址，曾有相关人员实地走访贵州某设计咨询有限公司、某装饰工程有限公司、某电器有限公司等多家融资方公司，均未能在工商登记地点找到上述公司。

本事件中，贵州省某担保公司是经贵州省金融办批复同意成立的。某煤炭经营指导服务中心为其第一大股东。其官网显示拥有500名员工，16家分支机构（包括贵州省、广西壮族自治区、江西省、新疆维吾尔自治区、山东省等地），在保总额近80亿元。同时，其官网还披露旗下某融资担保公司在澳洲证券交易所上市。但实际情况是，贵州省某担保公司旗下并没有上市公司。

风险警示

金融的本质是经营风险，但像某金融这样的网络平台，不做任何风控调查，不对担保公司的具体项目做底层资产穿透，完全依靠第三方担保，将所有希望都押在国有担保公司的背书增信上。某金融本身只负责发布产品信息和融资，一旦担保公司不能履约，不仅投资人始料未及，平台更是不知所措。某金融一炮而红在于首创由国有担保公司背书的运营模式，依靠国有子公司增信，最终，唯一的风控措施——担保公司出现违约导致风险事件发生。

第三方担保模式对于P2P平台的投融资服务而言是否可靠？投资人是否可以相信有担保公司担保的融资项目？P2P平台如何进行风险管控维护投资人权益？

防控措施

1. 需穿透底层资产，评估第一还款来源，对投资人进行充分的信息披露

充分的信息披露有助于进行投资者教育和保护投资者权益。2016年8月24日，银监会、工信部、公安部、国家互联网信息办公室联合发布了《网络借贷信息中介机构业务活动管理暂行办法》（以下简称“网贷办法”）。网贷办法中第三章第九条网络借贷信息中介机构应当履行下列义务：网络借贷信息中介机构对出借人与借款人的资格条件、信息的真实性、融资项目的真实性、合法性进行必要审核；采取措施防范欺诈行为，发现欺诈行为或其他损害出借人利益的情形，及时公告并终止相关网络借贷活动；持续开展网络借贷知识普及和风险教育活动，加强信息披露工作，引导出借人以小额分散的方式参与网络借贷，确保出借人充分知悉借贷风险。第四十条规定网络借贷信息中介机构违反法律法规和网络借贷有关监管规定，有关法律法规有处罚规定的，依照其规定给予处罚；有关法律法规未作处罚规定的，工商登记注册地地方金融监管部门可以采取监管谈话、出具警示函、责令改正、通报批评、将其违法违规和不履行公开承诺等情况记入诚信档案并公布等监管措施，以及给予警告、人民币3万元以下罚款和依法可以采取的其他处罚措施；构成犯罪的，依法追究刑事责任。

由此可见，P2P平台作为网络借贷信息中介机构，其信息披露义务是有法可依的。作为平台类机构，其应当根据上述及其他有关法律法规的要求，建立起自己的风控标准，对底层资产尤其是融资方的第一还款来源进行风控调查，并对项目进行充分的信息披露，进行真正意义上的风险评估，从而有效做到规

避项目风险，以避免出现底层用途不清、融资方虚假融资等情况，同时也让投资人能够做出清晰准确的判断。

2. 仅考察外部增信方式，也就是第二还款来源，应对增信方以及其提供的增信措施进行严格的审查评估

虽然有国有担保公司担保，但风控关键环节缺失，某金融没有对担保公司的实际担保能力做出评估，担保方出现问题，最终仍导致违约事件的发生。

3. P2P 平台取消刚性兑付，投资者进入风险自担时代，投资者投资需谨慎

P2P 网贷行业发展正在由“信用中介”向“信息中介”转变。

《网络借贷信息中介机构业务活动管理暂行办法》第三条规定，网络借贷信息中介机构承担客观、真实、全面、及时进行信息披露的责任，不承担借贷违约风险。第十四条规定，参与网络借贷的出借人，应当具备投资风险意识、风险识别能力、拥有非保本类金融产品投资的经历并熟悉互联网。第十五条规定，参与网络借贷的出借人应当履行下列义务：向网络借贷信息中介机构提供真实、准确、完整的身份等信息；出借资金为来源合法的自有资金；了解融资项目信贷风险，确认具有相应的风险认知和承受能力；自行承担借贷产生的本息损失；借贷合同及有关协议约定的其他义务。

在法律上，P2P 平台不能向投资人提供本息担保；在实践中，也有超七成的平台取消了刚兑，某金融也没有对以上项目进行担保。这些都意味着习惯了刚性兑付的 P2P 网贷投资人未来需要自己承担投资风险。投资者应该清醒地认识到，自己才是投资安全的第一责任人，提升自身承担和辨识风险的能力，加强相关的金融知识储备，是降低风险、提升安全度的关键。

P2P 行业呈现取消刚性兑付的趋势，是大量平台向信息中介转型并进行自我规范的结果。从长期发展来看，这有利于行业整体的健康成长，也为平台卸下了一定的包袱，但可能暂时会对投资人的心理造成一定的波动。投资人希望获得更有保障的投资环境可以理解，但在任何领域的投资中，风险和收益都是并存的，投资人需认清和顺应趋势。

投资有风险，选择需谨慎。建议投资人理性选择投资渠道，充分认知风险，无法承担此类风险的不应选择 P2P 产品。

不忘初心

作为信息中介平台应以过往事件引以为鉴，时时刻刻警醒自己，要充分考虑到金融项目底层资产以及担保方的真实情况。金融归还金融本质，平台归还信息中介本质，各负其责，切切实实为社会服务，为投资人负责，不忘初心。

金融本质

金融的本质是通过资金流动来完成资源的整合和配置，提高整个社会的福祉与效率。换句话说，就是信用、风险、交易、融资、财富管理。具体而言，货币是金融运行的重要载体，风险控制是金融管理的核心内容，而归根结底，金融是一种服务。而信用，是整个金融全领域的最根本的基石，也是全球资本市场得以维系的基石和最终之锚。如果没有信用，那么就不会有通货，人类就会退回到物物贸易的时代。有了信用，通货才有价值，因为通货的本质，就是一种主权信用负债。有了通货之后，各个国家的国民经济，全球国际贸易，才能得以良好运行。

专家评价

第一，担保公司也有可能发生经营不善、无力代偿、破产清算的风险。

第二，担保公司的代偿方式是多种多样的。如果担保公司以另外一种资产偿还给投资人，至于这种偿还资产怎么定价、转手变现快慢等都是很难说清的。

第三，担保公司的数量、跑路率都不下于 P2P。P2P 行业里固然有骗子、自融平台，担保公司里同样也有各种不靠谱的公司。致命的是，与线上 P2P 平台相比，线下担保公司的透明度实在是太差了。再多的注册资本金、再深厚的公司背景、再多的评级荣誉实质上都无法保证担保公司的偿付能力和偿付意愿。

第四，借款企业无法还款甚至倒闭、跑路，而担保公司合规经营只能收取3%—5%的担保费用。这种商业模式决定了绝大多数的担保公司生存都是个问题，又谈何履行责任偿付呢？

第五，某金融几次出事的都是国有担保公司担保的项目，更不用说一些实力不佳的民营担保公司了。

总之，担保也只是一个形式，更多地应该关注其实质内容：（1）需穿透底层资产，评估第一还款来源，对投资人进行充分的信息披露。（2）仅考察外部增信方式，也就是第二还款来源，需对增信方以及其提供的增信措施进行严格的审查评估。（3）P2P平台取消刚性兑付，投资者进入风险自担时代，投资者投资需谨慎。

4. 司法实务中如何界定“非法吸收公众存款”行为？①

——北京某公司非法吸收公众存款案

案例回放

1. 案情简介

2006年11月至2009年8月，北京某科技发展有限公司（以下简称某公司）在经营某广告招商网期间，为了达到推销该网站上的网络广告位、提高网站知名度的目的，将网站的页面分割成不同区域的广告位，并设定相应的价位。某公司先后在江苏、浙江等七个省、直辖市设立了34个市县级直属机构及代理办事处，通过招聘的经纪人以高额分红回报为诱饵，以宣传册等方式向社会公众公开宣传“一年投资几万元，每年回报几十万元”，诱使社会公众与该公司

① 案例编写人：张贺

签订广告位代理招商合同，并以交纳广告位代理订金的名义购买公司广告位，从而成为该公司的广告位代理商。某公司为了支付广告位代理商到期的高额分红回报，维持公司的正常运行，不断地收取广告位代理商的代理订金，并以收取后期参与者的广告位代理订金，支付前期参与者的到期分红及给予办事处、经纪人一定比例的业务提成等方式，吸收参与者资金累计达17,821万余元，涉及人数7,859人。截至2009年8月，仍处于分红期间的集资金额为11,952万余元，其中已分红金额为4,975万余元。至案发时，尚有6,976万余元未兑付，涉及参与者多达5,100人。

2. 裁判结果

江苏省连云港市新浦区人民法院一审判决、江苏省连云港市中级人民法院二审裁定认为，被告单位某公司借用经营网络广告位的形式，以定期高额回报的方式向社会公开宣传，并以收取广告位代理订金的名义向社会公众变相吸收资金，数额巨大，情节严重，严重扰乱了国家的金融管理秩序，其行为已构成非法吸收公众存款罪。被告人刘某系直接负责的主管人员，被告人吴某系其他直接责任人，两个被告人的行为均构成非法吸收公众存款罪。根据各被告人的犯罪及量刑情节，于2011年4月依法判处北京某科技发展有限公司罚金人民币五十万元；判处刘某有期徒刑六年，并处罚金人民币三十万元；判处另一被告人吴某有期徒刑三年六个月，并处罚金人民币十万元。

案例焦点

本案例主要是面对当下打击非法吸收公众存款的行为，被告单位某公司为了逃避打击，翻新吸收公众存款的手段，不以现金而以经营网络广告位为幌子，以定期高额回报的方式向社会公开宣传，并以收取广告位代理订金的名义向社会公众变相吸收资金，即吸收公众存款。

此类行为十分具有迷惑性，从企业角度来说，应正确把握变相吸收行为的本质，在经营管理过程中时刻提高警戒，才能避免企业认为不应当构成“变相吸收公众存款”的商品交易等行为被认定为犯罪的现象发生。从个人角度来说，要学习了解常见非法集资行为的表现形式及主要特征，认识到非法集资的本质和危害，提高自身识别能力，培养自己正确的投资意识，自觉抵制各种诱惑。

风险警示

1. 非法吸收公众存款的含义

“非法吸收公众存款”，是指行为人违反国家法律法规的规定在社会上以存款的形式公开吸收公众资金的行为。广义的非法吸收公众存款，包含以下两种情况：一是行为人不具有吸收公众存款的主体资格而吸收公众存款破坏金融秩序的行为。二是行为人具有吸收公众存款的主体资格，但是，其吸收公众存款所采用的方法是违法的。“变相吸收公众存款”，是指行为人不以吸收存款的名义而是通过其他形式吸收公众资金，从而达到吸收公众存款的目的的行为。如有些单位和个人，未经批准成立各种基金会吸收公众的资金，或者以投资、集资入股等名义吸收公众资金，但并不按正常投资的形式分配利润、股息，而是以一定的利息进行支付的行为。变相吸收公众存款规避国家对吸收公众存款的监督管理，其危害和犯罪的性质与非法吸收公众存款是相同的。

本案中的某公司不具备吸收公众存款的主体资格，其方式是变相吸收公众存款。

2. 辨别非法吸收公众存款

投资者应从吸收公众存款主体是否合法合规、兑付本金利息是否符合规定、吸收存款的方式是否符合法律规定、未来资金兑付是否有保障等方面综合考虑理财产品，避免误中非法吸收公众存款的圈套。其中，常见的非法吸收公众存款手段主要有以下三种：一是直接借款。即以高额的利息为诱饵，吸引群众直接或间接借款给犯罪嫌疑人。二是借用他人的房产向银行抵押贷款或者办理委托贷款。三是借用他人的房产抵押借款。

3. 非法吸收公众存款危害大

非法吸收公众存款的手段比较特殊，导致受害人有很大一部分为社会弱势群体。对于投资或参与意向比较强烈的群众，建议提高风险防范意识，尤其是加强对非法吸收公众存款罪的认识，避免上当受骗。建议群众通过正确的、公信的渠道进行投资理财，以确保投资的安全和收益的稳定。

防控措施

1. 了解非法集资的表现形式

非法集资情况复杂，表现形式多样，手段隐蔽，欺骗性强。其大致可划分为债权、股权、商品营销、生产经营四大类，具体表现形式有：

（1）借种植、养殖、项目开发、庄园开发、生态环保投资等名义非法集资。

（2）以发行或变相发行股票、债券、彩票、投资基金等权利凭证或者以期货交易、典当为名进行非法集资。

（3）通过认领股份、入股分红进行非法集资。

（4）通过会员卡、会员证、席位证、优惠卡、消费卡等方式进行非法集资。

（5）以商品销售与返租、回购与转让、发展会员、商家加盟与“快速积分法”等方式进行非法集资。

（6）利用民间“会”“社”等组织或者地下钱庄进行非法集资。

（7）利用现代电子网络技术构造的“虚拟”产品，如“电子商铺”“电子百货”投资委托经营、到期回购等方式进行非法集资。

（8）对物业、地产等资产进行等份分割，通过出售其份额的处置权进行非法集资。

（9）以签订商品经销合同等形式进行非法集资。

（10）利用传销或秘密串联形式非法集资。

（11）利用互联网设立投资基金形式非法集资。

（12）利用“电子黄金投资”形式非法集资。

2. 清楚非法集资的主要特征

非法集资本质上是一种非法金融业务活动，无论以传销或变相传销还是以托管造林等其他名义和方式进行，其共同特征是编造各种诱人借口，以各种高回报为诱饵，最终达到集资敛财甚至占有挥霍的非法目的，具体体现为：

（1）未经有关部门依法批准。包括没有批准权限的部门批准的集资以及有审批权限的部门超越权限批准的集资。

（2）承诺在一定期限内给出资人还本付息。还本付息以货币形式为主，还包括以实物等形式。

（3）向社会不特定对象即社会公众筹集资金。

（4）以合法形式掩盖其非法集资的性质。

3. 学会如何识别和防范非法集资

第一，认清非法集资的本质和危害，提高识别能力，自觉抵制各种诱惑。坚信“天上不会掉馅饼”，对“高额回报”“快速致富”的投资项目进行冷静分析，避免上当受骗。

第二，正确识别非法集资活动，主要看主体资格是否合法，以及其从事的集资活动是否获得相关的批准；是不是向社会不特定对象募集资金；是否承诺回报，非法集资行为一般具有许诺一定比例集资回报的特点；是否以合法形式掩盖其非法集资的性质。

第三，增强理性投资意识。高收益往往伴随着高风险，不规范的经济活动更是蕴藏着巨大风险。因此，一定要增强理性投资意识，依法保护自身权益。

第四，增强参与非法集资风险自担意识。非法集资是违法行为，参与者投入非法集资的资金及相关利益不受法律保护。因此，当一些单位或个人以高额投资回报兜售高息存款、股票、债券、基金和开发项目时，一定要认真识别，谨慎投资。

不忘初心

“某公司非法吸收公众存款”也不是偶然发生的。我国金融创新异常活跃，跨市场交叉性金融工具的交易结构设计日趋复杂，非正规金融领域融资野蛮生长，但金融服务实体经济的效率并未出现显著提升，而金融市场运行风险更加隐蔽，这已经明显偏离了金融创新的初心。

金融运行万变不离其宗，金融创新是金融领域内部通过各种要素的重新组合和创造性变革所创造或形成的新事物，但其必须要把为实体经济服务作为出发点和落脚点，提升融资效率，降低融资成本，从而更好地满足人民群众和实体经济多样化的金融需求。通过创新可以提高融资效率，降低间接融资比例，减少融资中间环节，降低融资成本，以更好地服务实体经济，使金融市场更好地助推我国实体经济的发展。

金融创新不能脱离实体经济，既要防止实体经济非健康运转，也要警惕金融“脱实入虚”导致风险以隐性方式高度聚集。广告行业的主体分三个部分：广告媒体、广告代理、广告主，而广告媒介代理制度是广告代理商在广告主所授予的权限范围内来开展一系列广告活动，在广告主、广告媒体与广告代理三者之间，确立以广告媒体为核心和中介的广告运作机制，为广告主全面代理广告业务，向广告主提供以市场调查为基础、广告策划为主导、创意为中心、媒体发布为手段，同时辅以其他促销手段的全面性服务。实行广告代理制，可以使广告业内部形成良性运行秩序，最大限度地发挥广告主、广告代理与广告媒体的长处。所以，公司作为广告媒体的角色，应该以合理优惠政策给代理公司；而广告代理商也应该为广告主提供各项专业服务，如创意、文案、策划、市场分析等，同时应收取适当的服务费，而不应该以投资短期牟取高额回报的形式来进行广告代理业务。

金融本质

以此案例为教训，一切金融创新应回归其本质，金融的本质在于优化社会资金配置，服务实体经济发展，把为实体经济服务作为出发点和落脚点，全面提升服务效率和水平。同时，要把更多金融资源配置到经济社会发展的重点领域和薄弱环节，更好地满足人民群众和实体经济多样化的金融需求。金融行业风险性较高的属性，使提升风险意识、完善监管对行业的健康持续发展至关重要。

从业者、市场和监管者在这一点上达成一致后，行业的发展路径以及监管的原则就十分清晰。无论金融创新如何层出不穷，业态如何多元发展，都不能脱离服务实体经济的本质要求，都要严把风控，规范经营。我们更应该充分运用技术、数据与风险管理对接优质金融资产，实现传统金融与创新金融紧密融合，为广大中小企业提供便捷、高效、低成本的直接融资服务，为广大群众和机构提供严格甄选、优质可靠的投资理财服务，满足人民群众和实体经济多样化的金融需求，共同推动中国金融市场的发展。

5. P2P 平台的公开宣传行为是否涉嫌非法吸收公众存款？[①]

——P2P 勿越非法吸存雷池

案例回放

2012 年 5 月至 2015 年 2 月，某网贷平台控制人刘某、李某在未取得银监会批准的情况下，利用其经营管理的某公司架设的某网贷平台，通过网络宣传、注册会员、重置投资标的项目等方式，采取高息（约年利息 20%）回报的手段非法吸收社会民众等大量不特定对象的款项，并投入房地产、借贷等高风险行业，自 2015 年起致使大量民众投入的款项未能返还。经审计，某公司通过该网贷平台吸收的款项达 23 亿余元。

2017 年 12 月 14 日，该案公开宣判。法院经审理认为，被告人的行为已构成非法吸收公众存款罪，但二人犯罪后有自首情节，可以从轻或减轻处罚。法院判决：被告人刘某犯非法吸收公众存款罪，判处有期徒刑九年三个月，并处罚金五十万元；被告人李某犯非法吸收公众存款罪，判处有期徒刑三年，并处罚金十万元；追缴被告人违法所得、财物，追缴不足部分责令上述两被告人退

① 案例编写人：于丽

赔，并按各投资人未收回金额比例发还各投资人。

案例焦点

P2P 是一种将小额资金聚集起来借贷给有资金需求人群的一种民间小额借贷模式，属于互联网金融产品的一种。从制度设计上来说，这种方式能够解决传统金融无法覆盖的领域的资金需求问题，发挥普惠金融的作用。但在快速发展过程中，P2P 发生了一些异化的风险。在 P2P 网贷平台面临的诸多刑事风险中，最易触发的是非法吸收公众存款罪。2017 年 12 月，昔日广州最大的某 P2P 网贷平台涉嫌非法吸收存款案一审判决，让业界看到了国家对 P2P 网贷平台加强监管的决心。

显然，这是一起利用 P2P 平台公开宣传，虚构融资方，自融资金、吸收公众存款后投入房地产、借贷等领域赚取非法高额回报的案件。教训是惨痛的，也为广大金融从业者敲响了警钟。

风险警示

网贷平台应该严格遵循信息中介的业务本质，项目一一对应，不能建立资金池，不能动用投资者的资金，不能超出信息中介的角色定位，不能变成借款人向 P2P 平台借款，更不能变成自融自投，这是监管层反复强调不能触及的红线。

非法吸收公众存款罪的规定有利于维护金融秩序和防范金融风险。以公开方式向不特定公众吸收资金并承诺保本付息的行为已构成非法吸收公众存款罪。对以高息利诱、关联公司担保、虚构假标等诈骗方法吸收公众资金并投资于非宣传项目的行为定性，不能简单地推定具有非法占有目的，应当重点审查资金流向情况。P2P 网贷企业应当积极寻求升级转型，回归信息中介的本质。

防控措施

互联网金融是金融与互联网相互融合形成的新型金融业务模式。发展互联网金融，对于加快实施创新驱动发展战略、推进供给侧结构性改革、促进经济转型升级具有积极作用。但是，在互联网金融快速发展的过程中，部分机构、业态偏离了正确方向，有些甚至打着金融创新的幌子进行非法集资、金融诈骗等违法犯罪活动，严重扰乱了金融管理秩序，侵害了人民群众合法权益。

2016 年 4 月，国务院部署开展了互联网金融风险专项整治工作，集中整治违法违规行为，防范和化解互联网金融风险，要求准确界定涉互联网金融行为法律性质。

互联网金融涉及 P2P 网络借贷、股权众筹、第三方支付、互联网保险以及通过互联网开展资产管理及跨界从事金融业务等多个金融领域，行为方式多样，所涉法律关系复杂。违法犯罪行为隐蔽性、迷惑性强，波及面广，社会影响大，应根据犯罪行为的实质特征和社会危害，准确界定行为的法律性质和刑法适用的罪名。

对于以下网络借贷领域的非法吸收公众资金的行为，应当以非法吸收公众存款罪分别追究相关行为主体的刑事责任：

一是，中介机构以提供信息中介服务为名，实际从事直接或间接归集资金甚至自融或变相自融等行为，应当依法追究中介机构的刑事责任。特别要注意识别变相自融行为，如中介机构通过拆分融资项目期限、实行债权转让等方式为自己吸收资金的，应当认定为非法吸收公众存款。

二是，中介机构与借款人存在以下情形之一的，应当依法追究刑事责任：（1）中介机构与借款人合谋或者明知借款人存在违法违规情形，仍为其非法吸收公众存款提供服务的；（2）中介机构与借款人合谋，采取向出借人提供信用担保、通过电子渠道以外的物理场所开展借贷业务等方式非法向社会公众吸收资金的；（3）双方合谋通过拆分融资项目期限、实行债权转让等方式为借款人吸收资金的。在对中介机构、借款人进行追诉时，应根据各自在非法集资中的地位、作用确定其刑事责任。中介机构虽然没有直接吸收资金，但是通过大肆组织借款人开展非法集资并从中收取费用数额巨大、情节严重的，可以认定为主犯。

三是，借款人故意隐瞒事实，违反规定，以自己名义或借用他人名义利用多个网络借贷平台发布借款信息，借款总额超过规定的最高限额，或将吸收资金用于明确禁止的投资股票、场外配资、期货合约等高风险行业，造成重大损失和社会影响的，应当依法追究借款人的刑事责任。对于借款人将借款主要用于正常的生产经营活动，能够及时清退所吸收资金的，不作为犯罪处理。

根据《中华人民共和国刑法》第一百七十六条的规定，非法吸收公众存款或者变相吸收公众存款，扰乱金融秩序的，处三年以下有期徒刑或者拘役，并处或者单处二万元以上二十万元以下罚金；数额巨大或者有其他严重情节的，处三年以上十年以下有期徒刑，并处五万元以上五十万元以下罚金。单位犯上述罪的，对单位判处罚金，并对其直接负责的主管人员和其他直接责任人员，依照上述规定处罚。

6. P2P 网络借贷的资金安全问题与防范措施[①]

——上海某线上 P2P 理财平台逾期兑付事件

案例回放

上海某线上 P2P 理财平台的兑付危机，需要追溯至 2016 年 8 月底：8 月 26 日，关联公司上海某投资管理有限公司开始暂停客户兑付；8 月 29 日，该公司发布暂停运营公告。随后，有投资人称该公司暂停运营是由于该线上 P2P 理

① 案例编写人：卜敏慧、任欢

财平台不还欠款，导致该公司资金链断裂。

2016 年 12 月 26 日，该线上 P2P 理财平台提现突然中断，并发布公告，声明财务人员因为温某家人的不断骚扰，纷纷离职导致无法提现打款，所以提现暂时中断。同日，该公司众筹委发布声明，财务部门不属于众筹委授权管理范围。但是在众筹委的协调下，次日又开始给投资人提现打款。

2017 年 1 月 16 日，该线上 P2P 理财平台发布《关于尽快恢复按比例打款的公告》，但是依然没有兑付打款。

案例焦点

在该线上 P2P 理财平台逾期兑付事件里，有一份真假难辨的银行对账单尤为显眼，其曾发布公告指责保证金存管银行私自挪用保证金达 500 万元。对此，该银行上海分行反击称，将其风险保证金“挪为他用”与事实情况严重不符，属于虚假信息。该线上 P2P 理财平台官网发布的公告称，2016 年 5 月 13 日，其与该银行达成资金存管战略合作协议，于 2016 年 6 月 24 日正式上线银行存管。

风险警示

1. 折叠管理风险

P2P 网络借贷，指的是投资个人通过网络平台把资金借给资金需求个人或机构，看似简单的操作蕴含着各种金融逻辑和风险点。因为 P2P 属于金融行业的创新领域，又在近年来飞速发展，难免会出现管理不善、产品设计风控把握不当等一系列问题，很多 P2P 平台采用无抵押、高利率、高风险的运作模式，信用风险和管理风险在 P2P 平台进一步放大。机构的趋利性更导致 P2P 平台在不断扩张的过程中放松风控标准，导致坏账堆积，形成兑付问题。

2. 折叠资金风险

平台的资金是否安全，直接关乎投资人能否兑付：监管资金安全，是投资人权益保障至关重要的一步。但是，不少 P2P 平台并没有采取三方存管等手段监管资金的流向和安全。平台私自挪用资金的现象屡见不鲜，这也在无形之中，不断加大了投资人的风险。

3. 折叠技术风险

网贷平台的兴起，对于互联网技术安全的要求越来越高，但是很多 P2P 平台的技术建设及信息安全设置不够完善、不够成熟，影响投资人信息及资金安全。系统不稳定及安全性低，使 P2P 平台在运行时出现被恶意攻击、修改投资人账户等各种问题。

防控措施

1. 资金用途

在某线上 P2P 理财平台逾期事件里，由于当时对于 P2P 网贷的针对性监管还不完善，对于 P2P 平台的资金安全把控问题也没有特别的方式。该事件中涉及的资金监控不严、高管挪用产品募集资金，都使产品的兑付风险不断增加。

2011 年 8 月 23 日，中国银监会办公厅下发了《关于人人贷有关风险提示的通知》，明确了应该合理设定业务边界的四条红线：（1）要明确平台的中介性；（2）要明确平台本身不得提供担保；（3）不得搞资金池；（4）不得非法吸收公众存款。在实现行业规范之后，银监会与银行或第三方支付机构或将开展资金托管。鉴于 P2P 网络借贷行业鱼龙混杂、泥沙俱下，省级监管部门可借鉴现代信息技术，建立相关电子登记、资金托管制度，并做好专项治理工作，方能推动网贷平台健康发展。

2. 融资企业信用风险

某线上 P2P 理财平台逾期兑付事件里，牵出两家公司——上海某金融信息服务有限公司和某银行上海分行。

上海某金融信息服务有限公司，于 2013 年 5 月 27 日成立，经营范围包括金融信息服务（除金融业务），数据处理服务，会展服务，计算机网络专业技术领域内的技术开发、技术咨询、技术服务、技术转让，计算机系统集成，计算机软硬件的开发与销售（除计算机信息系统安全专用产品），电子商务（不得从事增值电信、金融业务），市场信息咨询与调查（不得从事社会调研、社会调查、民意调查、民意测验），企业管理咨询、投资咨询（以上咨询均除经纪）等。注册资本为5,000万元，法定代表人为劳某，股东是劳某、王某和温某。

2004年8月18日，该银行正式开业。该银行前身为某商业银行，是一家于1993年在宁波成立的中外合资银行。2004年6月30日，经中国银监会批准，重组、更名、迁址、改制。现有股东23家，注册资本为115.06872431亿元，其中最大股东为浙江省某开发公司，持股比例为19.96%。

工商部门的登记备案信息显示，该线上P2P理财平台目前的股东为劳某、温某和王某3人，持股比例分别为41%、39%和20%。但在其他材料中显示，股东除上述3人外，还多次出现李某、金某两个人名。李某、金某（李某前妻）实际上是隐藏在该线上P2P理财平台背后的“黑衣人”，也是公司实际控制人。从该平台创立之初，李某就一直把控着公司的主要业务。企业实际控制人的不明晰，使该线上P2P理财平台的信用风险大大增加。

不忘初心

互联网金融经过几年的发展，已经达到了一定的规模，但是随着市场发展的不断深入及完善，互联网金融行业的风险不断暴露，金融资产交易所在互联网金融方向上，致力于：（1）推动经济的发展，帮助中小微企业解决融资难的问题，为中国最广大的老百姓提供一个安全、收益相对较高的理财通道。（2）满足个人资金需求。银行对个人信用贷款的条件要求很高，个人从银行系统融资面临很多困难。在小额借贷出现之前，很多人被迫选择高利贷，结果往往陷入更大的资金黑洞。而小额贷款的出现，则为需要资金的人提供了一种透明、合理的新融资渠道。（3）推动个人信用体系的发展。小额贷款主要是以个人信用评价为基础的贷款，它的发展体现了个人自身的信用价值，提高了社会个人信用体系的建设。为打造现代化信用体系奠定了扎实的基础。

（4）提高社会闲散资金利用率。小额贷款拓宽了个人投资的渠道，加大了资金的流动，提高了社会闲散资金的使用率，大大地促进了经济的发展。

金融本质

网贷不同于金融机构，金融机构是“净资本”管理，无论是银行还是信托公司都要有自己的注册资本，其注册资本少则几亿元，多则十几亿元甚至几十亿元，且注册资本不是用来经营的，而是一种担保，是一种“门槛”。但由于网贷公司门槛低，政府尚没有出台指导性意见，平台软件几千元到几万元都可以买到。很多人民间借贷欠款很多，可能买平台虚拟借款人、虚拟抵押物品，以高利率吸引投资人投资。高利率一般是年利息最少为30%，个别平台达到了50%—70%。

P2P网贷属于新兴产业，是金融行业的创新模式，其发展历程不过几年，市场并不成熟。很多投资人及借款人都没有正确对待这种金融产品，其网贷仅是为了寻求高收益，而资金需求者是为了套现。作为网贷公司本身，由于开设的初衷只是为了牟利，其组织架构中缺乏专业的信贷风险管理人员，不具备贷款风险管理的知识、资质，因此很难把握和处理好平台运营过程中所出现的问题，而导致产生大量的坏账，最终只能倒闭。

关注P2P网贷平台投资人的资金流向也是至关重要的。不少网贷平台没有采取第三方资金管理平台，而是动用投资人的资金。实践中，一些网贷平台的老总自己从平台借款几千万元，用于企业经营，达到自借自用，风险无人控制也无人承担。其背后隐藏的巨大的资金风险只能落在投资人的头上，这也是不少平台能跑路的原因。而目前最为安全的做法则是将投资人的资金置于第三方支付平台进行监管，第三方支付平台要严控其动用投资人资金，唯有这样才能给投资人的资金增加保障。

7. 银行出具假履约保函，责任该如何厘定？[①]

——巨额罚单下的互金私募债违约第一案

案例回放

2016年12月20日，上海A金融信息服务有限公司（以下简称A平台）官方发布了《关于“B电信”、“B电讯”无法按时还款和启动保险公司理赔流程的说明》，说明中称A平台投资人持有的“B电信”“B电讯”债券出现了到期未能兑付的情况，B电讯2014年私募债券第一期至第七期、B电信2014年私募债券第一期至第七期发生实质性违约。“A平台”“马某”“私募债”“违约”，这一公告一石激起千层浪，迅速在各大媒体、网络传播开来，为近年来最沸沸扬扬的互联网金融违约事件拉开序幕。

2014年，私募债发行人B电讯、B电信经某股权交易中心有限公司备案发行“B电讯2014年私募债券第一期至第七期”“B电信2014年私募债券第一期至第七期”（以下简称B债券）。该债券由A平台向投资人发布，C财产保险股份有限公司（以下简称C财险）为相关债券本金及收益的到期兑付提供货币债务履约保证保险，D银行股份有限公司某分行（以下简称D银行）为C财险提供反担保措施出具履约保函。同时，发行人的实际控制人吴某以个人全部合法资产为相关债券的还本付息提供不可撤销的无限连带责任保证担保。

违约爆出几日后忽然出现戏剧性情节。2016年12月25日，为该产品履约险提供方C财险出具反担保的D银行发布公告称，保险公司手上的银行履约保函是假的，且经鉴定相关担保文件、公章、私章均系伪造。该银行宣称，已向当地公安机关报案。公告发出当晚，C财险也发出公告，称就此事向其所在地公安机关报案。次日，C财险又对外表态称，已对B债券违约预付赔付合计3.67亿元，覆盖之前到期的前两期，其后A平台对外公告证明了这一事实。

---

① 案例编写人：郑杰

虽然偿付了两期产品，但其后的违约却迟迟无人兜底。2017 年 2 月，D 银行一纸诉状将 B 电信、B 电讯等起诉至某市中级人民法院，要求三名被告共同偿还贷款本息等款项及已兑付汇票项下垫付款项，涉案金额共计 1.7 亿元。

最终，该案以重大行政处罚，外加巨额罚单收尾。2017 年年底，原银监会对 D 银行总行、分行及其他分支机构的违法违规行为的罚没合计为 7.22 亿元。其中，没收违法所得 1.8 亿元，并处以三倍罚款 5.27 亿元，其他违规罚款 2,000 万元。在人员方面，对 D 银行分行原行长、2 名副行长和 2 名原纪委书记分别给予取消五年高管任职资格、警告和经济处罚，对 6 名涉案员工禁止终身从事银行业工作，对 D 银行总行负有管理责任的高级管理人员也给予相应处罚。

案例焦点

作为互金私募债违约爆雷第一案，事件爆出短短一个月时间里因备受社会各界关注，迅速升温发酵。其中，风暴中心焦点当属关于真假保函的几份公告，D 银行关于虚假保函的公告，C 财险关于银行保函有关情况的公告和关于 B 债券募集资金实际用途的公告。

这几份公告向公众展示了此次违约产品的风控细节，看似安全可靠的互金产品，却层层失控，最终所有风控措施都沦为几张无用的废纸。

在官方公布的信息中可见 C 财险在其反担保措施办理过程中的风控细节。从公告内容看，2014 年年底至 2016 年 5 月底，某保险的工作人员曾三次前往 D 银行某分行营业场所，进行银行保函的面签、回访及核查工作，并获得该行出具的回访回执及盖有该分行行长张某私章的《银行履约保函声明》。因此，虽然真假保函有争议，但整个业务办理过程中面签、回访均确有其事。后因 B 债券发行人未能按时还款，该保险的工作人员又一次前往 D 银行就银行按反担保约定代偿事宜进行协商。

案发后 B 电信又向 C 财险抵押了价值 6 亿币元固定资产。

C 财险的第二个公告显示，“惠州 B 电信工业有限公司 2014 私募债券第一期至第七期”及其后 7 期，募集资金共计人民币 10 亿元整，资金全部纳入B集团资金池使用，资金用途主要如下：（1）用于置换或补充各商业银行2014年前后“贸易项下”融资额度的强制退出贷款等（即收贷），大约7亿元。（2）用于集团下属制造企业产业升级之设备更新改造项目及新增7,000平方米附属生产车间及仓库基建工程项目等，大约2亿元。（3）剩余约1亿元用于补充下属制造企业流动资金。

由此可见，虽然B集团融资的流动资金借款合同中的资金用途写的是“4G通讯终端生产项目”，但实际上并非如此。

虽然D银行坚称相关担保文件、公章、私章均系伪造，涉嫌金融诈骗，一切以公安机关调查结论为准，但D银行是否应当承担责任值得分析。如果D银行保函是无权或越权开具或被公安机关认定为虚假保函，C财险是否有权向D银行追偿，D银行又需承担什么责任？

根据《中华人民共和国担保法》的规定，企业法人的分支机构未经法人书面授权或者超出授权范围提供保证的，该合同无效或超出授权范围的部分无效。但《最高人民法院关于审理经济合同纠纷案件有关保证的若干问题的规定》第十七条第二款规定：“金融部门的分支机构提供保证的，如无其他导致保证合同无效的因素，保证人应承担保证责任。”

本案中，无论是从担保法的规定来看，还是从签署流程来看，银行保函由D银行工作人员于办公时间在D银行某分行办公地点签署，即使经鉴定公章为假，D银行由于内控管理问题，也须为其员工的违法行为承担相应的责任。

风险警示

私募产品变身互联网金融产品拆分卖给个人投资者，属于变相公开募集资金；风控环节看似环环相扣、密不可破，但金融机构内控失守，层层风控形同虚设。

在2017年2月召开的全国财险监管工作座谈会上，原保监会领导提出，要认真总结C财险B债券风险处置的经验教训，完善监管制度，防止新增风险。“B私募债券到期无法兑付的事件”，是“经济风险向金融领域传导，而金融风险又在不同金融机构之间交叉传递的典型案例”。

这一事件涉及互联网金融公司、银行、保险等多类金融机构，交易过程复杂。在市场风险、信用风险、内控管理及金融业务合规经营等方面给我们敲响了警钟。

防控措施

1. 信用风险管理

本案中，债券违约牵涉的两家公司 B 电讯和 B 电信，均为 B 集团旗下关联公司。B 集团有限公司（以下简称 B 集团）创建于 1992 年，在当地是一家著名的明星民营企业，主要从事通信终端产品的研发、生产与销售，旗下子公司共有 20 多家。

在 A 平台 B 债券发行之前，B 集团就已经暴露出很大的信用风险。这也可以解释，为什么 B 集团转向资金成本较高的互联网金融，而银行则出具保函躲在幕后，风险已然跃跃欲出。

众所周知，银行的风控技术是非常严格的，在尽职调查中会发现由于该企业面临发展受阻资金链随时可能断裂的风险。但为何银行还出现在该案的产品结构中呢？ B 集团作为某当地的主要民营企业，是 D 银行某分行的重要客户。截至 2014 年 10 月 22 日，B 电讯、B 电信尚需偿还 D 银行某分行贷款，合计约 10.52 亿元，恰与 B 债券筹资的规模相当。因此，可以推断 D 银行某分行对企业信用风险情况从开始就一清二楚。由于该集团已出现流动性问题，为了从债券市场获得资金归还 B 公司所欠的贷款，银行内部人员铤而走险将自己的风险，通过 A 平台这一互联网渠道转嫁给普通投资人。

无奈的是，银行本身并不能创造信用，只能基于企业信用进行管理。因此，作为信用中介，识别风险、增强流动性成为信用风险管理的关键核心要义。

2. 互联网金融平台监管及政策风险

A 平台为某金融服务集团旗下全资子公司，在上海市黄浦区注册成立，注册资本为 1,000 万元，定位为金融信息服务平台，为个人投资者与资金需求方提供金融信息居间服务。

本案中的B债券投资人通过该平台首页推荐，再通过系统自动匹配基础资产拆分后对应的份额产品。投资人起投门槛很低，大部分投资人都没有太多的金融风险认知和识别能力，仅单纯基于对A平台的信任，认为经平台背书的产品能够实现低风险、高收益，违背了一般的金融常识。从私募债产品表面上看，国内最大的互联网平台背书、中国民企500强企业项目、某股权交易中心有限公司托管、C财险担保，普通个人投资者确实很难对该产品的风险进行专业的分析和判断。

虽然国家相关法律法规规定，互联网金融中介平台不得通过拆分、代持等方式变相突破合格投资者标准或突破单只私募债券总持有人数量上限。该平台仍以金融服务创新为幌子，打政策擦边球，最终导致风险事件的爆发。

根据《中华人民共和国证券法》第十条的规定："公开发行证券，必须符合法律、行政法规规定的条件，并依法报经国务院证券监督管理机构或者国务院授权的部门核准；未经依法核准，任何单位和个人不得公开发行证券。有下列情形之一的，为公开发行：（一）向不特定对象发行证券的；（二）向特定对象发行证券累计超过二百人的；（三）法律、行政法规规定的其他发行行为。非公开发行证券，不得采用广告、公开劝诱和变相公开方式。"

中国证券业协会2015年10月16日公布的《公司债券承销业务规范》第十三条第三款规定："非公开发行公司债券的，不得采取公开或变相公开方式进行推介。"第二十八条第二款规定："非公开发行公司债券应当向合格投资者发行，每次发行对象不得超过二百人。"根据上交所和深交所的规定，私募债券应由证券公司承销，每期私募债券的投资者合计不得超过200人。其中，合格个人投资者的条件包括个人名下的各类证券账户、资金账户、资产管理账户的资产总额不低于人民币500万元；具有两年以上的证券投资经验；理解并接受私募债券风险。

私募债属于非公开发行的公司债券，从表现形式上看，要求"非公开"且"累计投资人不超过二百人"。而A平台，完全违反了前述禁止性规定。一是，A平台在网站上向不特定的人群公开销售B公司债券，突破私募性质。二是，将私募债拆分成N份，以“B债001”“B债002”等名称来显示，变相降低门槛，突破合格投资人标准。

大部分投资人实际上并不能判断私募债的风险，对于资金投向、平台资金池、期限错配等状况，更是一无所知，平台也没有尽到完全充分信息披露的职责。

不忘初心

依据《中华人民共和国证券法》《企业债券管理条例》《中小企业私募债券业务试点办法》等相关法律法规，目前企业私募债的发行主要是备案制管理下的自律性约束。虽然这样大大降低了中小企业发行私募债的成本，但是其低门槛、弱监管的特征，对发行人、承销（销售）商或产品管理人的风险管控能力提出了很高的要求。

B债券通过地方股权交易中心发行，并没有按私募债发行规则进行备案，又通过互金平台销售。这两个主体并不具备完善的风控体系和风控能力对发行人进行资格审核、对发债主体进行全面尽职调查。门槛原本就低，却再次降低标准。

互联网金融的发展经历了创新、发展和疯狂扩张阶段，很多人都把互金发展最快速的时期称为“野蛮生长期”。一些经历过这一时期的互金公司出现了各种问题，违规甚至违法操作，期限错配、设置资金池等。

互联网金融是互联网+金融，而不是互联网=金融。金融的本质是资金融通，资本是血性的、逐利的。在互联网+金融或金融科技这个创新领域，作为金融服务提供主体的互联网公司应不忘初心，在互联网技术方面潜心研究，考虑怎样为金融机构提供金融科技支持，而不是无资质、无牌照地做金融服务。

金融本质

金融的核心是风险管理，风险管理失败的金融最后都变成了灾难。风险管理贯穿金融行为的整个过程，体现在每一段法律关系里，链接着每一个产品环节。对于B债券中，B集团董事长个人对私募债做连带责任担保，C财险提供信用保证保险，银行提供反担保措施，但最终在内控方面出现了问题，不能控制风险就意味着信用管理出现了问题。

推进我国企业私募债成熟发展，探索有效管理控制相关风险的手段需求紧迫。借鉴美国等发达国家的经验，制定规范、完备的法律体系以形成成熟的运行机制，具备严密的信用评级制度和金融产品创新规范。

8. “金融 + 长租公寓”模式风险浅析[①]

——首例长租公寓爆仓事件

案情回放

在“究竟是什么推动了租金暴涨”的讨论声愈演愈烈之时，人们都没有注意到，杭州的A网络科技有限公司（以下简称A公司）的长租公寓公司已经宣布破产。该起事件如同平地惊雷，引发了人们对此类业务的激烈讨论，也引起了人们对“金融 + 长租公寓”模式的警觉。

A公司破产，给其业主和租户留下了一地鸡毛。如果究问原因，就要从其经营模式说起。租房时，A公司许诺租户以“押一付一”的方式缴纳房租，但天下没有免费的午餐，实际上该付款方式是让租户在不知情的情况下向网络小额贷款公司进行了分期贷款，需要租户付出额外的利息成本。具体而言，租户需先下载一个APP，然后在该APP上进行用户注册、绑定银行卡及提供个人基本信息及信用信息等操作，之后即可获取一定额度的贷款。租户可以通过APP操作一次性把租金支付给A公司，再以按月还款等方式

① 案例编写人：王璇

在 APP 上按期返还贷款本息金额。然而，其后，A 公司却公布了一份破产通知书，该公司一名负责人直接告诉租户："没钱退押金，更没钱退房租。"A 公司破产事件导致约 4,000 户租客受损，涉及 6 家网贷平台。

也就是说，这些租客不仅拿不到先行支付的押金，还依旧需要每月按时向 APP 还钱，而业主也未收到 A 公司应支付的租金。基于该情况，一些业主已经准备收房。一时间，很多人成了受害者。他们有一个共同的疑问："A 公司收到的贷款公司的钱是真金白银到了账，网贷公司手上的征信资料是租客的，租客承租业主的房子。看似是一个租房生意，其实赚的是金融的钱，这样'无本万利'的模式下，公司怎么说倒闭就倒闭了呢？即使是倒闭了，所收的钱就人间蒸发了吗？"不少租户及业主在收到破产通知后，直接组成了大大小小的维权群，希望通过协商或者法律等途径挽回损失。

通过天眼查官网可查询到，该公司于 2016 年注册，法人为魏某，主要高管人员包括徐某、周某、付某。截至事发，公司并未注销，也无法院公告、司法诉讼或其他变更记录。而魏某名下还有 28 家公司。

案例焦点

某房产中介公司前副总裁胡某曾发表言论称："长租公寓爆仓，一定比 P2P 爆雷更厉害。"实际上，此前 A 公司就因拖欠租金被传资金链断裂。2018 年 8 月 2 日，魏某就此发布公告称该传闻为谣言，并呼吁大家不要听信。8 月 15 日，部分业主和租户意识到事情不对劲，于是赶到 A 公司办公场所维权，却发现办公场所已经被搬空，还在职的员工表示，公司处于这样的状态已经好几天了。再接着，业主和租户就等来了破产通知。受害者们发现，这一系列操作，竟与跑路前的 P2P 平台套路如出一辙。

然而，A 公司并非人们认知里传统意义上的"打一枪，换一个地方"的黑中介。其发布的相关公告也称：公司成立于 2009 年，截至 2017 年年底已发展长租公寓超过 5,000 间，并在 2018 年 2 月获得一笔千万元级融资，投资方为浙江某投资管理有限公司。8 月 25 日下午，深陷旋涡之中的魏某接受了界面新闻的独家专访，复盘了整个“爆仓”事件的始末。他认为，爆仓的核心并非是P2P、转移资产、资金之类的原因，核心问题在于收房方面没有控制好，导致收房价格高、空置变多。同时，过高的运营成本和企业内部贪腐等管理漏洞被销售人员利用，从而使公司经营不善，导致资金出现短期缺口，再加上挤兑，才出现了这个结果。

有业内人士分析称，A 公司的经营模式本质是利用租客的信用，给企业自身提供扩张资金，对企业本身而言可以说是“无本万利”的买卖。一直致力于地产租赁生意的潘某曾在采访中表示，“租房价格再翻番还是亏本的”。因为如果是从银行贷款产生的利息，按照银行基准利率是 4.9%，可能实际得 5%—6%，用贷款建成公寓租出去，回报率最高超不过 1%，所以这个生意是亏的。可潘某没提到的是，企业通过 ABS 发行债券进行融资，即不需要通过银行就能获得资金；再通过 ABS 或者其他金融机构提供分期贷款给租客，房租一次性支付给中介公司；最终，房租的差额和贷款的利息成为 ABS 的收益。

从这个角度上看，这个模式各取所需，也许无可厚非。而且，在房屋租赁中介市场上，不仅 A 公司如此，其他许多中介机构也采用该模式，以达到加快企业资金回笼、提高资金流动性的目的。但当一些规模较小的、融资能力弱的租赁企业加入该模式时，其风险就变得难以控制。由于这类企业的资金实力及资信状况参差不齐，多数无法发行债券，所以只能跟小额贷款公司等机构合作；而在没有有效约束机制的情况下，公司管理者不满足于细水长流的盈利模式，打擦边球甚至直接卷钱跑路的情况也并不少见。例如，2018 年 5 月，房屋中介机构某资产管理有限公司就因涉嫌欺骗租客使用分期贷款缴纳房租而遭到投诉。

风险警示

这种模式对于长租公寓扩张的好处毋庸置疑。有的观点认为，对于长租公寓平台来说，通过“房租贷”模式能一次性收到全年租金，而支付给房东的款项则是按季度支付，这个时间差也让长租公寓平台有了更充裕的现金流，能以更高的成本抢占房源，扩张市场份额。而对于租客来说，确实也能在一定程度上缓解其部分租金压力。

然而，凡事都有两面性，这种模式也存在自身的弊端。由于不需要直接支付，中介机构在征收房源时可以随意提高价格，业主自然希望看到这种变化，但极高的租金背后，是房子无法租出去的风险。即使房子顺利出租，如果中介机构宣布破产，业主、租客及网络小额贷款公司这三方主体都可能面临损失，并且其中受损失最大的可能还是租客。这种模式将对租客产生两种不良影响：第一，由于租金信贷的金额通常都是几千元到几万元，数额很小，一旦出现在征信记录上，银行从业人员会质疑租客的还款能力，从而增加日后通过正规途径贷款的难度。第二，不同于自己直接支付租金，从网络小额贷款公司贷款会产生一笔不低的利息，从而产生额外成本，导致选择此种方案并不经济。

除此之外，某些房租分期平台并未建立起一套较为完备的风险控制体系和配套制度规则，针对贷款对象（即租客）的资信状况也就无法实现客观、全面的判断及风险把控，甚至对无收入证明的租客也可贷款，或者只要达到花呗、京东白条等消费信贷记录不逾期就能签约，租金贷风控能力着实堪忧。

以京东白条为例，就京东金融本身的信用审核体系来说，京东金融并未将信用评级体系中具体的等级标准向京东白条用户进行披露。用户的消费金额、次数、所购商品种类、退货信息等参数对用户的信用评级会产生一定的影响，而具体的授信标准无从得知。从现实情况看，存在金牌会员无法申请京东白条或者信用额度很低，而几乎从未在京东商城有过消费行为的用户却顺利申请京东白条并获得较高信用额度的情况。实践数据也显示，京东白条客户违约率呈现上升趋势。2017 年 1 月至 2017 年 6 月，京东白条逾期超过 90 天的金额从 2016 年年底的 3.8 亿元逐步增加至 6 亿元，而逾期大于等于 90 天的回收率最终为 2.4%。如果以逾期超过 90 天的京东白条资产为违约资产，则 2017 年 1 月至 2017 年 6 月京东白条资产的平均违约率高达 2.44%。此外，京东白条用户的信用评分主要是依据京东商城的电子商务数据，而关于搜索引擎、社交、网络游戏等方面的用户行为数据则比较匮乏，因此现有的信息存在一定的局限性与片面性，并不能对客户的信用进行客观、真实的掌握，据此进行信用审批的结果也必然不全面、不完善，从而客户的违约风险较大。这说明京东金融信用评级指标选取的合理性、信用评级体系的科学性仍有待论证，同时也在一定程度上说明长租公寓模式中的授信标准存在一定的问题。

不仅如此，目前，国内的大部分互联网企业无法实现个人信用信息数据的共享，导致每家企业各自为政，虽然在自己的体系内看似收集了多而全的个人数据信息，但存在重复性、片面性等问题，不能进行全面有效的整合，因而无法得出客观真实的用户资信情况，还会导致用户在不同平台申请并消费这种多头借贷、过度借贷的情况，使用户的实际还款能力与其所负的债务不匹配，从而增加用户的违约风险。

此外，在第三方房租分期平台涌现后，部分银行也进入房租贷市场。这意味着长租公寓平台在一定程度上将融资风险转嫁给了融资机构、银行、房客和房东，那么平台自身的风控能力是否能够支撑长租公寓的健康稳定发展，值得再深入探究。

对于租客而言，另一个隐藏的较大的风险是，租客并不知道自己注册租房的信息已经被用作贷款审批，而在大多数长租公寓模式的贷款协议中，都或多或少地存在收集借款人个人信息及过度要求借款人授权的情况。

以“京东白条+”模式中的租房产品为例，京东金融与某互联网租房机构合作，为京东白条用户提供租房打京东白条的服务。该租房机构在与租房用户签订的用户个人信息使用规则协议——《某信用分协议》中有如下几条约定：（1）该租房网可以通过对与租房用户有关的各种个人信息、信用历史信息等进行数据采集、保存、整理、分析、比对、演算、归纳及（或）加工，形成针对该用户的信用分值，并要求用户同意该租房网可以自行使用该信用系统依据上述用户个人信息所形成的信用分；（2）要求用户同意允许该租房网从合法保存该用户个人信息的旗下相关机构以及第三方机构采集及处理其各类信息，而无须该用户的再次授权；（3）要求用户同意任何第三方机构可直接向该租房网提供用户的个人信息而不需要用户再次授权；（4）要求用户理解并同意该租房网在使用或向信息使用者依法提供上述信息时，就可能产生的风险无须承担任何赔偿责任。这些风险具体包括：纳入这些信息对用户的信用评级（评分）、信用报告等结果可能产生的不利影响，该等信息被该租房网依法提供给第三方后被他人不当利用的风险，因用户的信用状况较好而造成被第三方向其推销产品或服务等打扰的风险。

京东金融方面在《京东金融隐私政策》中规定，京东金融可能会将用户的交易信息、账户信息及设备信息等与其合作伙伴等第三方进行共享，包括为京东金融提供基础设施技术服务、数据处理、信贷审批和客户服务等的机构。虽然该隐私政策中明确表示信息共享的目的在于顺利为用户提供服务，且表示仅会出于合法、正当、必要、特定、明确的目的共享，并要求这些服务提供商只能出于为用户顺利提供服务的目的而使用相关用户的个人信息，而不得出于其自身利益使用。但根据上述分析可知，京东白条租房的相关客户服务机构在其用户个人信息保护制度方面并不符合要求。一方面，由于京东对于作为其合作伙伴的这些相关的客户服务机构自身的资质或信用状况没有统一的审核与准入标准，后续没有对于这些合作机构进行持续的资质排查、产品及服务情况审查等，使这些合作机构在个人信息保护制度建设方面参差不齐。当京东金融基于为京东白条用户提供相关服务而与这些机构进行用户信息共享时，后者可能会出于企业自身利益的目的而不按照与用户签订的协议履约，甚至超范围滥用、泄露或非法交易相关用户的个人信息，从而损害用户的个人信息权利等合法权益。另一方面，由于这些个人信息使用规则条款是电子化格式合同条款，用户要享受打京东白条租房等服务，就不得不同意给予相关服务机构充分的授权，而当其个人信息在后期受到侵害时，因之前的“被迫授权”没有充分的证据，从而处于维权不能的被动地位。

根据我国现行法律法规的规定，自然人的个人信息受法律保护，其他任何主体在对自然人的个人信息进行收集、使用、交易或向第三方披露等行为前，必须经过信息主体（即该自然人）的书面同意。虽然其中通过专门条款的形式来对个人信息的收集、使用行为进行立法保护的并不多，但综观法律法规，仍然可以找到相应依据。

2017 年年底生效的《中华人民共和国民法总则》是相关规定中法律位阶

最高、最适应当前形势的一部法律。其第一百一十一条规定："自然人的个人信息受法律保护。任何组织和个人需要获取他人个人信息的，应当依法取得并确保信息安全，不得非法收集、使用、加工、传输他人个人信息，不得非法买卖、提供或者公开他人个人信息。"除此之外，《全国人民代表大会常务委员会关于加强网络信息保护的决定》（2012年）第二条第一款，《中华人民共和国消费者权益保护法》（2013年）第二十九条第一款，《中华人民共和国网络安全法》（2016年）第四十一条、第四十二条，分别针对网络服务提供者和其他企业事业单位、经营者及其工作人员、网络运营者提出了要求，主要可以分为以下两个方面：（1）在业务活动中收集个人信息，应当遵循合法、正当、必要的原则，明示收集、使用信息的目的、方式和范围；（2）对个人信息进行收集、使用、处理、加工、传输、向他人提供等行为前，均须事先征得信息主体的同意。在2017年3月第十二届全国人民代表大会上，《中华人民共和国个人信息保护法（草案）》被作为附件提交，目前还未正式通过。该草案明确规定，个人信息权人对其个人信息享有直接支配与控制的权利，即信息决定权。该项权利的内容主要是产生个人信息的主体有权决定与其有关的个人信息是否被收集、处理与使用，以及相关信息处理主体在实行这些行为时的方式、目的及范围。虽然该法仍未正式通过，对企业等信息处理主体尚不能产生法律约束力，但该法所规定的具体内容代表了国家层面对于个人信息保护的态度和方向，对于企业规范自身经营行为中的个人信息保护机制建设具有参考意义。

根据上述法律法规可知，用户作为信息主体，对于企业因经营活动需要而向自己收集个人信息，并且在之后的经营过程中使用、分析、处理、向他人提供其个人信息等行为，均享有事前的知情权和同意权。而根据上述对租房网与京东白条的相关协议内容的分析可以看出，当该租房网在业务活动中作为信息收集者和使用者时，要求用户通过一次性的授权操作，使其在今后的经营行为中可以从已经合法获取并保存该用户个人信息的旗下机构甚至其他第三方机构，不限次数地反复收集、获取、处理该用户的个人信息，而无须经过该用户的任何再次授权，并且该协议中对于该租房网获取上述信息之后对这些信息的使用目的、具体用途完全没有任何说明，也没有通过其他合法途径向用户公示或者披露。当该租房网作为信息提供者，在业务活动中可能涉及需要向其旗下相关机构或者独立的第三方主体提供用户的个人信息时，要求用户同意经过一次性的授权操作，允许该租房网不限时间、不限次数地向上述机构提供用户个人信息，而无须该用户的任何再次授权操作。因而实际上，用户作为信息主体，在签订相关电子协议时，对于自己被收集的信息是否为必要信息、个人信息的被使用的具体方式、范围、用途，以及在以后是否会被提供给第三方、何时提供给第三方、以何种频率提供给第三方等情况都是不清楚、不知情的。而根据前述分析可知，该租房网的这些条款属于格式条款。根据《中华人民共和国合同法》第四十条的规定，上述条款应当被认定为无效条款。

另外，该租房网有可能利用这种约定的不明确性、信息的不对称性，在以后的经营行为中违反之前与相关用户的约定，超目的或者超范围地滥用该用户的相关信息，侵犯用户作为信息主体的信息权利。这种行为显然违反上述个人信息保护法律法规的规定，同时也与前述《中华人民共和国个人信息保护法（草案）》第十二条的规定以及国务院征信监督管理部门的态度相悖。

不忘初心

长租公寓模式自产生之出到发展渐趋成熟，致力于打造与短租房天差地别的特征。其明显表现在管理服务上，并且租客一般都会在自己的范围内设置属于自己的社交场所。这些公寓个性鲜明，符合租客的个别要求，且完全不担心房东忽然涨租或者下逐客令。

国务院出台房屋租赁新政，指出实行购租并举，发展住房租赁市场，是深化住房制度改革的重要内容，有利于加快改善居民尤其是新市民住房条件。购租并举有利于将商品房的“商品”属性、居住用途“拉回来”，从而避免住房金融化、房地产行业泡沫化。

再好的政策初衷，也可能在落实中打折扣。有专家总结，近年来，“互联网金融+租房”“互联网金融+培训”等模式不断涌现，由于承诺的分期变贷款、强制网贷等引发的纠纷也越来越多、越来越复杂。某大学中国银行业研究中心主任郭某指出，一些互联网金融机构为了扩大流量，在短时间内把业务规模迅速扩大，采取各种手段、欠缺规则意识、盲目开展业务，甚至把未来的资金作为抵押品进行贷款。因此，为了防范金融风险、保证经济平稳增长，对一些机构过于冒进的行为还是有必要进行纠正的。

防控措施

1. 房屋租赁合同风险点防范

针对这种“隐性强制”贷款付租金的长租模式，建议为：

（1）在租客仍在交房租期间，业主无权赶走租客。业主应去法院起诉A公司侵占租金，因为房租权益属于业主被A公司非法侵占，顺序优先于破产清算。如果业主赶走租客，租客可以去公安机关或者法院起诉业主侵犯租客的房屋使用权，要求业主支付因搬家而产生的费用。

（2）即使业主和A公司签订了单方面终止协议，如“A公司无力支付房租，合同终止，房屋即日起由业主自行收回”，协议也是无效的。因为租客和A公司签订的协议在前，业主和中介的合同不能对抗第三人。如果业主赶走租客，租客可起诉业主侵权。

（3）支付租金期满后，租客不搬走的，业主可以起诉租客侵权，并向法院申请强制清退。但租客可去法院起诉A公司赔付押金并承担违约责任。

（4）很难认定A公司的行为是否属于诈骗。因为诈骗的必要条件之一为主观上存在恶意，但A公司的情况比较复杂，因此不易判断。

2. 出台相关监管规定

某地产首席分析师张某认为：一方面，银行应严格把控，涉租房贷款需直接对应至个人账户，并按月发放，最大限度地避免违规行为；另一方面，政府应加强对机构与资金的监管力度，抬高租赁机构的违规成本。搭建资金监管平台，租户、房主资金点对点，租赁机构收取服务费等费用，以避免租赁机构私设“资金池”，防范金融风险，也避免资本的垄断推涨租金价格。

实际上，对于长租公寓ABS模式，不能直接扼杀，但是在长租公寓企业一路高歌勇进的情形下，对于经营中的漏洞、黑洞，急需政府监管部门尽早出台相关政策予以规制，并对相关从业者进行监管，防止新的金融骗局。

2018年9月29日，上海金融办发布《关于暂停本市小额贷款公司融资担保公司与代理经租企业合作开展个人“租金贷”业务的通知》，要求上海市小额贷款公司、融资担保公司立即暂停与代理经租企业合作开展个人“租金贷”业务。与此同时，各区主管部门要结合2018年度现场检查，对辖区内小额贷款公司、融资担保公司开展个人“租金贷”业务情况进行排查。

上海金融办相关负责人表示，该通知下发前，已开展个人“租金贷”业务的小额贷款公司、融资担保公司，应于2018年10月12日前，将目前业务总体情况（包括但不限于业务规模、合作对象、涉及人数、风险情况等）、整改计划等报送至各区主管部门，并由各区主管部门汇总上报上海金融办。在该通知下发后，仍违规开展此类业务的，将视情节严重程度，采取降低监管评级、责令暂停开展新业务、取消试点资格或吊销许可证等措施。

同日，上海住建委发布《关于进一步规范本市代理经租企业及个人“租金贷”相关业务的通知》，要求代理经租企业不得与未经国家金融监管部门批准设立、无金融许可证的机构合作开展个人“租金贷”及相关业务。代理经租企业不得强制或诱骗租客使用个人“租金贷”产品，不得在签约前收取定金或设置其他条件，不得收取与个人“租金贷”业务相关的其他费用。个人“租金贷”贷款合同和住房租赁合同应当分别签署，有关住房租赁租金贷款的内容不得出现在住房租赁合同中。

同年9月28日，南京市房屋租赁管理办公室首次发布的“房屋租赁风险提示”指出，个别中介机构和住房租赁企业故意隐瞒贷款事实，引导、诱骗或强制租房人办理租金贷，导致租房人“被贷款”，面临贷款合同不易撤销、退租时难以退贷、贷款逾期失信等多重风险。

同年9月19日，广州相关部门联合发布的《广州住房租赁行业倡议书》指出，鼓励银行机构在符合金融监管规定和政策的前提下，支持专业化住房租赁经营业务，规范发展住房租赁相关贷款业务，加强授信资质审核和风险管理，严格住房租赁的放贷审批手续。

该倡议书提出，住房租赁企业不诱导、引导和强迫承租人参与任何有金融风险的行为；不用承租人或出租人资金建立资金池；不截留租金、挪作他用以及期限错配；不在未经承租人同意的情况下或采取虚假宣传等方式诱导承租人签订贷款合同；不未经监管部门批准从事发放贷款业务；不以住房租赁名义从事非法集资活动。

颇受非议的“租金贷”在多地的严管下暂时消停。截至目前，已有北京、上海、杭州、深圳、西安、南宁、天津、南京等地针对长租市场发布管控政策，北京、上海和西安等城市对“租金贷”启动调查。目前，九成以上有租房贷业务的金融机构都暂停了此项业务。

3. 明确网络小额贷款公司的授信标准

而对于长租公寓模式中小额贷款公司对租客的授信标准，本书认为，各地政府金融监管部门应当根据《关于促进互联网金融健康发展的指导意见》《关于小额贷款公司试点的指导意见》等规定，结合小额贷款公司的行业实际，科学合理界定小额贷款公司开展网络小额消费贷款业务的授信标准规范，严格控制网络小额贷款资质的审批。

第一，要求从业机构制定明确的借款人资信准入标准。对于信贷市场而言，客户准入是防范未来可能发生的各种风险的关键环节。只有在这一环节建立科学合理的准入标准，才能够搭建起资信良好的借款人客户群体；反之，若初期借款人准入标准制定得不规范、不详细，则会出现借款人资信情况参差不齐的情况，导致借款人违约风险增加。而对于互联网消费信贷这一新兴的互联网金融市场，由于其全程依托于互联网环境，借款人资信审核阶段也全部在互联网环境中完成，代替了原始的线下资信审核流程，这无形中就增加了贷款人对借款人的资信审核难度，也加大了信息不透明、信息不对称的风险，最终加大借款人违约风险。因此，具体而言，应当要求从业机构基于消费场景的用户数据，在利用大数据技术进行分析处理的基础上，形成明确的资信审核指标，如借款人的资产情况、是否有固定工作或固定收入、是否有第二还款来源、借贷资金的具体用途等。

第二，要求从业机构必须建立借款人授信额度的动态调整机制。根据目前互联网消费信贷市场上的主要产品情况，对于借款人授信额度基本都有一定程度的调整，但具体的调整标准并不完善。以京东白条为例，京东白条用户可以依据其在京东商城购买商品或服务等消费数据，以及在京东金融购买小金库理财产品、京东金条或其他京东金融旗下的理财产品的信息，而在每周获取一定额度的提额包。此外，若京东白条用户未能按时偿还京东白条额度，则会对其采取降低授信额度等措施。这确实是一种对借款人授信额度的动态调整，但这种动态调整机制仍然存在一定的问题：一是，由于京东白条用户违约行为的发生概率并不确定，甚至绝大多数的京东白条用户不会发生违约行为，因此仅仅基于用户违约行为的动态调整频率太低，不能真正起到“动态”的作用；二是，即便一部分动态调整机制是基于用户的消费数据，但根据本书的调查及经验，对于京东白条而言，这种基于消费数据的调整并不准确，也没有客观地反映借款人真实的资信水平。因此，借款人授信额度的动态调整机制不应当仅仅基于用户在体系内的消费数据，而应当加入其他考虑因素，如加入对借款人收入情况、资产情况、工作情况等的后期跟踪调查。

4. 加强租客个人信息保护

在租客个人信息保护方面，本书认为，应当制定互联网个人信息保护的专门规范。目前，我国有关个人信息保护及隐私权保护的规定散见于刑法、民法、网络安全法、消费者权益法、邮政法、统计法等法中，且大多只是简单几个法条，仅规定了原则性的内容。《中华人民共和国个人信息保护法（草案）》是针对个人信息保护在立法层面上的一个重大突破。该草案用六章、四十四条明确规定了个人信息保护所应遵循的基本原则、信息主体的基本权利、相关信息处理主体的收集、处理资格和信息披露、义务及规范等方面。这是我国个人信息保护法律体系建设中的一个里程碑式的发展。

但是，在推进个人信息安全保护法律体系建设的过程中，由于不同行业的运行与风险特点差异较大，难以进行一致性监管，不宜采取“一刀切”式的监管方式。因此，就需要根据不同行业、区域等出现的具体个人信息侵权行为，进一步细分不同行业领域的具体监管思路。

考虑到我国互联网背景下金融市场的大环境，针对金融消费者个人信息安全的倾斜性保护，在互联网小额消费信贷方面比较可取的办法是对从业主体课以严格的责任与义务。通过出台具体的互联网个人信息保护专门规范，明确开展互联网小额消费信贷的从业主体在金融消费者保护方面的行为规范，对交易过程中的风险分配、责任承担、信息披露、隐私保护等方面作出明确规定，并规定互联网个人信息侵权行为的经济赔偿责任、行政责任和刑事责任，从而保障金融消费者的合法权益。

在互联网个人信息保护专门规范的制定中，应当着重关注互联网金融消费者的知情权、个人信息权利、财产安全权等方面。在知情权方面，互联网金融从业机构应当全面、适当履行针对金融消费者的信息披露义务，且披露的内容须达到真实、准确、完整、及时等要求。具体而言，从业机构应当在互联网金融产品或服务协议中，以通俗易懂的语言向消费者全面、准确、完整地描述产品相关信息，并且利用标红、加粗、改变字体、字号、字体颜色等醒目的方式，将其所提供的金融产品或服务中可能蕴含的风险进行提示，从而全面、适当地履行信息披露义务，避免金融消费者因盲目投资而遭受财产损失。在个人信息权利方面，明确互联网金融消费者享有的对个人信息在信息收集、分析、处理、使用、传输、交易、修改、删除等行为方面的信息决定权。同时，对互联网金融从业机构课以对客户个人信息的保密义务、获取信息主体授权的义务、限定信息使用方式及使用范围的义务等，禁止互联网金融从业机构通过格式合同条款要求个人信息主体对从业机构信息行为进行一次性授权、过度授权。并且，对违反相关法律法规，对个人信息进行非法收集、处理，超范围、超期限使用，非法泄露以及非法交易等行为的从业机构课以严格的经济赔偿责任、行政责任，甚至刑事责任。在财产安全权方面，要求互联网金融机构应配备专门的网络安全技术专业人员，保护消费者财产免受账户盗刷带来的财产损失。

二、传统金融市场篇

导　读

金融是现代经济的核心，金融市场就如同整个市场经济体系的动脉。从经济学的角度看，经济运行体系可以简单地分成金融部门与实体经济部门。虽然在产业划分上，金融被划归为第三产业，属于为实体经济服务的部门，但由于实物资源的流动总是以货币资金的流动为牵引因素的，二者在市场经济体系中息息相关、相辅相成，故而金融部门并不是一个被动的、仅仅满足实体经济中微观主体需求的部门，而是一个在提供服务的同时又发挥着巨大调节作用的重要经济部门。特别是当今中国正处于经济转型的特殊时期，金融已经成为国民收入的主要分配手段，这使金融体系的安全、高效、稳健运行对经济全局的稳定和发展至关重要。

金融业可以分为传统金融业和新兴的互联网金融。其中，传统金融业，主要是指只具备存款、贷款和结算三大传统业务的金融活动，以及利用传统手段开展的金融业务、金融产品和金融机构及金融体系，主要包括银行业、保险业、信托业、证券业和租赁业等几大类。传统金融业以融资为主要功能，以金融中介和金融机构为最主要的载体和媒介，并通过它们完成金融活动的整个过程。它是过程驱动的，注重与客户面对面的直接沟通，在此过程中搜集信息、建立管控风险、交付服务，且需要担保抵押登记、贷后管理等的治理机制。传统金融的很多业务虽然也在互联网环境中完成，但它主要是通过线下向线上进行拓展，以提升服务的便捷度。

而互联网金融，则是指传统金融机构与互联网企业利用互联网技术和信息通信技术实现资金融通、支付、投资和信息中介服务的新型金融业务模式。常见的主要有第三方支付、P2P 网络贷款、小额贷款、众筹融资、互联网投资理财和互联网金融门户等。互联网金融具有去中介化、平台开放、以用户为导向、交易成本低、注重大数据作用、交互式营销等特点。资金供需双方直接交易，不需要通过银行或券商等中介，交易成本低，速度快，更加尊重客户体验；消费者和金融服务提供商共同参与商业活动，且地位更加对等；充分利用互联网技术和数据信息积累和挖掘优势，生态圈客户群规模大。

在现代经济条件下，任何经济活动都伴随着风险发生的可能性，这一点在金融领域则表现得更为突出。金融风险，是指一定量金融资产在未来时期内预期收入遭受损失的可能性。其有以下几个基本特征：（1）不确定性：影响金融风险的因素难以事前完全把握。（2）相关性：金融机构所经营的商品（即货币）的特殊性决定了金融机构同经济和社会是紧密相关的。（3）高杠杆性：金融企业负债率偏高，财务杠杆大，导致负外部性大。另外，金融工具创新，衍生金融工具等也伴随高度金融风险。（4）传染性：金融机构承担着中介机构的职能，割裂了原始借贷的对应关系。处于这一中介网络的任何一方出现风险，都可能对其他方面产生影响，甚至发生行业的、区域的金融风险，导致金融危机。

由于传统金融业与互联网金融有诸多不同之处，它们常发生的金融风险也各有侧重。近年来，传统金融机构高发性风险事件所暴露出的金融风险主要有以下几类：

（1）信用风险。又称违约风险，是指在信用活动中由于存在不确定性而使本金和收益遭受损失的可能性。这种风险主要发生在银行的贷款业务中，也会发生在担保、承兑和证券投资等表内、表外业务中。近年来，传统金融行业出现的此类事件比比皆是，如银行承销的私募债违约案、信托公司兑付门事件、担保公司代偿违约案、私募基金到期未兑付失联事件等。在这些案件中，授信企业可能因经营管理不善而亏损，也可能因市场变化出现产品滞销、资金周转不灵导致到期不能偿还债务，加之当前中国经济进入下行期，债务人的偿还能力受到更大挑战，进而导致金融机构回款困难，资本化程度难以偿付自身债务，出现无法兑付产品本息等信用风险，甚至许多银行倒闭的主要原因来源于其信贷业务中的信用风险。一些银行为了高回报，引入了大量高风险资产（如次贷资产）。当市场条件变化时，本应提供高回报的资产立刻降为高风险负回报，直接导致银行出血而被逼破产。

（2）道德风险。亦称道德危机，即从事经济活动的人在最大限度地增进自身效用的同时做出不利于他人的行为，或者说当签约一方不完全承担风险后果时所采取的自身效用最大化的自私行为。例如，近年来发生的银行财务造假案，银行在担任私募债的主承销商角色时，未适当履行尽职调查职责，严重失职，甚至存在财务严重不实乃至造假行为，严重损害投资人合法权益。再如，银行假理财产品案，银行内部高管为吸引私人银行高净值客户，涉嫌伪造理财产品，最终致使多名投资者资金被套。

（3）法律/合规风险。即金融机构由于违反法律或监管规定、原则，而招致法律诉讼或遭到监管机构处罚，进而产生不利于其实现商业目的的风险。例如，某些金融机构发行虚假融资项目或者从事关联融资、自融等行为，从而涉嫌非法集资犯罪；再如，证券行业频发的非法获取内幕信息、猜测内幕信息案、操纵证券交易价格案，涉嫌违反证券法关于上市公司股东、高管、实际控制人等不得利用信息优势泄露内幕信息或操纵市场价格等相关规定。

不仅实体经济部门中的问题会反映到金融部门中并形成一定的风险，金融本身的高风险性也决定了其在运行过程中会受到各种外在或自身因素的影响而自动生成风险。从这个意义上说，对于金融经营，存在金融风险是正常且合乎逻辑的现象。它是客观存在的、难以完全避免的，但同时也是可以被感知的、预测的和防范的。

每一位金融从业人员都应认识到，风险控制并非单独一个风控部门的职责，而应当是由企业全员参与的活动，且其中各个环节都应贯穿于整个产品或项目的生命周期。本篇聚焦于传统金融行业，从内在因果关系及外部环境变化等角度，汇总及分析银行、证券、信托、基金及其他传统金融机构近年来频发的几类集中的金融风险事件，并在此基础上尝试提出行之有效的风控建议及防范措施，以期对读者有所启示。

9. 防范在区域性股权交易场所挂牌、号称高收益的原始股骗局

——A 公司原始股非法融资 2 亿多元[①]

一直以来，“原始股”都被看作稳健而高效的投资方式，特别是新股发行频频被爆炒，更是让很多投资者红了眼，对原始股蠢蠢欲动。然而，当出现公司因为涉嫌利用原始股行骗而被查时，投资者才意识到原始股中蕴藏着的风险。一度在上海股权托管交易中心挂牌的 A 环保科技发展有限公司（以下简称 A 公司）就是典型案例。本书以 A 公司原始股为例介绍此类风险案件。

案例回放

2014 年 11 月，A 公司原法定代表人段某被依法批捕。2014 年，A 公司已由上海股权托管交易中心核准挂牌交易，在公司的大力宣传下，A 公司一度在投资者眼里成了专注于垃圾发电和生产再生煤的领先企业，更是一家潜在的“绩优股”。

2015 年 8 月 28 日，A 公司在郑州召开了一场定向增资扩股河南省首发发布会。发布会上，段某打着“上市公司增发”的旗号，向多地投资者“定向发行”原始股。此外，公司还一度发售股权理财集资，承诺年收益达 48%，超过同期银行存款收益 20 多倍。

A 公司利用“原始股”共向群众非法融资 2 亿多元，涉及上千名投资者。除河南省本地投资者外，陕西省、江苏省、上海市等多地投资者也同样被骗。

---

① 案例编写人：汪早波

利用该企业在上海某地方股权交易市场挂牌的身份，对外宣称“上市公司”是不法分子得手的关键。

案例焦点

A公司原始股利用了部分金融术语，相关解释如下：原始股，是指公司申请上市之前发行的股票，企业上市后，可在一段时期后售出。增发，是股票增发的简称，指已上市的公司通过指定投资者（如大股东或机构投资者）或全部投资者额外发行股份募集资金的融资方式，发行价格一般为发行前某一阶段的平均价格的某一比例。股权众筹，是指公司出让一定比例的股份，面向普通投资者，投资者通过出资入股公司，获得未来收益。

而原始股骗局的手段除上市公司增发外，还有人打着“股权众筹”的旗号。不少企业以证券投资为名，以高额回报为诱饵，通过“股权众筹”等名义诈骗群众钱财。例如，据江苏省南京市某区人民法院查明，南京某电子科技公司就声称2016年“很快将在新三板上市”，需要通过股权投资融资。经法院认定，该公司的这一经营模式构成传销，其兜售假股票的违法所得均被没收。

原始股骗局的首要特征就是在区域性股权交易场所挂牌。根据证券法的规定，公开发行证券必须符合法律、行政法规规定的条件，依法报经国务院证券监督管理机构或国务院授权的部门核准。

而目前，我国公开的证券交易场所仅有3个，分别是上海证券交易所、深圳证券交易所以及近两年异军突起的全国中小企业股份转让系统。不难发现，一些发售原始股的企业仅在区域性的股权交易场所挂牌，宣称投资人能享受“上市公司”的财富增值和融资便利，存在恶意混淆概念之嫌。这里挂牌的股票不但存在退出转让难题，个人投资者买入的原始股也会因属于私下转让而不受法律保护。

区域性股权交易场所的门槛很低，企业的注册资金都低至50万元，甚至有更宽松的，这就使很多劣质企业入场。在企业质量参差不齐的情况下，对这个市场参与并不多的投资者就很容易被忽悠。而除有些在区域性股权交易场所挂牌的企业大肆兜售原始股外，还有人表示股票已获政府部门批准，有的还伪造有关批准文件，更有甚者说将与投资者共同发起成立股份有限公司。

除喜欢打着上市公司或新三板的旗号这一特点外，原始股骗局还有一个显著的特点：打着高收益的幌子。一般情况下，行骗者会说公司即将上市或挂牌，现在是一两块一股，一旦成功进入资本市场，就会像二级市场的新股首发一样有几十倍的溢价。同时，个别的还会做保本承诺，如果锁定期内公司未能成功上市，那么作为对企业的投资将获得远远高于银行存款利息的收益。

此外，由于这些被违规出售的原始股大多不是真正的融资，出售方式也呈现大众化的特点。如果是已经上市的公司，除大笔认购外，投资者只能在二级市场进行交易，而即使是新三板的挂牌股票也需要去券商处开户后才能转让，而那些不具备投资价值的原始股则多是通过电话、微博、微信、QQ 等方式来销售，看起来并不正规。

2016 年 11 月，证监会一度向各地印发函件，严禁任何机构和个人以“股权众筹”名义从事非法发行股票的活动。然而尽管如此，原始股被骗的案例仍然常见报端，那么究竟该如何防范原始股骗局呢？

防控措施

对于原始股骗局的防范主要从以下几点进行：

第一，投资者在投资之前需要了解所投资企业的情况。如果是打着“上市公司”旗号，就需要查询相关企业是不是经过国家批准的合法上市公司，是否可以发行公司股票、债券，是否在相关的交易场所有自己的证券代码。如果未上市，就需要查询工商和税务登记资料，明确相关企业是不是经过法定注册的合法企业、是否办理了税务登记、是否按照注册登记内容依法合规经营等。

第二，需要关注拟投资企业的财务数据，无论是公司有怎样高端的办公场所，员工衣着如何光鲜，远没有经营能力靠得住。可以关注企业近两年的营业收入、净利润等指标有没有发生大幅度变化，企业的上下游客户是否真实。此外，企业的估值也需要与同行业已上市公司进行比较，而最重要的是关注这些数据有没有被审计机构进行过评估。

做股权投资，还需要远离不靠谱的销售。与QQ群、微信朋友圈甚至是陌生的推销电话相比，银行、券商、基金和知名的第三方财富管理机构更加靠谱。券商是资本市场的直接参与者，也更容易接触到优秀的企业资源，风险控制上也会有保障。

此外，关于企业的宣传报道也不可尽信。A公司挂牌，甚至在公司打着“增发”名义行骗时，有很多相关的新闻报道为其进行宣传；而“e租宝”也曾在宣传营销上有很大的投入。

10. 行业经济恶化的前提下，投资私募债产品不可过度依赖股东隐性担保①

——A集团私募债实质违约事件

案情回放

2016年1月底，上海A（集团）有限公司（以下简称A集团），由某股份制银行主承销的两只私募债“B”和“C”发生本息实质性违约，合计20亿元，一时间引起热议。

A集团是一家跨能源、房地产、汽车服务的多元化企业，其前身是军队所属企业，1999年军队退出商海，A集团移交地方。2002年，A集团实施股份制改革，逐步形成后来的股权结构：第一大股东A职工持股会持股45.5%，上海D资产控股有限公司（以下简称D资产控股）持股34%，D资产控股下属子公司上海D商业（集团）有限公司（以下简称D集团）持股20.5%。D资产控股和D集团的法定代表人为同一人。

① 案例编写人：高胜斌

2009年，D资产控股和D集团签署托管协议，将其所持有的A集团34%的股权委托给D集团无偿管理，由该集团代行股东权利。至此，D集团实际控制A集团54.5%的股东投票权。2012年，D集团并以实际控制人身份，将A集团以非全资子公司纳入合并报表范围。

自2012年被D集团纳入合并报表范围以来，A集团在银行间债券市场以发行非公开定向债务融资工具（PPN）来密集融资。

A集团的风险爆发起于2015年10月27日，D资产控股发布公告称，解除对A集团34%股权的《股权委托管理协议》(以下简称《托管协议》)，导致A集团的实际控制人发生变更。D资产控股实际控制A集团的状态瞬间被打破，A集团从知名国企控股企业变身国有参股的民企。彼时正值煤炭行业低迷，A集团持续亏损，财务指标明显恶化。多家银行纷纷惜贷、抽贷，某银行封存了A集团的账户，导致A集团无法正常经营，陷入流动性危机。同时，由于资产负债率超过85%，上述股份制银行主承的前述两期20亿元PPN触及回售条款，更令A集团的流动性雪上加霜。

案例焦点

本案中，上海A集团流动性紧张，进而导致私募债券无法兑付。一方面是由于煤炭行业经济热度下降以及激进投资，另一方面则是过度依赖于股东隐性担保融资，股权管理变动致外部融资环境迅速恶化。

（1）行业原因导致经营恶化。

上海A集团私募债最终违约外因是导火索，内因是根本。A集团主营业务分布在能源（煤炭和石油贸易）、物流、汽车服务和房地产四大板块，公司自2013年起收入与盈利就呈现大幅下滑趋势。受能源产品下降及房地产销售不及预期的综合影响，2014年上半年、2014年全年、2015年1月至9月，上海A集团的营业收入分别为424.31亿元、692.34亿元、315.81亿元，净利润分别为1.8亿元、亏损4.86亿元、亏损4.87亿元。但是A集团近年激进投资，2015年煤价超预期下跌导致本就较弱的现金产生能力显著弱化，资金缺口加大。

（2）过度依赖于股东隐性担保融资，股权管理变动致外部融资环境迅速恶化。

由股权管理变动引发的外部融资环境恶化是导致A集团私募债违约事件发生的直接原因。自2009年起，A集团大量开展投资业务，为弥补资金缺口，其持续进行债券融资，但由于此前A集团发行债券一直有D资产控股作为隐性担保，因而资金链未发生中断。但2015年10月，D资产控股与A集团解除股权委托管理协议，D资产控股不再是A集团的实际控制人。在失去股东隐性担保的保护伞后，A集团首先是遭遇银行债权人对其停止授信并提前收贷，外部融资环境迅速恶化，资金链因而陷入极度紧张状态，之后A集团在2015年三季报中的资产负债率又突破85%，触发了私募债回售条款，投资者受消极情绪的主导选择行使回售权。在此过程中，A集团并未获得D资产控股的资金支持，最终导致本次违约事件发生。

风险警示

1. 股权托管协议内容及约束性

A集团事件的导火索和最大谜团是上述《股权委托管理协议》，市场一直质疑该协议是否真实存在。2016年2月3日，某股份制银行召集债券持有人开会，会议纪要显示，A集团和主承销商都表示没有看到该协议。

A集团的营业收入一度占D资产控股的三分之一，所发行债券也在D资产控股的报表中以“应付债券”列示，但托管协议从未有过任何信息披露。而主承销商提供的募集说明书、尽职调查报告、销售人员推销等，均有A集团为发行人、A集团实际控制人的内容。

2. 财务数据失真

2016年1月底，由于A集团的负债率超过85%，触发了私募债“B”及“C”共计20亿元的定向融资工具提前回售条款，并最终出现本息违约。债券违约后又曝出涉嫌信息披露违规等事项，从而牵出A集团自身披露的财务信息与其前实际控制人D集团披露数据存在较大差异事件。

D 集团于 2015 年 8 月 25 日公布的经某会计师事务所审计的半年报（当时 A 集团 34% 股权归 D 集团托管，所以财务并表）显示，截至 2015 年 6 月末，A 集团流动资产为 234.39 亿元，非流动资产为 101.11 亿元，资产总计 335.5 亿元；流动负债为 225.89 亿元，非流动负债为 106.06 亿元，负债合计 331.96 亿元。以此计算，A 集团的资产负债率高达 98.9%，净资产仅 3.54 亿元。

但是，A 集团 2015 年年中报告却显示，该公司流动资产为 161.3 亿元，非流动资产为 86.1 亿元，资产总额为 247.71 亿元；流动负债为 115.44 亿元，非流动负债为 82.24 亿元，负债总额为 197.68 亿元。这份财务报表中，A 集团净资产为 49.73 亿元，资产负债率仅为 79.9%。

如果 A 集团的财务数据与 D 集团披露的一致，A 集团的债券根本发不出来。且先不论 A 集团和 D 集团公布的两份“A 集团半年报”数据哪一方真实，根据后来 A 集团 2015 年三季报，截至 2015 年 9 月末，A 集团资产负债率接近 100%。对比前后两份财务报表，A 集团在短短一个季度内资产负债率飙升，财务状况迅速恶化。

3. 主承销商信息披露未尽职

主承销商是尽职调查的牵头方，也要对财务报表进行最基本的核查，而不能完全依赖会计师事务所出具的财务报表，目的是对财务报表进行交叉验证。

在这起事件中，除了财务数据严重不实，A 集团下属子公司自 2015 年 6 月起陆续出现贷款逾期，A 集团本部被起诉、资产被提请查封和冻结，但 2015 年 7 月和 9 月两期 PPN 的发行材料并未披露这些重要信息。在投资人看来，主承销商涉嫌隐瞒多项重要信息、误导投资人。

防控措施

1. 股东隐性担保的可靠性

在这起事件中，A 集团与 D 资产控股之间的关系成为市场关注的焦点，体现了股东隐性担保的不可靠性。

此类风险定义为外部支持风险，即发行主体本身资质较差，但关联方（母公司、子公司等）的资质尚可，客观上有对发行人的支持能力。因此，使投资者产生发行人资质与关联方一致的错觉，但事实上，关联方的主观救助意愿较弱，从而使债券产生风险，外部支持更多地存在于道义上，无法得到法律的全部支持。

在信用分析考虑股东支持时，必须从持股比例、子公司对股东的重要性、是不是主业投资等多方面因素来衡量股东支持意愿，对于托管股权需要特别谨慎。股东支持并不等于股东担保代偿，债券发行人均为有限责任公司，股东义务以出资额为限。此外，对于几乎丧失内部现金流产生能力且负担沉重的子公司，如果不是出于长期发展战略考虑的投资，应在出现留存有价值资产、放弃包袱资产的倾向，或在行业景气恶化或企业负担加重时退出。

2. 债券发行担保要到位

PPN 被称为非公开定向债务融资工具，是一种在银行间债券市场以非公开定向方式发行的债务融资工具，PPN 本身是一个高风险、高回报的产品。

在产品发行过程中，应尽量让企业提供强担保，并且落实到纸质文件中，保证融资企业或增信方能按时兑付资金，为投资人能收到投资款提供法律依据。因 D 集团未对 A 集团发行债券提供担保，因此不对债务的偿付承担责任。

11. 银行理财产品亦存在真实性风险，应谨慎购买[①]

——A 银行投资 10 亿元购买 B 银行假理财产品案

案例回放

2017 年 6 月，国内知名媒体刊登《A 银行起诉 B 银行追讨 10 亿元理财金　C 证券卖飞单疑似无责》，又爆一起银行假理财案。银行同业 10 亿元资金

① 案例编写人：章鸿飞

去向成谜团，又一起金融机构“萝卜章”案件，让民众感到似乎已是没有可以信任的机构了。

2015年4月，A银行杭州分行经C证券介绍，购买B银行咸宁市分行（以下简称B银行咸宁分行）某保本型理财产品，总价值为10亿元。这10亿元全部为A银行杭州分行的自有资金。此次同业业务产品期限为24个月，预期利率为6.3%。对比同时期同类产品收益率，预期收益高26%—57%。依同业协议约定，该产品应于2017年4月21日连本带息兑付。兑付日前，A银行杭州分行委托C证券履行兑付手续，但收到B银行咸宁分行的回函称，这个产品并不存在，也从未签署过该协议。

距该产品到期1个月前，B银行咸宁分行潜山支行行长肖某突然被公安部门控制。B银行咸宁分行对外的说法是，该协议是B银行咸宁分行潜山支行行长肖某的个人行为，产品、合同、公章均系伪造，B银行咸宁分行毫不知情，也拒绝兑付。

案例焦点

“A银行购买同业假理财案”有别于单纯的“萝卜章”事件，因为案件中的三方之间存在真实的账务往来。C证券曾在B银行咸宁分行开具了理财产品账户，并根据A银行杭州分行的指令将钱转入该账户，完成了A银行杭州分行指令C证券购买B银行咸宁分行的理财产品的义务。

银行理财产品有专有的账户，资金必须打到这个账户上，可以随时查询。C证券和B银行咸宁分行签订的协议中也显示理财产品所募集的资金纳入B银行湖北分行资金统一运作管理。

这10亿元资金是先进入银行账户，后被私自转移了。但是这10亿元如果按照协议存入规定的账户上，就不可能存在被挪用的风险。如果该笔款项没有存入专用账户上，A银行查询账户时，也会发现相应问题。

另外，在这个假理财到期前的一个月，A银行杭州分行追回了1.37亿元的资金。B银行咸宁分行仍表示对此并不知情，这1.37亿元如何从B银行咸宁分行转到A银行杭州分行的，如果B银行咸宁分行坚持自己的说法并拒付10亿元，那这1.37亿元是否应退还B银行咸宁分行。

风险警示

1. 注重并防范理财的真实性风险

无论是机构间合作还是个人购买理财，在银行购买理财产品时，应在银行工作人员的陪同下在营业厅专用区域进行“双录”签订理财产品合同。此案件中，C证券工作人员于办公时间在B银行咸宁分行的经营场所内开通理财账户、签订理财合同，已经尽到了合理的注意义务，其有理由相信印章是真实的，符合表见代理的规定。

投资者也可以依据理财信息登记系统的登记编码，在全国银行业理财产品信息披露网站“中国理财网”（www.chinawealth.com.cn）查询产品信息。在售的、合法的银行理财产品都可以在这个网站上查询。

《中华人民共和国民法总则》第六十一条规定：“依照法律或者法人章程规定，代表法人从事民事活动的负责人，为法人的法定代表人。法定代表人以法人名义从事的民事活动，其法律后果由法人承受。法人章程或者法人权力机构对法定代表人代表权的限制，不得对抗善意相对人。”由此可以得出，无论印章真实与否，企业的行为能力及意思表示通过法定代表人或负责人以企业的名义所为的行为，是企业的法律行为，由此产生的权利义务对企业具有约束力。一旦发生“萝卜章”事件，企业也不能以员工的个人行为进行推诿。

2. 银行应加强内部控制等相关检查

此案件严重暴露出银行内部控制制度落实较差、内部管理流于形式，总行对分行和分行对支行的每年例行检查力度不足等问题。除由下级分支行提交阶段性关于账户合规、存档资料合规、反洗钱合规、制度执行合规等的自查整改报告外，应加强总行对分支机构的实地抽查频率，杜绝类似A银行杭州分行未尽履职责任、B银行咸宁分行私藏“萝卜章”和业务合同而发生的风险。

防控措施

近年来，国内外金融市场经济案件频发，购买同业理财都会出现数额如此巨大的“飞单”事件，严重损害了金融机构的信誉及客户的资金安全。银行风控体系相对其他金融机构而言，属于制度完善、体系健全、管控科学的高水平风险管理机制。但在具体操作过程中，涉及具体的经办人员，由于缺乏对操作风险的充分认识，往往把严密的风险防控机制流于形式。

国内大部分金融机构人力资源管理模式僵化，缺乏专业化。人力资源培训制度方面还比较滞后。对员工的人力资本投入不足，培训方式也不能适应金融业创新性发展的需要。由于国内金融机构相比其他新兴行业，规模大、负担重，在转轨、转型的过程中，人力资源管理现行制度部分失效，新机制又未形成存在缺失现象，虽有条条框框但是难以发挥作用。我国金融行业大部分机构脱胎于国有企业或政府职能部门，企业文化方面也是人云亦云，没有真正达到优化人力资源、充分调动员工积极性和能动性的效果。要想切实防控操作风险，只能从内管内控出发，从金融机构人力资源管理上出效果。

早在 2005 年，银监会就提出了银行业操作风险防范“内控十三条”意见，由此可见，加强内控建设与高质量人力资源建设对规范行业发展的重要性和必要性，因此需要完善企业战略人力资源管理体系。对于金融机构来说，人力资本是企业的核心要素，人力资源管理是企业核心竞争力的关键。应将人力资源管理作为一种战略性资源来看待，其是保障企业战略制定和实施的基础。企业的每一项战略政策，都应通过完善相应的人力资源管理体系逐一落实辖区，从员工招聘到薪酬考核，每一个环节都应体现公司的发展战略。

严格岗位职责管理体系，要以风险防范为前提，贯彻培养风险管理文化。部门间、员工间，职责明确，权责分明。任务到岗、责任到人，使内控覆盖所有风险点，包括决策、执行、监督的全过程，重要岗位、主要风险环节做到相互制约、相互制衡。

打造先进的内控文化，引导科学、健康的职业理念。在正确认识内控机制重要性的基础上，加强员工职业道德培养、警示示范教育。将员工的个人价值、职业目标与公司的内控管理、经营发展紧密联系在一起。营造良好的文化氛围，通过教育与管理、激励与约束相结合的方式，建立起自发性道德风险防范机制。同时，构建独立的内审管理体系，强化监管手段，使职能部门的作用得以充分发挥。

12. 从业人员伪造银行印章致操作风险事件，应敲响行业警钟①

——A银行航天桥支行假理财产品案

案例回放

2017年4月13日，A银行航天桥支行行长张某被公安机关带走，其涉嫌伪造理财产品，并以产品“让利”转让的方式吸引该行私人银行高净值客户，致使逾150名投资者被套，涉案金额或高达30亿元。这一爆炸性事件不胫而走，成为各方关注的焦点，同时也把A银行推上了风口浪尖。

2017年4月12日，一位A银行私人银行客户拍了一张该理财产品的照片，发给他在A银行北京分行的熟人，询问这款保本且收益高的理财产品，为什么只有航天桥支行在卖，其他支行或渠道能否买到。这样一个不经意间的询问，竟然暴露了一个数额巨大的骗局。A银行北京分行查询发现，该行并未发行过这款理财产品，相关领导找到航天桥支行行长张某，询问情况后决定上报总行，最终由A银行总行向公安机关报案。

那么本事件中的理财产品是不是虚构的呢？资金又流向了哪里？有客户表示：“当时航天桥支行行长、副行长和理财经理都跟我们说，这款产品是他们千辛万苦才从总行争取到的，只给我们B高尔夫俱乐部的大客户，保本保息。”A

① 案例编写人：章鸿飞

银行航天桥支行很重视贵宾客户的资料，还会根据客户的喜好成立不同的高端贵宾俱乐部，而且配有专人负责。其中，B 高尔夫俱乐部是最具规模的一个。A 银行航天桥支行 B 高尔夫俱乐部成员均为该行个人金融资产 1,000 万元以上的私人银行客户，不少人在 A 银行投资理财超过 10 年，对该行一度十分信任。早在一两年前，高尔夫俱乐部的会员就超过了一百名，这些客户交给航天桥支行管理的资产可能超过 10 亿元人民币。

其实，与其说这些私人银行客户购买了理财产品，更准确地说是他们买了别人转让的份额。对此，A 银行航天桥支行工作人员当时的解释是，银行有很多大客户买了定期理财产品后，急需用钱，因为不到期不能赎回，就会牺牲一定的收益将产品转让出去。这一说法得到大多数客户的认可，“这样的说法很合理，为了流动性丧失一部分收益，又是保本理财，对我们来说又安全、又划算”。

该转让协议正是构成此事件的关键。根据协议，转让款由“新投资者”转入“原投资者”的个人账户。转让协议中，除转让方、受让方分别签字外，还盖有“中国 A 银行航天桥支行储蓄业务”的公章。一份《中国 A 银行理财产品转让协议》显示，该协议转让方为自然人崔某，转让份额是 300 万元，转让标的名称是“× × 资产管理保本第 176 期私银款”。其他一些投资者购买的“原投资者”的账户名包括池某、王某等，开户行均为 A 银行航天桥支行。

为获得投资者的信任，除产品转让协议，A 银行航天桥支行还以付款方为甲方、收款方为乙方、A 银行为丙方的方式，签订了一份《交易资金监管协议》。协议约定 A 银行对产品转让方，即收款方的账户进行监管冻结，确保该产品到期后本金及收益划转给付款方。

事发后调查，B 高尔夫俱乐部成员投资的金额大多为 2,000 万—3,000 万元，数额高的达到 6,000 万—8,000 万元，数额少的也有近 1,000 万元尚未兑付，仅 B 高尔夫俱乐部的成员就有超过 150 人。

作为“A 银行北京管理部的一面旗帜”，成立于 2006 年 10 月的 A 银行北京航天桥支行，是 A 银行的零售标杆支行。按照其微信公众号“A 航天桥支行财富俱乐部”的说法，A 银行航天桥支行的私人银行客户数达 320 余人，是全国私银客户最多的支行，也是 A 银行北京地区第一家拥有特色贵宾增值服务的支行，从主管行长到理财经理，平均年龄不到 29 岁。A 银行北京航天桥支行，在 2007 年成立了财富俱乐部，推出了包括“环球体验季”“国内深度游”“家庭户外采摘”“财富课堂”等丰富的活动。

案例焦点

2017 年 4 月 28 日，A 银行发布公告，在贯彻原银监会“三违反”检查中，该行北京分行根据客户反映的信息排查发现，航天桥支行行长张某使用伪造的理财合同和银行印章，骗取客户的理财资金。这是一起由个人道德风险引发的操作风险事件，涉嫌违法犯罪。公司立即向公安部门报案，公安部门于 4 月 13 日将张某带走调查取证。次日，公安部门对张某执行拘留，予以立案调查。

该公告显示，此案系张某通过控制他人账户作为资金归集账户，编造虚假投资理财产品和理财转让产品，其本人或指使支行个别员工寻找目标客户，非法募集客户资金用于个人支配，有一部分用于投资房产、文物、珠宝等领域，所募集资金未进入公司账务体系。

风险警示

事实上，此事件涉及“萝卜章”票据造假及销售“飞单”两大环节，即该支行管理层违规销售理财产品用以表外放贷，掩盖约 30 亿元的票据造假窟窿。A 银行此案再度敲响行业警钟。

票据“萝卜章”案件屡次出现，已成为金融机构操作风险的重灾区之一。仅 2016 年，国海证券与 20 多家金融机构、农业银行河南分行与平安信托、江阴银行与恒丰银行、广发银行与招财宝、浙商财险等，均因“萝卜章”案发陷入纠纷之中，引发市场震动。

在 A 银行北京分行航天桥支行一案中，系该行在某企业客户的商业票据上盖上了私刻的银行承兑汇票的公章，即“萝卜章”。该票据经银行手不断转贴现，直到兑付时刻，交易对手行方才发现公章为假。A 银行航天桥支行负责人为了填平这一票据窟窿，竟给该企业客户违规发放了贷款，用以兑付到期的票据。这笔资金约 30 亿元。

“相当于客户凭空套了 30 亿元的贷款出来。”一位 A 银行内部人士指出。这次主要违规在于，“商票当银票贴”“贷款还假票”，且金额巨大。商业票据和银行（兑）汇票的区别在于，前者利率更高、信用更低，但若盖上了后者的章，客户则自己能多收近 10—20 个基点的利润，这可能涉嫌客户与银行内部员工的巨额利益输送。

原银监会《关于集中开展银行业市场乱象整治工作的通知》（银监会〔2017〕5 号）明确指出，金融机构与其客户若私刻、盗用银行公章为客户办理开户、支付、存贷款业务或账外经营，则涉嫌内外勾结违法经营。

从银行到券商频发的“萝卜章”案说明，近年来，金融业务激励有余，而内部控制和监管却不足。银行等金融机构与一般企业不同，用章都有严格限制和规范，出现如此严重的问题，说明内部控制出了很大问题。

由于内部控制成本并不低，岗位分离、相互监督、经办部门或人员增多等内部控制手段不仅需要人力成本，也会牺牲一定效率。所以，有些机构的内部控制可能会虚化或者省略，流于形式，缺乏实质监督。如果领导层面可以一个人说了算，任意决定贷款给谁，后续的内部控制系统很容易失效。

30 亿元的票据窟窿不算小，更令人讶异的是，填平窟窿的资金，竟来自私人银行客户资金。这相当于，A 银行航天桥支行用一款未经总行审批过的银行理财——“飞单”，走表外放了一笔贷款。

在航天桥支行工作期间，张某打造了 B 高尔夫俱乐部，通过该俱乐部，航天桥支行集中了上百名绝对优质的私人银行客户，孰料这些客户却成为张某腾挪资产、铤而走险的“工具”。目前，张某被抓，这款“飞单”责任人落空，无法兑付。近百名私人银行客户向 A 银行反映相关情况时却发现该行总行大楼增设了许多安保。无论如何，A 银行对于这次事件的责任难辞其咎。

投资者按协议履行资金义务，A 银行须对资金划转和流向承担相应的责任。如果这笔资金不能按时追回，A 银行应承担相应的赔偿责任。《中华人民共和国合同法》第四十九条明确规定：“行为人没有代理权、超越代理权或者代理权终止后以被代理人名义订立合同，相对人有理由相信行为人有代理权的，该代理行为有效。”因此，根据合同法的上述规定，张某的行为属于表见代理。如果理财产品非法，因为张某所任职的A银行航天桥支行不具备法人资质，故A银行总行须承担法律责任。

防控措施

监管密集发文，可谓疾风骤雨。原银监会于2017年3月30日向银行下发了《关于开展销售专区“双录”实施情况专项评估检查的通知》（银监办发〔2017〕47号），为规范银行自有理财及代销业务行为，有效治理误导销售、私售“飞单”等问题，决定对银行销售专区“双录”实施情况开展专项评估检查。“双录”是指，银行通过营业网点开展代销业务时，需通过录音录像“双录”，记录营销推介、风险和关键信息提示、客户确认和反馈等重点销售环节，以保障客户权益。

理财是银监会近年来监管重拳指向的关键领域之一，而“双录”问题则是银监会长期治理理财业务的基本监管工作。根据该通知，相关检查将上报至原银监会消费者权益保护局，评估检查将采取座谈汇报、调阅资料、现场检查等方法，采取定性考核方式，考核结果将分为优秀、合格、不合格三个等级。此次评估检查工作主要从产品销售专区管理、录音录像设备铺设、内部管理制度建设等方面，评估“双录”工作成效。

在产品销售专区管理方面，银行应当在营业网点或经营场所设立专门区域进行自有理财及代销产品的销售；销售专区应有明显标识，在显著位置以醒目字体提醒消费者，并进行明确的风险提示；销售人员应具有相应资格并在销售专区进行公示；应建立统一的产品信息查询平台并于销售专区内公示查询渠道，凭条应收录全部在售自有理财及代销产品的信息等。

在录音录像设备铺设方面，销售专区内应安装配备电子监控系统，实现自有理财与代销产品销售过程的全程同步录音录像；录音录像过程应覆盖风险及关键信息提示，消费者确认及反馈等重要环节，不得存在夸大收益、隐瞒产品属性及风险等问题；录音录像资料至少应保留到产品终止后6个月，发生纠纷的要保留到纠纷最终解决后等。

在内部管理制度建设方面，要求销售专区录音录像工作应当实行集中统一管理，明确牵头负责部门，并建立统一的业务管理系统；对违反相关制度的销售人员及相关负责人，应视情节轻重程度给予相应处分等。

原银监会《关于银行业风险防控工作的指导意见》（银监发〔2017〕6号）也指出，不得误导客户购买与其风险承受能力不相匹配的理财产品，严格落实“双录”要求，做到“卖者尽责”基础上的“买者自负”，切实保护投资者合法权益。

监管连续下发了以下文件：《关于提升银行业服务实体经济质效的指导意见》（银监发〔2017〕4号），《关于集中开展银行业市场乱象整治工作的通知》（银监发〔2017〕5号），《关于银行业风险防控工作的指导意见》（银监发〔2017〕6号），《关于切实弥补监管短板　提升监管效能的通知》（银监发〔2017〕7号）。

除此以外，原银监会办公厅从2017年3月末部署开展“三违反”（银监办发〔2017〕45号，违反金融法律、违反监管规则、违反内部规章）、“三套利”（银监办发〔2017〕46号，监管套利、空转套利、关联套利）、“四不当”（银监办发〔2017〕53号，不当创新、不当交易、不当激励、不当收费）专项治理工作。

“十大风险”有先有后，“三套利”的内容也有普遍和个案的区分。风险识别中，防控信用风险、流动性风险是突出问题，“三套利”中“空转套利”是整治重点，因为这无端增加了许多系统性风险，对实体经济没有好处，是风险的源头，也是监管短板。

不忘初心

银行业从业人员职业道德风险：对比A银行在网站对张某“自觉运用党纪国法和道德准则规范自己，不越风险底线、不碰合规底线、不破道德底线，有效防止和杜绝了廉政风险的发生”的评价，此案更令人深思。银行如何才能真正有效加强内控制度、合规文化建设，在追求超额业绩的同时培养合乎职业操守的从业人员？

此次涉案银行理财规模近30亿元之巨，但银行的管理、内部控制却未能跟上膨胀的理财。“飞单”即银行违规代销理财产品，在金融业并不罕见，经济向好或行情看涨时，大家相安无事，若遇违约或难以兑现收益承诺，有的银行则会私下相商，息事宁人。

2011年的某银行嘉定支行事件引爆了“飞单”风险，已为银行业从业者敲起警钟，但之后“飞单”案仍频发不绝。2014年，个别银行代销四川某非持牌金融机构的理财产品，影响众大；2014年6月，某银行上海松江新城支行中两个客户经理销售“飞单”，替外来项目非法集资近亿元；2015年，某银行北京分行副行长陈某因违规代销一单5亿元理财产品被免职；2015年7月，某银行被曝“飞单”，资金损失达767万元；2016年，某银行北京分行个别员工代销私募理财案发，涉资逾4,000万元。

2015年6月，原银监会下发《关于加强银行业金融机构内控管理有效防范柜面业务操作风险的通知》，要求银行组织开展一次重点岗位员工行为专项大排查，并对发现的问题及时采取相应措施，严肃整改。但这样的检查并未禁止张某的铤而走险。

金融本质

1. 某些金融机构内部管理混乱，存在内部控制缺失

A银行航天桥支行事发后，投资者联系A银行北京分行、总行高层寻求解决方案，但获得的答复是，该理财产品系伪造，A银行已报案，且表示此事件为张某的个人行为。A银行方面在后来发布了特别说明：此案系张某通过控制他人账户作为资金归集账户，编造虚假投资理财产品和理财转让产品，其本人或指使支行个别员工寻找目标客户，非法募集客户资金用于个人支配，有一部分用于投资房产、文物、珠宝等领域，所募集资金未进入A银行账务体系。如此看来，这一事件似乎是一起简单的由道德风险引发的案件。但是如果整个流程完善、内控严密、监督到位的话，就能从制度上杜绝个人的道德风险事件。

正是由于在客户服务流程中由支行工作人员直接接触客户、维护客户并通

过影响客户来完成整个业务办理，原本应该常态化的业务复核或内审这个环节的缺失被内部人员利用。银行为了超预期的业绩，会因为监督成本太高，影响客户体验而忽视管理，一旦出现团伙作案将造成极其严重的后果。

2. 投资者风险意识不够，识别风险的能力有待加强

很多投资者对银行理财产品的印象就是“风险低，收益高”，认为在银行买理财，是再安全不过的事情了。事实真的是这样吗？A 银行北京航天桥支行行长张某涉嫌伪造产品，并以产品“让利”转让的方式吸引该行私人银行高净值客户，致使逾 150 名投资者被套，再次提醒了投资者银行理财风险的存在。

公安经侦部门通知投资者去做笔录时，该行 B 高尔夫俱乐部的逾 150 名私人银行客户才得知——他们此前在该支行购买的保本保息理财产品，系支行行长张某等人伪造，总规模可能高达 30 亿元。如此众多的高净值客户被套，难道是因为风险识别能力不足？说到底还是风险意识的缺失。无独有偶，2017 年 3 月，某银行也因销售飞单，一日收到 15 张罚单，其原因均是由于“私自销售非该银行天津分行发售或代理发售产品”，最终导致该银行天津红桥支行和天津新技术产业园区支行因“私自销售非该银行天津分行发售或代理发售产品”分别被处罚 50 万元和 20 万元。

虽然不排除有些案例是个人的违规违法行为，但是对于投资者来说，提高风险意识和对风险的识别确实能避免造成损失。所以，即使是银行的理财产品，也要慎之又慎，对自己负责，提高风险意识。

投资者购买理财产品时一定要注意产品认购书上，写的是理财产品还是保险。据统计，有 30% 的用户在购买理财产品时被误导，把保险当成了理财产品。用户在选择理财产品时不要被名义上的高收益率所迷惑。远离类似于“浮动收益型理财产品如果发生亏损，需要用户自己承担风险，但是产生的超额收益却归银行”这类产品。凡是银行自主发行的理财产品，均具有唯一的产品编码，投资者可依据该编码在“中国理财网”查询到产品信息。凡是无法通过中国理财网、公示代销清单查询到的理财产品，均非银行正规产品，应予高度警惕。

投资理财的方式有多种，银行理财只是其中之一。既然银行理财不一定绝对安全，那么在负利率时代人们就更愿意去尝试新的投资理财方式，如股票、外汇、基金、信托等。其实无论哪种理财都会伴随着一定的风险，投资者需要选择适合自己的理财方式，也需要选择既安全又可靠的理财平台。

13. 过高的不良资产率是导致银行风险事件的直接重要因素[①]

——1998 年 A 省银行关闭案

案例回放

1988 年 4 月，A 省成为经济高速发展的经济特区。房地产业也进行了大规模扩张，同时建立了许多金融机构。当政府尚未有效监督房地产行业时，A 省的房地产业经历了泡沫。20 世纪 90 年代中后期，房地产泡沫开始崩溃。1993 年，A 省许多信托公司因房地产业积压资金过多而出现经营困难。在此背景下，B 银行在 A 省成立，其在原五家信托投资公司合并的基础上吸收了 40 多只新股。

A 省银行业金融机构非常密集，市场竞争激烈。当时省内信用社使用高利息来吸引存款。随着房地产泡沫破灭，许多信用社拥有大量不良资产。那些已经向存款人承诺的高利率进一步加剧了信用社的经营困难。

1997 年 12 月，中国人民银行宣布关闭 A 省 5 家已经实质破产的信用社，其债权债务关系由 B 银行托管，其余 29 家 A 省境内的信用社，有 28 家被并入 B 银行。这使 B 银行账面上实力增强，股本金增长为 106 亿元，存款余额为 40 亿元，债务为 50 亿元，但由于这些信用社大多是不良资产，B 银行也背上了沉重的包袱。

B 银行兼并信用社后宣布只保证给付原信用社储户本金及合法的利息。许

---

① 案例编写人：孙越

多在原信用社可以收取 20% 以上利息的储户在兼并后只能收取 7% 的利息，故许多储户存款转至其他银行，随着舆论与 B 银行限制取款数额和时间，公众投资者逐渐意识到问题的严重性，开始发生对 B 银行大规模挤兑事件。

1998 年下旬央行发出公告：由于 A 省银行不能及时清偿到期债务，根据《中华人民共和国人民银行法》《中华人民共和国公司法》等规定，中国人民银行决定关闭该银行，停止其一切业务活动，由中国人民银行依法组织成立清算组，对 B 银行进行关闭清算；指定某国有大型商业银行托管 B 银行的债权债务，对其境外债务和境内居民储蓄存款本金及合法利息保证支付，其余债务待组织清算后偿付。

案例焦点

1. 不良资产比例过度

B 银行成立的初衷之一是为挽救一些有问题的机构，有关部门认为公司合并后的规模经济和统一管理，有利于它们经营状况的好转、信誉度提升从而摆脱困境。而大量不良资产的过度集中，是导致 B 银行关闭的直接原因。

2. 银行体制混乱

A 省银行的密度过大，竞争激烈，最终走向高息揽储恶性竞争的道路。这也直接造成多数城市信用社高进低出、食储不化的结果，严重违背商业规律。于是，资不抵债、入不敷出、无法兑付到期存款，成了信用社的通病，并严重影响社会安定。这也正是中国人民银行决定兼并 B 银行、托管信用社的最直接原因。

3. 经营模式不规范

B 银行存在大量违法违规经营行为，最严重的是向股东发放大量无合法担保的贷款，而这成为股东抽逃资本金的手段。B 银行于 1994 年 12 月 8 日经中国人民银行批准筹建，并于 1995 年 8 月 18 日正式开业。但在 1995 年 5 月至 9 月，就已发放贷款 10.60 亿元，其中股东贷款 9.20 亿元，占贷款总额的 86.71%。绝大部分股东贷款都属于无合法担保的贷款，且用途不明确，实际上是用于归还入股的临时拆借资金，这种不负责的行为无法使 B 银行走向健康发展的道路。

4. 储户心理落差大与心理恐慌

原信用社高息揽储变为合并后的只保证给付原信用社储户本金及部分固定利息，这种落差使储户难以接受，B 银行营业网点长队取款与舆论的不利导向，加重储户心理恐慌，于是发生了挤兑现象，持续数月的挤兑用尽 B 银行的准备金，大比例不良资产难以回收，国家曾紧急调拨 34 亿元人民币给 B 银行，但只是杯水车薪。

风险警示

A 省 B 银行的成立是否真的有必要？A 省在银行业密度如此大的情况下，以合并濒临破产的金融机构为目的成立 B 银行，并且行政性兼并各信用社，实际上是将分散在各金融机构的风险通过合并集中到 B 银行身上，这样更易发生大规模风险事件。

银行经营应严格按照银监会发布的监管要求开展业务，抽逃资本与过高的不良率是 B 银行无法度过危机的主要原因。

防控措施

当行政干预严重违反市场规律时，应该立即停止，B 银行挤兑事件发生的根本原因，就是由于高风险而难以为继的城市信用社的并入，如果遵循市场规律，由有实力的银行兼并破产银行，剥离不良资产，A 省该银行不会仅存续 2 年余。

严格监管关联交易行为，控制股东抽逃资金行为，会有效减少银行高风险经营的道德风险。同时，银行应严格遵循银监会的监管要求，合规开展业务，应坚决抵制高息揽储恶性竞争的行为，否则，入不敷出的经营必然导致企业破产。

储户的心理恐慌与舆论导向不容忽视，金融业主要依赖信用开展业务，一旦企业丧失公众信赖度，必然引起社会广泛关注与恐慌。另外，投资者教育工作同样重要，存款利息过高本就不符合监管规定，当企业调整自身业务时，应加强投资者教育工作，安抚投资者情绪，避免恶意传播企业发生流动性危机，最终出现挤兑现象。

不忘初心

银行，是依法成立的经营货币信贷业务的金融机构，是商品货币经济发展到一定阶段的产物，是通过存款、放款、汇兑、储蓄等业务，承担信用中介任务的管理机构。银行作为现代经济中重要的金融部门，应明确自己的定位，不能成为谁的利剑或谁的枪手，不忘初心方能坚持自己的道路。

金融本质

金融的本质就是信任，对各个主体交易方之间的信任构成了金融市场本质的核心。如何保持投资人对银行的信任，应该成为银行解决问题的根本，适当的自我约束需要走在监管之前。当监管部门发现问题的时候，必然会引起公众信任危机，使银行的信用大厦瞬间倒塌。拯救银行的根本就是在于回归金融的本质。

专家点评

时任 A 省改革发展研究院的院长迟某，1998 年在某知名杂志上撰文《“B 银行事件”告诉了我们什么？》。他认为 A 省 B 银行被关闭“有泡沫经济的因素”，“也同 A 省这几年经济不景气有很大关系”，“A 省银行最终被关闭有两个重要因素：一是在成立时，以强弱联合的方式为基础，本意是好的，但这使 A 省该银行先天严重不足，一成立就背上了沉重的债务负担。二是 1997 年年末，在A省银行同样面临支付困难的情况下，又把28家面临危机的城市信用社接管过来更是雪上加霜”。并进一步分析认为，“发展地方性股份制商业银行最关键的是要严格按照股份制的规范操作”，“地方政府作为一个主要发起股东，不能超越自己的权限，进行不必要的行政干预”，“中央银行对于地方性金融机构应当有严格的监管”。

14. 金融机构投资应遵循分散性原则，合理控制投资比例[①]

——衍生品市场巨亏案例

案例回放

2008年10月20日，香港恒生指数成分股A突然惊爆，因投资杠杆式外汇产品而巨亏155亿港元！其中，包括约8.07亿港元实际亏损，和147亿港元的估计亏损，而且亏损有可能继续扩大。A公司两名高层即时辞职，包括集团财务董事张某和集团财务总监周某。莫某获任集团财务董事，负责集团财务及内部监控。

2008年10月21日，A公司股价开盘即暴跌38%，盘中更一度跌至6.47港元，跌幅超过55.4%，当日收报于6.52港元，跌幅达55.1%，远远超过业界预计的20%左右。

2008年10月22日，香港证监会确认，已经对A公司的业务展开调查，而由于A公司的股价在两天内已经跌了近80%，联交所公布的公告显示，A公司主席荣某1及母公司B集团，于场内分别增持100万股及200万股，来维持股价稳定。

① 案例编写人：仲如见

2008 年 11 月，香港 A 公司在炒外汇衍生工具巨额亏损后，终于获母公司北京 B 集团出手相助。B 集团向 A 公司授出 116 亿港元的备用信贷、认购 A 公司发行的可换股债券，以及承担 A 公司在外汇累计期权合约的损失。

2009 年 3 月 26 日，A 公司公布 2008 年全年业绩，大约亏损 126.62 亿港元，董事会主席荣某 1 强调集团财政状况仍稳健，暂时无供股需要。

2009 年 4 月 3 日，A 公司继早前被香港证监会调查后，3 日再度接受警方调查。警方商业罪案调查科前往 A 公司总部调查，在逗留一小时之后运走大批文件。

2009 年 4 月 8 日，A 公司在港交所网站发布公告称，荣某 1 卸任 A 公司主席，由北京 B 集团副董事长兼总经理常某接任。

案例焦点

1. 加框效应：高估收益头寸

加框效应是指在投资决策时，对低概率事件作出过高的期望，从而使投资者愿意承担更大的风险。加框效应的实质是没有看到真正的输赢概率，降低对损失可能性的估计，而提高了对赢利可能性的估计，因此选择了与市场方向完全相反的决策。

由于特种钢生产业务的需要，A 公司于 2007 年动用 4.15 亿美元收购了西澳大利亚两个分别拥有 10 亿吨磁铁矿资源开采权公司的全部股权。这个项目使 A 公司对澳元有着巨大的需求。而为了防范汇率变动带来的风险，A 公司在市场上购买了数十份外汇合约，即 A 公司把宝完全押在了澳元多头上。在 A 公司看来，澳元在最近几年的持续升值趋势还将保持，做多澳元肯定会赢利。然而，一场全球金融海啸最终让澳元飞流直下。对澳元价值前景的误判导致了 A 公司决策的失误，并最终让 A 公司付出了惨痛的代价。

2. 投入升级：误判市场风险

投入升级主要是指投资决策者为了证明自己最初选择的正确性，进一步向已经存在较大风险或者证明可能失败的地方继续追加新的投资，希望能够弥补过去的损失，并最终获得赢利。投入升级实际上是投资者对未来获取高额收益的期望，和即使在低概率条件下运气也会改变的信念相结合的产物。

A公司买入澳元期权合约共90亿澳元，比实际矿业投资额高出4倍多，并且其买入行为也不是一次完成的，而是采取分批买入的方式。应当说，A公司在投资澳大利亚磁铁矿时世界经济正处于上升时期，此时做多澳元完全可以理解。问题的关键在于，密集买入澳元的时段为2007年8月到2008年8月，而此时，全球经济已出现金融危险征兆，特别是到了2009年，所有不同经济体衰退的趋势非常明显。在这种情况下，尽管A公司已经发生明显亏损却仍在一味做多澳元。之所以如此，就是A公司认为澳元跌势已经见底，并试图通过追加投资挽回前面的损失，结果窟窿越填越大。

3. 管理层风险意识淡薄

企业没有建立起防火墙机制，在遇到巨大的金融投资风险时，没有及时采取措施，进行对冲交易来规避风险，使风险无限量扩大。事实上，公司已建立了会计师事务所设计的风控机制来预防流动、营运风险，但因为总裁荣某1的独断专行，该机制完全没有启动，造成制定制度的人忘却了制度对自己的约束的局面。

4. 企业内部治理结构存在不合理现象

作为总裁的荣某1，手中权力过大，公司董事总经理范某与荣某1一起打下了A公司的“江山”，并追随荣某1二十多年，形成了对其“铭感于心”的特殊情感，公司副董事总经理荣某2、公司董事兼财务部部长荣某3分别作为荣某1的长子与爱女更是对父亲遵从有三。显然，无论是“钳控力”还是“内聚力”，两种力量都最终可能导致对荣某1个人决策权监督的失控，长期投机违规操作。这反映了公司内部监管存在巨大缺陷。

风险警示

1. 目标错位

作为未来外汇需求的套保，其目标是锁定购买澳元的成本，也就是最小化澳元波动的风险，但A公司签订的合约的目标却是最大化利润，对风险没有任何约束。

2. 工具错选

本事件中签订的合约不是用来套期保值的，而是一个投机产品。

3. 对手欺诈

花旗银行香港分行等银行利用他们的定价优势恶意欺诈，在合同签订时，A 公司就完全输了。在最理想的情况下，A 公司最大盈利为 5,150 万美元，但是因为定价能力不对等，签订合约时，A 公司就已经亏损了 1 亿美元。

防控措施

（1）各金融机构要合理控制投资比例，应使自有资金保持一定比例，限制高风险投资；投资要分散，不要把投资仅限于一类，并且结合自身情况，指定单项资金最高限额；各金融机构要有风险控制方法，为保证发生意外，可向保险公司投保或从事对冲交易。

（2）为控制境外衍生品的交易风险，政府相关部门除了加强监管，应同时出台相应的规定文件，对那些已经造成巨额损失的企业负责人及其相关责任人要严厉处罚。如果不处罚，就会导致更多的企业冒风险去违规。

（3）企业内部治理结构一定要合理，防止主要管理人手中权力过大。此外，由于央企的特殊身份，在海外成熟市场可以接受比较严格的监管，但是在国内主板市场同样需要采取更为严格的标准对其进行监管，以防止此类事件发生。

可以说 A 公司发生巨额损失，很大程度上是由于金融危机引发的澳元汇率下跌产生的市场风险，但更重要的是该公司的内部控制不严而形成的操作风险。

随着市场经济的深化、金融市场的逐步国际化，衍生金融工具也必将在我国迅速发展起来。因而，我国必须完善法规制度，使企业在投资衍生金融产品时有据可依、有章可循，能够对高风险的投机业务实施必要的风险控制，以避免类似事件的再次发生。

15. 金融机构从业人员私售飞单现象不断蔓延，急需监管补位[①]

——A 基金保险飞单事件

案例回放

银行私售飞单引发的兑付危机已经成为社会普遍关注的热点问题。随着2015年A基金事件的不断发酵，飞单再次被推上风口浪尖。本案例分析基于A基金事件，对“保险飞单”产生的诸多因素进行探究，并就规范理财业务，如何减少飞单等问题提出建议。

近年来，银行、保险机构人员私售飞单，已经给不少消费者造成惨重损失，对金融市场的形象和秩序造成了严重的破坏，各种兑付危机也引发社会各界的普遍关注。

2015年10月，B集团北京分公司卷入A基金60亿元的兑付危机一时成为保险业的资讯头条。据悉，A基金募集资金共计约63亿元，其中尚未兑付的约30亿元。此次事件的受害消费者中投入金额最大的为650万元，最小的12万元，多数人投资额在60万元左右。此次事件的爆发引发了社会公众和相关部门对保险人员飞单、第三方理财等话题的关注。

案例焦点

1. 飞单定义

飞单简单来说就是销售业务员拿到订单后，不将订单交由自己公司做，却将订单放在别的公司做。

就银行的“飞单”来说，是指银行工作人员利用消费者对银行的信任，售

---

① 案例编写人：戴兵

卖不属于银行自己的理财产品，从中获得高额的佣金提成。对于客户来说，资金失去了银行严格风控的保护就很容易“打水漂”。

2. 飞单与银行等正规金融机构理财的区别

最重要的区别是两者的投资渠道和风控不同。银行理财产品的大部分资金主要以货币、债券市场、央行票据等稳定领域为主。少部分资金会进入优质实体、信托或基金公司的合作项目等，这一切都在银行严格的风控中进行，客户资金的安全性会有很大保障；但飞单的资金则通常是以股权、债权等形式直接进入某实体项目，而且对资金的投资标的、领域、渠道、占比等风控较银行相比门槛很低，所以收益率很高。还有部分资金投入了股市或海外市场。这样一来风险就更加难以把控了。

风险警示

飞单行为从银行业向保险业的蔓延其实早已初现苗头，这其中不仅有市场追逐利润的因素，更有保险行业特殊性的因素使然，监管机构在此过程中的缺位也使此次事件愈演愈烈。

1. 从业人员逐利驱使

目前，中国高净值人群快速增长，随着财富的积累与对投资需求日渐增强，不仅是高净值人群，普通大众消费者也普遍面临投资困惑。我国金融消费者普遍金融理财能力较低、风险防范意识相对较弱，而我国金融市场不够完善，机构水平参差不齐、产品鱼龙混杂，面对高回报、高收益等诱惑，难免把控不好自己手中的“钱袋子”。所以近年来，各种金融消费纠纷呈急速上升态势。

保险作为金融行业的一部分，其既有规避风险、提供保障的特殊功能，又兼具一定投资和储蓄功能。这就为保险业“飞单”提供了一个有利的土壤，很多消费者缺乏金融基本常识且对高额回报抱有侥幸心理，很容易受一些所谓的“理财产品”诱惑，不计风险盲目投资，造成惨重损失。

银行或保险等正规金融机构的工作人员为了自身利益或与公司在分配制度上未达成共识，私自售卖非本公司产品，更是给消费者造成错误的指引，为客户的损失推波助澜。参与“A 基金事件”维权的投资人就表示，正是由于 A 基金业务员推介 A 基金等理财产品是由 B 集团北京分公司承保、某银行托管，自己才会放心购买。

2. 金融机构片面追求业绩

以保险行业为例：保费收入是保险公司最主要的资金流入渠道，也是保险人履行保险责任最主要的资金来源。所以，保险公司对保险营销员一直有着很大需求，在销售上实行人海战术及“线上、线下”轰炸式的营销模式。人员唯业绩论，也导致工作人员为了片面追求业绩而置规则、风险于不顾。此外，大量保险代理人员流动性大、未享有编制、未经过基础培训就上岗，属于监管真空地带。有些机构或领导为追求利益，会“睁一只眼闭一只眼”，默许飞单业务存在，导致大量飞单业务屡禁不止。

3. 监管及法律的漏洞

目前，我国金融市场监管属于分业监管，存在诸多盲区。我国相关制度中虽有这样的规定：“保险营销员从事保险营销活动，不得超出《展业证》载明的业务范围从事保险营销活动。”但一旦第三方公司出现履约危机，消费者需自己提供证据证明购买途径之合规性。飞单本身违法法规，第三方公司和营销人员仅仅口头约定，无法出具正式授权协议，也无法证明保险公司对营销人员飞单行为的可知性，更无法证明保险公司和第三方公司的业务相关性，举证困难重重使消费者即使有较大损失也很难得到赔付。

防控措施

消费者在银行或保险等金融机构购买理财产品时，如何鉴别飞单？如何防范相关风险？笔者有以下三点建议。

1. 看产品管理人

任何正规金融机构的理财产品都会有产品管理人，消费者在购买理财的协议中要仔细留意理财管理人及产品经理人是不是银行的工作人员，认真阅读协议中的相关规定，并注意底层资产投向问题，即是否投资高风险、国家禁止的领域。

2. 拨打官网热线

如果是正规金融机构的理财产品，不可能在官网上不公示。这是我国金融行业的法律规定，金融产品不经核准是不能公开发行的。消费者可拨打银行的热线电话或登录银行官方网站查询所购买的产品，如果是飞单就不会有记录。

3. 审核协议签章

飞单产品的管理人一定不是银行。所以，消费者在遇到理财经理介绍某款产品时一定要看清楚合同上签章是哪个公司并谨慎对待。

金融本质

金融是现代经济的核心，消费者是金融领域必不可少的参与者，如何保障他们的权益是现代社会金融领域的重要内容。

第一，完善金融消费者权利保障法律体系。尽快填补基础性的金融立法空白，修改现行金融法律中不适应现代社会发展的制度，如加大对金融机构的惩罚力度、提高对消费者的赔偿金额等威慑性条款的修改，逐步完善中国金融法治体系，加大对金融违法行为的惩治力度，提高违法犯罪的成本。

第二，改革“龙多不治水”的金融监管状况，体现金融监管的程序正义。较多的金融监管机构：“一行两会”和地方金融机构，“龙多不治水”表现得尤为突出：有利时可能抢着管，无利时可能没人管，金融消费者的合法权益得不到有效保护。由于金融市场是统一的整体，金融监管也需要统一而不是分而治之，混业监管已经成为现代金融体系监管的趋势。

第三，探究第三方非诉纠纷解决机制的建设，以帮助普通消费者快速解决诉求，用较低的成本实现金融消费者的权益保护，防止金融大案频发。

第四，促进金融市场全员守法。金融机构从业人员被利益驱动，往往忽视金融机构信用，夸大宣传，虚假陈述，且金融消费者金融知识欠缺、法律意识淡薄，造成金融市场混乱，金融机构从业人员守法难。针对以上问题，无论监管机构还是金融机构都应该行动起来，加强金融风险教育和普法宣传，为新时代国民金融素质的提高添砖加瓦。

第五，加强信用体系建设，让违法之人寸步难行，守法之人畅行无阻。共同构建良好的社会诚信体系，促进金融体系良好运转，避免金融系统性风险的发生。

16. 央企信用背书并非项目真实性的绝对保障，投资者应谨慎甄别虚假或关联融资行为[①]

——假借央企之名的某案乱象

案例回放

2016年7月7日，北京市当时最大的一起非法集资案在朝阳法院一审开庭，该案涉案金额高达55亿元，涉及投资人3,000余人。

2012年2月至2014年5月，A公司、B公司股东及高管蒋某、魏某、董某、李某在经营期间，先后单独或共同指令担任公司市场部门经理的被告人白某、卢某、王某、邱某等人，在位于朝阳区东三环北路19号及京广中心的两公司经营场所等地，以公司投资某物流、某高速公路等项目需要资金为由，承诺以货币方式返本付息且年投资回报率8%—15%，向社会公开宣传。在非法吸收资金过程中，被告人蒋某、董某、魏某相互协作分工，共同参与公司管理，共享收益，其中被告人蒋某担任A公司、B公司总裁；被告人董某担任A公司副总裁、B公司董事长；被告人魏某担任B公司法定代表人。

在非法吸收资金过程中，A公司、B公司的销售团队结构和人员相同，均以“市场部”为组成单位，根据业绩不同，销售人员划分为副总裁、总经理、资深总监、高级总监、总监、见习总监、资深客户经理、高级客户经理、客户

① 案例编写人：高胜斌

经理等层级，其中总监以上人员根据团队业绩进行提成。此外，对于完成3,000万元资金任务的团队，公司会奖励团队负责人价值50万元左右的奔驰牌或者宝马牌机动车的使用权，完成1.2亿元资金任务的，车辆归团队负责人所有。整个销售团队的负责人具体包括被告人卢某、白某、王某、邱某等人，其中被告人卢某为B公司市场八部总经理、副总裁；被告人白某为A公司、B公司市场一部总经理；被告人王某为B公司市场五部总经理、副总裁。

2013年7月，C能科（北京）投资基金管理有限公司（以下简称C能科公司）、D能源科技有限公司（以下简称D能源公司）的实际控制人被告人李某以C能科公司、D能源公司的名义收购了B公司。2013年9月，被告人李某又以D能源公司、C能科公司名义收购了A公司。

被告人李某在收购A公司、B公司后，仍延续两公司先前的经营业务和经营模式，在以原理财产品项目继续向社会不特定对象吸收资金的同时，又新增理财项目向社会不特定对象吸收资金，并实际控制所吸收的资金。

2013年7月后，被告人董某不再参与A公司、B公司的经营，被告人蒋某、魏某则继续参与经营。

2014年5月，A公司及B公司因无法向投资人兑付到期钱款而案发。

经审计，2012年2月至2014年5月，A公司、B公司共向3,000余名投资人非法吸收55亿余元资金，造成投资人经济损失34亿余元。

案例焦点

（1）涉案公司项目大部分为虚假或关联融资。

短短两年多的时间，A公司和B公司就在市场上非法募集了55亿元资金，但以这两家公司名义募集来的资金绝大部分没有投资到其募集时承诺的项目上。

在这些项目中，某高速公路项目募集的资金最多。这款产品从2012年11月开始募集，至2013年9月才结束，原定的募集规模为6亿元，最后募集资金超过20亿元。但是，在2014年6月初，某股份有限公司发布公告否认了该项目的存在。该公告称，该股份有限公司与B公司无任何业务往来，更没有与

B 公司发起所谓的任何理财产品。至于媒体报道的融资所得 6 亿元用于施工建设的项目并非公司的项目，与公司无任何权属和业务关系。

（2）“飞单”现象无处不在。

在短短两年多的时间里，就有 3,000 余名投资者入网，与参与销售 B 公司理财产品的人员数量之多有关。

B 公司理财产品的部分投资人是在某些银行、证券公司等金融机构购买，但均是理财经理的个人行为。某高速公路项目一开始给的销售佣金是 5—6 个点，到后期则给到 7—8 个点。B 公司生产经营最高峰时大约有 400 个业务员，但他们主要负责将产品包销给第三方及其他理财经理。理财经理在他们的圈子里又相互介绍，因为有利可图，一些理财经理连基本的底线都没有了。

正是这些虚假的项目标的，再加上金融机构理财经理的推介，让很多投资人血本无归。

风险警示

（1）具有金融从业或学业背景的人员涉案。

涉案公司多成立冠名为“基金管理”“投资基金”“理财咨询”的公司，他们多来源于招聘，在公司内从事具体的融资业务，此类人员有的曾是银行职员，有的则具有理财咨询的从业经验。

（2）以真实项目为依托，以“规范合同范本”为保障。

例如，本涉案公司以投资河北某县房地产、某高速公路等多个项目为名向社会公众融资。具有金融背景的涉案人员加入，促使涉案公司与投资人签订的合同文本、担保协议等文书的文本格式、内容表述、语言严谨程度都更具有“严肃性”。

（3）宣传内容夸大、欺骗性强。

一方面是强化项目经营规模大、前景好、收益高、风险低、回报快等优点；另一方面则弱化项目的审批瑕疵、保障的不稳定性、运营模式的非法性等问题，具有较大的虚假性和欺骗性。

不忘初心

发行人在向不特定投资人发行产品募集资金时，应首先按照相关规定完成产品注册或备案，对于募集的资金，要有真实的、确定的募集资金用途。对融资项目进行严格把关，对项目的盈利能力、保障措施审核审查。

金融本质

设计一个投资产品，承诺超额回报吸纳公众投资——这种“庞氏骗局”是最经典的金融骗术。历史上的“郁金香事件”就是庞氏骗局的典型案例。而在20世纪90年代初，曾经风靡中国大地的“亿霖”速生林投资项目，最后也被警方证明是打着投资幌子的诈骗行为。对于投资人，宁可投资收益率低些，也要把资金的安全性放在第一位。

17. 传统大型金融机构亦可能存在高操作风险，投资者应时刻贯彻“买者自负”观念，科学决策①

——A 信托公司兑付门事件

案例回放

2013年3月7日，A信托公司发行了“A信托公司煤炭资源产业投资基金3号集合资金信托计划”（以下简称信托计划3号），发行规模12亿元。2014年，该信托计划未到期期间，该计划的两个重要的担保方均被警方带走调查。2015年3月，该信托计划到期无法兑付。2016年8月，69名该信托计划的投资者

① 案例编写人：韩志莹

在西安法院、陕西高院联名起诉A信托公司。A信托公司兑付门事件的大幕拉开。

根据该信托计划披露的相关文件信息，该计划募资总额为12亿元（其中个人投资者为10亿元），存续期为24个月，到期日为2015年3月7日，信托说明书中载明的预计年化收益率为9.5%。该信托计划的代销机构为B银行，客户群体全部为B银行的VIP客户，起投金额为300万元。资金保管人为B银行太原分行，资金投向为C集团65%股权对应的收益权。

一方面，从股权结构和实际控制人的角度分析该信托计划所涉及各个主体。企业信用信息查询平台天眼查的查询结果显示，C集团的股东为D投资有限公司（持股70%）和郭某（持股30%）。其中，D投资有限公司的全资股东为山西E能源有限公司（以下简称E能源公司），而E能源公司又是E集团旗下企业。E集团由邢某创立，同时邢某和其妻子李某共同持有E能源公司100%的股权。

通过该信托计划内容可知，郭某将其持有的C集团30%的股权对应收益权转让给A信托公司，并承诺在回购期内溢价回购；D投资有限公司将其持有的C集团35%的股权所对应的收益权转让给A信托公司，再由E能源公司负责溢价回购。D投资有限公司和郭某在收到12亿元股权收益转让款后，需按照约定将资金以股东借款的形式发放给C集团。

另一方面，从产品增信层面看，为保证该信托计划按期兑付，产品设计了较为复杂的增信措施：

（1）山西甲焦煤集团、山西乙焦煤集团和山西某钢铁有限公司3家企业以及邢某和李某夫妇为回购方的回购义务提供了连带责任保证担保。也就是说，如果郭某和E能源公司未能在信托计划3号到期前回购C集团65%的股权对应收益权，则将由担保方（山西甲焦煤集团、山西乙焦煤集团、山西某钢铁有限公司3家企业以及邢某和李某夫妇）来履行连带保证责任。

（2）C集团还将旗下3家子公司部分矿井的采矿权抵押给A信托公司。

（3）该信托计划成立6个月后，C集团需将下属企业每个月煤炭销售额的10%划入资金监管账户。

然而，由于煤炭行业属于高能耗的产能过剩行业，因国家政策等原因持续不景气，导致该信托计划资金所投资的项目和担保方均出现了问题。

2013 年 11 月，邢某召开新闻发布会称，E 集团已失去债务清偿能力，并向当地法院提出重整申请。E 集团的问题牵扯到旗下子公司 E 能源公司及 C 集团的一系列问题。

2014 年 3 月，重要担保方、E 集团实控人邢某被警方带走调查。2014 年 9 月，另一个重要担保方之一的山西乙焦煤集团董事长也被带走调查。最终，信托计划 3 号的兑付风险彻底暴露。

2015 年 3 月，信托计划出现了到期后仍无法兑付的现象，相应的解决方案拖了 2 年没有结果。

2016 年 8 月，69 名投资者在西安法院、陕西高院联名起诉 A 信托公司。

案例焦点

1. 信托公司和银行的行为均存在不规范之处，投资者草率决策

投资者认为，发行方 A 信托公司和代销机构 B 银行存在风险控制措施履行不到位等诸多问题，投资者要求 B 银行和 A 信托公司归还本金。

一位投资者反映，信托计划 3 号曾在 2014 年 3 月有过一次派息，收益率确实达到了信托说明书中的预期收益率 9.5%。但法庭上展示的证据显示，这次派息的信托收益并不是来自 C 集团的股权收益，而是 A 信托公司自己垫付的资金。

按照信托说明书，C 集团承诺将采矿证抵押给 A 信托公司；信托合同还约定，每一期到期日前 3 个月时归集保证金总额应达到信托总规模的 20%，到期日前 2 个月时归集保证金总额应达到信托总规模的 30%，到期日前 1 个月时归集保证金总额应达到信托总规模的 50%。但实际上，A 信托公司既没有办理采矿权抵押手续，也未将抵押款项打入监管账户。这就导致在 E 集团申请重整后，整个资金链条断裂。对此，A 信托公司的高管表示："项目成立前，A 信托公司已经按照信托合同的约定取得 C 集团承诺函，完全履行了信托合同约定的义务。项目成立后，A 信托公司也多次向 C 集团及担保方发送《律师函》，要求其履行承诺函所承诺的义务，在满足条件时为 A 信托公司办理采矿权抵押手续。但最终

由于C集团被重整等因素，至今仍未履行对A信托公司的承诺，即办理采矿权抵押手续。另外，A信托公司也在信托合同的‘风险揭示’条款中揭示了采矿权抵押不能及时办理、办理不成的风险。”

而对于此次投资，多位投资者认为，他们与银行之间是售买关系，存在金融中介服务关系，信托计划3号信托产品出现问题，银行难辞其咎。B银行方面则表示，自己只是代销机构，没有偿付本金的责任，责任应该由发行机构来承担。

根据信托计划3号认购风险申明书的相关条款，风险提示第一条即“信托计划不承诺保本和最低收益，具有一定投资风险”。有的投资者表示，自己对当初的轻率投资举动悔恨不已：“当初信托计划3号也确实存在‘走完认证程序前就宣布信托成立，B银行提前划款’等一些不太合规的做法，但我们还是草率地进行了投资”。

2. 刚性兑付能否实现

对于信托计划3号的兑付责任问题，投资者中存在不同意见。一部分投资者认为，责任应由B银行承担，而也有一部分投资者认为，应由A信托公司来兜底。

此前，众多投资者未对信托风险给予足够的重视，是因为坚信信托的“刚性兑付”。所谓刚性兑付，指的是信托产品到期时，若信托产品出现不能如期兑付或兑付困难时，信托公司进行兜底，以其他资金垫付给投资者。实际上，刚性兑付并不是一个明文规定的法定义务，而只是信托业长期形成的一个不成文的行业规则。在此前发生过的信托兑付危机中，刚性兑付的实际案例并不在少数。

2014年，银监会发布《关于信托公司风险监管的指导意见》(银监办发〔2014〕99号)(以下简称99号文)，确立了“卖者尽责，买者自负”的信托文化，理顺了刚性兑付的问题。而在99号文发布之前，几乎所有踩雷的信托都是由银行来兜底的。尽管银行只是代理机构，但信托公司在发行后，产品推广、代销大都从关联银行渠道进行。若由信托公司来负责刚性兑付，则信托公司的资金流动性压力就会骤增。一旦信托公司资金链紧张，其就很有动机挪用公司发行的其他计划或产品的资金，从而使后者受到牵连，这也打破了信托计划的基本原则。因此，迄今为止，已公布解决结果的信托兑付危机无一由信托公司兜底。

风险警示

导致此次兑付风险的原因有多个。总结如下：

（1）在国内宏观经济经历结构性转型的阵痛、实体经济增速放缓的背景下，投向实体产业的信托类产品收益正在走低，信托计划 3 号所涉及的投资项目及担保人都受到行业不景气的影响，从而影响了此信托计划的兑付。

（2）该信托计划所涉及的三个主体——信托公司、银行、投资者都存在一些问题。A 信托公司在信托计划发行后存在垫付收益、未成功办理采矿权抵押手续等不当操作，尽职管理、风险评估等方面的工作没有到位；B 银行作为代销机构，没有切实履行好自己的职责，存在提前划款的不当操作问题；投资者没有明确的"买者自负"观念，缺乏与此信托计划相应的风险识别能力和风险承受能力，从而做出了不科学的投资决策。

在实体经济波动风险和三方主体存在各自风险的汇聚下，此次兑付危机才爆发得如此剧烈，不仅投资者、信托公司、银行都受到了损害，甚至影响了整个信托行业，当地政府和监管机构也受到不同程度的影响。

同时也要看到，由于"刚性兑付"的不成文规则存在，信托公司潜意识中就认为出现危机都会有银行来兜底，"卖者尽责"的工作就容易不到位；银行认为客户应该"买者自负"，但是在具体营销产品时态度又模糊不清，一旦风险暴露，双方难免会产生纠纷，如果相关法律关系不明晰，出于维护声誉和社会稳定的需要，银行多数就会选择强制兑付，以息事宁人。这种隐性担保扭曲了市场的正常"风险—收益"结构，也对金融产品的自由定价与风险显现产生负面影响。

防控措施

金融创新、金融开放都会带来金融风险。风险是金融的本质之一，没有风险不是金融，没有杠杆不是金融，没有规模和信用也不是金融。金融风险因存在一定的滞后性、隐蔽性和突发性，破坏性比较大。但是金融风险是可以防范、可以化解的。我们需要通过研究金融风险规律，来树立金融创新和发展的信心。

首先，要防范金融风险，需要提高金融的门槛。提高金融资本的质量和金融机构的治理水平，是防范风险的根本办法。我们必须充分重视金融机构的资本质量和公司治理水平。在制度设计上，无论是传统金融机构，还是新金融机构、普惠金融机构，都必须设置适当合理的投资门槛。如果资本不能给金融带来智慧、资源、优秀的公司治理，这就不是资本，而只是资金。对于金融行业而言，单纯的资金没有意义，甚至可能产生破坏。而在金融机构的实际运行中，股东之间的关系、股东和团队的关系都需要一个比较长的时间来磨合，优秀的公司治理结构将保障金融机构坚持初心，不偏离轨道。

其次，要化解风险，关键在于“时间换空间”。这主要涉及资产、信用的转让、转换和连接。值得注意的是，这不是一个短期的概念，而需要一个相对较长的周期来实现。过去中国的票号时代，账期已经是四年。现在的金融风险化解时间至少需要三年到五年，这考验的是金融机构的战略定力和运营能力。

最后，要承担风险，也就是要做到收益覆盖风险，保证流动性。金融机构在繁荣期的盈利，必须能够覆盖问题暴露时的赔付，才能形成一个可持续发展的模式，而不能只追求短期利润，也不能只看短期内存在的问题。在金融的安全性、流动性和效益性这三个原则中，核心是流动性。在一个较长的周期内来解决风险转化和收益覆盖问题，必须要有足够的流动性支撑。

而对于个人投资者而言，防范风险首先必须对信托融资项目有全面的、整体的了解。要了解项目的实际控制人，尽可能收集有关企业的资金链情况、财务数据等信息，并及时更新有关信息，掌握其动态；调查信托融资项目方的投产项目是否存在产能过剩的问题；通过媒体、网络等各种渠道，了解信托融资项目方的融资能力及在金融业的口碑；密切关注信托融资项目近期是否存在负面报道，注意有关舆论导向等。

其次，主动了解信托融资项目方的具体经营进展，搜集对自己有利的证据。例如，通过不时给信托公司打电话的方式，以实时了解信托产品融资方的运营状况。再如，定期向信托公司要求提供信托计划融资项目方的财务数据，做好证据收集工作，必要时收集录音证据。

最后，做出投资决策之前要慎重，在掌握所投资项目的基本情况、明确其可能存在的潜在风险、分析自身的风险识别能力和风险承担能力以及风险偏好之后再做出决策。投资者需要不断提升自身素质，贯彻“买者自负”的观念，与发行机构、代销机构一起共同缓解各方之间普遍存在的信息不对称的问题，从而有效保护自身的合法权益。

不忘初心

此次A信托公司兑付门事件暴露了有关金融机构在进行业务活动时存在的很多问题，也反映了当前金融市场各方面都不够完善和监管不力的现象。对这一事件进行反思后，可以总结出以下几点经验和启发：

（1）重视信用的核心作用。

金融的核心首先是信用。作为金融中介的角色，金融机构可以通过货币和杠杆“无中生有”产生和放大自己的能力，这种能力依托于每一家机构的信用。信用是“无价”的，信用也是“有度”的，需要时间的积累。因此，在金融机构的发展中，必须珍视自己的信用，在保障机构盈利性、流动性、安全性的同时，更注重维护好自身信用。

（2）平衡好发展金融的国家和市场逻辑。

金融行业及其良性运行既是市场经济的重要组成部分，也是一个高度现代化国家的典型标志。金融的创新发展能进一步推动市场经济的良好运行，助推国家发展。因此，在金融实践中，必须坚持普惠、透明、安全的国家逻辑第一，注重效率和价值的市场逻辑第二，平衡好金融的商业属性和公共属性。

（3）进一步提高资本、人才、机制方面的要求。

金融实际需要三个条件：资本、人才和机制。金融行业毫无疑问是资本密集型、人才密集型的，而如果没有好的机制保障，资本和人才的效果都会大打折扣。找到一个正向、合理、符合机构自身特点和发展阶段的机制是需要时间磨合的，金融机构的决策者需要在机制设计上花更多的时间，加强机制顶层设计，同时也要不断提高资本质量，重视人才培养。

金融本质

1. 把握好杠杆、风险、规模、效率四个发展要素

金融的四个要素——杠杆、风险、规模和效率相当于汽车的四个轮子，互相影响和牵制，缺一不可。比如，风险控制不好，就可能杠杆上不去，规模出不来。因此这辆汽车需要一个优秀的驾驶员，也就是金融机构的决策者。决策者需要根据机构发展的不同阶段采用不同的管理模式，不能沉迷于过去成绩，也不能照搬外来的案例。

2. 处理好用户、团队、股东、同业和监管之间的关系

做好金融机构，还需要处理五个主体之间的关系：用户、团队、股东、同业和监管之间的关系。了解用户诉求，专业管理团队，从而完善内部生态，形成发展合力。股东、同业、监管则共同构成了金融机构的外部生态，只有协调处理好这些关系，金融机构才能有一个比较好的外部发展环境。

3. 抓住发展六个“合力”

要紧紧抓住业务综合、资本混合、技术融合、产业结合、资源整合、工具组合这六个“合力”。业态要“综合”而丰富，风险控制水平才能提高，收益才能提高；资本要“混合”，必须找到能够带来智慧、产业和公司治理改善的优秀资本，没有资本只玩资金是做不好金融的；技术方面要做到线上和线下“融合”；与产业要“结合”，包括产融结合、贸融结合、科融结合、融融结合、政融结合等；对资源要“整合”，不能闭门造车；股权、债权、交易等各种金融工具要“组合”，信用才可以连接和延伸。

目前，整个金融行业仍然处于转型关键期。一方面，中国经济新常态和新方位，对金融提出了更高的要求，也带来了更大的压力；另一方面，新的工具和业态也提供了新的发展动能。不忘初心、坚定信心、坚持创新，金融才会更有价值。

18. 名人效应下，监管当局如何判定信息披露是否存在误导性陈述及是否涉嫌误导市场消费者？[①]

——赵某禁入证券市场事件

案例回放

2018年4月16日，证监会发布了一则处罚决定书，使赵某夫妇再次登上热搜话题榜。原因有以下三个：第一，小公司收购上市公司；第二，6,000万元资金撬起30亿元资产；第三，信息披露误导，使投资者损失惨重。当天晚间，证监会即驳回了赵某夫妇、A传媒有限公司、B文化公司及相关当事人的申辩，并确定了对B文化公司和相关人员的行政处罚措施。

2016年11月2日，A传媒有限公司成立。根据公告显示，A传媒有限公司注册资本为200万元，赵某和孙某分别持有A传媒有限公司95%和5%的股份，赵某为A传媒有限公司的控股股东。但公司注册资本未实缴到位，也没有开展业务。

2016年12月23日，B文化公司第一大股东B集团有限公司（以下简称B集团）与A传媒有限公司签署《B集团有限公司与A传媒有限公司之股份转让协议》，B集团拟将所持有的上市公司1.85亿股B文化公司流通股股份转让给A传媒有限公司，占B文化公司总股本的29.135%，转让价格高达30.6亿元。

此前，B集团持有B文化公司1.94亿股股份，占公司总股本的30.525%；倘若上述交易完成，B集团持股将锐减至882.23万股，持股比例为1.389%。以三季报来看，B集团减持后将退居第六大股东之位，而A传媒有限公司则一跃成为B文化公司大股东，由于赵某持有A传媒有限公司95%的股份，因此赵某将成为B文化公司事实上的新东家。

然而，收购公告后仅20天，上交所就向其发出问询函，要求其说明无法

---

① 案例编写人：王璇

按期完成融资的具体原因，解释前期已有融资意愿的融资机构短期内态度发生变化的主要考虑，并于2月15日前回复。在上交所的问询下，A传媒有限公司通过B文化公司披露收购资金来源，在其用于拟收购的30.6亿元资金中，除6,000万元为自有资金外，其余皆为借入资金，杠杆率达到惊人的51倍。其中，向西藏某资产管理有限公司借款15亿元，借款年化利率为10%；向金融机构质押融资剩余的14.99亿元，融资年利率在6%左右。

在B文化公司回复上交所的公告中，A传媒有限公司作出了如下解释：2016年12月23日，A传媒有限公司与B集团签署《B集团有限公司与西藏A文化传媒有限公司之股份转让协议》之后，A传媒有限公司立即就该项目融资事宜开始与C银行某支行展开谈判协商，双方于2016年12月29日达成初步融资方案。因上述项目融资金额较大，故需上报C银行总行进行审批。2017年1月20日，A传媒有限公司接到C银行电话通知，本项目融资方案最终未获批准。此后，A传媒有限公司立即与其他银行进行多次沟通，希望就C项目开展融资合作，但陆续收到其他银行口头反馈，均明确答复无法完成审批。因此，A传媒有限公司判断无法按期完成融资计划。

根据C银行的电话说明，前期已有融资意愿的C银行短期内态度发生变化的主要原因是市场对上述项目的交易结构和方式存在较大质疑以及C银行内部风险控制等原因。

被问询的同时，A传媒有限公司的融资也越发不顺。根据B文化公司的公告，公司第一大股东与赵某实际控制的A传媒有限公司于2017年2月13日签署了《关于股份转让协议之补充协议》，将此前的股份转让协议作出调整，转让股份总数由原先的18,500万股调整为3,200万股，转让总价款由30.6亿元调整为5.2928亿元。完成股权转让之后，赵某持有3,200万股B文化公司股票，将位列第五大股东。第一大股东仍为浙江某公司，实际控制人不发生变更。这也就意味着，赵某用“6,000万元撬动30亿元”的资本游戏，到了临门一脚的时刻，说不玩就不玩了。曾经闹得沸沸扬扬的收购风波，变成了普通的举牌。

对此，B文化公司的公告只有一小段解释：在本次交易披露后，A传媒有限公司积极与金融机构对接融资事宜。鉴于本次交易涉及金额较大，且本次交易方案公布后市场各方对交易结构和方式也存在诸多质疑，经与多家金融机构沟通后，A 传媒有限公司表示是否能按期完成融资存在重大不确定性。为确保上市公司平稳运行，经本次交易的交易双方慎重讨论，决定对本次交易事项进行调整。

而此举也引发了巨大争议，“杠杆买壳”的高风险被反复提及。为了平息舆论，赵某还曾披露过自己和丈夫拥有的现金流及资产状况：仅他们所拥有的多家上市公司股权的市值就有 45.22 亿元，另外还持有不动产、股权投资、影视等多项业务，合计资产高达 56.63 亿元。

2017 年 2 月 28 日，B 文化公司收到证监会的调查通知书。

2017 年 3 月 31 日，B 文化公司再发公告，终止股份转让事项。至此，这场闹剧以“不追究违约责任”结尾。

证监会于 2017 年 11 月对相关当事人下发了行政处罚及市场禁入事先告知书。告知书显示，在控股权转让过程中，A 传媒有限公司通过 B 文化公司在 2017 年 1 月 12 日、2017 年 2 月 16 日公告中披露的信息存在虚假记载、误导性陈述及重大遗漏。告知书称，B 文化公司、A 传媒有限公司等涉嫌信息披露违法违规案已调查完毕，依法拟对 A 传媒有限公司、B 文化公司、孔某、黄某、赵某等作出行政处罚和市场禁入。

告知书显示，A 传媒有限公司在收购前一个月成立，其间未进行资金的充分筹备，在境内可支付资金有限、金融机构拟融入资金缺乏充分准备的情况下，采取高杠杆收购方式，签订股权转让协议。在履行能力、履行结果不确切，收购行为真实性、准确性不能保证的情况下，贸然公布收购信息。其行为因其名人效应等因素叠加，严重误导市场及投资者，引发市场和媒体的高度关注，致使 B 文化公司股价大幅波动，严重扰乱了正常的市场秩序。

此外，A 传媒有限公司关于筹资计划和安排的信息披露存在虚假记载、重大遗漏，并且未及时披露与金融机构未达成融资合作的情况。

此后，当事人赵某夫妇、A 传媒有限公司、B 文化公司提出申辩意见，请求免予处罚。证监会举行听证会，听取当事人及其代理人的陈述和申辩。经过复核，证监会认为，案件违法事实清楚，证据充分，申辩理由不成立，相关人员应当为A传媒有限公司的信息披露违法行为担责。2018年4月16日，证监会公布对B文化公司的行政处罚决定书和相关人员市场禁入决定书，驳回了赵某夫妇、A传媒有限公司、B文化公司及相关当事人的申辩，最终决定：对黄某、赵某、孔某分别采取5年证券市场禁入措施。同时，对B文化公司、A传媒有限公司责令改正，给予警告，并分别处以60万元罚款；对孔某、黄某、赵某等给予警告，并分别处以30万元罚款。

案例焦点

赵某夫妇及A传媒有限公司主要存在以下问题：在控股权转让过程中，A传媒有限公司通过B文化公司在2017年1月12日、2017年2月16日公告中披露的信息存在虚假记载、误导性陈述及重大遗漏。（1）A传媒有限公司在自身境内资金准备不足，相关金融机构融资尚待审批，存在极大不确定性的情况下，以空壳公司收购上市公司，且贸然予以公告，对市场和投资者产生严重误导。（2）A传媒有限公司关于筹资计划和安排的信息披露存在虚假记载、重大遗漏。A传媒有限公司在2017年1月12日的问询函回复中称向金融机构质押融资149,990万元，披露融资金额与C银行融资方案中拟向A传媒有限公司融资30亿元的实际情况不符。A传媒有限公司在2017年1月12日的问询函回复中披露的款项支付方式为确定的步骤、确定的金额，未完整披露款项支付方式将随金融机构的审批情况进行动态调整的情况。（3）A传媒有限公司未在公告中明确金融机构融资存在的巨大不确定性，存在重大遗漏。C银行杭州分行的融资方案显示，A传媒有限公司向C银行融资款项中的第二笔以及第三笔发放额度取决于B文化公司的股价情况。（4）A传媒有限公司未及时披露与金融机构未达成融资合作的情况。2017年1月23日，B集团、A传媒有限公司知晓其向C银行杭州分行的融资计划未通过C银行总行审批。截至2017年1月31日，A传媒有限公司并没有与任何金融机构达成融资合作。（5）A传媒有限公司对无法按期完成融资计划原因的披露存在重大遗漏。（6）A传媒有限公司关于积极促使本次控股权转让交易顺利完成的信息披露存在虚假记载、误导性陈述。

焦点一：信息披露是否存在虚假陈述和重大遗漏？

关于虚假陈述、重大遗漏，证监会在行政处罚决定书中列了不少于三条：有关于筹资计划和安排信息的；有关于未及时披露与金融机构未达成融资合作的；有关于对无法按期完成融资计划原因披露的；还有虚假记载“积极促使本次控股权转让交易顺利完成”的。

A传媒有限公司则多以“不知道”“没义务”等理由辩解。其辩称包括，不知道C银行上报总行申请的是30亿元的融资额；公告里的“预计”融资发生改变时，仅仅是“预计”的变化，没必要进一步披露；融资未获批以致无法完成融资计划，是A传媒有限公司的主观判断，不构成信息披露违法等。

证监会通过多方调查，对以上辩称逐一驳斥。具体包括：融资额度30亿元当天就有人微信告诉了赵某，甚至在部分笔录里，也提到“如果银行同意提供30亿元”；融资审批失败对收购事项有重大影响，必须披露；对另一融资方某资产管理公司未能准备足够资金这一重大事项，也未及时披露等。

最终，证监会认定，在股权转让过程中，A传媒有限公司通过B文化公司在2017年1月12日、2017年2月16日公告中披露的信息存在虚假记载、误导性陈述及重大遗漏。

焦点二：“贸然公告”行为是否误导市场？

A传媒有限公司认为“贸然公告”行为不构成误导市场。其辩称，公司成立后的经营活动、资金筹集不应成为信息披露违法的考量；证券法规定达成收购协议后，必须三日内公告，因此“贸然公告”的指责不能成立。

证监会驳斥称，公司法有关于社会公德、商业道德、诚实守信等社会责任要求，不允许借“意思自治”“契约自由”为名误导投资者，收购行为必须严格恪守证券法等证券市场法律法规的监管；A传媒有限公司对其资金实力描述也有误导性。另外还指出，A传媒有限公司收购行为有悖常理。在2016年12月23日至2017年4月1日不到4个月的时间内，转让事项一波三折，由控股权转让变更为5.0396%股权转让，后又变更为完全终止股权转让，双方不追究任何违约责任，这种商业行为显然有悖常理，并且客观上造成了B文化公司股价的大幅波动。资金实力描述也被认为有误导。A传媒有限公司曾披露，赵某及其配偶黄某投资多家上市公司股权，截至2017年12月31日，相关资产总价值约为56.63亿元。但在融资受阻时，却称大部分资产在境外，无法调动。

行政处罚书中对此判定，A传媒有限公司在自身境内资金准备不足，相关金融机构融资尚待审批，存在极大不确定性的情况下，以空壳公司收购上市公司，且贸然予以公告，对市场和投资者产生严重误导。

焦点三：A传媒有限公司的行为是否对市场产生严重影响？

自A传媒有限公司宣布收购开始，B文化公司股价经历“过山车”。截至2017年7月21日，B文化公司收盘报价为9.03元，较最高点重挫逾六成，与2016年11月28日首次停牌前的股价相比也下跌了45.2%。

对此，A传媒有限公司辩称，B文化公司在收购期间的股价受到收购事项本身及公司其他事项的多重影响，系证券市场的正常反应。

证监会调查发现，A传媒有限公司在未进行资金充分筹备的情况下，运用高杠杆收购境内上市公司，在股权转让协议签署后才着手寻求金融机构融资，并且短时间内不断变更控制权转让事项，后又完全终止股权转让。

证监会认为，以上事实足以认定A传媒有限公司的行为，“造成B文化公司股价大幅波动，引起市场和媒体高度关注，严重影响了市场秩序，损害了中小投资者的信心，影响了市场的公平、公正、公开”。

焦点四：黄某并非A传媒有限公司的控股股东、董事、监事或高管，其受到处罚的身份依据是什么？

黄某并非A传媒有限公司的股东、董事、监事、高管，仅仅作为A传媒有限公司实际控制人赵某的配偶，证监会拟对其作出30万元罚款的行政处罚，其依据是什么？证监会2011年公布的《信息披露违法行为行政责任认定规则》第十七条规定，董事、监事、高级管理人员之外的其他人员实际承担或者履行董事、监事或者高级管理人员的职责，组织、参与、实施了公司信息披露违法行为或者直接导致信息披露违法的，应当认定其为直接负责的主管人员或者其他直接责任人员。赵某作为A传媒有限公司的法定代表人，组织、策划、指派相关人员具体实施本次控股权转让事项，实际与B集团实际控制人孔某进行控股权转让谈判，决策收购B文化公司控股权，并指派人员进行融资安排、信息披露。黄某为对A传媒有限公司上述行为直接负责的主管人员，证监会根据《中华人民共和国证券法》第一百九十三条第一款，对其予以顶格处罚。

焦点五：处罚是不是太轻？

行政处罚决定书显示，B文化公司、A传媒有限公司被处以60万元罚款，孔某、黄某等当事人被处以30万元罚款。区区数十万元的惩戒难免让市场产生处罚过轻的质疑。然而，按照当时的证券法，这已经是监管机构在查处信息披露违法时，能够给予信息披露义务人及直接责任人的“顶格”处罚。

风险警示

对于终止与B文化公司的股权转让协议，孔某给出的理由是因对方被证监会立案调查，“结果无法预知，交易存在无法预知的法律风险，交易的客观情况发生变化”。对此，证监会浙江监管局在关注函中明确表示，B文化公司被立案调查“并不构成本次股权转让的实质障碍”，A传媒有限公司终止合同并且没有交付违约金，其希望“全身而退”的打算可能被后续民事赔偿诉讼打破。值得注意的是，证监会已对此类行为加强了监管，并且在司法实践中，民事赔偿也逐步规范化，欣泰电气等投资者共获赔亿元的案例也警示资本进入市场要注意自身的规范经营。本次处罚昭示了监管的逐步收严，也为市场主体敲响了警钟，诚信经营，才能维持自身良好的信誉。

防控措施

一是金融杠杆高风险不能轻易触碰。虽然明星的影响力让其拥有了金融加杠杆的资本，但是其对金融的控制能力、市场的把握能力其实尚不足以支撑如此巨大的杠杆，所以对于金融杠杆，明星们也需要慎之又慎。

二是遵守金融市场规则。即使是明星也须要遵守金融市场固有的规则，金融是没有任何法外之地的，明星也不能存在侥幸心理。这一系列的信息披露问题，只要是专业的投资咨询机构都不会让其犯这样的错误。

三是对于金融与市场的尊重。金融市场是一个巨大的市场，更是一个高度专业的市场，任何人都需要对这个市场报以尊重，即使是巴菲特、索罗斯这样的多年巨鳄都需要尊重市场，关注市场的一举一动，明星当然也不能例外。

金融本质

金融的本质是通过资金流动来完成资源的整合和配置，提高整个社会的福祉与效率。换句话说，就是信用、风险、交易、融资、财富管理。具体而言，货币是金融运行的重要载体，风险控制是金融管理的核心内容，而归根结底，金融是一种服务。而信用，是整个金融全领域的最根本的基石，也是全球资本市场得以维系的基石和最终之锚。如果没有信用，那么就不会有通货，人类就会退回到物物贸易的时代。有了信用，通货才有价值，因为通货的本质，就是一种主权信用负债。有了通货之后，各个国家的国民经济，全球国际贸易，才能得以良好运行。

专家点评

苏宁金融研究院特约研究员、财经专栏作家、财经评论员认为，此次赵某投资 B 文化公司的铩羽而归，其实也正体现了明星投资者的投资问题。相比于其他普通投资者来说，明星投资者由于其明星的身份在很多时候能够得到比普通投资者更大的助力。这是一个粉丝经济的时代，明星的社会影响力和粉丝影响力都在与日俱增，互联网、新媒体的快速增长，让明星的影响力不再限于电影、电视等传统媒介，互联网使其影响进一步加深。粉丝经济就逐渐演变成为互联网影响力，乃至于整个市场都给了明星很高的估值。

然而，我们不要忘了资本市场是一个高度专业化的市场，即使是金融系科班出身的博士，乃至于浸淫金融界多年的市场“老炮”都难保不在阴沟里翻船，更何况本就不是金融专业出身的明星了。资本市场的变幻莫测和金融投资的超前专业性，对于从业者的专业素质、眼界、知识水平、学历等都有了很高的要求，明星明显在这方面还是偏弱的。

新华社某编辑认为，事实上，无论是信息披露违法，还是欺诈发行、内幕交易，违法成本和收益之间的严重失衡，一直是困扰资本市场的顽疾。新一轮证券法修订，也将大幅提高违法成本作为重点之一。

上海市法学会金融法研究会副会长表示，改变的方向应是按违法金额的比例和倍数确定罚款数额，以取代现行的定额法。“唯如此，才能真正对违法行为和以身试法者产生应有的震慑作用。”

上海杰赛律师事务所证券部主任、“股东网”创始人认为，根据证监会认定的事实，A 传媒有限公司在此事件中应该承担主要责任。根据证券法的相关规定，投资者可以向 A 传媒有限公司提起诉讼，也可以向上市公司提起诉讼。凡在 2017 年 1 月 12 日至 3 月 31 日买入 B 文化公司股票到 3 月 31 日仍持股的投资者，都具备索赔资格。虽然赵某本人不需要对投资者损失承担责任，但如果其能够敦促 A 传媒有限公司承担责任，将有利于维护其个人形象。

19. 不合理的公司资本结构与过于激进的商业扩张模式对资金链断裂具有叠加效应①

——A 公司资金链断裂事件

案例回放

我们通常说的 A 公司，是指 A 控股及非上市公司体系公司。追本溯源，A 公司最早以视频网站起家，成立于 2004 年，创始人为贾某，致力打造基于视频产业、内容产业和智能终端的“平台 + 内容 + 终端 + 应用”完整生态系统，被业界称为“A 公司模式”。

---

① 案例编写人：王东

2016年11月，A公司资金链断裂。对于被曝光的150亿元欠款，A公司方面给予了否认，但也未透露拖欠供应商的具体金额，虽然声称对造谣生事者将采取法律措施，甚至要通过刑事手段来维护其合法权益，但也未让市场停止猜疑。

随后，A公司CEO贾某表示，因公司节奏过快，导致近几个月供应链压力剧增，即将提前结束烧钱模式。

2016年11月7日，某科技有限责任公司总裁雷某称，A公司欠款为150亿元以上，其中几家供应商欠款为10亿元以上，将有供应商起诉A公司。截至当日，A公司网已连续四个交易日下跌，累计跌幅超15%，当日收盘报37.85元/股，已经跌破38元/股，跌破多个定增价。

2016年11月10日，原中国证监会投资者保护局局长李某受贿一案开审。据央视新闻报道，李某被控为康美药业、A公司等9家公司申请公开发行股票或上市提供帮助。当天，A公司公告称，公司及其实际控制人在内的现各主要股东、董监高人员均与上述事项无关。次日，A公司10位高级管理人员计划增持不低于3亿元。

2016年11月15日，A公司HR发出全员邮件，A公司将暂停在亚洲地区的横向扩张，计划加强审慎的财务管理。同时，任命高某为A控股有限公司亚太区总裁。A控股有限公司亚太区原总裁莫某将作为亚太区顾问，或另有任用。

2016年11月16日，A公司投资的初创企业、高端电动车制造商法拉第未来内华达州10亿美元项目确认停产。内华达州财务官员称该项目为“庞氏骗局”。

2016年11月22日，A公司专车平台被曝欠款风波，拖欠供应商千万元服务费。

2016年12月初，贾某表示，A公司融资能力不强，方式单一，资本结构不合理，外部融资规模难以满足快速放大的资金需求。A公司战略也将进行重大变化，A公司在新阶段7大生态子系统将实施纵深发展、非上市公司板块业务要以经营为导向、上市公司要以实现全面盈利为目标。

贾某还表示，愿与公司管理层承担责任，即日起仅自愿领取公司1元年薪。首次公开发表的内部信，深度反思了A公司烧钱扩张模式。同时，让贾某警觉的是，A公司B型号手机供货出现问题。他表示，“近几个月以来，供应链压力骤增，再加上一贯伴随公司发展的资金问题，导致供应紧张，对手机业务持续发展造成极大影响”。

2017 年 1 月初，从美国发来了捷报，A 公司 C 型号手机在美国商城首销，4 小时 15 分钟，A 公司超级电视、超级手机及其他智能衍生品全部售罄。而在商品脱销、好评如潮的商品线上，B 型号手机供货却出现了问题。A 公司内部对此的解释是，前端紧追发力，后台服务却无法提供充分支撑。

2017 年 2 月 14 日，A 公司发布公告，其子公司 C 科技有限公司决定进行增资扩股，某电子有限公司出资 7.2 亿元，其中 749.8865 万元计入注册资本，占增资后 C 科技有限公司总股本的 2.3438%。本次增资完成后，C 科技有限公司的注册资本增加至约 3.2 亿元，A 公司网持有 C 科技有限公司 39.3670% 的股权，仍然是控股股东。

2017 年 3 月 10 日，A 公司公告称，为了减少其相关智能电视垂直电视平台对于 A 公司造成的财务影响，A 公司放弃对其相关电子商务有限公司的 15% 的控制权，2016 年 12 月底起其相关电子商务有限公司将不再纳入公司合并报表范围。接盘该电子商务有限公司的 A 控股有限公司，为 A 公司旗下企业。

2017 年 3 月 28 日，A 公司发布公告称，控股子公司 C 科技有限公司决定进行增资扩股，某信息技术有限公司出资 7 亿元，其中 703.59 万元计入注册资本，占增资后 C 科技有限公司总股本的 2.1507%，为第六大股东。

2017 年 4 月 10 日，A 公司发布 2017 年第一季度业绩预告。预告显示，第一季度 A 公司净利润约为 10,326.54 万—13,195.02 万元，比上年同期变动 –10%—15%。

2017 年 4 月 13 日，A 公司发布公告称，拟将原高送转预案 10 转 20 调整为 10 转 10，派息金额将在审议 2016 年度利润分配议案时再行确定。

2017 年 4 月 19 日晚，A 公司发布 2016 年度业绩，其营收约 219.51 亿元，同比增长 68.64%，归属于上市公司股东的净利润为 5.55 亿元，同比下降 3.19%。2016 年拟 10 转 10 派 0.28 元（含税）。

某会计师事务所（特殊普通合伙）出具了带有强调事项段的无保留意见的审计报告。期末关联方应收账款余额达 38 亿元。实际控制人贾某对该部分应收账款为公司提供了担保。

2017 年 4 月 26 日，A 公司发布一季度业绩报告称，报告期内，归属于母公司所有者的净利润为 1.25 亿元，较上年同期增长 8.76%；营业收入为 49.22 亿元，较上年同期增长 6.21%；基本每股收益为 0.06 元，与上年同期持平。值得关注的是，某投资机构于 2017 年第一季度末已退出公司前十大股东；而截至 2016 年年末，该投资机构还持有 7,000.64 万股，占比为 3.53%。由此可以推测出，该投资机构在 2017 年第一季度至少减持了 6,242 万股。

2017 年 5 月 21 日，A 公司发布公告称，贾某已经申请辞去公司总经理职务，但仍担任董事长一职。公告透露，空缺后的总经理一职将由梁某担任，梁某此前的职务是 A 公司副总经理、C 科技有限公司总裁。公司财务总监杨某辞职将不再担任任何职务，董事会同意聘任张某为财务总监。

2017 年 6 月 26 日，某银行上海川北支行依法申请资产保全 A 公司抵押物，被上海市高级人民法院裁定为符合法律规定：冻结某移动香港有限公司、某移动智能信息技术（北京）有限公司、A 控股有限公司和贾某、甘某名下银行存款共计人民币 12.37 亿元，或查封、扣押其他等值财产。

A 公司于 2017 年 7 月 27 日发布公告称，公司控股股东贾某以及 A 控股有限公司合计持有 5.24 亿股，占公司总股本的比例为 26.27%，其中，贾某直接持有 A 公司 5.12 亿股，占公司总股本的 25.67%。

案例焦点

1. 产业覆盖面广，未深耕细分市场

A 公司跨足多个产业，涵盖互联网视频、影视制作与发行、智能终端、应用市场、电子商务、互联网智能电动汽车等，旗下公司包括 A 视频公司、C 科技有限公司、A 移动智能信息技术有限公司、A 控股有限公司等。

2. 过度资金套利

A 公司大多是以内保外贷的模式来筹得资金。内保外贷指的是，境内企业在境外的附属企业由境内银行担保，由境外银行给境外投资企业发放贷款。A

公司持续地在资本市场上做“金融批发”，使廉价资金投资放大、并入母公司再放大、再投资，透过钱滚钱，以获得更多套利资金，而非产业投资资金。

3. 不当烧钱模式

以A公司生产的手机为例，A公司手机上市时，以低于其他家手机制造商的价格，借由削价竞争来抢夺市场占有率，但这个价格也低于成本。虽然A公司手机创造最短时间销售千万支的事迹，但每卖出一支，都致使A公司亏损。

4. 高层管理问题

A公司在经营管理上有些缺失。一方面，贾某无法获得底层员工和投资者的完全信任。例如，A公司在融资不足，且贾某姐弟债权尚未到期的情况下，先归还其借款约30亿元，让人不禁怀疑他想撇清关系的意图。另一方面，由于贾某野心太大，想跨足多个产业，相对于运营，更关注大方向与产品细节，反而无视团队的财务建议，使资金出现缺口。

防范措施

1. 立足于产业核心是构建生态的前提

企业构建产业生态系统须有核心产业支撑。比如，支付宝同样跨足多个产业，从共享经济、租房、保险业、零售业到医疗业，那为什么支付宝不用为此头疼呢？这是因为其以诚信为产业核心，发展余额宝等产品，再延伸到交易信用和安全服务，先建立根基，再不断扩展自身优势、扩张自身业务。

2. 大额资金借贷需有资产抵押

A公司借由内保外贷，以无形的资产来筹得资金，而不是通过实质资产来抵押。如果A公司的融资方式不是用无形资产而是其他资产如土地、房产等易流通、折价率低的标的物进行抵押，则银行因A公司违约造成的影响会大为降低。

3. 获取市场须量力而行

企业拓展市场需要慎重考虑自身财物状况，多听取财务人员的意见，量力而行，合理拓展。认真处理好、发展好、维护好发展市场、内部稳定及产业生态和谐的关系。

4. 上市公司应管理规范

上市公司应认真遵守公司法和证券法的有关规定，董事会、监事会应认真履行相关职责，做好风险防范措施，切实维护股东权益。公司决策层应该多听各方意见，促进公司治理专业化、标准化、规范化。

不忘初心

公司不应盲目追求规模，而应看重保有一定规模，更重要的是把产品和服务做得更好，且不做昙花一现的产品，追求经得起考验的产品。这是企业生产经营和立足于市场的初心。在经营思维方面，善于把握事务发展的规律，具有洞察未来的能力，以纵深方向实施连贯性思考，选择好经济战略方向，获得最佳经济效益。在经营思维方面，应善于把握事务发展的规律，具有洞察未来的能力，以纵深方向实施连贯性思考，选择好经济战略方向，获得最佳经济效益。

金融本质

金融的本质就是在合理防范风险的前提下开展业务。因此，银行在进行大额资金借贷业务时，必须做好风控，多做研究，减少违约事件发生，提高违约后不良资产处置的便利性。银行应设置无形资产的借贷比率在企业贷款负担中的比率阈值。借贷比率不得超过比率阈值，并根据企业经营状况调整比率阈值。

专家点评

A 公司虽以 A 视频公司为主，但缺乏一个产业核心去串联七大生态，造成每个领域都会一点，但也每个领域都不专精。博达瓦科技咨询公司的董事长邓肯·克拉克就曾表示：“他们（A 公司）以四处撒钱而闻名。给人的感觉是他们做的事缺乏战略。飞奔的汽车和娱乐，很难捏合到一起。”

叶某在某财经类日报上点评，有时候，一个人痛苦的根源是能力跟不上欲望；公司崩溃的根源是资金跟不上扩张。为了将来，小规模的债务危机务必须定向爆破。

总之，A公司此次事件，不仅是因为资金链断裂，实质上，企业的融资方式、销售模式、缺乏产业核心以及高层不当管理也促发A公司资金危机，而对很多投资人和债权人造成影响。

20. 严格执行公司内控制度、确保审计独立性是防止财务造假的有效措施①

——A公司财务造假事件

案例回放

2011年9月27日，A公司在创业板成功挂牌上市，发行价为25元，当日报收29.04元。

2012年8月，湖南证监局对上市不满一年的A公司进行例行现场检查。督导小组发现，A公司竟然存在三套账本：税务账、银行账及一套公司管理层查阅的实际收支的业务往来账。A公司财务造假问题由此浮现。

2012年9月14日，湖南证监局将现场检查发现的线索上报证监会，证监会决定对A公司立案调查。随后，证监会抽调稽查总队骨干人员数十人奔赴湖南常德，进行全面调查。

2013年3月2日，A公司发布公告，承认在2008年—2011年累计虚增收入约7.4亿元，虚增营业利润约1.8亿元，虚增净利润1.6亿元左右。

2013年3月29日，A公司发布致歉公告，因公司自2008年—2011年财

① 案例编写人：杨立鹏

务数据存在虚假记载，已被深交所谴责过两次，若再受公开谴责，按照创业板上市规则，上市三年内遭受三次公开谴责，将面临退市风险。

2013年4月3日，证监会媒体通气会介绍称，A公司现场调查工作基本结束，下一步将对相关责任人及相关中介机构进行处理。根据证监会的调查结果，A公司在首发上市过程中，存在虚增原材料、销售收入、利润等行为，涉嫌欺诈发行股票；同时，A公司在2011年报和2012年报涉嫌虚假记载；造假手法隐蔽，资金链条长，调查对象涉及数十个县乡镇。

2013年5月10日，证监会对A公司造假案作出处罚，对发行人A公司、保荐机构B证券公司、C会计师事务所和湖南D律师事务所各自给予处罚，相应的责任人也受到了处分。

根据证券法等相关法律的规定，证监会对A公司造假作出如下处罚：A公司：罚款30万元，董事长龚某、CFO谭某各处以30万元罚款。其余19名高管分别处以5万—25万元的罚款。同时，对龚某和财务总监谭某采取终身市场禁入措施，并移送公安机关追究刑事责任。

B证券公司：给予警告，没收保荐收入2,550万元，并处以两倍罚款，暂停三个月保荐资格，对保荐代表人处以30万元罚款，撤销保荐人资格、证券从业资格，终身证券市场禁入。与此同时，对保荐业务的相关负责人给予警告并分别处以30万元罚款，撤销其证券从业资格。

C会计师事务所：没收138万元收入，处以2倍罚款，撤销证券从业许可。对于签字会计师处以13万元罚款，终身市场禁入。

案例焦点

A公司财务造假手法及其表现如下。

1. 高估收入，虚增利润

2008年—2012年，A公司主营业务收入分别为22,824万元、32,765万元、43,359万元、55,324万元和29,616万元，主营业务收入增长率分别为43.55%（2009）、32.33%（2010）、27.60%（2011）和–46.47%（2012）。而同属于农产

品加工行业的、首批农业产业化国家重点龙头企业的湖南E米业股份有限公司，其2009年—2012年的主营业务收入增长率分别为2.27%、1.99%、13.86%和3.23%。二者同在湖南省常德市，且主营业务同为稻米精深加工，但是相差悬殊，让人难以置信。

E米业股份有限公司在2011年报中披露，行业由于受到国家宏观政策的影响，“就粮油食品产业而言，一方面国家对粮食的托市收购和通胀引起原料价格上涨和生产成本急剧上升，另一方面产品销价却受到国家对粮油价格调控的影响，产品成本上升和产品销价受压的两头受挤状况使粮油食品产业在产销量增长的情况下，经营毛利却明显下降”。但是A公司同期的销售毛利率却达到E米业股份有限公司的两倍，盈利指标畸高。后经证监会调查，其在2008年—2012年半年报中，累计虚增销售收入90,500万元，虚增营业利润21,368万元。

2. 虚增资产，平衡报表

（1）虚增应收账款和预付账款。根据A公司2012年半年报更正公告，其应收账款从1,288万元更正为412万元，减少3,876万元；预付账款从14,570万元，更正为10,101万元，减少4,469万元。半年报显示，A公司应收账款前五位分别为常德市某贸易有限公司、湖南某农牧科技有限公司、某食品厂、佛山某粮油经营部、衡阳市某商贸有限责任公司。更正后，这五大客户从应收账款前五名客户名单中消失。由此可以基本判断，其应收账款金额前五名单位完全是虚假记载，存在严重的伪造销售合同、虚拟销售业务等造假行为。

A公司的预付账款2008年—2010年变动不大，但是2011年猛增到11,938万元，比上期期末增长了449.44%；2012年半年报预付账款达到14,570万元，比上年同期增长412.13%，变动异常。该半年报显示的预付账款前五名中有三位自然人，更正后三位自然人消失，且名单上第二名为自然人童某，预付金额为1,003万元，未结算原因为预付工程设备款，工程尚在建设中。而根据其2011年年报显示，公司与粮食经纪人童某签订稻谷采购意向性合同，意向采购稻谷4,000吨。经过A公司策划，童某从公司的粮食经纪人变成工程承包商和设备供应商。

（2）虚增在建工程。A公司2012年半年报显示，A公司在在建工程没有项目转入固定资产的情况下，其在建工程从 8,675 万元增加至 17,998 万元，增加了 8,323 万元。但是现金流量表中“购建固定资产、无形资产和其他长期资产支付的现金”只有 5,883 万元，据此可以推测预付工程款或者应付工程款增加。报表显示，预付账款增加了 2,632 万元，但应付账款却只增加了 379 万元。应付账款和预付账款不仅包含投资活动的款项，还应包含经营活动的业务往来款项，两者的增加额与在建工程的增加相比实在微不足道，其中疑点颇多。

A 公司 2011 年年报和 2012 年半年报中对于在建工程的披露也存在重大矛盾。在建工程项目在投入了大量资金后，工程进度反而降低了。例如，淀粉糖改扩工程和厂区绿化工程，在分别投入了 2,601 万元和 74 万元后，工程进度却分别从 90%、100% 降低到 30% 和 85%。

3. 隐瞒重大停产事项，虚构假象

（1）公司在 2012 年半年报中存在重大遗漏，隐瞒了上半年公司循环经济型稻米精深加工生产线项目因技术改革出现长时间停产，对其业务造成重大影响的事实。A 公司在《关于重要信息披露的补充和 2012 年中报更正的公告》中称，公司募投项目——循环经济型稻米精深加工生产线项目上半年因技术改革停产，其中普米生产线累计停产 123 天，精米生产线累计停产 81 天，淀粉糖生产线累计停产 68 天。公司循环经济型稻米精深加工生产线项目由于常德地区降雨导致技术改革工期延长，项目停产时间延长，公司 2012 年上半年销售收入大幅度减少。

（2）虚构兴旺销售假象。

A 公司吸取了某企业财务造假被揭穿的教训：2010 年 12 月，即将在深交所挂牌的某企业被揭穿其生产的黄酒在各大中城市的超市和大型卖场没有任何销售，该企业后被停止上市，募集资金也退还给投资者。为此，A 公司在上市前在各大超市铺货，以制造“销售兴旺”的虚幻景象。常德某超市的一位员工感叹：“去年上市期间，为冲业绩，在常德各大超市到处摆放该牌大米，股票成功上市后，常德的大小超市一粒该牌大米都看不到了。”

4. 虚构银行对账单

通常，核查客户银行流水基本通过银行对账单进行，而相当一部分银行对账单没有显示“对方户名”。亦即从银行对账单入手核查银行流水，不清楚交易对手名字。这就给了A公司浑水摸鱼的机会，将经纪人账户打进的钱包装成大客户的回款，A公司伪造了银行回单。这种伪造的银行回单一般人根本识别不出来，一般也不会怀疑银行单据有假。部分银行对账单显示“对方户名”，亦即可以从银行对账单入手核查付款人的名字。但据了解，A公司也伪造了部分银行对账单，这导致直接从银行对账单入手无法核查银行流水的真实性，A公司造假手法并不高明，但是其伪造银行单据的水平完全是一流的。

5. 高管更迭频繁是财务造假的一个重要信号

A公司上市仅一年半，经历了数次高管更迭：2011年副总经理张某、叶某辞职，监事杨某1、杨某2辞职；2012年上半年在公司任职7年之久的副总经理黄某和董事会秘书肖某辞职；2013年上半年财务总监谭某辞职。

风险警示

根据财务舞弊四因子理论（舞弊的诱因分为四种：贪婪、需求、机会和暴露），“A公司”财务造假的原因如下。

1. 贪婪——利益驱动，名誉追逐

一方面，经济利益的驱动是产生财务造假最根本的内部动因。企业通过财务造假，虚增利润，达到上市要求，募集大量资金。例如，创业板上市条件中要求，最近两年连续盈利，或者最近一年盈利，且对于净利润等相关指标都有最低额度的规定。A公司通过财务造假上市成功，公开募得资金总额为42,500万元。巨大收益使企业铤而走险，不惜财务造假以达到政策要求上市。另一方面，上市成功能极大增强企业声誉资本和社会资本是又一重大诱因。通过上市，企业和产品的知名度增加，更容易获得客户的尊重和信任，而企业家个人也获得了自我价值的实现和社会的认可。不少企业上市成功后，董事长的身份和地位发生重大变化，成为银行的“座上宾”、媒体的焦点人物等。

2. 需求——降低偿债压力，迎合监管要求

一方面，偿债压力是迫使其财务造假的一个动因。A公司2008年—2010年

的资产负债率分别为77.53%、58.29%、57.52%，总体负债水平较高。而且，这些负债90%以上的为短期负债，其速动比率达到0.25%、0.31%、0.41%，短期偿债压力较大。A公司需要大量的资金支持。在民营企业融资难的大背景下，上市无疑是最优选择。上市后好看的业绩也会使股价上升，达到配股或增发新股条件，募得更多资金的同时提高信用等级，降低银行贷款融资成本。另一方面，证监会对于上市公司的监管要求也成为其财务造假的一个原因。例如，证监会相关文件规定，凡年度报告的利润实现数低于预测数20%以上的，除要公开做出解释和道歉外，将停止发行公司两年内的配股资格。上市公司为了不与盈利预测产生太大偏差，往往会进行财务造假，以避免处罚，A公司存在同样的压力。

3. 机会——内部控制松弛，外部控制失效

（1）内部控制松弛。一般认为，高度集中型股权结构可能带来的后果就是大股东通过与代理人合谋或直接命令代理人来侵占小股东的利益，从而使内部控制制度的设立形同虚设。在股权集中度过高、缺少一定股权制衡的情况下，会出现大股东凌驾于内部控制之上，使内部控制制度流于形式，从而达到操纵利润的目的。A公司董事长兼总经理龚某和董事杨某（二人为夫妻关系）分别持有公司29.99%的股份，合计为59.98%，而其他控股股东持股比例均不超过5%。在这种高度集中的股权结构下，公司实际控制人为龚某、杨某夫妇。而对于2012年半年报的虚假记载和重大遗漏，A公司也解释为内部控制管理疏松，没有很好地执行内部控制制度，没有进一步加强法律意识和提高法制观念。

（2）外部控制失效。企业在IPO过程中需要经过审计机构、保荐机构和证监会三重关卡审核，才能最终上市。但是在A公司的上市过程中，审计机构C会计师事务所、保荐机构B证券公司在执业过程中玩忽职守、利益至上，不仅未能履行监督职能，甚至成为财务造假的推手，而证监会也未能及时发现，最终导致A公司财务造假。

4. 暴露——发现可能性小，预期处罚过轻

（1）审计独立性缺失。会计师事务所是上市公司审计的主体，但是目前的审计状况是供求关系失衡、雇佣关系扭曲。审计服务市场整体供大于求，于是事务所不惜降低价格来招揽生意。而上市公司自己出钱审计自己，更是审计独立性不能保证的重要原因。上市公司拥有较强的议价能力，可能会促使审计业务以较低的金额成交。会计师事务所出于成本控制考虑会减少审计程序，降低审计质量。在本案中，对在建工程实施的有效审计程序是现场监盘，必要时需借助于专家的工作。但是出于审计成本的考虑，C会计师事务所可能不会聘用专家，而注册会计师可能由于缺乏工程管理专业知识，无法取得有效的审计证据进而发表合理的审计意见。另外，目前，我国的会计师事务所的组织形式多为有限责任制，最低注册资本为30万元。在审计失败预期成本较低的情况下，会计师事务所可能为了自身的经济利益，与被审计单位合谋，共同参与舞弊。同时，由于保荐机构与上市公司在利益取向上一致，一些保荐机构为了获取巨大的承销收入和保荐收入，只荐不保，甚至为企业造假上市“保驾护航”。

（2）经济预期不公正。因法律的不完备性产生的低违规成本，会诱导上市公司形成经济不公正的预期，进而以财务造假手段谋取不正当利益。一方面，行政处罚较轻。《中华人民共和国证券法》第一百八十九条第一款规定，发行人不符合发行条件，以欺骗手段骗取发行核准，尚未发行证券的，处以30万元以上60万元以下的罚款；已经发行证券的，处以非法所募资金金额1%以上5%以下的罚款。而此次A公司欺诈上市仅被证监会处以30万元罚款，并未终止上市，处罚力度非常有限。另一方面，民事赔偿的执行较弱。由于我国证券市场相关立法相对滞后，有关涉及证券市场民事赔偿纠纷的案件，实体法上的一些基本问题并没有具体详尽的规定，一旦涉及诉讼，对于法院及有关当事人而言，将无所适从。通过民事诉讼解决投资者赔偿问题一直存在取证难、认证难、耗时长、索赔少的问题。银广夏虚假陈述引发的民事诉讼案件，最后仅几百人得到了补偿，反映了我国证券市场的司法维权之艰难。而A公司案件中虽然B证券公司推出了建立3亿元先行赔偿基金方案，但其短短60天的理赔期限也饱受质疑。

风险警示启发如下：

（1）外行人以为客户收入可以随意编造，但这其实并不容易，伪造客户收入的工作相对烦琐，需要私刻客户假公章、编造销售假合同、虚开销售发票、编制银行单据、假出库单等一系列造假工序的配合，才能让虚增销售收入看起来合理。要使虚增的销售额没有破绽，甚至要到税务部门为假收入纳税。

（2）资产负债表，亦称财务状况表，表示企业在一定日期（通常为各会计期末）的财务状况（资产、负债和业主权益的状况）的主要会计报表。资产负债表可以使我们在最短时间内了解企业经营状况。

（3）利润表是反映企业一定会计期间（如月度、季度、半年度或年度）生产经营成果的会计报表，是一种动态报表。企业在某一特定时期实现的各种收入、发生的各种费用、成本或支出，以及企业实现的利润或发生的亏损情况等都可以在利润表中得到全面体现。

（4）现金流量表是反映一家公司在一定会计期间经营活动、投资活动和筹资活动等对现金及现金等价物流进与流出产生影响的财务报表。它是一张从动态角度反映企业资金运行过程和结果的报表，对于评价企业的实现利润、财务状况及财务治理，优势明显高于传统的损益表。

防控措施

1. 加强公司内部控制建设，建立内部制衡机制

一是提高公司管理层对于内部控制的认知度，营造良好的内部控制环境。内部控制制度执行的效果在很大程度上受到管理层对其认知度的影响。只有管理层高度重视，内部控制环境良好，内部控制制度才能最大限度地防止并及时发现和纠正错误与舞弊行为。二是完善公司内部控制制度。几乎所有的财务造假事件背后都与内部控制的薄弱相联系。公司应该结合自身实际情况，合理制定内部控制制度，从而保证公司财产物资的安全和会计信息的质量。三是建立和完善符合现代公司管理要求的内部组织结构，形成科学的决策机制、执行机制和监督机制。要加强独立董事制度建设，充分发挥独立董事的作用，建立起公司内部有效的制衡、约束和监督检查机制，防止因股权过于集中导致的控制权滥用和利益侵占下的财务造假问题。

2. 加强中介机构监督管理，推行审计机构轮换制度

一是完善中介机构内部控制制度，加强风险管理。中介机构须完善内部控

制制度并夯实内部控制制度各项要求，将内部控制责任落实到岗、细化到人、贯穿于每一个申报项目。二是完善内部问责机制。中介机构主要负责人要承担起管理责任，对项目遴选、项目论证、原始材料提供、项目执行等各个环节，项目各环节签字人员均要承担相应责任，切实加强内部监督检查，强化风险管控。三是推行审计机构轮换制度。审计独立性是审计师的灵魂，缺乏独立性的审计质量是得不到保障的。建议实行上市公司审计机构轮换制度，以增强审计机构的独立性。

3. 提高违规成本，探索新的民事赔偿机制，形成经济预期公正

一是尽快完善相关法律细则，推动资本市场监督惩罚机制的建立与发展，加大处罚和执行力度，提高公司财务造假成本，增加中介机构违规风险，使其与预期获利相平衡。这样才能形成经济预期公正，减少财务造假行为的发生。二是深化以信息披露为中心的新股发行体制改革。重点加大对欺诈发行、财务造假和虚假披露等违规失职行为的惩处力度。三是加快构建社会诚信档案，动态记录企业造假行为，强化社会监督，实行信息公开，加大稽查和处罚力度，增加财务造假风险。只有高额的违规成本和较大的暴露风险，一些抱着侥幸心理的公司才会思量再三，拒绝造假。四是积极探索新的民事赔偿机制。在本案中，保荐机构 B 证券公司推出了对适格投资者的先行补偿方案，A 公司实际控制人龚某也将 3,000 万股 A 公司股票质押给中国证券投资者保护基金有限责任公司作为履行赔偿责任的保证。积极探索利用市场化机制保护投资者合法权益的方案，如上述市场违法主体先行补偿投资者损失值得鼓励。

4. 加强执业人员诚信建设，提高专业胜任能力

一方面，要加强以诚信为目标的会计、审计人员和保荐代理人的职业道德建设，必须多管齐下，开展全方位、多形式、多渠道的职业教育，逐步培养职业道德情感，树立职业道德观念，提高职业道德水平。另一方面，要提高相关中介机构如审计人员和保荐代理人等的专业胜任能力。由于现代审计的复杂性、财务造假手段的隐蔽性，审计人员和保荐代理人的专业胜任能力至关重要。在对 A 公司的审计过程中，如果审计人员具有扎实的工程管理专业知识则或许可避免审计疏漏。因此，只有提高审计人员的专业胜任能力，才能切实提高审计质量，防范财务造假。

21. 网络借款需选择规范 P2P 平台，警惕不合格借款人非法集资

——A 公司惊现 1.5 亿元兑付危机①

案例回放

2012 年，A 资本管理有限公司（以下简称 A 公司）成立，注册资本为 1 亿元，公司法人是李某，杨某、王某和付某是公司大股东。公司旗下有两家 P2P 平台运营：B 平台、C 平台。值得一提的是，B 平台与 C 平台均已通过国家信息系统安全保护三级认证，并获得了 ICP 许可证。

2014 年 1 月，B 平台上线，中国互联网金融协会官网信息披露平台显示，截至 2018 年 2 月 28 日，平台总交易额超过 67.18 亿元，待偿金额达 2.28 亿元，投资总人数超过 33.93 万人。

2016 年 2 月，C 平台上线，A 公司官网显示，该平台最后一个标的发于 2017 年 6 月 16 日，目前已无可投标的。C 平台官网报告显示，该平台累计成交额达 10.48 亿元，借款余额达 3.22 亿元。

2018 年 4 月 11 日，A 公司发生 1.5 亿元兑付危机。

2018 年 5 月 7 日下午，A 公司（B 平台）北京总部被查封，北京经侦部门介入；上海相关公司也被调查，公司相关高管被带走。

中国互联网金融协会官网信息披露平台显示，截至 2017 年 6 月 30 日，该平台项目逾期率达到 16.66%，金额逾期率达 8.7%，逾期金额为 3.93 亿元。在已接入官方信息披露的 104 家平台中，该项目逾期率和金额逾期率分别排在第一名和第二名。

综合来看，截至事发之日，若将 A 公司已停运的 C 平台借款余额 3.22 亿元算作代偿金额，再加上 B 平台 2.28 亿元的代偿金额，A 公司总待偿金额达 5.50

---

① 案例编写人：栾奕

亿元。中国互联网金融协会的互联网金融登记披露服务平台数据显示，A 公司 2016 年营业收入为 3.15 亿元，但由于销售和管理费用等支出较高，2016 年净亏损达 2.76 亿元，比 2015 年的净亏损 2.45 亿元进一步扩大。

案例焦点

1. 核心事件：1.5 亿元兑付危机直接原因

2017 年 6 月，A 公司旗下 P2P 平台 B 平台出借给上市公司某企业 3 亿元过桥资金，后还回 1.5 亿元。但是，该企业于 2018 年 2 月股价三次跌停，造成 5 亿元银行贷款审批失败，无法偿还 A 公司剩余 1.5 亿元过桥资金，导致 A 公司资金链断裂。

2. 线下理财端规模或超线上

在线上累计超 5 亿元待偿之外，通过线下募集的资金规模可能超过线上平台募集的资金规模。A 公司先后在北京、上海、南京、福州、洛阳、郑州、西安、重庆等 20 多个城市创建了多家分公司和营业机构，服务网点达 40 余个。

A 公司官网显示，其线下理财端成立于 2012 年 1 月，到 2013 年，当时的总经理助理赵某曾表示，“成立两年时间，在北京、天津、上海等地有分支机构，全国员工达 3,000 人，月放款额已经达到 7,000 万元”。

2016 年年初，当时的 A 公司副总裁翟某公开表示，旗下资产端门店获得债权通过 B 网贷平台销售，同时线下理财门店也承担大部分资金来源。A 公司旗下资金端财富管理门店共计 39 家。

对于线下的资金规模，2016 年年初翟某对记者表示：“线上线下累计成交规模为 102 亿元，其中线上平台资金规模为 30 亿元，财富中心资金流入为 70 亿元左右。”

A 公司线下财富端平台与客户签订的《个人出借与咨询服务协议》，进行定期理财产品的销售，最终资金流向该项目资金账户。

A 公司总部被查封，累计成交规模 102 亿元未到账、延期兑付问题频出。

3. 争议事件：A 公司的行为是违规行为还是违法行为？

A 公司存在大量线下理财门店已经无须质疑，但问题在于，《网络借贷信息中介机构业务活动管理暂行办法》（以下简称《暂行办法》）发布前，线下理财门店本就大量存在于网贷行业中。

《暂行办法》虽然规定网贷平台不得自行或委托、授权第三方在互联网、固定电话、移动电话等电子渠道以外的物理场所进行宣传或推介融资项目，但是，网贷行业备案尚未完全完成，很多平台都在一定程度上违反了《暂行办法》。将 A 公司线下门店这一项或其他几项违规问题定义为违法行为似乎为时过早。

但是，《最高人民法院关于审理非法集资刑事案件具体应用法律若干问题的解释》第一条规定，违反国家金融管理法律规定，向社会公众（包括单位和个人）吸收资金的行为，同时具备下列四个条件的，除刑法另有规定的以外，应当认定为《中华人民共和国刑法》第一百七十六条规定的“非法吸收公众存款或者变相吸收公众存款”：（1）未经有关部门依法批准或者借用合法经营的形式吸收资金；（2）通过媒体、推介会、传单、手机短信等途径向社会公开宣传；（3）承诺在一定期限内以货币、实物、股权等方式还本付息或者给付回报；（4）向社会公众即社会不特定对象吸收资金。

A 公司利用线下门店及分公司向不特定人群吸收资金并签订固定收益的理财协议，资金流向该公司，这种行为显然已涉嫌非法集资。

风险警示

央行对 P2P 网络借贷行业非法集资行为进行了清晰的界定，主要包括三类情况：资金池模式、不合格借款人导致的非法集资风险以及庞氏骗局。网络借贷的主要风险大致包括技术风险、信用风险、运营模式风险、操作风险、流动性风险等。

1. 技术风险

技术风险是指伴随着科学技术的发展、生产方式的改变而产生的威胁人们生产与生活的风险。

P2P 网络借贷平台疏于自律，或内部控制程序失效，或被人利用的，则可能出现捏造借款信息而非法集资的情形。对于技术风险而言，是指平台信息技术系统发生技术故障，导致交易中断、交易停滞、转账不畅，或在容量、运作等方面不能保障交易正常、有序、高效、顺利地进行，而可能给客户造成损失，公司因承担赔偿责任而带来经济或声誉损失的风险；因软件设计缺陷，造成投资者交易数据计算错误，给投资者财产造成损失；在信息技术层面，投资者交易数据被破坏、修改、泄露等风险。

由于技术上的不完善，无法完全真实地了解投资者信贷信用等级，所以可能导致不合格借款人的非法集资风险。同时，这也是信用风险的一方面体现。一些 P2P 网络借贷平台经营者未尽到借款人身份真实性核查义务，未能及时发现甚至默许借款人在平台上以多个虚假借款人的名义发布大量虚假借款信息（又称借款标），向不特定多数人募集资金，用于投资房地产、股票、债券、期货等市场。有的借款人直接将非法募集的资金高利贷出赚取利差。这些借款人的行为涉嫌非法吸收公众存款。

2. 法律风险

在我国网络借贷相关法律法规建设有待于进一步完善、相关监管制度有待于加强建设与丰富的情况下，监管缺失与法律模糊即为法律风险。

网络借贷是一种依托于网络而形成的新型金融服务模式，本质上属于民间借贷。相关立法没有完善，网络借贷缺乏监管依据。由于目前我国没有专门针对个人对个人贷款的法律条文，网络借贷平台的经营活动安全性、稳定性得不到保障，缺乏对其进行监管的依据，各地的监管分支机构都无法对其实施有效的监管，一旦发生纠纷将会遇到无法可依的结果，产生的影响也会是巨大的。

3. 信用风险

信用风险又称违约风险，是指交易对手未能履行约定契约中的义务而造成经济损失的风险，即受信人不能履行还本付息的责任而使授信人的预期收益与实际收益发生偏离的可能性，它是金融风险的主要类型。

由于网络借贷平台的无担保、无抵押、仅凭良好的信用就能获得贷款的特点，借贷双方资金的资信状况难以保证，使其违约的风险很大，容易产生欺诈和欠款不还的违约纠纷。我国信用评价体系的不健全，P2P 平台无法像银行一样登陆征信系统了解借款人的资信情况，并进行有效的贷后管理。

网贷的参与者有三类：一是借款人，二是出借人，三是网络借贷平台。不同的对象所带来的信用风险也不相同。个人信用风险指借款者未能履行合同，无法按期偿还利息和本金而给网贷平台及出借人经济利益带来损失的风险。网络借贷平台信用风险来自平台对出借者的违约，网络借贷平台对借款提供担保，将借款以债权转让的方式出让给投资人，并承诺一定的收益率，这就形成了一种契约关系。若网贷平台无法履行这些承诺，导致投资人利益受损，就形成了网络借贷平台对出借人的违约，也就是网络借贷平台的信用风险。

4. 运营模式风险

（1）纯线上中介方式的风险。

当前，我国纯线上中介方式的平台非常少见，这自然与我国社会征信体系缺失以及网络金融业务监管不严密切相关。而实际上，这种模式应该是一种最为理想的运作方式，但是其需要成熟稳定的金融市场以及健全完善的公民个人征信系统作为保障。这类平台所面临的最大风险是借款者的信用风险。而且，这类平台普遍不存在担保系统，即使投资群体决策谨慎，其经营风险也会发生。

（2）担保运作方式的风险。

这种模式是我国网络借贷平台中应用最为广泛的一种方式。我国的网络金融业务有自己的特点，如担保方式向多样化衍化，致使资金、机构、借贷等担保模式并存。P2P 平台本是起中介作用，一般不会参与借款人与出借人双方的借贷交易。但伴随着大量社会资本的介入，行业竞争硝烟弥漫，一些平台为凝聚更多的投资者，也不惜介入双方的借贷交易，如作出对投资人本金甚至利息保障的承诺等。

从这种资金担保机制来看，一些借贷平台本身已经具有担保机构，即使一些 P2P 平台没有担保，恐怕其也与担保机构存在难割舍的利益关系。在这种背景下，投资者很可能因为平台对担保实务的介入而放松了对借款者的审核和分析，进而盲目追求高利率，忽视了高利率的标的存在较高骗贷风险。有资格对 P2P 进行担保的是融资性担保公司，对于单个被担保人的担保额上限为净资产的10%，对所有被担保人的总担保额不得超过其净资产的10倍。非融资性担保公司不得对P2P进行担保，因此最终部分甚至全部风险将转移给经营平台。

5. 操作风险

（1）非法运作风险。

按照国家相关规定，国内借贷平台的注册资金在100万—5,000万元。其所注册的经营范畴，一般以商务咨询、电商业务、信息科技服务为主，实质上不具备金融机构的特点。我国当前注册的网络借贷平台虽然有很多，但内部监管缺失、平台风险控制机制不完善问题较为突出，甚至出现了在内部监管上随意更改数据、捏造虚假信息等问题。这种不正当的商业借贷行为是违法的，也给网络借贷平台的发展带来了严重的阻碍。目前，很多网络借贷平台对于虚假信息的辨别认知度低，不能有效辨别信息真假，增加了商业诈骗的可能性。

（2）自融类平台的易发风险。

通常来看，这类平台是应用传统化的融资方式难以实现融资目标的中小型经营公司自发地构建网络借贷平台来提升融资额度的一种模式。因为当前对其的市场监管还存在盲区，很多经营公司开始通过这种模式来募集资金。一旦资金流出现问题，提现难、难兑付等问题就会接连出现。

（3）财会风险。

在P2P平台运作中，关键性的中间账户是最容易出现风险问题的环节，因为中间账户没有刚性的监管作为保障。当资金注入平台账户时，假若停留的时间很长，还可能形成资金池现象，产生非法集资类的风险。另外，我国绝大多数P2P平台均没有实施财会信息公开披露，借贷双方只能从其他渠道了解相关财会数据信息，对其真实的经营状况难以把握，所以P2P平台的财会管理风险始终值得投资者注意。

6. 流动性风险

实际上，在大多数情况下，衡量一个网络借贷平台是否能够长久持续地运转，很大程度上取决于这个网络借贷平台的清偿能力。而在我国众多的网络借贷平台中，清偿能力普遍不足，其主要原因就是存在大量的流动性风险。如果一个网络借贷平台失去了其流动性，那么它就无法为自己聚集相应的资金来提升自身的清偿能力。所以，在这个意义上来说，资金流动性是保持网络借贷平台平稳发展的根本。在网络借贷平台日常运营中，更要注重对这种基本风险的控制和掌握，同时也要在其运营过程中对这种流动性缺失所造成的风险进行防范。从当前来看，P2P 平台均采取第三者担保或者是风险准备金的风险防控方式，风险形成后会迅速向担保公司或者平台自身转移，这种风险效应对于尚缺乏政策机制保障的各家平台来说可谓致命的冲击。无论是媒体舆论还是行业相关监管机构，都会降低该平台的信用等级，使平台的品牌形象在一夜之间崩塌，进而引起投资者恐慌，投资者大规模提现，平台最终走向破产倒闭。

防控措施

1. 借款人自身

低风险、高收益是每个投资者孜孜以求的，投资组合是增加收益、规避风险的最佳途径。在选择任务平台时，分散投资在多个平台，是风险规避的行之有效的投资方法。

影响平台安全系数的主要因素有公司背景、规模、分散度、透明度、人气这五个因素。普通投资人大致首先评估平台安全系数，然后挑选其中自己想要的安全级别范围，最后从中挑选此范围内实际到手收益高的平台，这时往往就是性价比比较高的平台了。由于每个人风险承受能力不同，只有适合投资者自身的才是最好的。普通百姓开始选择网络借贷的时候需要非常谨慎，需要选择一家相对来说信誉较好、各方面服务比较规范的借贷平台。

2. P2P 平台行业内部

（1）建立完善的征信体系。

顺应时代发展，完善征信体系应该采取如下措施：首先，建立形成行业内部征信体系并制定统一的信用评价标准，建立黑名单互换机制；其次，积极促进与外部征信系统的对接，实现信用信息在不同行业间的沟通；再次，制定信用惩罚机制，以激励客户在利益平衡中做出明智的选择，重视自身信用建设；最后，在征信过程中注重客户隐私权保护。

（2）行业协会自律监管。

在各国的金融监管中，行业自律组织发挥了不可忽视的作用。自律组织负责制定行为规范，并鼓励协会成员共同遵守行业规范，以实现自我约束，从而进行自我保护。行业协会专业性强，熟悉金融市场规律与金融活动的运作，与政府监管相比，其监管方式更加灵活，更贴近市场经济规律。P2P 网络借贷平台业务种类的特殊性，决定了其必须建立严格的内控机制，根据不同的运营方式制定详细的操作规范、规章制度，规范从业人员的行为，提升从业人员的执业技能、法律意识和职业道德，以确保网络平台运营的稳定性、安全性。

（3）加强信息披露和风险提示。

P2P 网络借贷平台应该加强信息披露和风险提示，出借人应当对利率畸高的“借款标”提高警惕。P2P 网络借贷平台对于借贷双方当事人通过平台发布的信息，应当尽到一定程度的审核义务，并向借贷双方当事人进行充分的信息披露和风险提示。出借人不应过分追求高利率的借贷回报，应当综合考虑利息收入和资金风险，做出理性的投资选择。

（4）建立平台资金第三方托管机制。

许多发生资金风险涉嫌非法集资的 P2P 网络借贷平台，为了募集后有效控制和使用资金，在银行或第三方支付机构开立账户直接归集资金，对于资金的使用行为缺乏有效监管。应当建立 P2P 网络借贷平台的第三方资金托管机制，平台不直接经手归集客户资金，也无权擅自动用在第三方托管的资金，让 P2P 网络借贷平台回归撮合的中介本质。

3. 政府方面

（1）加强地方政府监管。

网络借贷平台属于小型微型金融范畴。民间借贷区域性、地方化色彩非常强，且一旦出现问题，带来的冲击和影响也具有区域性。对其监管权应从中央下放到地方，小微金融企业由地方根据各地实际情况，因地制宜地制定行业发展规范。应由较高位阶的法律统一规定 P2P 网络借贷平台在各地金融办进行备案，接受地方金融办的监督管理，将金融办的监管地位合法化。同时，建立完善中央与地方的金融信息沟通机制。

（2）制定市场准入标准。

制定市场准入标准，明确 P2P 网络借贷平台的业务经营红线。市场准入监管意味着要从法律上对金融机构经营资格、经营能力进行审查、确认或者限制，赋予其相应的权利能力和行为能力。作为有效监管的首要环节，市场准入监管将企业的数量、结构、规模及其分布控制在国家经济金融发展规划和市场需要的范围内。应当在鼓励 P2P 网络借贷平台创新发展的同时，合理设定其业务边界，划出红线，明确平台的中介性质，明确平台本身不得提供担保，不得归集资金搞资金池，不得非法吸收公众存款，更不能实施集资诈骗。同时，为了保证 P2P 网络贷款平台的活跃性，促进民间借贷行业的繁荣，对于 P2P 小额贷款网站的市场准入可以采取备案制。各个网站设立前，除在工商管理部门进行注册、在工信部门进行备案外，还应在地方政府监管部门进行备案，以便于对其市场准入进行监管后续管理。

22. 在破除刚兑的情况下，挑选金融产品不应完全依据借款主体性质[①]

——百亿俱乐部成员 A 信托公司两度逾期

案例回放

2017 年 12 月 15 日，应于当日到期兑付的合计本金 15 亿元的两份信托计划——A 信托公司公司旗下的集合资金信托计划 B 和集合资金信托计划 C，被信托公司的一纸公告延期至 2018 年 1 月 10 日。但当投资者在煎熬中跨年并最终迎来兑付日时，却被告知产品兑付再度延期，而具体兑付期限未知。

---

① 案例编写人：高胜斌

2018年1月15日，D省国有资本运营有限公司和A信托公司发布了一份联合说明，称两个信托的剩余全部款项最迟将于1月16日支付到信托财产专户。

同年1月16日，两只信托计划的剩余本金及利息、延期收益都按时到达信托账户。两只信托计划的委托人收到全部本金、利息及延长期收益。

案例焦点

（1）市场参与方资质。

第一，借款人——D省国有资本运营有限公司。

D省国有资本运营有限公司由D省人民政府国有资产监督管理委员会100%控股，是D省国资系统中第一家专门从事股权投资业务的隶属企业，是“根正苗红”的国资平台。D省国有资本运营有限公司成立于2011年8月24日，注册资本为103.4亿元，全资及参、控股企业共23家，是一家实力雄厚的国资平台。D省国有资本运营有限公司发行的两个信托计划预期年化收益率还不到8%，属于典型的“低风险、低收益”产品，因其国资背书一经推出即在资本市场获得投资者抢购。某国际信用评级有限公司于2016年10月出具信评报告，评定D省国资运营有限公司主体信用等级为AA，评级展望为稳定。

第二，受托管理人——A信托公司。

A信托公司最醒目的标签是，公司第二大股东为E企业集团有限公司。2017年第四季度，A信托公司获得众股东的两轮密集注资，公司注册资本从80亿元迅速提升至120亿元，跻身信托行业“百亿俱乐部”。

（2）发行人资质与增信措施。

本案中的产品设计只有融资方一个还款来源，没有出现第三方增信或担保人角色，这在集合资金信托里非常罕见。也就是当产品出现风险时，只能向融资方追讨。

一般作为优质项目，融资方和担保方必有一个是AA级，而且最好是发债企业。这样设计的原因是，AA级发债企业本身就是当地政府诸多平台里较好的平台（发债需要国家发改委审核，一般流程要半年左右，地方政府也会确保发债企业保持良好的信誉评级），这类企业违约代价过于高昂，其作为融资人或者担保人都可以。而从该产品结构来看，融资方并不是发债企业。

风险警示

（1）在挑选产品时必须首先关注风险，而非收益。

尤其是在破除刚兑的情况下，不要迷信机构会刚兑，更应该关注产品本身的交易对手、交易结构和风险控制能力。哪怕同一个融资方，风控设计的强弱也是重要衡量标准。

（2）在选择固定收益产品上，回归本源，选择优质的资产持有。

2018 年作为风险集中爆发年，在选择固定收益产品上，建议采取防守型策略，回归本源，选择优质的资产持有。以政信投向产品为例，目前政信类产品有很多种，包括 BT 类政信、PPP 类政信，还有其他诸多类型的政信，从历史业绩来看，BT 类政信最为稳定。

（3）借款主体性质影响企业的兑付能力。

借款主体的兑付能力与再融资能力、信用能力、财务能力有密切关系。政府省级平台作为交易对手，还是体现了自己的兑付能力的，如果换一个民企，可能结局会大不一样。

不忘初心

金融企业需要进一步加强产品风控，对于项目所在地的财政情况以及还款能力都应有所甄别，提高业务门槛。在金融去杠杆，打破刚性兑付的敏感时期，银行、省国资委也不一定可靠，什么样的平台都有可能违约。从本违约案例可以看出，不论产品结构或增信措施涉及信用主体的等级如何，流动性是永恒的命门。所谓一分钱压倒英雄汉，稳健经营，合理负债才能在金融危机或违约潮到来时立于不败之地。

23. 国资背景不能保证刚兑，债权人风险须自担

——广东省 A 市公路局欠债 26 亿元遭停贷[①]

案例回放

广东省 A 市公路局在 2006 年年底时累计欠款 26 亿余元，欠款涉及银行包括建行、工行、农行、光大银行、交通银行、国家开发银行等多家银行，一年的利息一亿余元。A 市公路局的贷款数额超过了 A 市当年的财政收入。公开资料显示，2006 年全市财政一般预算收入为 25.72 亿元。2007 年后，银行不再对其增加贷款数额。

这笔巨额贷款是从 20 世纪 90 年代 A 市公路局大力发展公路项目开始累积的，主要用于流动性支持和公路项目建设，经历十余年中国公路项目高速发展后，贷款的雪球越滚越大，在 2003 年 A 市公路局的银行贷款爆发出逾期、无力偿还利息的情况。除银行贷款逾期外，A 市公路局当时尚有 1 亿余元工程款未支付，催债活动使公路局无法正常办公。当某大型国有银行提出本金 3.5 折的还款条件时，A 市公路局依然无法还款。

事实上，当时 A 市公路局的资金来源是每年广东省下拨的一亿余元资金，而公路局 4,000 余名员工一年工资达到 8,000 余万元，公路养护费、办公费等已使财政局捉襟见肘，新公路的开发过度依赖银行贷款而自有资金又无力偿付才导致如此恶劣的违约事件。

案例焦点

为何一个地级市的公路局会陷入如此巨大的财务困境？当年新上任的 A 市公路局领导认为贷款修路是公路局陷入债务危机的主因。20 世纪 90 年代是中

---

① 案例编写人：孙越

国公路建设大发展时期，而中国经济建设、城市建设都是刚刚兴起，各地方政府都是摸着石头过河，对财政预算的重要性尚不重视，不在意城市整体规划的合理性和投资回报分析，盲目开发。当时的政策是，对于修路资金，省里补助两至三成，地方出七到八成，这七八成多为地方向银行的贷款，所以当时A市大兴修路建设，用道路的经营权向银行抵押贷款。后期国家政策改变，省里补助增加，地方资金减少时，A市已经累积了大量银行贷款。随着我国公路建设潮转向以公路养护为主时，没有新路抵押贷款，A市公路局资金的雪球滚不动了，资金链断裂的情况开始出现。

2009年，A市公路局为解决财务困境、收费站围堵城区的局面，推行公路年票制，但这一政策改革初期并未改善其财务困境。原因在于，首先年票政策未被出城次数较少的司机认可，其次收费站大量撤销，方便了许多车主不交费的行为，所以导致当年的年票收入不到两千万元，对于公路局棘手的债务危机而言杯水车薪。2010年，A市公路局共发9文宣传和促进年票制度的推行，到2013年从加强公路养护、提升征收年票服务水平、加强年票票据管理等多方面入手，全面提高市民对年票制度的认可程度。A市公路局公布的2014年年度年票制信息公开表显示，2014年年度年票制收入为1.75亿元，截至2014年年底债务余额为7.94亿元。自2017年1月1日起，A市取消车辆通行费年票制。经过10余年的努力，A市公路局的巨额债务正在逐步还清。

相应地，一个地级市的公路局累计可以得到26亿元的贷款，与银行的大举过度放贷有直接关系，银行对其政府单位身份的认可远超对其还款实力的认可，当逾期发生时又没有有效的手段处置底层资产，即抵押的公路经营权，仅能计入坏账和持续催债。这种风控无效的放款行为既损害了银行自己的利益也加重了A市公路局的财务危机。

风险警示

1. 迷信政府部门债务由上级政府买单

A市公路局局长曾申请省里有关部门代还这笔贷款，再从A市年票收入中回收，但因涉及26亿元巨款，此项申请没有获得批准。《国务院关于加强地方政府性债务管理的意见》（国发〔2014〕43号）明确指出，划清政府与企业、中央与地方的偿债责任。分清政府债务和企业债务的边界，切实做到谁借谁还，风险自担。地方政府对其债务负有偿还责任，中央政府实行不救助原则。

上述意见还指出，地方政府应建立风险预警机制和完善应急处置预案。定期评估各地区债务风险状况，对债务高风险地区进行风险预警。当地方政府难以自行偿还债务时，及时启动应急处置预案和责任追究机制。完善政府综合财务报告、考核问责、政府信用体系建设、债权人约束等各项配套制度。制度的完善可以确保有效防范各级政府违规举债，避免发生雪球越滚越大的财务危机。

2. 风控不当大步走会变为大翻车

在地方公路建设中，湛江市投融资体制与A市完全不同，湛江市实行谨慎稳健的公路投资策略，上级拨款不足时，不通过向银行大规模借贷的方式新建道路以提高政治绩效。同样，阳江市的公路部门在举债修路后，维持财务资金的流动性，保持公路局良好的信誉，根据国家政策的变化，相应减少银行贷款，转向依靠上级拨款，从而避免陷入财政瘫痪的境地。

A市公路局债务雪球滚到26亿元的过程中，当公路局收入不足以支持财务流动性时，领导班子未注重对经营风险的控制，反而是通过相对容易的方法向银行继续借贷，不通过有效途径控制风险，反而加大财务风险与债务负担，冒进的行为短期大幅加速了本市公路建设速度，获得政绩上的光鲜，但当政策变化时，无力承受风险冲击，导致公路局的信誉一击溃散。可见业务高速发展的同时不可忽略风险控制，刹车失灵只会使企业或机关走向翻车的结局。

3. 集中贷款就是集中风险

所有的鸡蛋不要放在一个篮子里。同样地，贷款资金集中到一个主体的风险远远大于分散资金投向不同主体。A市公路局能够累积到26亿元贷款量涉及建行、工行、农行、光大银行、交通银行、国家开发银行等多家银行，而银行系统的信息相对互通，企业在一家银行发生违约事件后，其他银行也不会再对其提供贷款，各银行可以查询企业客户在其他银行的贷款余额。20世纪90年代银行风控体系的相对不完善也是导致此风险事件发生的主要原因之一。

防控措施

首先，对政府部门、央企或者国有企业的国有背景不要过度迷信，国有企业改制的过程中，同样发生债台高筑、资不抵债等风险事件，在政府债务制度的不断完善、各行业逐渐取消刚兑的背景下，国资背景不再是刚兑的象征，债权人风险自担已成为共识。同时，对债务主体的资质审查，包括经营能力、财务状况、行业发展前景、还款能力审查极为重要，底层资产的真实性、合法性、可变现性是保证资金可回笼的关键所在。若想有效防控A市公路局此类贷款风险，还应依据相关主体实力对其贷款余额设定天花板，方能有效避免集中性风险，贷后审查、贷后管理同样必不可少，需要定期进行贷后调研，跟踪其经营状况、偿债能力、底层资产情况。只有全方位、全流程防范分析、管理风险，方可将违约风险降到最低，维持良好的信贷关系。

不忘初心

不忘初心，方得始终。地方公路建设的本质应该是进行地方基础建设，为地方经济发展做准备，致富修路总是联系在一起的。本案例中，A市公路局修路欠款过多，超过A市公路局收入，其过程本末倒置，因修路反而导致资金不足。26亿元贷款产生的巨额利息令政府和公路局不堪重负。不忘初心就是不忘记修路的初衷，不忘记借款的本质，不能一味地追求道路建设和基础设施完善而忽略了经济发展所需要的资金成本。

金融本质

底层资产的金融本质不可忽略。底层资产是否可以变现，关系到风险的产生和规避，是不容忽视的问题。本案例中，银行获得A市公路局抵押的公路经营权是不可变现的资产权利。当违约事件发生时，银行只能将其计入公司坏账和通过对债务人进行持续催收获得追偿款，银行完全处于弱势的一方。可见，底层资产的可变现性是银行债务权利充分保障的基础。抓住金融风险的本质需要穿透借贷关系，注重底层资产的真实性和可变现性，进行有效的金融风险控制。清晰的底层资产归属权与可实现资产处置变现的资产是贷款坏账后银行有效回收资金的最根本保障。

专家点评

对于A市公路局欠下的巨额贷款，A市公路局的内部人士称，“他们很冤枉，钱借来是给国家修路的，但现在他们反而像一个企业一样，要自己背这些债务”。

银行界人士却持有相反的意见，驳斥道，“如果还是这个认识，永远没有金融机构敢借款给他们。双方建立的是正常的债权债务关系，借款人当然要承担这个债务，肯定要按照期限还本付息”。

无论孰是孰非，尽快将道路修好才是当务之急，避免此类现象再次出现，吸取经验和教训更加重要。

24. 风险管控能力强弱决定了担保公司能否稳定经营

——天津A担保公司代偿违约案①

案例回放

天津A投资担保有限责任公司（以下简称A担保公司）成立于2004年，是一家由天津A控股集团独资控股的国有担保公司。这样一家具有国有背景、实力相对雄厚的担保机构，最终却成为国有担保公司首例实质性代偿违约事件

① 案例编写人：王璇

的当事人。

自2012年起，上海某资信评估投资服务有限公司曾两度发布A担保公司的跟踪评级报告，对比前后的经营数据，A担保公司的代偿危机真正始于2013年年中，当年第二季度之后担保业务几近于停滞，一年半的时间内，公司经历了担保业务体系严重收缩、担保债务集中逾期、业绩亏损以及最终的流动性枯竭，代偿风险实则早已显露端倪。而B私募债的违约，恰好成为压倒A担保公司的最后一根稻草。那么，究竟是哪些原因将A担保公司一步步推到了违约边缘？

2013年1月29日，天津市C复合材料有限公司（以下简称C材料公司）在交易所市场上发行B私募债，期限为2年，每半年付息一次，到期一次还本及最后一期利息。该债券包含投资者回售选择权，投资者自发行之日起第18个月末（2014年7月28日）有权选择在回售登记期内将所持的全部或部分债券按面值回售给发行人，或选择继续持有。增信措施为A担保公司承担不可撤销连带担保责任。

工商信息显示，天津D集团有限公司（以下简称D集团）为C材料公司的母公司，C材料公司对其母公司负有无限连带担保责任。

2014年1月，D集团深陷债务危机，导致C材料公司也承担了相应担保责任，最终导致自身经营困难。因受到前述D集团债务危机的影响，此时C材料公司对B私募债已基本上丧失了付息能力。2014年8月，某媒体报道的《B私募债创国有担保违约首例　A担保公司被疑资料造假》指出，本金5,000万元的中小企业B私募债已于2014年7月29日实质性违约。由于之前出现的违约预兆，投资者纷纷行使回售权，这意味着原本发行期限为两年的B私募债将于2014年7月28日到期，若发行人无力支付相应本息，只能依靠A担保公司进行代偿。后经天津市相关部门的协调，该债券由A担保公司强制执行付息。

A担保公司对B私募债提供“全额无条件不可撤销连带责任担保”，保证期为自《担保函》生效之日起直至本期私募债券有关的债务履行期届满之日起两年。但之后A担保公司已经通过非正式渠道向B私募债的持有人表示很可能不能履行担保义务。该债券担保人A担保公司也未能按照担保函约定履行代偿义务，从而创下国有担保公司在交易所市场违约的首单案例（债券持有人仅收到A担保公司代偿的225万元利息款，本金未偿付）。

案例焦点

A担保公司曾与天津某融资担保有限公司共同担保多期中小私募债。上海某资信评估投资服务有限公司曾给予主体评级A+/稳定，2013年8月评级展望调整至观望，2014年9月下调至B–/负面。

截至2014年4月末，A担保公司因涉诉被申请强制执行的案件已有19起，涉及金额约2.7亿元。5月末，其保证金账户和银行账户均已被司法冻结，无法开展新的担保业务。

根据全国法院被执行人信息查询系统的查询结果，A担保公司已有5条作为被执行人的信息，立案时间从2013年5月到2014年2月25日。涉及金额达1.17亿元，其中有两个案子共3,700多万元还在执行中。另外，2014年以来，A担保公司作为被告的案子也高达二十多起，涉案金额为3.46亿元。其中大多数是因为A担保公司作为担保方，借款人无法归还借款而要求承担连带责任。也有一笔6,687万元的是A担保公司自己向自然人徐某的借款，因为未归还而被债权人起诉。对此，债权人已经提前向法院申请了资产保全，银行也冻结和查封了A担保公司相应的资产。

除此之外，A担保公司还给一些小额贷款公司和民间借贷提供担保。分别有天津某担保公司有限公司1,521万元的借款；天津某小额贷款有限公司、天津某投资担保有限公司等上千万元的贷款由A担保公司提供担保，借款人大多数是中小企业。

尤为值得关注的是，A担保公司除为5,000万元B私募债提供担保外，还为该期债券的发行人C材料公司提供另外两笔融资的担保。2014年3月，债权人天津某财富投资管理有限公司因为D集团、C材料公司两笔分别为1,244万元和2,352万元的借款不能归还，所以向法院申请将债务人和担保人A担保公司相应的资产扣押。

根据上述诉讼资料不完全统计，包括B私募债在内，A担保公司共计为C材料公司提供了高达8,596万元的连带责任担保额。

风险警示

融资性担保公司是专业的经营风险的机构，风险管控能力的强弱决定了专业担保公司是否能够持续稳定地经营，具体包括识别风险、监测风险、缓释风险等几个方面。从财务指标来看，主要包括公司的盈利性、资本充足性和流动性等。风险管理能力越强，发生损失的可能性就越低。从本案中，我们可以得到以下几点风险警示：

第一，担保杠杆过高。《融资性担保公司管理暂行办法》第二十八条规定："融资性担保公司的融资性担保责任余额不得超过其净资产的10倍。"而根据A担保公司的相关数据，2013年第一季度末，其担保余额达到76亿元，是2011年年末的2.5倍，担保杠杆高达13倍，显然超出了标准，不符合监管要求。

第二，担保集中度过高。A担保公司的担保业务主要集中于滨海新区的中小企业，区域和行业集中度风险均较高。

第三，风控能力较弱。B私募债委托担保合同中提到的由发行人向A担保公司提供的反担保措施并未履行，用于反担保的相应房产早就抵押给了银行。此外，2013年天津市民营企业家霍某涉嫌严重经济犯罪被刑事立案，暴露出A担保公司为相关公司提供担保时在尽职调查和担保贷款管理上存在诸多问题。多家合作银行集中要求提前还贷，导致A担保公司的资金链骤然绷紧。

第四，资本实力弱。工商信息显示，A担保公司的注册资本仅5亿元，是目前债券市场上资本金实力最弱的担保人之一。

第五，股东支持能力和政府支持意愿均较弱。A担保公司的股东——D集团，虽然为国有企业，但作为滨海高新区的城投企业，自身偿债已经显著依赖当地财政支持，而当地财政实力也并不突出，即使在城投公司行业排名中也属于资质相对较弱的。此外，公司为商业性担保公司，区域重要性明显低于政策性担保公司，因此当地或上一级政府提供支持的意愿也较低。

防控措施

投资者应加强对担保公司的风险识别能力。目前，债券市场中有些投资人存在一定的惯性思维，认为投资债券应当主要关注担保人，而担保人的担保代偿能力强弱则主要看其是否有政府背景，能否得到政府的隐形支持。事实上，随着市场经济的发展，这种思维越来越被证明是错误的。对于投资者来说，考察一家担保公司的代偿能力，应当将关注的重点放在担保公司自身上，通过考察其资本充足性、盈利能力、资产流动性等指标，从而对其风险识别能力、风险监测能力、风险缓释及化解能力等进行客观有效的总体判断，以降低投资风险。以此案为例，A 担保公司通过非正式渠道表示不能履行担保义务可能性很大，就说明拥有政府背景并非担保公司拥有充足代偿能力的决定性因素，同时也警示了投资者在进行担保债券投资时，须进一步明确关注要点，加强风险识别能力，从而有效识别担保债券潜在的违约风险。

专家点评

首先，对于 A 担保公司无法履行代偿义务的主要原因，中债资信认为，从财务角度看，A 担保公司表示无法履行担保代偿义务，主要是由于其陷入了财务困境。由于 2013 年 A 担保公司出现了较大规模代偿，使其利润水平大幅下滑乃至出现亏损，导致其资本金较 2012 年减少了 1.74 亿元，降幅达到 29.39%，加之其在保余额规模偏高，资本充足性出现不足。此外，由于 A 担保公司涉案情况较多，法院冻结其货币资金规模较大，使其资产流动性明显下滑，也直接导致了 A 担保公司代偿能力的降低。①

其次，该资信评估公司还从资产流动性角度进行了分析，认为 A 担保公司无法履行代偿义务的另一个原因是受到代偿规模增长的影响，使其于 2013 年资产结构出现了明显的变化。这主要体现在货币资金由 2013 年年初的 10.16 亿

① http://stock.hexun.com/2014-07-25/166991158.html，访问时间：2019 年 3 月 1 日。

元降至5.14亿元，其他应收款由0.05亿元猛增至6.24亿元，这主要是由于应收担保代偿款大幅增长所致。A担保公司现金资产的缩水使其资产流动性水平大幅下滑，账面现金类资产在总资产中的占比由69.06%降至36.54%；而2014年第一季度末，现金类资产进一步降至3.79亿元，在总资产中的占比也降至28.78%。此外，A担保公司因诉讼导致其2013年年末账面货币资金中有0.59亿元被法院冻结，由此使A担保公司的流动性水平及代偿能力进一步下滑。[①]

最后，该资信评估公司将A担保公司代偿能力下降的根本原因归结为盈利能力的下降。而其盈利能力下降的原因在于风险管控方面出现了问题。其认为，2013年部分被担保企业出现违约，A担保公司因承担担保责任发生了较大规模代偿，因此公司提高了担保赔偿准备金的计提比例。其2013年审计报告显示，当年公司计提担保赔偿准备金为1.33亿元，导致其净利润大幅下滑至–1.73亿元。然而，如果剔除各年担保风险准备金计提因素，2013年公司拨备前净利润下滑仍十分严重，一方面是因为2013年公司收入水平的严重下滑，另一方面是因为公司持有的到期投资中存在部分委托贷款减值情况，委托贷款的资产减值也有大幅上升。因此，A担保公司2013年经营业绩的下滑可以说是收入萎缩和风险集中爆发两方面共同作用的结果，从而为其代偿能力的降低埋下伏笔。[②]

① http://stock.hexun.com/2014-07-25/166991158.html，访问时间：2019年3月1日。

② http://stock.hexun.com/2014-07-25/166991158.html，访问时间：2019年3月1日。

三、国际金融市场篇

导 读

随着金融全球化发展的不断深入，金融风险传递问题日益严重。自 2000 年至今，经济合作与发展组织（Organization for Economic Co-operation and Development，OECD）陆续发布了多个关于构建风险控制性监管制度的指引性文件，多个成员国制定了较为完善的风险控制性金融监管框架。比较而言，我国缺少关于风险控制性金融监管的理论研究与经验积累，不利于应对金融综合经营下的金融风险。因此，我们试图通过比较与解析国内外金融市场风险案例的方式，探讨如何在我国金融领域开展有效的金融市场风险预防路径和化解方法。

本篇中，我们着重介绍了美国次贷危机案例，希望我国从中吸取经验和教训。案例先介绍了美国次贷危机的发生过程。美国政府为了让更多低收入家庭圆上住房梦，鼓励美国低收入家庭通过“零首付”的方式买房。但是，美国金融机构把贷款都放给了低收入家庭，同时又将低收入家庭的房贷打包卖给了“两房”。“两房”又将次级贷款通过资产证券化的形式转换成债券在市场上发售，以吸引投资银行等金融机构来购买。而投资银行拿到了次级债券之后，利用“精湛”的金融工程技术，再将其进行分割、打包、组合并出售。在这个过程中，最初一元钱的贷款可以被放大为十几元的金融衍生产品，加长了金融交易的资金链，最终没有人再去关心这些金融产品背后资产的真正价值，这就进一步助长了短期投机行为。

于是，在美国次贷危机发生之前，不仅是众多次级抵押贷款公司拥有了大量次贷的衍生品，就连众多的金融巨鳄们也相继深陷泥潭。摩根大通公司、美国银行、花旗集团和摩根士丹利等都持有大量的次贷金融衍生品。因为金融大鳄们确信，次贷能够帮助美国人圆上住房梦。但是，悲剧最终还是发生了，直接造成美国金融市场的大崩盘，随之而来的是全球金融危机。这个危机的深度和影响程度超过了之前的任何一次金融危机，造成全球性巨大经济损失，极大伤害了市场信心。

目前，依然有国内专家认为，中国不太可能发生美国这样的次贷危机。因为美国次贷危机是金融衍生品的“滥用”拉长了金融交易链条，助长了金融投机。而中国在金融衍生品的创新发展方面还比较落后，现在中国房地产市场与10年前的美国次贷危机没有可比性。

但是，我们不能忘记，我国一直在鼓励金融衍生品的创新，尤其是银行的信贷资产证券化步伐在加快，而银行一旦将不良贷款证券化后，未来的金融风险不容小觑。美国的次贷危机已经发生了十几年，其中沉痛的教训值得铭记，即经济增长不能过度依赖于房地产、利率的大起大落，否则很容易导致房地产泡沫破裂。任何金融衍生品创新都必须循序渐进，不能走美国盲目发展的老路。美国次贷危机案例警示了市场监管者，需要用冷静的眼光审视所有的金融衍生产品；也告诫行业参与者，用谨慎的脚步丈量每一次的市场创新进度。

本篇另外一大亮点是介绍美国、日本证券市场经典案例。我们认为，美国资本市场竞争力与美国法律体系之间存在成熟的逻辑关系，美国证券市场带给我们的核心启示就是重视资本市场的公平性。同时，日本证券市场在亚洲也具有代表意义，十分强调对投资者权益的保护。因此，我们选择美国、日本证券市场经典案例，举一反三，从中吸取有益的经验教训，帮助我国资本市场健全市场化、法治化、诚信化。

为了编好日本、美国和欧洲等国家的经典金融案例，确保金融案例的权威性、代表性、时效性，同时兼顾关注市场热点及涵盖投资者保护、证券民事赔偿案例、消费欺诈等多项要求，我们邀请了金融行业专家、高校教授以及金融监管机构官员通过专家论证等多种形式反复筛选案例。可以说，本篇13个案例是当前日本、美国和欧洲证券市场投资者保护法律制度、信息披露以及侵害客户权益的典型案例，不仅可以帮助读者了解当今国外金融市场最新监管动态，还可以使读者阅读到原汁原味的国外经典案例。为了保证经典案例最大限度起到借鉴作用，本书强调经典案例的原汁原味，在体例上选择了美国、日本等习惯的表达方式，我们还在证券期货系统内外抽选了在司法系统权威人士进行多轮审校，在进行充分沟通基础上定稿。总之，希望本篇对于提升我国金融市场风险的研究水平，推动我国金融市场监管进一步完善能有所帮助。

25. 无节制增加金融杠杆是引发金融危机的重要原因①

——美国次贷危机中的典型案例

案例回放

自2007年起，始于美国的次贷风暴席卷全球。成立于1923年，总部位于纽约的美国华尔街第六大投资银行、全球500强企业、全球领先的A金融服务公司（以下简称A公司）以不可思议的速度轰然倒塌。

2008年3月16日，B银行宣布将以每股2美元，总计2.362亿美元的超低价收购A公司。这个收购价格，只相当于A公司曾经200亿美元市值的1%。由于此超低报价遭到了A公司股东的强烈抵制，在24号达成的新协议中，B银行同意提高换股比例，相当于把收购报价由每股2美元提高到10美元，成交金额为11.9亿美元。同时，B银行还将以每股10美元的价格购入9,500万股A公司增发股，作为应急资金，支持A公司应付金融危机。至此，A公司正式被B银行收购。

2010年1月，B银行决定不再继续使用A公司的名称。A公司这个古老而著名的投资银行，曾经全美最大的债券承销商彻底淹没在了金融历史的长河中。

A公司事件是美国次贷危机中的典型案例，应以史为鉴。

案例焦点

回顾A公司事件，其产生的原因可以分为如下几点：

---

① 案例编写人：张磊

1. 客观原因

整体经济下滑：（1）全球特别是美国经济的增长放缓；（2）个人的消费开支疲软，在零售、汽车等方面开支下降；（3）住房市场疲软，价格和销量双双下跌；（4）全球能源价格不断走高；（5）用人成本上涨；（6）通货膨胀压力加大。

次贷危机爆发：（1）自2002年到2006年，美国平均房价上涨超过80%，泡沫严重；（2）为应对美国的通货膨胀，截至2006年6月的两年时间里，美联储连续17次提息，将联邦基金利率从1%提升到5.25%，这导致贷款投资成本上涨超过房地产价格的上涨；（3）房地产投资需求减退，房价下跌，房产泡沫破裂，次贷危机爆发，并逐步演变成全球金融危机。

2. 直接原因

自营投资巨额亏损：（1）2007年6月14日，A公司发布季报，称受抵押贷款市场疲软影响，公司季度盈利比上年同期下跌10%；（2）2007年8月1日，A公司宣布旗下两只投资次级抵押贷款证券化产品的基金倒闭，投资人总共损失逾15亿美元；（3）2007年9月20日，A公司宣布季度盈利大跌68%，5月底至8月底，公司账面资产缩水达420亿美元；（4）2007年12月20日，A公司宣布19亿美元资产减记。

市场反应：（1）2008年3月，穆迪公司下调A公司抵押债务评级；（2）2008年3月，美国股市传言A公司出现流动性危机，引发市场恐慌；（3）2008年3月，欧洲银行停止与A公司进行相关交易；（4）越来越多的贷款人和客户开始从A公司撤出资金，机构投资者取消托管账户，债权人拒绝融资续期；（5）2008年3月，A公司200多亿美元的流动性资金消耗殆尽，其董事长正式宣布A公司出现严重的资金短缺。

3. 根本原因

（1）内部管理缺陷。

在形势严峻且A公司陷入偿付危机的时候，董事长凯某却在周末去底特律参加桥牌联赛。在此期间，他与公司高管或其他董事会成员联系非常少。当他回到纽约亲自过问业务时，华尔街其他同行已经停止了援助，而美联储也已被迫通过 B 银行来向 A 公司提供紧急融资。

而在次贷危机发生的这一年里，A 公司的高管们一直漫不经心地试图打消投资者以及其他银行对其业务的疑虑，同外界缺少沟通，没有采取任何努力来让外界放心，让大家了解公司应对危机的措施以及事情的进展。

A 公司旗下两只投资次级抵押贷款证券化产品的基金，完全由两位基金经理掌控，导致基金亏损的事实一直被隐瞒。

（2）风险识别缺陷。

单一的业务市场。A 公司严重依赖美国本土市场，有超过四分之三的收入来源于此。

单一的业务模式。A 公司的固定收益业务（主要依赖资产支持证券和抵押债务权益）占其总收入的 45%。

为了扩大业务规模，A 公司大量举债，在短期内增加了巨额融资性现金流，而负债规模也相应增长了 20%，提高了财务杠杆率。

单一市场的单一业务模式，以及超高的财务杠杆率，导致 A 公司在美国房地产形势一片大好时，获得了超额的利润，同时也为日后衰败埋下了隐患。

风险警示

回顾 A 公司事件，就是要以其作为前车之鉴，从而提高我国金融市场的免疫力。

首先，从长期来看，中国金融业也要进行多元化发展，走出国门，走向国际，和国际上的同行进行竞争，抵御和防范来自国内外的各种风险，这是大势所趋。

其次，期货证券市场是高风险、高杠杆市场，逐步熟悉期货证券业务可以增强我国商业银行混业经营能力，提高同国外的金融机构的竞争力，加强风险的抵御能力。

最后，我们应充分认识到支撑现代金融体系最重要的基础不是实物资产，而是人们对于这个体系本身的信心以及这个体系参与者在其他参与者心中的信用。一旦信心动摇，信用被怀疑，金融体系的基础就被动摇了。中国的金融体系尚在发展健全的过程中，信心也很脆弱，任何风吹草动都可能引发一场资本"血案"，恐惧对投资者信心的打击可能被无限放大。政府、机构、媒体等在危机来临时都要为树立市场信心做出应有的努力。

防控措施

为了避免重蹈A公司事件的覆辙，首先，金融机构要控制在非理性市场环境下的连带风险，建立和实施有效的风险控制机制，完善公司内部治理与内控，抑制违规的冲动，有效防范业务风险。

其次，在相应的制度和组织的约束下，开发更为丰富的不同领域的金融产品，将风险分散化，并适当运用金融杠杆，防止风险扩大。并且，应完善现金流管理。现金流是企业的血液，是企业经营管理的核心。现金流的管理和运用状况可以使企业的价值创造和价值损毁在一定条件下发生转变。

再次，应保持信息透明化，及时针对市场上公司的负面言论做出积极而正面的回应。不逃避、不包庇，将公司解决危机的信心有效地传递给市场。

最后，可以在必要时寻求政府的干预，以在资金和舆论上得到支持。

当今中国金融市场，风险无处不在，并且随着交易规模的扩大和全球经济一体化的深化，如果金融企业没有做好有效的防控措施，难保A公司的厄运不会降临到自己的头上。

金融本质

金融是一个国家的经济命脉，与所有人息息相关，其风险与收益并存。我们不能因为其中的风险而排斥和抵制，拒绝全球的经济一体化。更不能为获得收益，而盲目参与其中，将自己赤裸裸地暴露在风险和国际金融大鳄面前。作为金融从业者，需要我们不断地学习，吸取成功的经验和失败的教训，不忘初心，砥砺前行。金融以增值为目标、以杠杆为手段、以信用为基石、以边界为风险、以实体为服务对象，这些因素缺一不可。

专家点评

美国财政部长保某表示，美联储采取了适当行动同市场参与各方协作，以尽量减少财务危机带来的影响。美联储救助A公司，从而避免了其他金融公司乃至美国金融体系可能遭受的更大损害。在有关各方经历目前这样一个时期之际，决策者们需要权衡各种后果。

某资本有限公司CEO王某表示，A公司之所以在48小时之内迅速崩盘，并不是因为它真的需要崩盘，而仅仅是因为人们怀疑它可能要崩盘。支撑现代金融体系最重要的基础不是物理世界中的实物资产，而是人们对于这个体系本身的信心以及这个体系参与者在其他参与者心中的信用。一旦信心动摇，信用不在，再高的大厦也会在顷刻之间轰然坍塌。

26. 准确把握国际格局新变化，提早谋划应对，对于防范海外经营风险至关重要①

——德国A银行遭受美国140亿美元天价罚单

案例回放

2016年9月16日，美国司法部要求A银行支付140亿美元（约合125亿欧元）的天价罚款，就出售抵押贷款支持证券（MBS）的调查达成和解。受此影响，当天A银行在欧洲市场的股价暴跌8.5%，其美股价格也下跌9.4%，拖累欧洲整个银行板块集体下跌。

① 案例编写人：仲如见

“这张天价罚单将进一步加剧金融市场对欧洲银行业坏账危机爆发的担忧”，一家香港银行投行部主管表示。尽管A银行表态拒绝支付140亿美元罚款，但是市场预计双方会在80亿美元达成共识，即便如此，考虑到A银行对司法诉讼赔偿的拨备仅有62亿美元，依然存在不小的资金缺口。“留给A银行的只有两个选择，要么出售资产筹资，继续掐断自己的造血功能，要么从二级市场增发股票筹资”，这位投行部主管指出。不过，金融市场恐怕没人愿意认购A银行股票，为一家既存在衍生品巨亏风险又要缴纳巨额罚款的银行输血。

2015年，A银行巨亏68亿欧元，2016年第二季度净利润仅有1,800万欧元，同比暴跌98%。这意味着这家银行仅仅依靠利润贡献支付这笔巨额罚款，可能需要数十年才能还清。甚至有的机构分析发现，若A银行缴纳140亿美元罚款，其一级资本充足率将直接降至监管底线之下。具体而言，在缴纳140亿美元罚款后，即便A银行出售所有A银行港股套现，一级资本充足率也将直降至8.8%，距欧洲银行业的一级资本充足率10%的监管底线存在47亿欧元的缺口，若按A银行需在2018年达到12.5%的资本充足率计算，资金缺口高达146亿欧元。

在2008年金融危机之前，不少金融机构在美国参与超高风险住房抵押贷款支持证券的投机活动，这被认为是引发美国次贷危机以及随后金融危机的重要原因之一。美国监管机构认为，金融机构在推广这些产品时误导消费者，使其对产品的价值和风险产生错误印象。最终，当住房市场崩盘的时候，不少消费者蒙受了数十亿美元的损失，不少银行也因此倒闭，让美国经济遭遇20世纪30年代以来最严重的衰退。A银行也是美国监管机构的重要调查对象之一，为此，A银行希望赔偿20亿—30亿美元达成和解。美国司法部却要求其支付140亿美元和解该案。有业内人士分析，此时美国司法部重罚A银行可能与欧美之间的政治决定有关，因为事件发生前一个月底，欧盟委员会裁定美国B公司向爱尔兰最多补缴130亿欧元，约合145亿美元的税款，当时就有美国的政治人物回应称，这是在借税收挑起政治争端，美国要采取报复措施。虽然原因不容易琢磨，但此消息的影响却是立竿见影，140亿美元的天价罚单的消息公布之后，A 银行的股价盘后大跌 7%，欧洲主要银行的股价也都出现了不同程度的下跌。

为了缓解市场担忧情绪，备受欧洲银行业坏账风波冲击的德国与意大利相关部门开始从放宽银行监管政策上下功夫。

巴塞尔委员会强化了银行资本充足率的监管，主要目的是提高银行资本充足率应对潜在的金融衍生品坏账风险，却没有考虑到全球货币环境的巨大变化——随着欧洲、日本等越来越多国家采取负利率政策，银行已经难以从信贷业务及其相关中间业务获取巨大利润，逐步提升资本充足率以达到新监管要求。而近年全球经济增长乏力更令不少银行陷入亏损边缘，再也没有内生利润增长动力提升资本充足率。

案例焦点

作为德国乃至欧洲第一大银行，A 银行被罚事件绝不是偶然事件，而是美国在金融危机后为维护其国际金融霸权，多次运用国际规则开展新一轮金融监管战的必然结果。剖析 A 银行事件背后大国博弈的原因和过程，准确把握国际格局新变化，提早谋划应对，防患于未然，对于我国防范海外经营风险和维护金融体系稳定具有重要的战略意义。

A 银行事件是美国对欧洲诸多制裁中的典型案例，本质上是美国为转嫁政治经济压力对外实施金融监管战的一个缩影，揭示了当前世界经济持续低迷、保护主义和民粹主义势力抬头背景下美欧大国博弈的激烈性与残酷性。

1. A 银行事件是美国对德国实施金融监管战的一个缩影

A 银行是德国乃至欧盟资产最大的全能银行，被视作德国的“国家名片”，连续五次入选全球系统重要性银行。对于 A 银行来说，来自美国的天价罚单既不是第一次，也不会是最后一次。自国际金融危机爆发以来，美国以卷入操纵伦敦银行间同业拆借率（LIBOR）、操纵汇率以及隐瞒衍生品交易巨亏等各种理由，连续向 A 银行开出罚单。在美国接连处罚下，A 银行经营状况堪忧，甚至被业界称为“僵尸”银行。2016 年 6 月，A 银行未通过美联储年度压力测试之后，IMF 随后发布评估报告直言称 A 银行是系统性风险最大的全球系统重要性银行。2016 年第二季度财报显示，A 银行总资产为 1.63 万亿欧元，总负债为 1.57 万亿欧元，净资产仅为 600 亿欧元，杠杆率为 3.68%，接近巴塞尔协议Ⅲ规定的 3% 底线。A 银行短期内面临巨大的资本金补充压力，第二季度末净利润与 2015 年同期相比下降了 98% 至 2,000 万欧元，2015 年巨亏 68 亿欧元，A 银行显然无法通过内生增长来补充资本金。因该行信用评级下调和股价连续暴跌，A 银行从市场融资的难度进一步上升。此外，2016 年及 2017 年，A 银行分别要偿还 10 亿和 43 亿欧元 CoCo 债券，未来 A 银行可能出于补充资本金压力被迫出售大部分资产管理业务。此次罚款金额巨大对于 A 银行经营状况更是“雪上加霜”。被罚消息公布当日，其股价在法兰克福交易所暴跌 8.5%，次日其美股价格再次重挫 9.4%，两日内市值蒸发近 20 亿美元。A 银行事件沉重打击了整个德国乃至欧洲银行业。目前，德国银行业平均净资产收益率只有 1.6%，仅为 20 世纪 70 年代水平的四分之一。由于德国在欧盟的领头地位，受 A 银行牵累，整个欧洲银行股重挫，2016 年 9 月 17 日，德国、苏格兰、瑞士的银行业股价大幅度暴跌高达 3% 以上，当周欧洲银行股指数累计下跌 5%。

2. A 银行事件是美国对欧盟的又一次“压力测试”

继英国脱欧之后，A 银行事件再次向欧盟拉响警报。在 A 银行受罚的当天，时任德国总理默克尔和法国总理奥朗德纷纷发表演说，告诫欧盟已岌岌可危，如果再不团结，欧盟即将分裂。A 银行的问题已经跨越单纯的经济账，变成了捍卫德国和欧洲金融稳定的政治账。A 银行事件考验着德国政府的政治智慧，即如何在谋求本国金融利益和维护欧盟整体大局之间寻求平衡。如果不救助 A 银行，德国经济增长可能持续乏力。目前，德国经济增速已连续 4 年低于 2%，而 A 银行营业收入的 31% 来自国内，长期以来对德国经济尤其是制造业提供巨大支持；如果救助 A 银行，其他国家则会效仿，加剧欧盟的财政负担，最终危及欧盟的团结稳定。特别是意大利和西班牙，欧债危机后这两个国家的银行业不良贷款率分别高达 18% 和 9.8%。由此可见，美国选择 A 银行作为打击对象是经过深刻的政治考量的，无论如何处置 A 银行问题，欧洲银行业都会遭到冲击，欧盟的金融稳定和政治联合均会受到威胁。

风险警示

金融危机以来，美国政府在维护其金融核心利益的驱动下，主动发起新一轮金融监管战，对象以逐步由关键竞争对手国家及其金融机构向主要经济体及其金融机构扩散，手段也由传统的总量控制向当前的精准打击转变。

1. 从程序上看，监管处罚是此轮金融监管战最后的“杀手锏”

目前，美国金融监管战的突出特点是“精准打击”。从程序上，依次表现为四大步骤：第一步，确定打击目标——“定斩首”。此轮“精准打击”之所以杀伤力巨大源于美国选择打击的目标大多为竞争对手国家金融业的翘首，在经济发展中地位越重要、国际名望越高和排名越靠前的大型国际化金融机构往往越容易成为“斩首”目标，进而彻底动摇该国金融业的根本。这种目标选择的手法与美国军事上多次成功的“斩首”计划异曲同工。比如，A 银行是和德国战后经济奇迹关系最为紧密的本国企业之一，支撑了德国经济数十年的稳步增长。同样被罚的其他银行也是法国、英国等国长期支持实体经济发展的重要金融机构。

第二步，寻找或者制造打击目标的致命弱点——“找死穴”。大体分为两类：第一类是寻找长期打击“穴位”，打击目标通常为长期占有较大市场份额或拥有较高话语权和市场地位的金融业务或活动。A 银行是欧洲全能银行的代表，多项业务居行业前列，是 LIBOR 和 EURIBOR 等市场利率基准的主要报价行；固定收益业务是其传统优势，其中债券业务净资产收益率曾高达 40%；2005 年—2013 年，外汇交易市场占有率名列第一；投行领域成绩辉煌，曾于 2010 年 12 月获得了《国际金融评论》杂志授予的“年度最佳银行”和“年度最佳衍生品银行”两项殊荣，即便是 2012 年—2014 年，其投行及资本市场业务平均净收入占比仍为 43%。然而，这些领域恰恰是美国近年来的重点打击对象。在美国接连打压下，A 银行市场排名跌势连连，自受罚 140 亿美元事件爆发后，其在全球投行中的排名由此前的第 3 名跌落至目前的第 6 名，而前

5 大投行全部来自美国。第二类是因政治利益需要人为制造的打击“穴位”。出于国家利益需要，美国不仅自己实施单方面制裁，而且直接依据《爱国者法案》《海外账户税收合规法》（FATCA）等国内法逼迫其他国家按其意见行事，破坏其他国家之间正常合理的经贸往来。2012 年美国对英国两大银行分别开出 19.21 亿美元和 6.7 亿美元巨额罚单，特别是前者成为美国历次洗钱案和解金额之首；2014 年 6 月，美国因法国某银行违反美国法律为其制裁的国家转移资金，处以 89.7 亿美元罚款，创下在美外资银行类似案件的最高赔偿纪录；其他同样被指控和处罚的在美外资银行还有德国某银行、日本某银行、中国某银行等。

第三步，提前做空打击目标的股价——“埋炸弹”。另一个值得关注的现象是，目前美国金融监管战中再现当年“推波助澜”东南亚金融危机的对冲基金的身影。这些曾被马来西亚前总理马哈蒂尔称为“全球经济的强盗”的对冲基金公司，已经提前做空欧日银行股，在后续事件不断升级过程中，因欧日主要银行股价暴跌而获取暴利。以 A 银行为例，2007 年其股价曾达每股 152.28 美元，2010 年股价至 88 美元附近，而 A 银行受罚消息公布当天其股价大跌 8.5% 至 11.99 欧元（合 13.47 亿美元）。

第四步，公布证据实施精准打击——“开罚单”。从前期情况看，美国从掌握证据到公布证据往往历经数年，等待时机成熟，使出“杀手锏”，开出巨额罚单或直接制裁，实施精准打击，收获金融监管战的成果。这种“杀手锏”的运用是金融危机以来美国惯用的金融监管战手法，具有经济和心理“双重打击”的效果，不但削弱打击目标的经济实力，而且摧毁其数十年乃至数百年来的公众形象和市场声誉，甚至导致其直接倒闭。在具体实施过程中，美国司法部作为牵头部门，统筹国内相关监管部门，分层次分阶段实施定向打击，甚至同一对象因同一违规事件被“一事多罚”，如德国某银行因向美国经济制裁国家提供融资于 2014 年 12 月和 2015 年 3 月先后被罚 10 亿美元和 17 亿美元。在处罚程度上，美国大多区别对待，同一违规事件对外资金融机构动辄开出历史最高额度的罚单，对本国金融机构相对温和。据测算，向被经济制裁国家提供融资的类似案例，美国银行业平均罚款额为 470 万欧元，而欧洲银行业平均罚款额为 3,500 万欧元。

2. 从策略上看，目前美国金融监管战通常伴随着对实体经济的打击

从整体策略布局的高度来看，美国对待欧洲采取的是“虚拟经济 + 实体经济”并行打击策略，并没有先后次序分别，两种策略时常穿插进行或并行实施。无论对于虚拟经济还是实体经济，共同点是美国打击的对象均是对方经济支柱性产业的优势企业。制造业是德国的传统优势领域，“德国制造”成为高端品质的代名词。美国在处罚 A 银行的同时，指控德国某汽车公司造假并处以 102 亿美元罚金，短短数日内该公司股价连续大跌，近三分之一的市值蒸发，相当于 250 亿欧元。

防控措施

虽然 A 银行与我国银行业的业务往来规模有限，但其经营危机对欧洲银行业的冲击，进一步加剧了国际金融市场动荡，影响欧盟经济和政治的未来走势。对于我国而言，A 银行事件具有重要的警示意义。

近年来，随着“一带一路”、国际产能合作战略的深入推进，我国企业“走出去”步伐加快。2015 年，我国对外直接投资跃居全球第二，仅次于美国；对外投资流量首次超过吸收外资，成为资本净输出国。在此情形下，我国海外企业很可能会成为美国未来战略的打击目标。距 A 银行事件发生不到两周，美联储于 9 月 29 日在网站发布公告称，中国农业银行纽约分行在遵守美国反洗钱法规方面存在“重大缺陷”，并要求限期 60 天整改，成为继 2015 年建行之后第二个被美联储限令整改的对象，中资银行海外运营风险加剧。鉴于目前美国金融监管战呈扩大化趋势，我国宜密切关注事态进展，及时研判形势，加强对我国海外企业特别是在美经营金融机构的提醒和指导，做好此类事件应对预案，防患于未然。

1. 迅速整合资源，成立国家级海外金融事务危机应对小组

在外部环境日趋恶化的情形下，我国应当沉着应对，从国家战略高度提早制订预案，成立国家层面的海外金融事务危机应对协调小组，小组成员至少应当包括“一行两会”、外交部、商务部等部门。统一法律、商务、会计、金融等领域的国家资源，集中内外部优势，有效回击他国滥用长臂管辖权的行为。学习美国构建智库的做法，有计划地建立国家“智囊团”，为我国海外金融事务危机应对出谋划策。

2. 摸清家底，不能授人以柄

提倡服务大局意识，加强“一行两会”监管协调沟通，尽快完善金融业信息统计制度，强化对跨境、跨市场、跨行业的交叉性金融风险的检测和预警。组织人力，彻查海外金融机构现状和问题，做到“机构、人员、业务”三摸底，甚至应当包括对离任外籍高管人员的摸底调查，从目前美国对A银行乃至日本丰田汽车等司法案件调查来看，很大程度上源于离任外籍高管人员的举报。建立海外经营金融机构经营风险报送制度，收集A银行事件类似案例信息和事态进展，密切关注和研判美国金融监管战的发展动态。

3. 学习美国，采用多种监管手段维护国家利益

监管处罚成为目前美国金融监管战的“杀手锏”。从监管措施分类来看，反洗钱、消费者权益保护、市场公平竞争、监管合规等都可能成为监管处罚的依据。相比之下，我国鲜有对外资金融机构的处罚决定，日常监管上也难以达到美国对中资金融机构的严格程度。出于各方面原因，中美在金融机构准入方面并没有实现平等互惠原则，美资金融机构在华远超过10家，开放程度远超美国。从1981年中国银行在纽约设立分行至2008年国际金融危机爆发前，仅有交通银行（1991年）、招商银行（2007年）两家进入美国市场。美国迫于经济压力对外开放金融市场，工商银行、建设银行、农业银行等中资银行在美设立分支机构的申请获批，时间跨度近三十年。

鉴于此，无论市场准入还是日常监管，我国都应以互惠原则为基础，必要时应学习美国的做法，采用包括监管处罚在内的多种监管手段，合理维护国家利益。

4. 联合其他国家，打造反映我国利益诉求的国际仲裁机制和国际规则制定平台

我国应与发展模式类似以及政治诉求相同的国家结成战略伙伴，借助由我国主导的亚投行等平台，联合推出符合共同国家利益的国际仲裁机制和国际金融监管规则，尝试以双方以及区域监管合作等形式共同应对美国发起的金融监管战。针对金融监管领域国际协调较难的问题，可借鉴美国经验，即从最容易取得国际共识的地方入手进而打开整个局面。美国提出建立全球金融市场法人识别码系统，也是瞄准了宏观审慎管理框架的微观数据基础这一国际关注焦点，并取得了突破。

27. 监管不力成为外汇交易行业中联合操纵、欺诈作弊"潜规则"的罪魁祸首[①]

——六大跨国银行操纵汇率遭美联储58亿美元罚单事件

案例回放

美国司法部和美联储会于2015年5月20日对英国A银行等六家银行罚款超过58亿美元，以惩罚它们在外汇市场操纵汇率的违法行为。这六家银行分别是英国A银行、苏格兰B银行、美国C银行、美国D银行、瑞士E银行和美国F银行，罚金数额创历史最高。

英国A银行、苏格兰B银行、美国C银行和美国D银行均已承认操控外汇市场的相关刑事罪名；至于瑞士E银行，司法部表示其表现合作，加上它是首间报告事件的银行，决定对其不提起诉讼。该银行已承认一项与操控某银行同业拆息（LIBOR）相关的网络诈骗罪。英国A银行、苏格兰B银行、美国C银行和美国D银行4家银行就操控外汇市场向美国司法部合计支付25.2亿美元。

此外，这几家银行还向美联储支付总计超过16亿美元的罚款，而英国A银行向纽约金融服务管理局支付13亿美元罚款，使该行的罚款总额达到24亿

---

① 案例编写人：仲如见

美元。该银行罚款最重是因为其拒绝与英美和瑞士监管当局就调查达成和解。

据统计，2014 年 10 家最大的银行外汇交易收入达 116 亿美元。交易金额庞大，交易市场价格易受操纵的影响。美国司法部称，从 2007 年 12 月到 2013 年 1 月，美国 C 银行、美国 D 银行、英国 A 银行和苏格兰 B 银行的交易员建立专属聊天室“卡特尔”和“黑手党”，使用暗语来操纵欧元和美元交易的基准汇率，以获得巨额利润。

案例焦点

据统计，全球银行迄今已因外汇操纵丑闻认罚金额超过 100 亿美元，还有很多银行因操控银行间同业拆借利率被罚款 90 亿美元。

美联储宽松的监管环境遭到诟病。监管不力是致使发生内幕交易、操纵市场的重要原因。而在外汇交易市场并没有任何一个政府部门对此进行严格监管，只有银行间组成的委员会制定基本的规则，其既当运动员，又当裁判员。

在外汇交易领域，联合操纵、欺诈作弊已经成了行业“潜规则”。美国司法部称，外汇交易市场是“市场最大、监管最少”的金融市场之一，各家银行存在联合价格垄断行为。金融危机后，尽管美联储采取了更为严格的监管措施，对违法活动不断开出巨额罚单，但是内幕交易、操纵价格、共谋串通等欺诈行为仍层出不穷。

美国司法部声称，惩罚不能只限于直接卷入非法交易的机构，这些银行的母公司也应该受到法律制裁，这可能意味着美国将进一步加大对非法金融交易的打击力度。美国联邦调查局表示，银行非法金融交易涉及大规模的金融犯罪行为。这些活动破坏了以市场为基础的汇率，而汇率是经济的关键基准。日趋严格的金融监管环境将成为西方金融从业者今后面临的常态。

风险警示

银行监管的历史变迁过程表明，银行监管模式与当时的经济发展阶段、经济特征乃至金融环境是密切相关的，都是具体的、有针对性的。因此，对银行监管的讨论应结合当时的经济和金融发展阶段和时代特征。通过对国外发达国家和发展中国家银行监管模式的演变分析，我们可以总结出不同经济背景下银行监管的经验及教训。

1. 发达国家银行业监管的经验与教训

（1）监管经验。

第一，应有健全的银行业监管制度法规。制定健全的银行业运行法律体系是保证银行业合规经营的必要前提和准备。巴塞尔新资本协议把一个国家的金融法律看作该国进行有效金融监管的基础条件，并要求监管当局依法进行监管，减少不必要的人为干涉。美国等发达国家在银行业监管制度建立之初就十分重视银行业监管相关法律制度的制定和完善，通过法律条款来规范银行业的经营行为，明确监管机构的监管职责，保护经济主体的切身利益，使金融市场各主体的行为都有章可循、有法可依，把对银行业的监管纳入规范管理的轨道。第二，拥有先进的风险监管体系。发达国家首先意识到风险监管的必要性，并积极进行探索，逐步形成了完善的风险管理战略。该战略通常立足于一个从董事会到经营层、监督部门的自上而下的风险管理体系，具有明确且完整的责任和职能。发达国家的风险管理组织体系独立、高效，风险管理技术高度定量，体现了客观性和科学性的特征，风险管理文化成熟高效，形成了以提高质量为核心的风险管理文化氛围，将风险管理作为一个动态过程融入银行的经营管理中。第三，重视对内控制度的完善。内控制度是金融机构在营运过程中，为实现盈利和防范风险，保证会计数据准确、真实而建立的对内部机构工作人员的检查和相互制衡的机制。银行自我约束、自我管理的内控制度是防范各种风险的基本保证。在各发达国家的银行业监管实践中，银行的内控制度都得到了充分的重视。例如，美国的银行内部设有相对独立的稽核委员会及专门从事监查职能的机构——银行监事会，从而有效确保银行内部控制机制的实施。

（2）监管教训。

西方发达国家银行业监管也出现了不少问题，主要源于金融创新与金融监管的进度难以统一。西方国家发达的金融体系使金融创新层出不穷，而金融监管是在不断追认金融创新的事实上发展起来的，常常滞后于金融创新的发展。金融创新的活跃和综合经营趋势的加强，使对大型金融机构的监管分散，金融监管领域出现较多真空地带，为危机的发生埋下了隐患；巨型金融机构在市场狂欢中倾向于高杠杆、低标准，不仅金融机构本身的风险管理失之审慎，金融监管体系对此也缺乏足够和持续的监管，对金融机构的资本要求和流动性要求过低；监管者没有系统考虑到规模较大、市场关联度较高且杠杆率较高的重要金融机构的倒闭可能对金融体系和实体经济产生深远影响。如果继续沿此道路走下去，就不可能跳出“危机——监管——金融创新——放松监管——危机——再监管——再创新——再放松”的循环。因此，在安全稳定与效率目标并重的前提下，未来的金融监管理念应该是重点突出，松紧有度。例如，在放松对金融机构业务范围和市场行为监管的同时，强化对其资本充足性和偿付能力的监管。在当前综合经营的大环境下，强调这一点尤其显得重要。

防控措施

相对于当前国际银行业监管执法的力度、广度和深度的普遍加大，近年来，我国银行业领域执法能力虽然明显增强，但仍存在诸多问题：一是处罚力度偏低，高额处罚的案例极少，平均每起处罚金额也较低，导致处罚的威慑力不足。二是处罚分支机构多，处罚法人机构少，尤其是对主要银行业金融机构的法人机构处罚极少。三是处罚的意识不足。从执法意识角度看，更多地仍然是从发现问题、整改问题和风险提示的角度进行监管执法，处罚自身的威力尚未得到应有的重视。四是处罚不规范。例如，监管执法的标准和尺度不统一，不同程度地存在选择性执法的问题，不规范运用与不敢运用自由裁量权并存。五是法律授权不足。银行监管法律中处罚金额上限最多为200万元，有的仅为30万元、50万元；此外，作为欧美监管执法的重要机制之一的行政和解制度，在我国也尚缺乏法律规定。六是处罚透明度不高。迄今为止，我国银行业监管处罚的文书尚未实现主动公开。

我们可以借鉴国际银行业领域中执法的有益经验，增强执法的现代化水平。

一是完善银行业监管法律。当前，我国银行业监管的两部主要法律商业银行法和银行业监督管理法均处于大修过程中，起草部门需要就其中的法律授权与监管处罚现状的关系问题进行深入调研和必要检讨，从提升法律授权、支持加大监管处罚的角度完善相关规定；同时，借鉴国际银行业监管法律，完善和创新我国法律制度和执法机制。

二是提高监管执法的规范性。英美等国金融监管机构基本都设有专门的执法部门，编写专门的执法手册，执法的法治化水平较高。我国执法机构可以借鉴该做法，在梳理当前有关金融处罚法律法规的基础上，编制银行监管执法手册，明确处罚的依据、尺度、流程和范围，以充分且规范地运用自由裁量权，完善监管处罚体系，提高监管处罚的标准化和流程化水平。

三是提升监管执法力度。鉴于 2008 年国际金融危机后，全球银行业监管执法强度越来越大，我国也应高度重视监管执法力度不足可能带来的“破窗效应”，并将监管处罚作为监管执法的重要内容。在强调风险监管的同时，应继续将合规监管作为监管执法的核心内容之一，加重对银行各类违规行为的处罚力度，通过增加银行的违规成本，真正使银行不敢违规，提高监管执法的威慑力。另外，也要精简银行业法律法规，减少银行业金融机构不必要的合规负担，前瞻性地防止因执法过猛所带来的合规成本、监管成本过高等问题。

四是突出监管执法重点。金融消费者权益保护不足是 2008 年金融危机发生的主要原因之一，这已成为各国银行监管当局的共识。从上述国际银行业监管执法的案例来看，金融消费者权益保护也是监管执法的重点领域。此外，内部控制问题是银行合规经营的基础，也是我国银行业长期以来案件频发的重要原因。因此，有必要借鉴国际银行业的监管执法经验，并结合当前我国银行业的监管实际，将金融产品设计和销售、消费者权益保护机制建设、内部控制等领域作为监管执法重点。

五是提高监管执法的有效性。一方面，加强经济金融管理部门之间的执法合作，扩大执法的领域和覆盖面，更为全面、系统地加强银行监管执法，努力形成监管执法的合力；另一方面，进一步提高监管执法的透明度，如通过年报、官网等渠道定期公布银行业监管处罚信息，通过市场的力量提升监管处罚的效果，增强执法机构的公信力。

28. 风险管理失控导致资产负债管理战略错误[①]
——美国A集团过度涉足金融衍生产品交易而陷入危机

案例回放

1919年，美国人斯某在中国上海注册成立了一家小保险公司。日后，这家保险公司发展成为一家以美国为基地的国际性跨国保险及金融服务机构集团——A集团。A集团旗下各子公司和分公司经营各种险种，涉及人寿、退休、地震、洪水，乃至石油钻塔、卫星承保、恐怖袭击和网络黑客。此外，A集团的全球业务还包括金融服务、资产管理，如飞机租赁、金融产品、贸易和市场开发、消费者信贷、直接投资基金的资产管理、不动产管理及退休储蓄金产品等。

根据2008年度《福布斯》(Forbes)杂志的全球2000大跨国企业名单，A集团在全世界排名第18位，自2004年4月8日起一直都是杜琼斯工业平均指数的成分股。但这样一个看似富可敌国的金融帝国，2008年经营亏损达到992.89亿美元，更为严重的是A集团在3天内经历了股价暴跌、信用评级下调、交易对手追索抵押品：2008年9月12日一天股价便跌去31%。同年9月15日，受雷曼兄弟公司破产的影响，当日A集团股票暴跌61%，收报于3.75美元；9月16日，由于受到金融海啸的影响，A集团的评级被调低，引致银行纷纷向A集团讨债，导致其流动资金紧拙。美联储宣布向A集团提供850亿美元的紧

① 案例编写人：张煌

急贷款，以避免A集团因为资金周转问题而倒闭。美联储声明，紧急贷款以公司79.9%股份的认股权证来作交换，并有权暂停先前已发出的普通股及优先股的股息，A集团宣布董事局已接纳美联储的挽救方案。这是美国历史上由政府收购私人公司的事件中最大宗的交易，其金额仅次于事发前一星期向房利美及房贷美提出之收购行动。巨额亏损、股价暴跌、信用评级下调、交易对手追索抵押品，这些危机环环相扣，导致A集团陷入危机。

案例焦点

A集团深陷危机，直接原因是金融衍生品出现了问题。A集团旗下独立于传统保险业务之外的金融产品部门出现了严重亏损，该部门加入A集团已有多年，主要业务是销售信用违约掉期合同（CDS），这类合同旨在帮助投资者抵御次级抵押贷款等一系列资产的违约风险。然而2008年次贷危机的爆发使A集团对这类合同不堪重负，从而陷入资金困境。

A集团深陷危机，实质原因是该集团风险管理失控，从而导致资产负债管理战略的错误（过度涉足金融衍生品交易，未能采用保守的会计估值，房地产相关的风险过度集中）。A集团风险管理失控的主要原因从微观和宏观角度分析如下。

1. 公司内部监管不严

（1）管理层对风险的重视不够，风险意识淡薄。长久以来的市场繁荣，导致对风险放松了警惕，没有意识到风险的加剧，进而遭受巨大损失。

（2）缺少良好的风险管理体系。其靠高层主观感觉来判断风险，缺少一个良好的风险管控机制。

（3）盲目追求高利润、快发展。A集团多元化的进程非常迅速，但过快的多元化进程使A集团对多元化业务不能充分理解和消化，从而导致了风险控制出现问题。

（4）资产负债表外隐藏的高风险，保险业务要求保险公司计提未到期责任准备金，但CDS产品则不同。尽管CDS看上去是一款为债券提供信用保障的保险合约，但由于是由证券公司创造的，并在证券公司下从事的业务，因此根据惯例，应以金融衍生品的公允价值计账。按照这样的规定，A 集团所承接的 CDS 业务绝大部分都按公允价值计入了资产负债表中。这就导致了从资产负债表上看，A 集团的杠杆率并不是很高（2007 年年末时为 11 倍），但如果加上这部分潜在负债额，公司的实际杠杆率会达到原有值的 17 倍，即使只将其中的 50% 计入表内，杠杆率也将上升到 14 倍。如此高的杠杆比率，理应受到管理层充分的重视。

2. 第三方监管不严

信用评级机构可以说是法律、监管机构外对各企业公司起到监管作用的第三方，作出的评级是广大投资者重要的参考资料，为投资者提供最前沿的信息。自 2000 年美国开始大规模发行次级抵押债券以来，各评级机构一直认定次级抵押债券和普通抵押债券风险并无二致，这大大促进了次级债市场爆炸式的增长。2007 年次贷危机已经初显狰狞，但各大评级机构无动于衷，直到 2008 年才开始大范围调低次级债的评级，对于 A 集团也是如此。在该集团报出严重危机且政府将要救助的节骨眼上才突然调整级数。正当危机爆发之时，美国国际三大评级机构：美国穆迪投资服务公司把 A 集团的信用评级由 Aa3 下调两档至 A2；标准普尔则将 A 集团的评级下调三档，由 AA- 下调至 A-；惠誉对 A 集团的评级也下调两档，由 AA- 降至 A。这样不仅毫无帮助，而且加重了 A 集团的危机。同时，A 集团在类似投资银行的业务上，无限地为一些公司债券提供偿债担保，这些担保都建立在信用评级上，当借贷人无力偿还借款时，债务负担就落到 A 集团身上。背负沉重债务负担，导致其周转资金失灵，融资就很困难。因此，不能说信用评级机构的失职不是导致 A 集团危机的又一原因。

3. 法律、监管体制不严

美国保险法的宗旨是以保险公司偿付能力为核心，关于保险资金运用和保险产品创新方面，虽然对投资的比例作了严格的规定（保险资金在上市公司股票、非上市公司股票、外国公司股票、外国债券、房地产，以及抵押贷款领域投资的最高投资比例限制分别为总资产的 15%、5%、5%、5%、10% 和 69%），对产品创新也作了明确的宗旨（以偿付能力、保护投保者利益为核心），但法律和规定都没有对保险的特性进行充分的估量，即它收取少量的保费而要承担数倍于保费的风险。关于保险资金利用具体比例的规定对一般的投资在经济向好时是能起到一定的监管作用的，因为一般的投资，无论投资多少其最大的风险也就是投资的数目；经济向好时，违约发生得也比较少。但A集团投资的是一项特别的保险产品——CDS，它为需求的金融机构提供债务违约保险，这种产品是以卖合同为保费却要承担买合同者债务的所有违约风险。只要买此合同，其他金融机构根本就不需要承担任何风险，而所有的风险都聚集到A集团；在经济不稳定时，这种合同是一损俱损，一赢俱赢，并不是A集团刚开始预计的1%的违约率，经营这种风险本身就很危险；同时要保护投保者利益，A集团不得毁约，就要承担所有风险。所以，在次贷危机来临时，A集团的运营没有违反法律规定，且偿付能力很充足，却发生了危机，这说明首先法律监管方面不严。

另外，1999年美国出台了《金融服务现代化法案》，该法案的颁布极大地放宽了保险公司的经营权限，其目的是让保险公司更自由、更大胆地发展。但是，该法案也严重限制了保险监管机构的权力，削弱了保险监管机构的监督职能。另外，该法案的颁布也使曾经实行专业化经营的银行、证券、保险业之间的界限被打破，金融服务业兼业经营的趋势已越来越明显。这种融合导致了新的金融产品创新，以及经营行为创新，使曾经以保险监管为主业的美国的保险监管部门面临更加复杂的市场和监管对象，不得不将监管的视野扩大到保险公司以外的整个金融市场。所以，美国保险监管的改革，放松了对保险业的管制，其保险监管模式逐步由严格向宽松转化，主要表现为集银行业、保险业、证券业监管于一体，成立统一的金融监管部门，使保险监管受益于银行、证券监管部门的技术和信息优势；放宽对保险资金投资领域的管制，支持保险企业上市和兼并，推动金融混业经营；放松对保险条款、费率的管制，以保险人的偿付能力监管为核心；集保险业的监管与服务于一体。在这样的监管体制下，如果保险公司能够依照自己的能力进行投资，严格控制其风险，确实会促进保险业发展；但一旦保险公司只顾利益的追求时，这种对监管机构的限制就会使保险公司不能及时、准确地发现风险。这也说明法律监管不严，监管体系不能保护并促进保险的发展。

根据以上分析，A集团危机之所以发生，其根源在于监管不严，这不仅是A集团本身的失误，也是社会、法律、监管机构的失误。如果任何一方监管得当，结合A集团所处的微观和宏观环境进行适当调整，把问题在萌芽阶段就解决，绝不会出现如此局面。

风险警示

首先，认真学习、严格遵守国家法律条文，各业务体系均需合规开展业务，不得突破红线。尤其在金融产品创新、衍生品发行、多元扩张等方面一定要做到去金融杠杆、风险可控。

其次，积极拥护监管机构的监管，在日常工作中尽可能做到：一是理财产品与所投资产相对应，单独管理、单独建账、单独核算；二是严控期限错配和杠杆投资，不得开展滚动发售、混合运作、期限错配、分离定价的资金池理财业务；三是严格控制嵌套投资，强化穿透管理，缩短融资链条；四是技术创新、提升风控体系，促进监管科技的发展进步，提升监管效率，促进平台信息公开透明，从而达到合规经营、拥有完善风控体系、坚持金融创新，形成良性发展生态圈。

最后，建立严格的内部监管机制，要把主动防范化解系统性金融风险放在更加重要的位置，科学防范，早识别、早预警、早发现、早处置，着力防范化解重点领域风险，着力完善金融安全防线和风险应急处置机制。

防控措施

金融是国家重要的核心竞争力，金融安全是国家安全的重要组成部分，金融制度是经济社会发展中重要的基础性制度，应稳中求进、防控金融风险、保障国家金融安全。

1. 准确把握经济和金融发展的规律

金融是现代经济的核心，金融发展必须以服务实体经济为根本目标。金融产品的创新，目的是通过为社会生产和交换提供便利或创造条件，促进资源的优化配置。如果金融体系脱离实体经济发展，走向自我循环和自我膨胀式的发展道路，必然是本末倒置，最终只能成为“空中楼阁”。当前和今后一个时期，我国面临复杂的国内外宏观经济环境，为防范系统性经济风险，避免更多的外部风险冲击，金融企业需要加强宏观经济的研究，提升科学研判形势的水平，从而真正做到金融服务实体。

2. 坚持风险管理为本的金融发展主线

随着我国金融业的不断发展壮大，金融市场的竞争日趋激烈。市场细分、产品和业务创新成为金融公司提高综合竞争能力的重要手段。但同时也应认识到，在金融发展与创新中，必须始终围绕风险管理这一主线。

3. 保持金融监管和金融创新的动态平衡

金融创新是金融发展的动力。在金融监管和金融创新的动态博弈与发展过程中，金融创新也是一把“双刃剑”，它会突破一些金融监管措施，打破金融环境原来的均衡状态，这就要求我们在金融创新时时刻谨记监管，尽可能防范和减少创新可能带来的风险。目前，我国金融业正处于高速发展阶段，在金融竞争日益激烈的大环境下，我们不能因为利益而过度创新，在监管和合规下适度创新，对创新进行合理引导，使监管和创新在相互作用、共同发展的同时，促进创新不断深化。

4. 完善公司内部监管机制

每一次的金融危机都会引发各方当局的反思。金融公司一方面要吸取经验教训；另一方面要完善内部协调机制，发挥协同效应，形成“权责清晰、定位明确、覆盖全面、协调有力”的内部监管体系。

金融本质

风险管理失控导致 A 集团深陷困境。金融是实体经济的血脉，为实体经济服务是金融的天职、是金融的本质，也是防范金融风险的根本举措。

金融公司要树立质量优先、效率至上的理念，要把发展直接融资放在重要位置，形成融资功能完备、基础制度扎实、市场监管有效、投资者合法权益得到有效保护的多层次资本市场体系；要改善间接融资结构，要促进金融机构降低经营成本，清理规范中间业务环节，避免变相抬高实体经济融资成本；要加强信用体系建设，健全自身的内控体系。

金融服务实体经济是金融业稳健发展的根基，金融衍生品是金融创新的产物，在金融创新中要加强风险管理。在目前交叉销售和协同经营、多元化扩张等复杂的金融市场环境下，传统的业务模式转变为更多创新模式，如小贷公司、担保公司、融资租赁公司等的介入，这就要求我们对不同类别主体的资质、准入、业务规模、增信措施、风控标准做严格的审核，从源头上真正做到直接融资、风险可控、服务实体经济！

29. 杜绝开展国家明令禁止的业务才能真正完善企业内部控制①

——中国A（新加坡）股份有限公司巨亏5.5亿美元

案例回放

中国A（新加坡）股份有限公司（以下简称A公司）在2004年11月因买卖石油期权损失了5.5亿美元，这一事件引起了中国人民乃至全世界人的震惊。在事故发生之前，这家公司是一家净资产过亿美元的上市公司，并在2003年赢得了“新加坡最透明公司”的荣誉。但这样一个发展前景十分广阔的公司，却突然陷入破产的边缘。

① 案例编写人：李天罡

2003 年下半年：A 公司开始交易石油期权（op-tion），最初涉及 200 万桶石油，并在交易中获利。

2004 年第一季度：油价攀升导致公司潜亏 580 万美元，公司决定延期交割合同，期望油价能回跌；交易量也随之增加。

2004 年第二季度：随着油价持续升高，公司的账面亏损额增加到 3,000 万美元左右。公司因而决定再延后到 2005 年和 2006 年才交割；交易量再次增加。

2004 年 10 月：油价再创新高，公司此时的交易盘口达 5,200 万桶石油；账面亏损再度大增。

2004 年 10 月 10 日：面对严重资金周转问题，A 公司总经理陈某首次向母公司上报交易和账面亏损。为了补加交易商追加的保证金，公司已耗尽近 2,600 万美元的营运资本、1.2 亿美元银团贷款和 6,800 万元应收账款资金。账面亏损高达 1.8 亿美元，另外已支付 8,000 万美元的额外保证金。

2004 年 10 月 20 日：母公司提前配售 15% 的股票，将所得的 1.08 亿美元资金贷款给 A 公司。

2004 年 10 月 26 日、28 日：公司因无法补加一些合同的保证金而遭逼仓，蒙受 1.32 亿美元实际亏损。

2004 年 11 月 8 日至 25 日：公司的衍生商品合同继续遭逼仓，截至 25 日的实际亏损达 3.81 亿美元。

2004 年 12 月 1 日：在亏损 5.5 亿美元后，陈某宣布向法庭申请破产保护。

案例焦点

值得注意的是，该公司于 2001 年 12 月 6 日获准在新加坡交易所上市的时候，对外披露的《招股说明书》中涉及的石油贸易仅包括原油、轻油、重油、石化产品和石油衍生品五部分，并没有期权交易这一在后来引发巨大亏损风暴的业务种类，新加坡公司的核心业务是航油采购，而衍生品也只包括纸货互换和期货。

2002 年 3 月，“为了能在国际油价市场上拥有话语权”，A 公司开始了石油期权交易。对期权交易毫无经验的A公司最初只开展背对背期权交易，即只扮演代理商的角色为买家卖家服务，从中赚取佣金，没有太大风险。

自2003年开始，A公司开始进行风险更大的投机性的期权交易，而此业务仅限于由两位公司的外籍交易员进行。

风险警示

A公司违规之处有三点：一是做了国家明令禁止不许做的事。A公司从事的石油期权投机是我国政府明令禁止的，国务院1998年8月1日发布的《国务院关于进一步整顿和规范期货市场的通知》中明确规定："取得境外期货业务许可证的企业，在境外期货市场只允许进行套期保值，不得进行投机交易。"2001年10月11日，证监会发布《国有企业境外期货套期保值业务管理制度指导意见》第二条规定："获得境外期货业务许可证的企业在境外期货市场只能从事套期保值交易，不得进行投机交易。"二是场外交易。2017年3月1日修订的《期货交易管理条例》第四条规定："期货交易应当在依照本条例第六条第一款规定设立的期货交易所、国务院批准的或者国务院期货监督管理机构批准的其他期货交易场所进行。禁止在前款规定的期货交易场所之外进行期货交易。"三是超过了现货。该条例第四十一条规定："国有以及国有控股企业进行境内外期货交易，应当遵循套期保值的原则，严格遵守国务院国有资产监督管理机构以及其他有关部门关于企业以国有资产进入期货市场的有关规定。"

防控措施

1. 提高投资相关人员的业务水平和道德标准

交易人员必须重视对国内外宏观经济的研究，全面把握市场变化情况，不断提高对市场变化趋势的判断能力，理性地选择符合公司情况的交易工具；风险管理人员必须科学合理地运用市场风险计量模型，对金融投资活动的市场风险实行动态管理。

2. 完善企业的内部控制和监管机制

加强对企业内部机构的控制，在全公司范围内树立法制观念，增强管理者的素质，树立管理层的风险意识；建立独立的风险管理委员会，不能只由一个人或者少数人说了算，要有专业化、独立、可以跨越几级向上级直接汇报的交易现场监督者。

3. 建立一个完善且有效的金融监管机制

实施严格的信息披露制度，加强外部监管；完善法规制度，使企业在进行投资时有据可依、有章可循；构建有效的金融市场监管机制，以能够防范金融危机，降低监管成本，提高监管效率，适应我国国情。

A公司从2004年年初账面出现浮亏开始，不但没有及时止损退出，反而不顾后果地继续错误地看空期权盘、看跌油价，先后进行了3次大幅度头寸展期方案。直到2004年10月10日，账面已然亏损达到1.8亿美元。

这一过程体现了以陈某为中心的公司风险管理委员会的贪婪心理，过度自信和极度贪婪是一切风险、一切金融危机的来源之一。对于普通人来说，冲动往往来自不成熟的表现，但是对于陈某来说，也许是来自他的过度自信。从1997年陈某临危受命到2004年A公司的逐步壮大，毫不夸张地说陈某凭着他的个人实力让A公司起死回生，这些都是他自信的资本，当然也是他冲动的资本。正是陈某的成功使他开始沉浸于过度自信，陈某开始擅自扩大公司业务范围，从事原油衍生品投机交易，而非按照国家避险的初衷行事。

专家点评

新加坡某企业家认为，造成A公司蒙受约5.5亿美元的巨额亏损是因为A公司进行投机性石油衍生品交易业务。陈某在进行这项投机性交易时，并未经北京总公司的批准，也没有根据新加坡上市公司的《公司法令》和《公司治理条文》来进行透明化的操作。因此，身为总经理的陈某，应负起大部分的责任。

30. 急功近利、贪婪冒险的赌场文化导致公司最终破产[①]

——A公司财务造假致破产事件

案情回放

A公司是一家位于美国得克萨斯州休斯敦市的能源类公司。在2001年宣告破产之前，A公司拥有约21,000名雇员，是世界上最大的电力、天然气以及电讯公司之一。A公司在2000年《财富》杂志世界500强排名第16位，是美国最大的天然气采购商及出售商，也是领先的能源批发做市商。另外，该公司还运营了一家天然气管道系统和宽频部门。A公司在1930年成立时只是一家天然气分销商，但如今它已经成为拥有340亿美元资产的发电厂。A公司同时也经营纸、煤和化学药品等。该公司在美国控制着一条长达32,000英里的煤气输送管道，并且提供有关能源输送的咨询、建筑工程等服务。A公司所属7家分公司分别负责运输与储存、国内天然气与电力服务、国际经营与市场开发、油气勘探与生产和再生能源开发利用5个领域的经营业务。1996年公司总收入达到132.89亿美元，净收入达到5.84亿美元，总资产为162亿美元。

然而真正使A公司在全世界名声大噪的，却是这个拥有上千亿元资产的公司于2002年在几周内破产，及持续多年精心策划，乃至制度化、系统化的财务造假丑闻。A公司欧洲分公司于2001年11月30日申请破产，美国本部于2日后同样申请破产保护。从此，A公司已经成为公司欺诈以及堕落的象征。

2001年年初，一家有着良好声誉的短期投资机构老板吉姆·切欧斯公开对A公司的盈利模式表示了怀疑。他指出，虽然A公司的业务看起来很辉煌，但

① 案例编写人：章鸿飞

实际上赚不到什么钱，也没有人能够说清A公司是怎么赚钱的。据他分析，A公司的盈利率在2000年为5%，到了2001年年初就降到2%以下，对于投资者来说，投资回报率仅有7%左右。

吉姆·切欧斯还注意到，有些文件涉及了A公司背后的合伙公司，这些公司和A公司有着说不清的幕后交易，作为A公司的首席执行官，斯某一直在抛出手中的A公司股票——而他不断宣称A公司的股票会从当时的70美元左右升至126美元。而按照美国法律规定，公司董事会成员如果没有离开董事会，就不能抛出手中持有的公司股票。

也许正是这一点引发了人们对A公司的怀疑，并开始真正追究A公司的盈利情况和现金流向。人们对于A公司的疑问越来越多，并最终导致了股价下跌。2001年8月9日，A公司股价已经从年初的80美元左右跌到了42美元。

10月16日，A公司发表2001年第三季度财报，宣布公司亏损总计达到6.18亿美元，即每股亏损1.11美元。同时，首次透露因首席财务官安某与合伙公司经营不当，公司股东资产缩水12亿美元。

10月22日，美国证券交易委员会瞄上A公司，要求公司自动提交某些交易的细节内容，并最终于10月31日开始对A公司及其合伙公司进行正式调查。

11月1日，A公司抵押了公司部分资产，获得J.P.摩根和所罗门史密斯巴尼的10亿美元信贷额度担保，但美林和标准普尔公司仍然再次调低了对A公司的评级。

11月8日，A公司被迫承认做了假账，虚报数字让人瞠目结舌：自1997年以来，A公司虚报盈利共计近6亿美元。

11月9日，B公司宣布准备用80亿美元收购A公司，并承担130亿美元的债务。当天午盘A公司股价下挫0.16美元。

11月28日，标准普尔公司将A公司债务评级调低至“垃圾债券”级。

11月30日，A公司股价跌至0.26美元，市值由峰值时的800亿美元跌至2亿美元。

12月2日，A公司正式向法院申请破产保护，破产清单中所列资产高达

498 亿美元，成为美国历史上最大的破产企业。当天，A 公司还向法院提出诉讼，声称 B 公司中止对其合并不符合规定，要求赔偿。

案例焦点

A 公司破产后，首先遭到质疑的是 A 公司的管理层，包括董事会、监事会和公司高级管理人员。他们面临的指控包括疏于职守、虚报账目、误导投资人以及牟取私利等。

在 2001 年 10 月 16 日 A 公司公布第二季度财报以前，A 公司的财务报告是所有投资者都乐于见到的。2000 年第四季度，“公司天然气业务成长翻升 3 倍，公司能源服务公司零售业务翻升 5 倍”；2001 年第一季度，“季营收成长 4 倍，是连续 21 个盈余成长的财季”。在 A 公司过去的账务报告中，衡量业务成长的单位不是百分比，而是倍数，这让所有投资者都笑逐颜开。而到了 2001 年第二季度，公司突然亏损了，而且亏损额还高达 6.18 亿美元。

一直隐藏在 A 公司背后的合伙公司开始露出水面。经过调查，这些合伙公司大多被 A 公司高层官员所控制，A 公司对外的巨额贷款经常被列入这些公司，而不出现在 A 公司的资产负债表上。这样，A 公司高达 130 亿美元的巨额债务就不会为投资人所知，而 A 公司的一些高层也从这些合伙公司中牟取私利。

更让投资者气愤的是，显然 A 公司的高层对于公司运营中出现的问题非常了解，但长期以来熟视无睹甚至有意隐瞒。包括首席执行官斯某在内的许多董事会成员一方面鼓吹股价还将继续上升，另一方面却在秘密抛售公司股票。而公司的 14 名监事会成员有 7 名与 A 公司关系特殊，要么正在与 A 公司进行交易，要么供职于 A 公司支持的非营利机构，对 A 公司的种种劣迹睁一只眼、闭一只眼。

A 公司假账问题也让其审计公司面临被诉讼的危险。位列世界第五的 C 会计师事务所作为 A 公司财务报告的审计者，既没审计出 A 公司虚报利润，也没发现其巨额债务。2001 年 6 月，C 会计师事务所曾因审计工作中出现欺诈行为被美国证券交易委员会罚了 700 万美元。最终，该会计师事务所因为 A 公司事件从世界五大会计师事务所中消失匿迹，形成目前世界四大会计师事务所的格局。

A 公司的核心业务是能源及其相关产品的买卖，在 A 公司，这种买卖被称作“能源交易”。这种生意是构建在信用的基础上，也就是能源供应者及消费者以 A 公司为媒介建立合约，承诺在几个月或几年之后履行合约义务。在这种交易中，A 公司作为“中间人”可以在短时间内提升业绩。由于这种生意以中间人的信用为基础，一旦 A 公司出现任何丑闻，其信用必将大打折扣，生意马上就有中止的危险。此外，这种业务模式对于 A 公司的现金流向有重大影响。A 公司大多数业务是基于“未来市场”的合同，虽然签订的合同收入将计入公司财务报表，但在合同履行之前并不能给 A 公司带来任何现实收入。合同签订得越多，账面数字和实际现实收入之间的差距就越大。

在 A 公司破产事件中，损失最惨重的无疑是那些投资者，尤其是仍然掌握大量 A 公司股票的普通投资者。按照美国法律，在申请破产保护之后，A 公司的资产将优先缴纳税款、赔还银行借款、发放员工薪资等，本来就已经不值钱的公司再经这么一折腾，投资人肯定是血本无归。

投资人为挽回损失只有提起诉讼。按照美国法律，股市投资人可以对 C 会计师事务所在财务审计时未尽职责提起诉讼，如果法庭判定指控成立，C 会计师事务所将不得不为他们的损失做出赔偿。在此事件中受到影响的还有 A 公司的交易对象和那些大的金融财团。

风险警示

A 公司的崩溃并不只是因为做假账及高层的腐败，更深层次的原因是急功近利、贪婪冒险的赌场文化，这使 A 公司在走向成功的同时也预掘了失败之墓。正如一位美国学者指出的，A 公司的文化氛围里有一种赌场气氛。

A 公司的核心文化就是赢利，甚至可以说是贪财。在 A 公司，经营者追求的目标就是“高获利、高股价、高成长”。《财富》杂志撰文指出，正是由于 A 公司的主管们建立了以赢利增长为核心的文化，经理们便有了很大的动力去涉险，A 公司追求的目标最后也只剩下一个，那就是赢利。

A 公司的公司精神就是冒险。A 公司鼓励的是不惜一切代价追求利润的冒险精神，用高赢利换取高报酬、高奖金、高回扣、高期权。A 公司甚至把坚持传统做法的人视为保守，很快将其“清理”出去。同时，A 公司内部不断地进行“大换血”，而招进的新人大多是工商管理硕士，一进门就会立即获得五百万元的炒作能源期货的大权。

为了保住其自封的“世界领先公司”地位，A 公司的业务不断扩张，不仅包括传统的天然气和电力业务，还包括风力、水力、投资、木材、广告等。2000 年，宽带业务盛极一时，A 公司又投资了宽带业务。如此折腾，A 公司终于在 2001 年 10 月在资产负债平衡表上拉出了高达 6.18 亿美元的大口子。

A 公司案显示了美国会计审计制度的严重危机。A 公司的四大手法是：其一，暗箱作业，将债务、坏账转移到分支公司。美国《商业周刊》认为：“A 公司将财务的责任从账面载体上消除，创造性地做账，防范任何方面的人士（中下层职员、政府部门、股民等）发现其已外强中干、外荣内枯的真实情况，已经达到了登峰造极的地步。”其二，A 公司利用财经审计的巨大漏洞，进行秘密交易以及“圈内人交易”。其三，利用商业限制的取消及相关政治力量。商业限制的取消，既促进了自由经济的发展，也使 A 公司具有违法操作的大量空间。A 公司利用与美国政界的良好关系，“重写美国政府的能源政策条文”，使能源政策对自己倾斜，获得大量利益。其四，不断制造商业景气的报道，误导股民及公众，在 A 公司宣布破产前几个月，A 公司已将内里掏空，但对外文宣仍然是莺歌燕舞，一片繁荣。

A 公司的突然崩塌再一次引起我们对企业如何发展的深入反思。

多元化、大集团化一直是近年来各个企业追求的目标。但在贪大求全、好大喜功的思想指导下，很多企业逐渐丧失了原来的战略目标，迷失了发展方向，而且其本身却浑然不觉。战略管理的失败决定了企业的命运。A 公司破产的原因可谓是冰冻三尺非一日之寒，原因是多方面的，但其中最重要的原因应该就是企业的战略决策出了问题，即犯了盲目冒进的机会主义错误。而战略决策上的失误是致命的。

近年来，“知识经济”的号角让许多科技公司飞速发展，所有关于企业发展的规律和教条都被冠以“传统”和“保守”的高帽，A 公司的决策者也不甘心传统的石油天然气行业，于是急功近利挺进知识经济网络科技的最前沿。高速电信网络业务是运用复杂而先进的网际网络线上的交易平台，实现实时获取市场信息，加上具有避险功能的财务机制的支撑的业务。这一模式虽然得到了业界的充分肯定，但对于 A 公司来说，已经没有任何意义。大多数专家同意：A 公司破产最重要的一个原因在于公司盲目放弃了自己的主营业务，而转向了电子交易等新领域，导致公司失控。A 公司的错误是无药可治的，只有倒闭破产一条路可走。

防控措施

1. 建立完善的信息披露、风险防范等相关制度

市场经济的运行依赖于真实、准确、完整的市场信息，要求建立完善、成熟的信息披露制度、风险防范制度及相关制度，包括公司治理机制、财务会计报告制度、注册会计师管理制度、内部审计与外部审计制度。在制度安排上力求合理有效，并从法律层面对于以上制度予以保障。此外，对市场主体良好商业道德的要求也是一个重要的方面，在两者之间的关系上，制度是基础性资源，是最为根本的保障。

健全的公司治理和内部控制制度，既可以防范公司舞弊行为，也有助于提高会计信息的可靠性。美国式的公司治理和内部控制，历来备受推崇。然而，A 公司等一系列事件却证明，美国公司治理、内部控制也同样存在严重缺陷。正如我们对事物主次要矛盾与矛盾的主次要方面一般规律的认识一样，公司治理及其内部控制的缺陷才是公司财务造假的根源所在。

2. 强化内部控制和外部审计管理

对于 A 公司丑闻，所有会计师事务所，不论是对大公司还是小企业进行审计，都应该关注管理层的态度以及高级管理层的控制责任。公司法和证券法中突出了完善公司治理结构的立法理念，强化了“两会”、股东、高管

人员以及外部监督等各种制度安排的相互制约关系，加大了公司主体造假的责任。

通过A公司事件，我们认识到，既不能否定股票期权制、审计委员会、内部控制的正面作用，也不能对它们的作用过分依赖和夸大。一个恪尽职守的管理层需要将各种制度妥善安排，如将公司独立董事制度、外部审计制度协同起来。因为公司治理结构的缺陷并不是孤立的，存在的问题需要通盘考量和系统解决。正如美国审计总署《关于强制轮换会计师事务所的潜在影响》研究报告指出的："要使一个制度有效运行，必须存在激励各方面正确行事的机制，合理保证正确行事的足够透明度，并在不正确行事时承担的适当责任。"既利用好股票期权制的激励机制，又使审计委员会、独立董事、外部审计师各种机制协同地发挥作用，真正达到监督大股东、保护小股东利益的目的，这是所有企业需要进一步探索的问题。

企业治理结构与内部控制制度密切联系，一个好的治理结构能够保证内部控制制度的有效实施。内部控制制度涉及股权结构、公司治理、组织构架、人事管理、业务流程、薪酬制度、财务管理、会计核算、信息处理、文化建设等方方面面的问题，并且由于企业性质的差异、规模的不同，导致在控制程序设置、控制方法选择等方面也都体现了不同的特点和要求。

3. 提升战略决策能力

A公司事件发生前，美国曾一直认为其会计准则是全球最好的，能够最好地保护投资者的利益。随着A公司的破产，其中暴露出来的诸多问题说明，美国的现有准则在国际趋同、透明度、可比性等方面都不尽完善。现有的财务报告制度存在的问题，使注册会计师进行审计时，一旦主观上想作弊，就会促使其在一定程度上无法按照公众的期望胜任其职责。

金融本质

市场是无时无刻变化着的，要求企业适应市场需求，最好是适当超前地抢占市场，A公司失败的结果当然不是它没有考虑到决策风险。A公司更是以"规避金融风险”为著称——这是它的主要创新业务。

也许正是这种规避风险的“专家企业”才可能犯这样的错误，骄傲自大，轻视举债风险，特别是企业外部宏观经济环境变迁带来的风险，对美国社会经济大气候变劣显然没有做充分估计。A 公司和环球电讯算是豪赌“科技未来”的典型。在市场上，负债经营是正常的，债权人把资产的使用权对债务人在一段时间内有条件让渡，原因是对债务人的经营有好的预期。一旦债权人对企业发展前景或经营状况失去信心，将会引起多米诺骨牌式的资金链中断。所以，在美国经济一帆风顺的时候，A 公司是华尔街股市的宠儿，即便有不正常的举债，也不会受到人们的怀疑，而随着美国总体经济趋于衰退，市场需求降低时，债权人的金融风险就凸显了，许多以前可以不被重视的风险开始放大，A 公司也就难以维持原有的财务状况，更无法“创新”更高明的衍生工具取信于人。所以，只好宣布四年以来的首次季度亏损，亏损高达 6.38 亿美元。1997 年以来虚报近 6 亿美元的盈余谎言也自然无法再遮掩下去。根据 A 公司最新公布的资产 490 亿美元和负债 312 亿美元，直接导致融资给 A 公司做期货交易的银行面临大量坏账的财务危机，于是谁也挽救不了 A 公司，只有破产才能把剩余的财产保全。

企业文化和价值观，直接影响着决策者的战略管理。如果说企业文化管理是企业战略管理的最终决定形式，A 公司的决策层显然是忽视了企业文化管理的合理性。忽视了企业文化管理的后果正是 A 公司的高层把做实业时的理念及专注战略完全转移，狂妄而草率地过渡到了金融投资的所谓创新事业。1997 年 A 公司的业务扩大到天然气金融衍生品的交易，2000 年“商品交易”占 A 公司销售的近 90%，这些合约形式包括利率掉期，金融衍生品和其他复杂的金融商品。然而这种所谓的“创新”就在于：传统的会计制度很难对这些新的合约收益加以确认。在市场需求有限的情况下，A 公司开始了新一轮的“超常规”扩张。此时，A 公司已经从一家大型的能源公司，沦为一家从事能源衍生交易的“对冲基金”。

狂妄的企业决策者忽视企业文化的继承与延续规律，正是 A 公司战略管理中最不可能“安然”的因素。

31. 加强对员工的管理与约束是金融机构内部管理的必要组成部分[①]

——英A银行倒闭事件

案例回放

1995年2月26日，具有230多年历史，在世界1,000家大银行中按核心资本排名第489位的英国A银行，因进行巨额金融期货投机交易，造成9.16亿英镑的巨额亏损，在经过国家中央银行英格兰银行一个周末的拯救失败之后，被迫宣布破产。

A银行于1762年在伦敦开业，创办人为B爵士。由于经营灵活变通、富于创新，A银行很快就在国际金融领域获得了巨大的成功。其业务范围也相当广泛，无论是到刚果提炼铜矿，从澳大利亚贩运羊毛，还是开掘巴拿马运河，A银行都可以为之提供贷款。但A银行有别于普通的商业银行，它不开发普通客户存款业务，故其资金来源比较有限，只能靠自身的力量来谋求生存和发展。1803年，美国从法国手中购买南部的路易斯安那州时，所用资金就出自A银行。1886年，A银行发行“吉尼士”证券，购买者手持申请表如潮水一样涌进银行，后来不得不动用警力来维持，很多人排上几个小时后，买下少量股票，然后伺机抛出。等到第二天抛出时，股票价格已涨了一倍。

20世纪初，A银行荣幸地获得了一个特殊客户：英国王室。由于A银行的卓越贡献，B爵士家族先后获得了五个世袭的爵位。这可算得上一个世界纪录，从而奠定了A银行显赫地位的基础。A银行集团的业务专长是企业融资和投资管理。尽管是一家老牌银行，但A银行一直积极进取，在20世纪初进一步拓展公司财务业务，获利甚丰。20世纪90年代开始向海外发展，在新兴市场开展广泛的投资活动，仅1994年就先后在中国、印度、巴基斯坦、南非等地开

① 案例编写人：张煌、刘艳丽

设办事处，业务网络点主要在亚洲及拉美新兴国家和地区。截至1993年年底，A银行的全部资产总额为59亿英镑，1994年税前利润高达15亿美元。其核心资本在全球1,000家大银行中排名第489位。

然而，这一具有233年历史、在全球范围内掌控270多亿英镑资产的A银行，竟毁于一个年龄只有28岁的证券交易员尼某之手。尼某于1989年7月10日正式到A银行工作。进入A银行后，他很快争取到了到印尼分部工作的机会。由于他富有耐心和毅力，善于逻辑推理，能很快地解决以前未能解决的许多问题，使工作有了起色，因此他被视为期货与期权结算方面的专家。

1992年，A银行总部任命尼某为新加坡C期货（新加坡）有限公司（以下简称C期货公司）的总经理兼首席交易员，负责该行在新加坡的期货交易并实际从事期货交易。1992年，A银行有一个账号为“99905”的“错误账户”，专门处理交易过程中因疏忽而造成的差错，如将买入误为卖出等。C期货公司的差错记录均进入这一账号，并发往伦敦总部。1992年夏天，伦敦总部的清算负责人乔某要求尼某另行开设一个“错误账户”，以记录小额差错，并自行处理，以省却伦敦总部的麻烦。由于受新加坡华人文化的影响，尼某以代码“88888”为名设立“错误账户”。

数周之后，A银行总部换了一套新的电脑系统，重新决定C期货公司的所有差错记录仍经由“99905”账户向伦敦报免，“88888”“错误账户”因此搁置不用，但却成为一个真正的“错误账户”留存在电脑之中。这个被人疏忽的账户后来就成为尼某造假的工具。

1992年7月17日，尼某手下一名刚加盟A银行的交易员王某手头出了一笔差错：将客户的20份日经指数期货合约买入委托误为卖出。尼某在当晚清算时发现了这笔差错。要矫正这笔差错就须买回40份合约，按当日收盘价计算，损失为2万英镑，并应报告A银行总部。但在种种考虑之下，尼某决定利用“错误账户”“88888”承接40份卖出合约，以使账面平衡。由此，一笔代理业务便衍生出了一笔自营业务，并形成了空头敞口头寸。数天以后，日经指数上升了200点，这笔空头头寸的损失也由2万英镑增加到6万英镑。尼某当时的年薪还不足5万英镑，且先前已有瞒上不报的违规之举，因而他更不敢向总部上报了。此后，尼某便一发而不可收，频频利用“88888”账户吸收下属的交易差错。仅其后不到半年的时间里，该账户就吸收了30次差错。为了应付每月底A银行总部的账户审查，尼某就将自己的佣金收入转入账户，以弥补亏损。由于这些亏损的数额不大，结果倒也相安无事。

1993年1月，尼某手下有一名交易员出现了两笔大额差错：一笔是客户的420份合约没有卖出，另一笔是100份合约的卖出指令误为买入。尼某再次作出了错误的决定，用“88888”账户保留了敞口头寸。由于这些敞口兴寸的数额越积越多，随着行情出现不利的波动，亏损数额也日趋增长至600万英镑，以致无法用个人收入予以填平。在这种情况下，尼某被迫尝试以自营收入来弥补亏损。幸运的是，到1993年7月，“88888”账户居然由于自营获利而转亏为盈。如果尼某就此打住，A银行的倒闭厄运也许会得以幸免。然而这一次的成功却从反面为他继续利用“88888”账户吸收差错增添了信心。

1993年7月，尼某接到了一笔买入6,000份期权的委托业务，但由于价格过低而无法成交。为了做成这笔业务，尼某又按惯例用“88888”账户卖出部分期权。后来，他又用该账户继续吸收其他差错。结果，随着行情不利变化，尼某再一次陷入了巨额亏损的境地。到1994年7月，亏损额已由2,000万英镑增加到5,000万英镑。为了应付查账，尼某假造了花旗银行有5,000万英镑的存款。其间，A银行总部虽曾派人花了1个月的时间调查尼某的账目，但却无人去核实花旗银行是否真有这样一笔存款。

1994年下半年起，尼某在日本东京市场上做了一种十分复杂、期望值很高、风险也极大的衍生金融商品交易——日本日经指数期货。他认为，日本经济走出衰退，日元坚挺，日本股市必大有可为。日经指数将会在19,000点以上浮动，如果跌破此位，一般说日本政府会出面干预，故想赌一赌日本股市劲升，便逐渐买入日经225指数期货建仓。1995年1月26日，尼某竟用了270亿美元进行日经指数期货投机。不料，日经指数从1月初起一路下滑，到1995年1月18日又发生了日本神户大地震，股市因此暴跌。尼某所持的多头头寸遭受重创。为了反败为胜，他继续从伦敦调入巨资，增加持仓，即大量买进日经股价指数期货，沽空前日本政府债券。到2月10日，尼某已在新加坡国际金融交易所持有 55,000 份日经股价指数期货合约，创出该所的历史记录。

所有这些交易均进入“88888”账户。为维持数额如此巨大的交易，每天需要 3,000 万—4,000 万英镑。A 银行总部竟然接受尼某的各种理由，照付不误。1995 年 2 月中旬，A 银行总部转至新加坡 5 亿多英镑，已超过了其 47,000 万英镑的股本金。

1995 年 2 月 23 日，日经股价指数急剧下挫 276.6 点，收报 17,885 点，尼某持有的多头合约已达 6 万余份，面对日本政府债券价格的一路上扬，持有的空头合约也多达26,000份。由此造成的损失则激增至令人咋舌的86,000万英镑，并决定了 A 银行的最终垮台。当天，尼某已意识到无法弥补亏损，于是被迫仓皇出逃。2 月 26 日晚 9 点 30 分，英国中央银行英格兰银行在没拿出其他拯救方案的情况下只好宣布对 A 银行进行倒闭清算，寻找买主，承担债务。同时，伦敦清算所表示，经与有关方面协商，将 A 银行作为无力偿还欠款处理，并根据有关法律赋予的权力，将 A 银行自营未平仓合约平仓，将其代理客户的未平仓合约转移至其他会员处置。2 月 27 日，东京股市日经平均指数再急挫 664 点，又令 A 银行损失增加了 2.8 亿美元，便全部损失达 6 亿英镑，约 9 亿多美元。截至当日，尼某持的未平仓合约总值达 270 亿美元，包括购入 70 亿美元日经指数期货，沽出 200 亿美元日本政府债券与欧洲日元。

在英国央行及有关方面的协助下，同年 3 月 2 日，在日经指数期货反弹三百多点情况下，A 银行所有（不只新加坡的）未平仓期货合约（包括日经指数及日本国债期货等）分别在新加坡国际金融期货交易所、东京及大阪交易所几近全部平掉。至此，A 银行由于金融衍生工具投资失败引致的亏损高达 9.16 亿英镑，约合 14 亿美元。3 月 6 日，荷兰 D 集团与 A 银行达成协议，愿出资 7.65 亿英镑（约 12.6 亿美元）现金，接管其全部资产与负债，使其恢复运作，将其更名为“A 银行有限公司”。3 月 9 日，此方案获得英格兰银行及法院批准，D 集团收购 A 银行的法律程序完成，A 银行全部银行业务及部分证券、基金业务恢复运作。至此，A 银行倒闭风波暂告一段落，令英国人骄傲两个世纪的银行已易新主，可谓百年基业毁于一旦。

A 银行的破产，对国际金融市场造成严重的冲击，影响直接涉及新加坡、东京、大阪、伦敦、我国香港地区等金融市场。

案例焦点

1. 集团管理层的失职

1994年年末和1995年年初，新加坡国际金融交易所发现新加坡A期货公司的交易中存在若干异常，并向A集团提出了一些关于新加坡A期货公司的征询。这些原本是可能促成较早发现尼某活动的。根据官委清盘人的观点，如果A集团的管理层适当检讨并理解新加坡国际金融交易所在致该集团的信中所表述的忧虑，那么倒闭是可能挽回的。官委清盘人认为，A银行资产负债管理委员会回复新加坡国际金融交易所第二封信的态度尤其该受到严厉指责，该回信向新加坡国际金融交易所做出许多毫无基础的错误保证。同样，琼某作为新加坡A期货公司的财务董事对新加坡国际金融交易所的两封信的态度，也反映了他对问题掉以轻心到了令人无法接受的程度。琼某未经独立地详细了解整个事件，就在尼某草拟的回复新加坡国际金融交易所征询尼某交易活动的复函上签字。

2. 内部控制松散

无论是各国金融监管机构或国际金融市场都普遍认为，金融机构内部管理是风险控制的核心问题。从A银行破产的整个过程看，而A银行的内部控制却是非常松散的。在1995年2月26日悲剧发生之前，A银行的证券投资已暴露出极大的风险性，但竟未引起该行高级管理人员的警惕。1995年1月第一周，尼某持有合约3,024份，20天后，即持有合约16,852份（短短20天内，合约持有额增长4倍）。到2月中旬，尼某持有的合约突破20,000份，比在同一市场操作的第二大交易商持有头寸多出8倍。这个信号由于我们所不知道的原因而没有被A银行的最高管理当局注意到从而做出应有的反应。总之，A银行本身的内部控制制度失灵了，预警系统失效，最终导致了悲剧的发生。A银行破产后不久，该银行高级主管人员称对尼某在新加坡的所为一无所知，因为直到尼某去职的那天，即2月23日星期四，公司的风险报告仍出现交易平衡。但是，据新加坡有关当局说，A银行在1995年2月前18天里给新加坡国际货币交易所汇去 1.28 亿美元作垫付维持金之用；据《金融时报》报道，英格兰银行行长 4 月 5 日对英国公共财政部及内务委员会的国会成员说，A 银行在未通知英格兰银行的情况下，擅自给其新加坡分部汇去 7.6 亿英镑。

破产前的 A 银行运作机构，尼某主要是与 A 银行的伦敦总部、东京分部及香港分部交易。而在新加坡的期货交易，仅牵涉少数客户，其中三个为 A 银行分支，另一个是巴黎某银行，每笔交易都会经过一家 A 银行分支，因此 A 银行主管完全不知晓尼某的所作所为是不可能的。尼某后来在狱中感慨："对于没有人来制止我的这件事，我觉得不可置信。伦敦的人应该知道我的数字都是假造的……这些人都应该知道我每天向伦敦总部要求现金是不对的，但他们却仍旧支付这些钱。"可以说，A 银行的倒闭不是一人所为，而是一个组织结构漏洞百出的、内部管理失控的机构所致。

3. 业务交易部门与行政财务管理部门职责不明

在 A 银行新加坡分部，尼某本人就是制度。他分管交易和结算，这与让一个小学生给自己改作业、打分没什么区别。这种做法给了尼某许多自己做决定的机会。作为总经理，他除负责交易外，还集以下四种权力于一身：监督行政财务管理人员；签发支票；负责把关与新加坡国际货币交易所交易活动的对账调节；负责把关与银行的对账调节。行政财务管理部门保留各种交易记录并负责付款。虽然公司总部对他的职责非常清楚，但并未采取任何行动，他们生怕因得罪他而失去了这个"星级交易员"。他既负责前台交易又从事行政财务管理，就像一个人既看管仓库又负责收款。由于工作便利，代号为"88888"的误差账户用了 1 年多，直到 1995 年 2 月 23 日尼某逃跑时才被发现。

伦敦总部也曾怀疑来自新加坡分部的利润是否能够长期持续下去，还派了一个审计组来到新加坡分部。审计组主要依靠尼某提供的情况，编制了一个长达 4 页的报告。他们对公司一般性风险有所了解，在报告中这样写道："管制有可能被总经理一人取代""他负责前台交易及财务管理""可能会以集体的名义作交易，并保证按自己的意图去交割和记录。"但是报告接着又说，"鉴于行政财务管理方面缺少有经验的资深骨干，总经理必须积极兼任交易和后勤管理两职"，同时报告还指出，"在 A 银行新加坡期货部存在离开交易正常轨道做违反新加坡国际货币交易所规章之事的可能”。审计组对尼某的交易策略也非常了解——许多交易并非是低风险的套利，而是日经指数的单向高风险投赌，“虽然风险高，却可能有更高的回报”。

4. 代客交易部门与自营交易部门划分不清

以一个公司的资本作交易叫作公司自营交易，除此之外，公司还可以代客户交易。当然，第二种情况公司会向客户收取一定的佣金或交易费。例如在股票交易中，公司一般根据客户的要求作交易，当然有时也提供一些建议。公司仅仅按照客户的要求代其行使权利，如有损失客户自己负责。由于所得利润归客户所有，因此出现维持金不够的情况也应由客户自己垫付。

尼某所做的交易也曾受到A银行新加坡期货部同行们的质询，但是他总是说自己是代客户交易。也有人提出尼某在对A银行撒谎，因为代客户垫付期货合同的维持金是非常少有的事。代客户交易与自营交易的混淆会给公司管理带来困难，只有把两者划分清楚，才能进行有效的风险管理。

5. 奖金结构与风险参数比例失当

许多公司为鼓励员工辛勤工作，采取发放奖金的办法。奖金一般根据员工的职务、工作经验、工作成绩以及其他诸多因素来确定，各个公司规定不一。当然，表彰工作成绩是一回事，根据交易所得利润支付大笔奖金，而不考虑公司的风险参数或公司的长期策略，则是另一回事。A银行一直将公司50%的毛利作为奖金发给雇员。这个百分数比绝大多数公司的高。A银行1994年的1亿英镑（1.61亿美元）奖金在公司倒闭前几天刚刚宣布分配。几个主要总裁可望拿到100多万英镑。奖金时常是根据一个小组或个人在前一年所赚利润决定的。这种把交易员的收入与他的交易利润挂钩的奖励制度，最大的问题是刺激了交易员的贪利投机，高额的奖金使雇员急于赚钱而很少考虑公司所承担的风险。

风险警示

1. 管理者必须对所经营管理的业务有充分的认识

A银行倒闭案件中，公司自营交易与代客交易有着本质的不同，公司自身所承担的风险更是差异巨大。但尼某以代客交易名义进行自营交易，造成公司巨大风险敞口，公司管理者却未对其行为产生质疑或检查，而是相信其代客交易的谎言，暴露了公司管理者对于所经营管理业务认识的不足。因此，公司经营管理者必须对所经营管理的业务有充分的认识，才能对企业进行有效的管理，在风险发生的第一时间尽快发现并做出防范及整治措施。

2. 加强对“人”的管理

A 银行倒闭案件中，尼某由于业务熟练，所以被委以重任，但 A 银行的管理当局却疏于对他的业务效果及其道德素质进行考核。甚至在问题初露时，管理当局也未予以足够重视，而是选择盲目信任其业务能力及对企业的忠心度，致使事态逐步扩大，最终导致银行倒闭。

因此，企业必须加强对“人”的管理。一方面，加强对员工素质的培养与考核，包括职业素养和道德品质。提高员工专业技能有利于加强风险应对能力，提高员工道德素质，是对公司控制环境的优化，在一定程度上可以削弱企业面临的风险。另一方面，加强对员工的管理与约束。人都有其自身难以克服的自利本能，当面临企业与自身利益的权衡时，本能的反映往往是选择后者，这就要求公司有能对员工进行管理和约束的有效制度，使可能对公司造成风险或损失的行为在发生前就被管理制度控制在笼子内，无法造成危害。同时，也需要程序监督制度的有效执行与实施。

防控措施

1. 完善银行的内外部控制制度

内部控制制度是金融企业的各级管理部门为了保护金融资产的安全完整，确保业务信息的可靠完整，协调经纪行为，控制经纪活动，利用企业内部分工而形成的相互制约、相互联系的关系，形成一系列具有控制职能的方法、措施和程序，并予以规范化、系统化，使之成为一个严密的、较为完整的体系。内部控制制度是为适应经营管理的需要而产生的，是现代金融企业内部管理制度的重要组成部分。之所以如此，是因为现代金融企业都有自己的预定目标，并据此制订相应计划，预期达到某种理想结果。但在实际过程中，难免会发生偏差，或由于一些人为原因，造成经济损失。因此，需要制定一系列制度化内部控制手段，控制员工行为，检查、纠正偏离计划的现象，并分清责任，及时采取措施。这种内部控制活动顺利进行的基础就是内部控制制度的健全有效。

A 银行已经有 200 多年的经营历史，理应有一套完善的内部管理制度，个别职员在职权范围内违反操作规程是可能发生的。但一名交易员能够违反制度，擅自越权操作，将相当于其股本金几倍的资金作为赌注，而且能够掩藏几周不为监管部门所知晓，可见 A 银行内部的监管漏洞很多。本来 A 银行后台结算部门应该履行监察职责，但是这个警报系统并没有发挥作用，抑或尼某与结算部门的人同谋来欺瞒管理层；或许是既让尼某负责前台交易又让他掌管后台结算这种做法的严重恶果。因此，必须完善银行内部控制系统。

2. 加强银行的外部控制

除 A 银行内部存在的原因外，新加坡国际金融交易所、新加坡金融监管当局、英国金融监管当局都负有不可推卸的责任。本事件也反映了对从事跨国业务的金融机构施以更加严密监管的必要性。新加坡曾被认为是金融监管很完善的国家，但是 A 银行事件的发生使人们对新加坡监管体系产生了疑问。现在新加坡期货交易所已将每份合约保证金由 62.5 万日元提高到 135 万日元，新加坡还将加强制度方面的监管。有关人士还提出了将交易合约数量与投资者的资金实力相挂钩，虽然这样可能使市场成交量受到影响，但市场的健康发展可能会吸引更多的投资者。

3. 各项业务的权责要明确，不相容岗位要分离

银行系统规模大，业务纷繁复杂，任何一个环节的失误都可能扩大到整个系统，因此高级管理层必须将事、权进行合理划分，规定各级人员处理某些业务的权利，明确职责，在授权范围处理相关业务，未在权利范围外未经批准不得处理相关经纪业务。同时，必须对不相容业务进行分离。所谓不相容业务，指集中于一人办理时，发生差错或舞弊的可能性就会增加的两项或几项业务，如本事件中的业务交易与行政财务管理。在经济业务的全过程中，不相容业务相分离，才能便于不同岗位人员之间相互监督、相互牵制，以防止舞弊。在本事件中，如果 A 银行新加坡分部交易与监督管理职责不是集尼某于一身，而是分由几个不同的人来承担的话，或许悲剧就不会发生。

4. 金融衍生品交易是把“双刃剑”，应加强全球性监督

金融衍生品是经济全球化、信息化和金融自由化的产物，它是脱离实体经济而独立运作的产物，具有虚拟性、契约型、杠杆性和风险性等特征，能产生溢出效应和报酬递增效应。金融衍生品交易市场的发展增加了金融产品的多样性，然而相伴而生的保值和投机增加了信息不对称或不确定性。金融衍生品交易的“以小博大”的特点使投资者能以少数资金从事数倍乃至数十倍的交易，但风险也相伴而生。投机者既有在买空卖空中谋取高额利润的机遇，也有一旦市场的走势同预期相反，蒙受灭顶之灾的风险。

金融衍生品交易在世界范围内蓬勃开展，由于交易的超国界性和超政府性，使单一国家和地区对金融衍生品的管理鞭长莫及，不能有效地对信用风险进行全面的防范。因此，加强金融衍生品交易的国际监管已成为国际金融发展的必要及各国金融当局的共识。A 银行事件促成了英国与美国证券交易机构间衍生品的资料互换，这也充分表明了金融衍生品交易需要加强全球监管。

A 银行的倒闭给银行业及其他金融相关行业敲响了警钟，要想企业能够长足发展，无论曾经成绩多么辉煌，在企业的管理过程中风险管理问题一刻不容小觑！

32. 虚假的增资扩股信息是否属于编造重大虚假内容的行为？①

——A 公司虚假增资扩股案

案例回放

A 公司是美国的一家老牌上市公司，其在纽约证券交易所上的股票价位多

① 案例编写人：顾雷

年来一直保持在每股65—90美元。由于生产和经营的需要，A公司急需资金加以扩充。于是，A公司想通过先收购一家相关企业，并以此作为增资扩股的申请理由发行新股，解决长期困扰A公司发展的资金问题。于是，1975年，A公司自行适用《特拉华州公司法》第二百五十三条，也就是所谓的“短期合并”条例，控制了B公司90%的股份。

A公司首先取得了对B公司的实物资产，包括土地、房屋、机器、石油、天然气和矿产等进行独立估算，然后将这些固定资产一并交给了C公司进行评估。B公司的股票最后由C公司评估为每股125美元。根据合并条款，非控股股东被出价收购每股150美元。

然而，B公司的非控股股东对这个评估价格并不满意，要求禁止这项合并。这些股东认为，A公司的合并只是为了侵占“被让与的实物资产的按比例价值”之间的差价，A公司伙同C公司使用虚假的手段增资扩股，以不适当的价格排斥非控股股东，侵害他们每股的收益，违反了1934年《证券交易法》第10节（b）和《证券交易委员会规则》10b–5的有关规定，应该承担法律责任。而作为帮凶，C公司参与了欺诈活动，也应该承担相应的法律责任。

地区法院认为，《特拉华州公司法》既没有对短期合并规定商业目的，也没有要求对将来有可能被从公司中排除出去的非控股股东进行事先通知，而且《证券交易委员会规则》10b–5也没有通过一项为事先通知非控股股东和无正当商业目的不得进行合并的规定。因此，不能判定A公司与B公司合并的唯一目的是把非控股股东从公司中排除出去，也不能判定这是一种缺少正当的商业目的的欺诈行为。非控股股东的诉讼请求最后被地区法院驳回。非控股股东不服，继续上诉。

上诉法院认为，尽管A公司与B公司的合并本身并不存在任何虚假声明或未能公开相关事实，但对非控股股东股票的重大低估本身就违反了《证券交易委员会规则》10b–5的规定，因为这种合并没有正当的商业目的，而是为了在证券交易市场上哄抬股票价位，以及借机增资扩股，更何况没有事先通知非控股股东。因为如果合并没有合法的目的，即使是大胆地把事实公布给非控股股东也不能减轻欺诈行为的危害性。在控股股东事先未被通知此合并的情形下，可以通过民事赔偿进行法律补偿。[①]

美国上诉法院支持非控股股东的诉讼理由，上诉法院第二巡回审判庭撤销了原审法院判决。上诉法院认为，A 公司与 B 公司的合并明显违反联邦法律，因为合并的唯一目的是把非控股股东从公司中排除出去，缺少正当的商业目的，而且合并是在事先没有通知非控股股东的情况下进行的，违反了对非控股股东的信托义务。同时，在现金交易的出价中对股票低价评估本身也可以被认为是根据《证券交易委员会规则》10b–5 提起诉讼的欺诈行为。因为 1934 年《证券交易法》第 10 节（b）规定，“任何人使用或利用任何操纵手段、欺诈手段或阴谋违反证券交易委员会规则的行为非法”；《证券交易委员会规则》10b–5 条款也禁止任何“人为方法进行欺诈”，或任何“从事或将从事进行欺诈或欺骗”的行为。

美国最高法院于 1977 年 1 月 18 日至 19 日进行庭审辩论，同年 3 月 23 日最终判决撤销原判并发回重审。

案例焦点

本案涉及欺诈发行股票的法律问题。

美国最高法院认为如果确如起诉书所指控的那样，那么，该交易既不是欺诈性的，也不是操纵性的，没有违反《证券交易法》第 10 节（b）或《证券交易委员会规则》10b–5 的规定。起诉书指控的是重大虚假陈述或重大的不公开事实。地区法院及上诉法院都发现，随同合并通知一起送达的信息报告书中并不存在“遗漏”或“虚假陈述”。根据所提供的信息，非控股股东既可以接受所提出的价格，也可以拒绝并向特拉华州衡平法院要求评估，因此不存在虚假陈述的问题。最高法院最后将上诉法院的判决撤销，发回重审。

我们认为，根据美国的法律，只有涉及操纵及欺诈的行为才由《证券交易法》第 10 节（b）和《证券交易委员会规则》10b–5 管辖。操纵是指通过人为

---

① 参见:《美国联邦判例汇编》(第 2 套丛书)(第 553 卷)，西方出版公司 1976 年版，第 1283 页。

地影响市场交易，旨在误导投资者的行为，而欺诈则是对股东隐瞒或者恶意歪曲、编造事实真相。然而，在B公司的合并中，既不存在欺诈也不是操纵行为，因而也就没有违反《证券交易法》第10节（b）和《证券交易委员会规则》10b–5的规定。A公司违反《证券交易委员会规则》10b–5的规定，即违背信托义务的情节，在本案中也并不存在。

况且，根据《特拉华州公司法》的规定，股东们不可能禁止合并，执行《证券交易委员会规则》10b–5应该是灵活的，而不是机械的。既然上诉法院及非控股股东都认为A公司在与B公司合并时没有不公开行为，而其仍然把本案认为是违反了信托义务，且具有欺诈性的因素，从而违反《证券交易委员会规则》10b–5就不正确了。

我国法律仅规定了在招股说明书、认股书，公司、企业债券募集办法中隐瞒重要事实或者编造重大虚假内容，并没有规定在兼并收购过程中隐瞒重要事实或者编造重大虚假内容的如何认定和处罚。因此，本案对我国资本市场法制建设有着很好的借鉴意义。如前所述，A公司由于生产和经营的需要，急需资金加以扩充，便通过先收购一家相关企业，并以此作为增资扩股的申请理由，发行新股，解决这一长期困扰A公司发展的资金问题。A公司案例与我国诸多上市公司为了解决生产资金问题而欺诈发行股票或公司、企业债券具有一些相似之处。

所谓欺诈发行股票、债券是指在招股说明书、认股书或公司、企业债券募集办法中隐瞒重要事实或者编造重大虚假内容，发行股票或者公司、企业债券，数额巨大、后果严重或者有其他严重情节的行为。

目前，世界上很多国家都对在招股说明书、认股书以及任何形式的融资募集公告中，隐瞒重要事实或者编造重大虚假内容的欺诈行为予以坚决打击。美国1933年《证券法》第17条规定，任何人故意违反本法任何条款，在注册报告书中故意进行虚假、误导性或者有重大遗漏的陈述，欺诈发行股票、公司债券的，将被处以1万美元以下罚金或者5年以上10年以下监禁或者两者并处。

在我国证券市场中，虚假包装上市，造成恶劣影响也不是一家两家的事情，而是带有普遍性的违规犯罪问题，严重威胁着我国证券市场的健康发展。[①]股票是公司签发的证明股东所持股份的凭证，公司、企业债券是公司、企业依据法定程序发行的、约定在一定期限内还本付息的有价证券。为了使社会公众了解发行公司的真实状况，保护社会公众的合法权益，证券法律对公司招股说明书、认股书，公司、企业债券募集办法等文件内容都作了具体规定和要求。但是，有些企业为了达到发行新股或者上市的目的，制作虚假的招股说明书、认股书，公司、企业债券募集办法发行股票或公司、企业债券，虚报盈利，虚假包装，这就等于破坏了股票、债券发行中的公开、公平和公正的原则，坑害投资者，不仅妨害国家对于股票、公司、债券的管理秩序，也使社会公众难以真正了解该公司现有实际财产、发行股票或债券资金用途、预期收益、偿还能力等情况，严重误导投资者，从而使其合法权益受到损害。因此，欺诈发行股票、债券已经成为当今证券市场中严重威胁投资者权益的顽症之一。

【典型案例】

1997年，成都D股份有限公司（以下简称D公司）因背负数亿元的债务，董事会召开主要领导人会议，最后决定以公开上市圈钱的方式“拯救公司”。1997年3月9日，时任D公司财务部副部长的陈某根据会议决定，组织整理了《关于公司股票上市财务资产调整情况的报告》，经董事长何某、总经理焉某、副总经理冉某签字同意，由冉某、副总经理刘某、财务部副部长陈某具体组织实施，改变折旧方法，把公司1995年利润调整为1996年利润。在焉某的指使下，刘某同意虚开增值税专用发票27张，陈某经焉某和冉某同意，将其中17张共计2,604万余元（未抵扣税款）予以挂账。1997年6月6日，D公司正式上市。上市后，他们继续采取做假账等方式来欺骗投资者。

1997年5月23日，D公司对外公布招股说明书，说明书隐瞒了1996年该

① 参见：2001年8月，全国人大常委会副委员长成思危在第九届全国人民代表大会常务委员会第二十二次会议上作《全国人大常委会执法检查组关于检查〈中华人民共和国证券法〉实施情况的报告》。

公司实际亏损 5,377 万余元的事实，虚增 1996 年公司净利润 5,428 万余元，虚报利润共计 10,805 万余元，使公司股票得以上市。1996 年下半年，D 公司准备引进彩管生产线，因资金短缺，遂酝酿通过股票上市筹资。1997 年 2 月 21 日，D 公司召开公司主要领导人会议，何某、焉某、刘某、冉某知道该公司 1996 年度严重亏损，不符合公司法规定的股份有限公司申请股票上市的条件，却决定调整财务账目，虚增利润，以确保公司股票尽快上市。直到 1998 年 5 月 27 日，巨大的亏空让 D 公司无法继续掩盖下去了，D 公司董事会不得不向成都市有关部门报送了自查报告。1998 年 11 月 23 日，检察机关批准逮捕了何某、焉某、陈某和刘某。1999 年 12 月 23 日，成都市检察院以涉嫌欺诈发行股票罪对 D 公司及 4 位被告人提起诉讼。何某等 4 名被告人的行为严重扰乱了证券市场管理秩序，造成了严重后果，均已构成欺诈发行股票罪，成都市中级人民法院以欺诈发行股票罪，判处 D 公司罚金人民币 100 万元，有关责任人员何某、焉某、刘某、陈某分别被判处 3 年以下有期徒刑。

风险警示

欺诈发行股票、债券罪与具有欺诈情节的发行股票或公司、企业债券行为在行为主体、表现方式以及主观状态方面虽然并无太大区别，但在行为的社会危害程度上存在重大区别。欺诈发行股票、债券罪是情节犯，而不是行为犯，也就是说，并不是所有存在欺诈情节的发行股票或企业债券的行为都构成欺诈发行股票、债券罪。[①] 欺诈发行股票、债券罪除上述三个方面的构成要件外，还必须是具有数额巨大、后果严重或者有其他严重情节。凡欺诈行为没有达到刑法所规定的应受刑罚处罚的程度，就不构成欺诈发行股票、债券罪，只是一般的证券违规行为，根据证券法规定予以行政处罚。例如，股票、债券的发行

① 所谓行为犯，是以行为的实施或者完成为标准的，只要行为人实施的行为符合刑法分则所规定的要求，不论是否发生结果，都构成犯罪既遂。如果已经着手实施犯罪行为，但由于行为人意志以外的原因，致使行为人不能完成犯罪行为的，则是未遂。

人在招股说明书、债券募集办法中对于某项内容虽然有不实陈述或者遗漏，但如果行为人在主观上并非出于故意，而是由于不了解情况或者过失所致，也没有造成严重后果，就不属于欺诈发行股票、债券罪，而是属于一般发行股票、债券纠纷，依据民法通则有关民事欺诈行为的规定处理，由欺诈者向受害人返还财产或者赔偿损失即可。

根据证券市场实践，下列行为应视为情节严重的欺诈发行证券行为：

（1）由于欺诈发行股票、债券行为，引发证券市场其他股票价格剧烈波动的，呈现连续5个交易日涨停板行情的。

（2）欺诈发行股票、债券数额巨大，达到公司、企业净资产总额的10%—20%。

（3）由于欺诈发行股票、债券行为，使该上市公司股票价格严重扭曲，进而造成上市公司重大经济损失或者倒闭破产。这种经济损失可以用金钱来衡量，损失额可考虑在该上市公司股票市值的20%—30%。

（4）由于欺诈发行股票、债券行为，造成证券公司严重经济损失的，这种经济上的损失也可用金钱量化表示，损失额可以考虑定在信用交易总额的50%—70%。

（5）虽然经证券监管部门多次指责或者处罚，仍然多次欺诈发行股票、债券，因其虚假发行行为导致众多购买者重大损失，由此直接造成社会财产损失或者人身伤亡的，或者伪造政府公文、有效证明文件或者相关凭证、单据的股票、债券发行行为的；或者股民、债权人要求清退，无正当理由不予清退的。

（6）在海外证券市场欺诈发行股票、债券的，给当地证券市场正常交易秩序造成严重影响，给国际证券市场造成恶劣影响的。

上述情节严重的欺诈发行股票、债券行为，可以按照《中华人民共和国刑法》第一百六十条的规定以欺诈发行股票、债券罪论处，即处五年以下有期徒刑或者拘役，并处或者单处非法募集资金金额1%以上5%以下罚金。单位犯此罪的，对单位判处罚金，并对直接负责的主管人员和其他直接责任人员，处五年以下有期徒刑或者拘役。

如前所述，兼并收购中虚假陈述是指未经国家主管部门批准，在兼并收购中以虚假的事实或者经营业务等财务信息或者数据欺骗购买者的行为。显然，欺诈发行股票、债券罪与擅自发行股票、公司、企业债券罪有相似之处，行为人主观上都有欺诈认购人的故意，但两者的区别仍然是主要的：

一是犯罪主体资格不同。欺诈发行股票、债券罪在单位犯罪的场合属于身份犯，即行为主体只能是有资格发行股票或公司、企业债券的单位，在证券市场实践中，往往是指符合一定发行条件的股份有限公司和有限责任公司；而兼并收购中虚假陈述行为主体范围更为广泛，只要是进行了兼并与收购的行为主体，都可以构成该违规行为的主体，包括任何企业、公司和自然人。在证券市场实践中，往往是那些不符合发行条件的公司、企业才会擅自发行股票或公司、企业债券，达到非法募集资金的目的。

二是行为方式不同。欺诈发行股票、债券罪的犯罪手段是制作虚假的招股说明书、认股书、股票或债券募集办法，行为对象是招股说明书、认股书、股票或债券募集办法；而兼并收购中虚假陈述的犯罪手段则是未经国家有关主观机构审批或者核准而在兼并收购中以虚假的事实或者经营业务等财务信息或者数据欺骗购买者的行为。

三是犯罪的对象不同。欺诈发行股票、债券罪的犯罪对象主要是招股说明书、认股书以及公司、企业债券募集办法；而兼并收购中虚假陈述的犯罪对象则集中在股东或者被收购企业的利益上。

欺诈发行股票、债券罪的“欺诈行为”构成如下：

根据我国刑法的规定，构成欺诈发行股票、债券罪的行为须满足以下三种情形。

（1）在招股说明书中隐瞒重要事实或者编造重大虚假内容发行股票或者公司、企业债券，即制作虚假的认股书、招股说明书。

招股说明书，是指以募集方式成立的股份有限公司为了招募股份，在公开募股之前由发起人制定的有关股份、股票基本情况以及认股人权利、义务的书面文件，特别是经由认股人填写所认股份数额并签名盖章后，即成为发起人或者公司和认股人之间的合同。为此，国务院发布的《股票发行与交易管理暂行条例》规定，在招股说明书的封面必须载明："发行人保证招股说明书的内容真实、准确、完整。政府及国家证券管理部门对本次发行所做出的任何决定，均不表明其对发行人所发行的股票价值或者投资人收益做出实质性判断或者保证。"显然，这种明示的目的在于使社会公众知晓募股公司的实际状况，以保护认股人的利益和社会资金的良性投入，防止发起人以不正当的手段招募股份。[①] 因此，如果发行人、发起人或者董事及主承销商在招股说明书上制作虚假信息，进行误导性陈述或者重大遗漏，情节严重或者造成严重后果的，可以认定为欺诈发行股票、债券罪。

上述欺诈发行股票案中，D 公司及其负责人就是采取在对外公布招股说明书中隐瞒 1996 年该公司实际亏损 5,377 万余元的事实，虚增 1996 年公司净利润 5,428 万余元，虚报利润共计 10,805 万余元，从而使公司股票得以欺诈发行上市。何某等 4 名被告人在招股说明书中故意夸大公司的净资产额，虚报公司的利润，故意不记载公司的负债额，并故意隐瞒公司重大亏损等情节，就是对招股说明书的内容作虚假信息和误导性陈述，严重扰乱证券市场管理秩序，且造成严重后果，法院最后认定该行为构成欺诈发行股票、债券罪是正确的。

（2）在公司、企业债券募集办法中隐瞒重要事实或者编造重大虚假内容发

---

① 根据《中华人民共和国公司法》第八十六条的规定，招股说明书应当附有发起人制订的公司章程，并载明下列事项：（1）发起人认购的股份数；（2）每股的票面金额和发行价格；（3）无记名股票的发行总数；（4）募集资金的用途；（5）认股人的权利、义务；（6）本次募股的起止期限及逾期未募足时认股人可以撤回所认股份的说明。根据《股票发行与交易管理暂行条例》第十五条的规定，招股说明书应当按照证监会规定的格式制作，并载明下列事项：公司的名称、住所；发起人、发行人简况；筹资的目的；公司现有股本总额，本次发行的股票种类、总额，每股的面值、售价，发行前的每股净资产值和发行结束后每股预期净资产值，发行费用和佣金；初次发行的发起人认购股本的情况、股权结构及验资证明；承销机构的名称、承销方式与承销数量；发行的对象、时间、地点及股票认购和股款缴纳的方式；所筹资金的运用计划及收益、风险预测；公司近期发展规划和经注册会计师审核并出具审核意见的公司下一年的盈利预测文件；重要的合同；涉及公司的重大诉讼事项；公司董事、监事名单及其简历；近三年或者成立以来的生产经营状况和有关业务发展的基本情况；经会计师事务所审计的公司近三年或者成立以来的财务报告和由两名以上注册会计师及其所在事务所签字、盖章的审计报告；增资发行的公司前次公开发行股票所筹资金的运用情况等事项。

行债券，即制作虚假的债券募集办法。

公司、企业债券募集办法，是指债券发行公司、企业面对广大社会公众所制作的，旨在反映公司、企业的财产状况，债券发行额度、利率、付息期限等公司与债券基本状况的书面文件。按照《中华人民共和国公司法》第一百五十四条的规定发行公司债券的申请经国务院授权的部门核准后，应当公告公司债券募集办法。公司债券募集办法中应当载明下列主要事项：①公司名称；②债券募集资金的用途；③债券总额和债券的票面金额；④债券利率的确定方式；⑤还本付息的期限和方式；⑥债券担保情况；⑦债券的发行价格、发行的起止日期；⑧公司净资产额；⑨已发行的尚未到期的公司债券总额；⑩公司债券的承销机构。据此，所谓制作并公告虚假的债券募集办法，是指没有按照公司法的上述要求真实、准确、完整地记载上述应当载明的重要事项并且予以公告。[①] 如果发行人或者董事以及主承销商在债券募集办法上签字，制作了虚假的债券募集办法，进行误导性陈述或者重大遗漏，情节严重或者造成严重后果的，可以认定为欺诈发行股票、债券罪。

（3）公告并实施了隐瞒重要事实或者编造重大虚假内容的认股书或者债券募集办法。

如果行为人仅仅是制作了虚假的招股说明书或公司、企业债券募集办法，没有实施发行股票或者公司、企业债券的行为，则不构成本罪。因为本罪中行为人制作虚假招股说明书或公司、企业债券募集办法的目的在于发行股票或公司、企业债券以非法募集资金。如果没有实施发行股票或者公司、企业债券的行为，就不具有现实社会危害性，与欺诈发行股票、债券罪的构成要件不相符合。只有行为人公告并实施了发行股票或者公司、企业债券的行为，才能构成欺诈发行股票、债券罪。例如，1998 年 8 月 28 日，吉林某集团以其下属几个公司 90%的股权作为出资，共同发起设立吉林某高科技股份有限公司。主要

① 《企业债券管理条例》第十二条规定：“企业发行企业债券必须符合下列条件：（一）企业规模达到国家规定的要求；（二）企业财务会计制度符合国家规定；（三）具有偿债能力；（四）企业经济效益良好，发行企业债券前连续 3 年盈利；（五）所筹资金用途符合国家产业政策。”

发起人将评估后的经营性净资产437,516,151.11元，其他发起人将投入的现金1,660,000.00元，按1∶0.7969的比例折为发起人股35,000万股，并指使某会计师事务所掩盖了资金没有真正到位的事实。该会计师事务所确认发起人认缴的股份已全部到位，实收股本35,000万股，发起人出资溢值部分89,176,151元转入资本公积金。2000年6月30日，该高科技股份有限公司刊登了招股说明书。同年7月3日，又以当时61.83倍的最高市盈率闪亮登场，公开募集10,000万股股票，融得资金16.88亿元人民币。因该高科技股份有限公司存在严重的虚假信息披露问题，7月8日被证监会紧急叫停，随即证监会立案调查其涉嫌欺诈上市问题。随后，证券监管部门明确认定该高科技股份有限公司不仅公告了隐瞒重要事实的认股书和存在重大虚假内容的财务文件，还实施了向社会不特定多数人发行股票的行为，将该高科技股份有限公司定性为“欺诈发行上市”，构成欺诈发行股票、债券罪。

附：

美国有关欺诈发行的规定

1934年《证券交易法》第10节规定：“任何人直接或间接地利用任何州际商业方式工具或利用邮政手段或利用任何国家证券交易所的设施进行下列行为，皆为违法。……（b）违反了委员会制定的对公众利益或投资者保护为必要或适当条件的规则和条例，对在国家证券交易所已注册或未注册之任何证券，使用或采用任何操纵手段欺诈手段或阴谋。”

《证券交易委员会规则》10b–5规定：“任何人直接或间接地利用州际贸易中的交通或通讯手段或工具、或利用邮政手段或利用任何国家证券交易所的设施进行下列活动，皆为非法：（1）利用任何装备设置或人为方法进行欺诈；（2）对重大事实的虚假陈述或遗漏陈述在制作报告时能使报告不致被误解所必要的重大事实；（3）在买卖任何证券时，参与那些从事或将从事对购买人进行欺诈或欺骗的交易、活动或业务程序。”

33. 金融印刷厂排字工人得知上市公司内幕信息并买卖股票是否合法[①]

——夏某猜测内幕信息案

案例回放

夏某是纽约一家金融印刷厂的排字工人。1976 年 3 月 15 日，他无意之中看到了正在进行收购的公司交付给该印刷厂文件中有关收购的信息，推论出被收购的公司的名称。于是，第二天夏某一个人悄悄地大量买进将要被收购公司的股票，然后在数月后收购公司的接收意图公开后马上抛售手中的股票。通过这种方法，夏某在 14 个月的过程中，共获利略大于 50,000 美元。以后，在证券交易委员会开始调查其交易行为。夏某承认在其工作的时候得到了这些线索，然后把这种猜测进行了股票交易。起先，夏某与证券交易委员会达成一项双方同意的协议，夏某同意返还其获利给股票出售人，但不得再追究其刑事责任。最后地区法院判定夏某触犯了 1934 年《证券交易法》第 10 节（b）和《证券交易委员会规则》10b–5，犯有泄露内幕消息罪。夏某不服，提出上诉，但上诉法院第二巡回审判庭维持了对上诉人夏某的定罪。

在 1978 年 1 月，夏某因触犯了 1934 年《证券交易法》第 10 节（b）和《证券交易委员会规则》10b–5 而被起诉。在上诉人不成功地提请驳回起诉后，他被交付审判而且被判内幕交易罪。

美国最高法院 1979 年 11 月 5 日经过辩论认为，上诉人夏某的行为不构成触犯 1934 年《证券交易法》第 10 节（b）和《证券交易委员会规则》10b–5，对他的定罪是不适当的。1980 年 3 月 18 日进行判决，撤销原判，上诉人夏某的行为并不构成内幕交易罪。

---

① 案例编写人：顾雷

案例焦点

本案的问题是，如果投资者从一家公司机密文件中根据自己的经验猜测出一些内幕信息，其个人的推断或者猜测是否属于内幕交易行为。

美国最高法院认为，上诉人夏某被原审法院定罪仅仅因为他在其工作的时候得到了这些线索，然后根据这种猜测进行了股票交易，但是，根据《证券交易法》第10节（b）和《证券交易委员会规则》10b-5的规定，上诉人夏某没有义务去披露他所猜测到的有关公司收购计划。因为他并不是公司的知情人员，与被收购公司也不存在信任关系。因此，当上诉人夏某在公开市场上购买股票时，他并没有违反其对所购买的将被收购公司股票的出售人所负有的公开的义务和其对正计划进行收购的公司所负有的沉默的义务。原审和上诉法院对他的定罪是建立在他应该对出售人负有上述义务的错误的前提下，认定夏某违反由买方和出售人之间的信托关系所产生的义务。因而，上诉法院的判决必须予以撤销。

美国最高法院也仍然存在不同的审判意见。时任首席大法官伯格先生（Mr. Burger）就相信在本案对夏某违反1934年《证券交易法》第10节（b）和《证券交易委员会规则》10b-5的犯罪指控应该维持。伯格先生认为作为一般规则，股票交易的任何一方都没有义务向对方公开信息，除非双方存在某种保密或者信托的关系。也就是说，一个拥有以不适当的方式得到的非公众信息的人，完全有义务公开信息或是不得从事交易。

同时，伯格先生还认为夏某“盗窃”有关尚未进行的收购信息，而且他和他在印刷车间的工友们特别被他们的雇主警告过，他的这种行为应该是不适当的和被禁止的。上诉人的行为在《证券交易法》第10节（b）中可以被认为是欺诈行为。总之，证据表明，夏某盗用了极有价值的非公众信息，然后通过在证券交易市场上购买股票来利用以不正当手段得到的信息优势。这样的行为已经违反了《证券交易法》第10节（b）和《证券交易委员会规则》10b-5。因此，美国最高法院应该维持上诉法院的判决，而不是推翻这个正确的有罪判决。

评析后我们认为，原审法院认为夏某个人通过“偷盗”行为获得对他人而言的优势信息，可能或事实上产生对出售人构成欺诈的效果，因而可以对他定罪。但原审法院没有说明夏某对出售人以外的任何其他人所负义务的性质或要素。公司知情人之所以被认为应负有法律责任，是因为他们有义务不得利用他们知道的机密内幕消息和他们知道或应该知道的来自公司知情人的内幕消息来获取利益，但夏某并没有从本案的任何知情人员手中获得内幕信息，只是自己猜测而来的。在英美普通法上，如果一个人在交易之前没有公开重要消息，只有在他有义务去公开的时候才被认为犯下欺诈罪。这种关系导致了告知的义务，该义务可以防止公司知情人利用不公正的手段去侵害少数未被告知的股东的合法权益。当公司的知情人为了他们自己的利益而使用未公开信息时，联邦各级法院才能认定他们触犯了《证券交易法》第10节（b）的内幕交易罪。但在本案中，夏某只是一个排字工人，并不涉及为被收购的上市公司保密的义务，他不是被收购上市公司的代理人，也不是出售人给予信任和依赖的人。因此，夏某的身份并不符合内幕交易主体资格。

同时，本案涉及夏某沉默的法律后果认定问题。地区法院认定夏某是故意不去通知将要被收购的公司股票的出售人即将公开的收购出价会使他们的股票升值。这种情况下的沉默已经触犯《证券交易法》第10节（b）规定。其实，《证券交易法》第10节（b）并没有说明沉默是否构成欺诈或是欺骗手段。沉默成为欺诈所要求的要素必须有告知的义务。在本案中，上诉人和将要被收购的公司的股票出售者之间没有任何义务，因为上诉人在事先与他们没有交易。他事实上完全是一个与出售者进行非个人的市场交易的陌生人。而上诉法院恰恰以“定期收到重大的、非公众信息的任何人——无论是否公司的知情人，不可以在没有承担肯定的公开义务的前提下利用该信息进行证券交易”为由来维持对上诉人的定罪，未能证实上诉人和抛售者之间存在有能产生某种义务的关系。[①]因此，上诉法院的推断就存在着重大缺陷，美国最高法院推翻上诉法院的有罪判决是正确的。

---

① 参见：《联邦判例汇编》（第2套丛书）第401卷第833页（上诉法院，1968年），拒绝（发出）调卷复审令，《美国判例汇编》第404卷第1005页（1971年）。

风险警示

夏某的案件引发两个问题：第一，内幕交易主体范围问题。从当今世界各国证券内幕交易人员的立法比较看，我国对内幕交易人员范围的界定也有着鲜明的特点。根据《禁止证券欺诈行为暂行办法》规定，内幕人员不仅包括上市公司的董事、监事、高级管理人员、秘书、打字员、发行人律师、会计师、资产评估师、投资顾问、工商税务人员等，还包括对上市公司有一定行政权限的人员以及因职业关系可能接触到内幕信息的其他人员，如新闻人员、报刊编辑、电台主持人，甚至是编排印刷工作人员都可能成为内幕交易人员。具体而言，第一类："知悉证券交易内幕信息的知情人员"；第二类："非法获取内幕信息的其他人员"。

由于夏某的正式身份只是一名普通的排字工人，本案的主角夏某不应该属于第一类"知悉证券交易内幕信息的知情人员"，不是特殊主体，应该属于第二类"非法获取内幕信息的其他人员"。①"非法获取内幕信息的其他人员"主要包括《中华人民共和国证券法》第七十条规定的"非法获取内幕信息的其他人员"和《禁止证券欺诈行为暂行办法》第四条规定的"通过不正当手段或者其他途径获得内幕信息"的"非内幕人员"。具体而言，非法获取内幕信息的其他人员主要指：（1）以骗取、窃取、窃听、监听等非法手段获取内幕信息的；（2）通过私下交易等不正当途径获取内幕信息的；（3）利用各种手段从知情人员处套取、索取内幕信息的；（4）使用其他方法或手段获取内幕信息的。

可见，第二类人员主要包括因职务关系、工作关系、管理关系、持股关系等法律关系而知悉证券交易内幕信息的人员，还包括从上述知情人员处获取内

---

① 根据《中华人民共和国证券法》第六十八条的规定，下列人员属于第一类："知悉证券交易内幕信息的知情人员"：（1）上市公司董事、监事、经理及高级管理人员；持有公司5%以上股份的股东；（2）控股公司高级管理人员，主要包括公司董事、监事、经理及其他高级管理人员；（3）由于所任职务可能获取有关内幕信息的人员；（4）证券监督管理机构工作人员以及由于法定职责对证券交易进行管理的其他人员，主要指证券交易所的工作人员、工商税务等有关经济管理机关的工作人员等；（5）由于法定职责参与证券交易的社会中介机构或者证券登记结算机构、证券服务机构的有关人员，主要指发行人聘请的律师事务所、会计师事务所、资产评估机构及投资顾问机构的工作人员。

幕信息的间接内幕信息知情人员。[①]

第二，内幕交易主体的主观故意问题。在本案中，夏某既没有通过骗取、窃取、窃听、监听等非法手段获取内幕信息，也没有利用各种手段从知情人员处套取、索取内幕信息，只是根据自己对证券市场的熟悉程度猜测出来将被收购的公司的名称，而且整个证券交易行为都是限于其一人所为，并没有造成严重的社会危害性，因此不应该认定为内幕交易罪。

当然，我国证券、刑事法律与美国证券法律对内幕交易、泄漏内幕信息罪的规定在行为人主观上还是有区别的。美国的证券法律强调行为人的义务与法律责任的联系。美国《证券交易法》第 10 节（b）规定，一方当事人必须是在有义务告知而未告知的情意下才能被判定有罪，如果股票抛售者既不是公司的知情人，也不是信托的受托人，因而一直被认为是没有义务去披露重大的事实。本案中，夏某只是一名普通的工人，法律上显然是没有义务告知其他投资者的，因此，夏某使用自己猜测而来的信息也不应该视为泄露内幕信息罪。但我国的证券法律则强调行为人主观意识与客观行为之间的联系。

《中华人民共和国证券法》第七十条却规定，知悉证券交易内幕信息的知情人员或者非法获取内幕信息的其他人员，不得买入或者卖出所持有的该公司的证券。显然，《中华人民共和国证券法》第七十规定，只要是具备了特定身份的人员，并且知悉证券交易内幕信息的，就不得买入或者卖出该公司的证券。这里显然包括行为人过失进行内幕交易的可能。

国外对内幕交易犯罪主观形态的认定在历史上也曾经有过反复。美国在 1988 年以前更多学者主张内幕交易不必以利用内幕信息为前提，内幕人员只要在获悉内幕信息时从事证券交易，其行为违反了证券交易法的规定，可以受到处罚。然而，20 世纪 90 年代以后，随着证券市场高速发展，证券市场信息渠道逐渐增多，内幕交易犯罪也日渐猖獗，认定内幕交易犯罪分子主观上故意利

① 我国证券法律中，虽然没有明确规定间接获取内幕信息的人员，但并不是说内幕人员不包括上述人员。《中华人民共和国证券法》第七十条规定的“非法获取内幕信息的其他人员”也指内幕信息的领受人或者是以其他非法途径获取内幕信息的人员。

用内幕信息进行内幕交易变得越来越困难，那种认为只有故意才能构成内幕交易犯罪的观点有所改变，越来越多的学者认为只要内部人在从事证券交易时知道内幕信息，就应该接受处罚，而不问交易行为是否基于其所知的内幕信息。美国著名的公司法、证券法专家罗伯特·C. 克拉克教授在谈到美国《证券交易法》第16节（b）时认为：无论公司内部人是否利用内部信息或者是否有利用内幕信息的动机，只要他在6个月内进行特殊的先买后卖或者先卖后买，他就应对他获得到的短期利益负责。[①] 我国台湾地区的证券法就不拘泥于是否“利用”的规定，其所谓“证券交易法”第一百五十七条规定：只要上市公司内部人或者内幕人“获悉发行股票公司有重大影响其股票价格之消息时，在该消息未公开前，不得对该公司之上市或者在证券商营业处所买卖之股票，买入或卖出”。显然，我国台湾地区规定的内幕交易行为人主观上只要是知道内幕信息，并进行了证券交易的，就应该受到处罚，而不问行为人是否利用了这些内幕信息。

其实，《中华人民共和国刑法》第一百八十条内幕交易罪中并没有明确界定行为人主观上必须具备犯罪故意。《中华人民共和国刑法》第一百八十条规定证券交易内幕信息的知情人员或者非法获取证券交易内幕信息的人员，只要是在涉及证券的发行、交易或者其他对证券的价格有重大影响的信息尚未公开前，买入或者卖出该证券，或者泄露该信息，情节严重的，都可以构成内幕交易罪。显然，在行为人“买入或者卖出该证券，或者泄露该信息”的主观形态问题上，立法者并没有明确界定行为人是如何知悉并利用内幕信息的，只要进行了内幕交易活动，情节严重的，就可以认定为内幕交易犯罪。这与《中华人民共和国证券法》第七十条的立法精神更为接近。因此，那种认为“只要对内幕信息知情或者非法获取内幕信息，又在信息未公开前买卖或者使人买卖该证券，也就是利用信息进行证券交易，而不需要再规定利用内幕信息，以免产生歧义”的观点是可以接受的。[②]

在司法实践中，我们应该处理好内幕交易人主观方面非法获取与利用内幕

---

① ［美］罗伯特·C. 克拉克著：《公司法则》，胡平等译，工商出版社1999年版，第239页。

② 马克昌主编：《经济犯罪新论》，武汉大学出版社1998年版，第293页。

消息的关系，不应作太多的限制。认定内幕交易犯罪应该是客观的、严格的，不应该要求内幕交易人在主观上必须有“利用”的成分，可以不问行为人主观上是否利用了该内幕信息，只要知悉该内幕信息并在该内幕信息公布前进行证券交易的，都可以认定为内幕交易犯罪。①

世界部分证券交易所内幕交易人员范围比较

证券交易所	第一内幕交易人员	第二内幕交易人员	持有内幕信息推定主体
上交所 SSSE	董事、监事、高级管理人员、控股公司领导、董事会秘书、主管部门领导、证券公司、银行、中介机构、新闻机构、记者、秘书、打字员、司机等	法律没有规定	法律没有规定
深交所 SSE	同上	法律没有规定	法律没有规定
伦敦证券交易所 LSE	公司董事、公司的雇员和官员、律师、会计师、投资银行家、正在参与收购人收购计划或已参与了收购人的收购计划的当事人、公务员，包括皇家公务员，指定机构、主管机构和受让机构的成员、官员或职员，自律组织、注册的投资交易所或清算机构	因业务关系直接或间接从第一交易人处获得内幕信息人员	法律没有明确规定，判例中时有运用
纽约证券交易所 NYSE	高级职员、董事、财务主管、官员、董事和雇员、控股股东、投资银行、律师事务所、会计师事务所的人员	美国又称“受领人”，与欧共体和英国的“第二内幕交易人”较为相似，即通过直接或间接渠道占有内幕信息除第一内幕交易人以外的其他人	判例中承认推定，但有严格的范围限制

① 顾雷、王宝杰著:《证券市场违规犯罪透视与法律遏制》，中国检察出版社 2004 年版，第 120—121 页。

续表

证券交易所	第一内幕交易人员	第二内幕交易人员	持有内幕信息推定主体
柏林证券交易所 BSE	公司的法定代表人、监事、股东（如果其占有的股份超过 25%，还包括其法定代表人和公司的监事），持有公司股份超过 25% 的公司雇员、银行及银行监事会的监事、总经理、雇员和在其正常业务过程中获悉内幕信息公司的代理人	没有规定第二内幕交易人员	法律没有明确规定，但在司法实践中与其他人员在法律适用上可能执行不同的标准
法兰克福证券交易所 FSE	公司经理、董事、监事及其配偶，律师、会计师等中介人员，在采访过程中获得内幕信息的金融记者及与发行业务有关而获得内幕消息的人员	股东及从第一内幕交易人处直接或间接获得内幕信息的人员	具备公司董事及高级管理人员身份的人员
欧盟证券交易所 EECSE	公司董事、高级管理人员、股东、中介机构、银行等有雇佣关系的法人或个人	不仅包括直接或间接从第一内幕交易人处获得信息的人，还包括直接从发行人处获得内幕信息的不属于第一内幕交易人的人	股东、发行人、监督部门的成员等持有内幕信息的人员，但严格限制各成员国任意扩大解释
东京证券交易所 TSE	董事、监事、高级管理人员、与公司发生业务关系的政府官员	任何与公司直接发生业务关系的并从上述公司内幕交易人处获知内幕信息的人员	法律明确规定不适用推定
香港联交所 SEHK	董事、监事、高级管理人员，占其总股本 10%股份的大股东及其配偶、兄弟、姐妹、父母、继父母、子女（亲生或领养的）或继子女、担任董事的机构	因业务关系可能直接或间接从第一内幕交易人取得内幕信息的一切人员	法律没有规定
台湾证券交易所 TWSE	董事、监察人、经理人及持有公司 10%股份的股东	公司的律师、注册会计师、证券承销商，关联公司或消息受领者	规定相类似消息受领者

——嘉木制表

内幕信息的甄别与范围界定。本罪是以行为人泄露内幕信息而成立的。那么，何为“内幕信息”就成为认定本罪的一个关键问题。世界各国对“内幕信息”的理解也不尽相同。欧共体 1989 年 11 月 13 日将内幕信息界定为：内幕信息是尚未公开的、与一个或几个可转让证券的发行人有关的、精确的信息，如果该信息公开，就可能对该证券的价格产生重大的影响。新加坡 1986 年《证券业法》把内幕信息概括为“不为公众所知的，一旦公布便很可能对证券价格产生重大影响的信息。”我国香港地区 1990 年《证券内幕交易条例》对内幕信息表述为：关于该机构的，而非普通上市证券的交易的人所知道的明确消息，但如被上述人士知道，便相当可能会令上述证券的价格有相关的重要变动。美国最高法院是这样解释的：如果一个理智的投资者，在他做出投资时，可能认为这个被忽略的事实是重要的，那么它就是重要的。换句话说，即这个被忽略的事实公开后，极有可能被理智的投资者看成改变了自己所掌握的信息的性质，那么，这些事实也就是重要的。[①] 日本《证券交易法》规定的重要事实，主要有，如股票等的发行、资本的减少、自己股份的回购、股份分割、利润分配、合并、营业转让或受让、解散、新产品的商业化、销售额及其他对投资者判断有重要影响的信息。我国台湾地区“证券交易法施行细则”第七条规定了九种事项属于内幕信息，即（1）存款不足的，拒绝往来或其他丧失债信情事者；（2）因诉讼、非诉、行政处分或行政争诉事件，对公司财务或业务有重大影响者；（3）严重减产，或全部或部分停工，公司厂房或主要设备出租，全部或主要部分资产质押，对公司营业有影响者；（4）“公司法”第一百八十五条第一款所规定的各项情形者；（5）经法院依“公司法”第二百八十七条第五款规定其股票为禁止转让之裁定者；（6）董事长、总经理或三分之一以上董事发生变动者；（7）变更注册会计师的情况；（8）签订重要契约，改变业务证券的重要内容，完成新产品开发或收购他人企业；（9）其他足以影响公司继续营业之重大情事者。

《中华人民共和国证券法》第六十九条规定内幕信息是：证券交易活动中，涉及公司的经营、财务或者对该公司证券的市场价格有重大影响的尚未公开的

---

① 张丽珍：《美国法律规制内幕交易的新近发展》，载《政治与法律》2002 年第 4 期。

信息，并在该条采用列举的方式列明了内幕信息的各种表现形式。根据我国《证券法》的规定，下列各项信息皆属内幕信息。

第一，《中华人民共和国证券法》第六十二条第二款所列重大事件。这些重大事件包括：（1）公司的经营方针和经营范围的重大变化；（2）公司的重大投资行为和重大的购置财产的决定；（3）公司订立重要合同，而该合同可能对公司资产、负债、权益经营成果产生重要影响；（4）公司发生重大债务和未能清偿到期重大债务的违约情况；（5）公司发生重大亏损或者遭受超过净资产10%以上的重大变化；（6）公司生产经营的外部条件发生的重大变化；（7）公司的董事长、三分之一以上的董事，或者经理发生变动；（8）持有公司5%以上股份的股东，其持有股份情况发生较大变化；（9）公司减资、合并、分立、解散及申请破产的决定；（10）涉及公司的重大诉讼，法院依法撤销股东大会、董事会决议；（11）法律、行政法规规定的其他事项。

第二，公司分配股利或者增资的计划。

第三，公司股权结构的重大变化。

第四，公司债务担保的重大变更。

第五，公司营业用主要资产的抵押、出售或者报废一次超过该资产的30%。

第六，公司董事、监事、经理或者高级管理人员行为可能依法承担重大损害赔偿责任。

第七，上市公司收购的有关方案。

第八，国务院证券监督管理机构认定的对证券交易价格有显著影响的其他重要信息。

金融本质

构成内幕信息的共同要件有非公开性（秘密性）和重大性，多数国家还要求有相关性。结合我国立法与证券市场实践，内幕信息的构成要素还必须具备以下几点。

（1）信息尚未公开。所谓信息尚未公开是指证券发行人还没有将有关发行人及其发行证券的资料和信息完全公布。未公开是认定内幕信息的本质标准。一般认为，一项信息非一般投资者可以得到，即为非公开，也就是这种重大信息尚没有为证券市场上所有的投资者所获悉并据以进行证券交易。依照西方国家“有效市场理论”，当某一信息对市场产生有效影响时，该信息才算公开。如何认定信息公开，目前世界各国在实践中大致有三种认定标准：一是以市场消化了该消息为标准，即市场对该信息做出了反应。[①] 二是以公司通过召开新闻发布会公布该信息为标准。三是以公司在全国性新闻媒介上公布该项信息为标准。而在我国，依照证券法律的规定，公布和公开信息应以有关信息和文件在中国证监会指定的报刊和专项出版的公报上刊登为准。上海、深圳证交所的惯例是当上市公司有重大消息公布时，该种股票暂停交易一日，以便广大投资者知悉。当然，对投资公众可以自由取得的有关公开资料分析而得出的结论，即运用公开信息对证券市场做出的预测和分析不属于内幕信息。

（2）信息的性质为重要信息，对证券市场价格有重大影响。在美国称为materiality，在欧洲也称为significant。所谓重要是指该信息一旦公开将影响市场上有关证券的价格而产生价格波动，并且足以影响投资者的判断，进而将可能影响具有一般专业知识的合理投资者的投资决策。在证券法上，并非所有的未公开信息都能构成内幕信息。重大性就是对内幕信息的量的限制。这里的量是指信息对于证券市场中相关证券价格的影响程度。在司法实践中，各国法院经常以所涉及的信息的实际市场效果、内幕人员交易行为本身、发行人试图对该信息保密等事实为依据来判断信息的实质是否为重要。因此，在判断是否为重要信息时，一般采用信息公开后证券价格是否有大变动兼顾“理智投资者标准”来加以判断。无论是利好消息，还是利空消息，只要可能会对证券价格产生重大影响的，即可能会导致证券价格波动，就可以认定为对证券市场价格有重大影响。如果信息公布后，股价不变动或影响不大，就意味着该信息不重要。

---

① 我国台湾地区以市场消化该消息为标准。我国台湾地区“证券交易法”明确规定，该消息公布后经过 10 个交易日就认为市场已消化了该信息。内幕人员可在该消息公布后的第 11 个交易日开始，安全地在市场上买卖相关公司的股票。

（3）真实、准确的信息。这一条件可将内幕交易与利用谣传的其他证券欺诈行为区别开来。在欧共体法律中，确切性是与“谣传”（rumor）相对的，如果仅仅是谣传而非事实，就不能构成内幕信息。对“真实、准确的信息”应从广义上理解，它不仅包括事实，也包括那些关于正在发展中的事物的准确信息。只要不是凭空想象，尽管尚未实现，尚未构成事实，也应该认定为真实、准确的信息。当然，确切性是相对的，只要确实来自信息源，且与信息源的信息基本一致，不论该信息的内容最终是否实现或按知情人的预测方向运行，也不论该信息是否为信息发源地的人所编造或是否事后被发现“虚假”，都应当构成内幕信息。例如，在公司兼并过程中，两个公司进行谈判开始商谈合并事宜这一情况，就应成为真实、准确的信息，尽管合并尚未成功，但这一消息一旦泄露，会影响投资者的判断，所以应属内幕信息。

内幕信息界定是认定内幕交易犯罪的关键。从证券市场实践中，我们还总结出以下几条原则，在确定对证券市场价格有重大影响的信息时加以参考：①信息公开后，多数投资者在知悉该信息后是否会对相关证券的投资价值做出重新判断；②有关人员在知悉该信息后，是否从事了与该信息内容相一致交易活动；③相关公司是否对该信息采取了保密措施。

附：

1. 美国有关内幕交易罪的规定

美国1934年《证券交易法》第10节（b）禁止使用“与购买或出售任何证券有关……违反（证券交易）委员会所制定的规则和条例，任何操纵手段、欺诈手段或阴谋”。证券交易委员会根据该节所颁布的规则10b-5在有关的部分规定：

“任何人直接或间接，利用州际商业方式或工具，或利用邮政或国家内证券交易所的设施进行下列活动，皆为非法：（a）使用任何装备、设置或人为方法进行欺骗，或……（c）在任何证券的买卖中，参与那些从事或将从事对任何人进行欺诈或欺骗的交易行为、活动或业务程序。”

美国《证券交易法》第14节（e）规定：禁止任何人错误陈述重要事实、或遗漏陈述根据行为时的情况避免误导的重要事实，或从事任何欺诈性、欺骗性或操纵性的行为或做法。证券交易委员会应为了本小节的目的，通过规则和条例来定义和规定合理的用来防止这些欺诈性、欺骗性或操纵性的行为和做法的方式。

但是对于某些机构和法人，特别是开展综合业务的金融机构，只要其能证明：（1）做出投资决定的人不知道非公开的信息；（2）该机构已经建立旨在确保其雇员不违反《规则 14e-3》的政策和程序，则可以买卖收购要约所涉及的证券，而不违反《规则 14e-3》的规定。此外，以下两种情况也豁免遵守“公开或戒绝规则”的要求：（1）经纪商或代理要约人的其他机构在收购要约中买进证券；（2）任何人卖出证券给要约人。

当然，这两种情况只是表明所涉及的交易可以豁免《规则 14e-3》的责任，但不影响联邦证券法其他条文如《规则 10b-5》等所规定的义务。

2. 我国有关内幕交易人员的规定

内幕交易、泄露内幕信息罪的主体主要指内幕交易人员，即与发行人因为职业或工作上的联系而获得发行人尚未公开信息的人员。刑法和证券法对内幕交易犯罪主体未进行细分，只是将证券内幕交易犯罪主体分为“证券交易内幕信息的知情人员”和“非法获取证券交易内幕交易信息的人员”。根据司法和证券市场实践，我国目前的内幕交易主体大体包括以下两种情况。

第一，“证券交易内幕信息的知情人员”。

（1）发行股票或者公司债券的公司董事、监事、经理、副经理及其有关的高级管理人员。《证券法》与《禁止证券欺诈行为暂行办法》规定内幕交易主体包括发行人，内幕交易人还包括与发行人有密切联系的企业董事、监事、高级管理人员。①

（2）持有公司 5% 以上股份的股东。股东持有上市公司 5% 以上的股份，按照证券法等有关规定，他们可以参与上市公司的经营和管理，因此，可以知晓内幕信息。

① 高级管理人员是指日常管理的最高负责人及其主要助手，对公司具有一定程度控制权或者对公司生产经营至关重要的人员，如总经理、副总经理、总会计师、董事会秘书等或者与这些职务相当的主要负责人。

（3）发行股票公司的控股公司的高级管理人员。控股公司的领导对上市公司的信息应该有所了解，而且也具备了掌握上市公司内幕信息的能力。

（4）由于所任公司职务可以获得公司有关证券交易信息的人员。

（5）根据法律、法规的规定对发行人可以行使一定管理权和监督权的人员，包括证券监督部门和证券交易场所的工作人员、发行人的主管部门和审批机关的工作人员，以及由于法定的职责对证券发行、交易进行管理的其他人员。按照我国现行的证券监督管理体制，证券监督管理机构工作人员包括国务院证券管理委员会、中国证券监督管理委员会和地方证券监督管理办公室中从事与发行业务有关的工作人员。由于法定职责对证券交易进行管理的其他人员，按照证券法的规定，包括证券业协会和证券交易所的工作人员。

（6）由于法定职责而参与证券交易的社会中介机构或者证券登记结算机构、证券交易所的有关人员。所谓中介机构，《证券法》没有给予定义，但按中国证券监督管理委员会《证券市场禁入暂行规定》第二条和第八条的规定，主要是指从事证券业务的律师、注册会计师、资产评估人员。证券交易所和证券结算公司的相关人员，由于其业务涉及上市公司的内幕信息，故一般也列为内幕交易人员。

第二，“非法获取证券交易内幕交易信息的人员”。此类人员范围极其广泛，包括报纸、杂志、新闻机构的记者、编辑、电视台主持人、资料员、司机、打字员等。具体而言：（1）发行人的董事、监事、高级管理人员的秘书、打字员以及其他可能通过履行职务接触或者获取内幕信息的职员；（2）发行人聘请的律师、会计师、资产评估人员、投资顾问等专业人员，证券经营机构的管理人员、业务人员，以及其他因其业务可能接触或获得内幕信息的人员；（3）根据法律、法规的规定对发行人可以行使一定管理权和监督权的人员，包括工商、税务等有关经济管理机关的工作人员等；（4）由于本人的职业地位与发行人有合同关系或者工作联系，有可能接触或者获得内幕信息的人员，包括新闻记者、报刊编辑、电台主持人以及编排印刷人员等；（5）其他可能通过非法途径接触到内幕信息的人员。

3. 我国刑法有关泄露内幕信息的规定

《中华人民共和国刑法》第一百八十条规定，证券、期货交易内幕信息的知情人员或者非法获取证券、期货交易内幕信息的人员，在涉及证券的发行，证券、期货交易或者其他对证券、期货交易价格有重大影响的信息尚未公开前，买入或者卖出该证券，或者从事与该内幕信息有关的期货交易，或者泄露该信息，或者明示、暗示他人从事上述交易活动。情节严重的，处五年以下有期徒刑或者拘役，并处或者单处违法所得一倍以上五倍以下罚金；情节特别严重的，处五年以上十年以下有期徒刑，并处违法所得一倍以上五倍以下罚金。单位犯前款罪的，对单位判处罚金，并对其直接负责的主管人员和其他直接责任人员，处五年以下有期徒刑或者拘役。内幕信息、知情人员的范围，依照法律、行政法规的规定确定。

第一百八十一条规定，编造并且传播影响证券、期货交易的虚假信息，扰乱证券、期货交易市场，造成严重后果的，处五年以下有期徒刑或者拘役，并处或者单处一万元以上十万元以下罚金。证券交易所、期货交易所、证券公司、期货经纪公司的从业人员，证券业协会、期货业协会或者证券期货监督管理部门的工作人员，故意提供虚假信息或者伪造、变造、销毁交易记录，诱骗投资者买卖证券、期货合约，造成严重后果的，处五年以下有期徒刑或者拘役，并处或者单处一万元以上十万元以下罚金；情节特别恶劣的，处五年以上十年以下有期徒刑，并处二万元以上二十万元以下罚金。单位犯前两款罪的，对单位判处罚金，并对其直接负责的主管人员和其他直接责任人员，处五年以下有期徒刑或者拘役。

34. 上市公司普通工作人员无意知晓内幕交易信息可否买卖公司股票？[①]

——谢某证券内幕信息猜测案

案例回放

谢某是纽约 A 财务印刷公司的印刷工人。1976 年 2 月，谢某在为 A 财务

① 案例编写人：顾雷

印刷公司工作时，在一叠印刷文件中意外发现了涉及一家著名上市公司收购投标的声明。由于在这些文件送交印刷时，交付公司遮盖了收购公司和目标公司的名称，谢某只能根据文件中的信息猜测目标公司的名称。随后，谢某在没有告诉任何人的情况下大量买入了目标公司的股票，并在收购要约公开后立即抛出。通过这种方法，谢某在随后的 12 个月中，共获利 25,000 美元。证券交易委员会对谢某异常的交易行为产生了怀疑，进而展开了调查。谢某在 1977 年 5 月主动向证券交易委员会如实交代了情况，并同意将其所获利润归还给股票出卖人。

1978 年 1 月，证券交易委员会指控谢某在 10 多个账户中的证券交易违反了 1934 年《证券交易法》第 10 节（b）和《证券交易委员会规则》10b–5 的规定，其行为构成内幕交易罪。

案例焦点

原审法院认为，尽管法规本身和立法背景并没有涉及沉默的法律义务，但司法解释已经确立证券交易中的不当沉默可以构成违反 1934 年《证券交易法》第 10 节（b）的欺诈行为。原审法院还表示在本案中将遵循 Affiliated Ute Citizens v. United States 的先例。[①] 谢某在明知即将开始的收购投标将导致其股票价格上涨，却故意不告知目标公司股票的卖方的情况下，原审法院判决谢某罪名成立。谢某不服，向上一级法院提出上诉。

---

① 在 Affiliated Ute Citizens v. United States 案中，一些美籍印第安人设立一家公司管理部落持有的联合资产。该公司向其印第安人股东发行股票，并委托一家当地银行作为过户机构。考虑到确定每股真实价值的困难，公司要求银行向股东强调持有股票的重要性。银行两名副经理通过一个非印第安人组成的再售市场出售了这些印第安人的股票。印第安人卖方指控银行没有告知其再售市场价格普遍高于一级市场的信息，违反了《证券交易法》第 10 节（b）的规定。最后，法院认为，如果银行仅仅作为过户机构的话，无须承担披露义务。但事实上，该银行负有代理股东义务，印第安人卖方是依赖其雇员来卖出股票的。在没有告知存在另外一个更有利的非印第安人市场的情况下，银行不得作为市场做市商来诱使印第安人卖出其股票。法院最终判定银行有罪。

第二巡回上诉法院认为谢某违法时系公司内部人员，具备了与A财务印刷公司存在保守秘密的义务，进而认定上诉人谢某应对所有卖方、对整个市场承担义务。谢某违反了1934年《证券交易法》第10节（b）禁止“使用任何操纵性或欺骗性手段或计谋”的规定，适用“戒绝交易或公布消息说”，当然构成内幕交易犯罪。[①] 因此，美国第二巡回上诉法院维持原判。美国最高法院审理后认为谢某尚不构成内幕交易罪，应予以改判，最后宣判被告无罪。

由此引发：当某人猜测出上市公司收购方案后，如果他不披露（保持沉默）即将开始的收购的目标公司，而自行买卖证券的行为是否构成内幕交易罪的问题。

最高法院认为，1934年《证券交易法》第10节（b）是被设计为防止各种欺诈行为的包涵甚广的条款。但是立法背景和法律本身都没有为本案的解决提供明确的指导，在《证券交易法》第10节（b）法条本身或立法背景中都找不到这种证据。也就是说，《证券交易法》第10节（b）没有明确沉默是否属于一种欺骗性手段。因此，在不能确定证券市场交易中所有参加者之间存在普遍义务的情况下，不能只是根据重要的非公开信息来认定谢某构成违法犯罪。

在缺乏明确证据表明国会存在这种立法意图的情况下，最高法院认为本案仅仅拥有非公开的市场信息，并不导致谢某负有1934年《证券交易法》第10节（b）所规定的披露义务，不构成欺诈。因此，最高法院不能接受证券交易委员会和上诉法院对谢某有罪的认定，最后撤销上诉法院的判决。

时任首席大法官伯格先生不同意美国最高法院多数法官的意见。其认为，1934年《证券交易法》第10节（b）和《证券交易委员会规则》10b–5应围绕和建立在以下原则的基础上，即盗用非公开信息的任何人都有绝对的义务来披露信息或者戒绝交易。1934年《证券交易法》第10节（b）和《证券交易委员

① 所谓“戒绝交易或公布消息说”，是指建立在被指控方对公司负有信用义务的基础上的一种责任理论。当然，“戒绝交易或公布消息说”在两种情形下不可适用：（1）被控告之人从其雇主处获取的内幕消息，然后利用该消息在证券市场上进行交易；（2）公司内幕知情人员为了业务上的正常需要，将内幕消息告诉与公司业务无关的第三人，而该第三人为了自己的利益，利用该内幕消息买卖与该消息相关的股票。

会规则》10b–5语义中多次使用“任何人”（anyone），就其语义来说，这些条款显然适用于从事一切欺诈活动的任何人，当然也就包括本案的当事人谢某。伯格先生认为，陪审团的意见也是建立在错误的理念上，即未披露非公开的信息不是一种欺诈行为。正是基于这样的前提，才会得出盗用非公开信息的谢某没有义务来披露信息或者戒绝交易的错误结论。总之，谢某盗用了——通俗地说就是偷窃——信赖交付给他的十分机密的、重要的非公开信息，并利用不当获得的信息优势来从市场买入股票。这种行为显然违反了1934年《证券交易法》第10节（b）和《证券交易委员会规则》10b–5的规定，应该维持上诉法院对谢某有罪的判决。

谢某作为印刷公司的雇员，利用通过其地位所获取的信息来从事证券交易，违反了雇员对雇主的义务。为了明确在这种情况下，沉默是否违反《证券交易法》第10节（b）的规定，有必要仔细研究该规定的语义和立法背景，以及证券交易委员会对其的解释。

公司内部人和公司股东之间存在的诚信关系使其负有披露义务早已为法律所确认。在普通法上，当有义务在交易前进行信息披露而没有披露时，可以构成欺诈。这种披露义务的产生是建立在交易双方存在信任和信赖关系基础上，保证有责任将股东利益置于其个人利益之上的公司内部人，不得通过欺诈性地利用重要的非公开信息来牟取私利。[①] 在基特案中，基特是从公司董事J.Cheever · 考林那里得知Wright公司股利分派政策，当时此信息并没有公开，显然应该属于内幕信息。在这种情况下，基特应当做的是远离市场，而不是赶在信息披露之前，违背信息披露的目的从事证券交易，更不得牺牲客户的利益来牟取暴利。内幕信息接受者负有披露或戒绝的义务，其应该认识到广大投资者的利益高于委托者的利益。但事实上，基特明知是通过不正当目的获得的内幕信息，但还是悄悄地将其全权委托账户的股票套现，以赚取大量不义之财。

谢某案与基特案在很多地方是相类似的，但在关键的问题上，两案仍然存

---

① Restatement（Second）of Torts, § 551（2）（a）（1976）.

在本质的区别。在基特案中，上市公司董事、经纪商的代表 J.Cheever · 考林打电话给经纪商的合伙人基特，告知其公司的股利减少。接到该信息后，基特立即报出两笔5,000股的卖单，其中还有400股是为考林的三个客户卖出的。显然，基特是内幕消息领受人，具有特殊身份的人员，他明知上市公司董事、经纪商的代表考林告知行为不妥，而且是被明确告知股票和内幕消息的。而谢某案情明显不同。谢某是纽约 A 财务印刷公司的印刷工人。这些文件送交印刷时，谢某并不知道具体的内幕消息。谢某只是自己猜测出目标公司的名称。他既不是卖方的代理人，也不是卖方的受托人。谢某并不负有披露信息的法定义务。在这种情况下，认定谢某违反 1934 年《证券交易法》第 10 节（b）禁止“在证券买卖中违反证券交易委员会制定的规章制度，使用任何操纵性或欺骗性手段或计谋”的规定，就显得有些勉强了。

上诉法院维持了原审法院的有罪判决，认为任何接受非公开重要信息的人，无论是否是公司内部人，如果没有披露该信息的义务，就不得利用该信息从事证券交易。上诉法院判决中所隐含的信息均等理论（egalitarian or parity-of-information），即任何经常接受非公开重要信息的人——无论是不是公司内部人——如果没有披露该信息的强制性义务，不得利用该信息从事证券交易。然而，上诉法院并没有进一步证实谢某和卖方的关系是否导致谢某负有这种义务。按照上诉法院的观点，任何人利用其他人不能获得的重要信息进行交易都构成欺诈。美国最高法院认定公司股东和通过其在公司的地位而获取信息的内部人之间必须存在信任和信赖关系，这种关系使内部人负有披露义务，因为这样才能防止公司内部人员损害不知情股东的利益。相反，如果股票的购买者不是内部人员就不存在公开重要事实的诚信义务，对潜在的证券卖方也就不负有任何义务和法律责任。因此，上诉法院的推断是存在严重缺陷的。美国最高法院最后做出了谢某并不违反 1934 年《证券交易法》第 10 节（b）的判决是正确的。

风险警示

谢某案对于我国证券法律的发展有着重要的借鉴意义。我们应该吸取谢某案件的经验和教训，重新划分内幕交易犯罪主体。具体而言，可以将内幕交易罪主体划分为两类：第一类证券交易内幕信息的知情人员，第二类为非法获取内幕信息的其他人员，再根据不同的犯罪主体确定轻重不同的法定刑。

第一类“证券交易内幕信息的知情人员”主要包括：发行人及与发行人有业务联系的公司董事、监事、经理、副经理及高级管理人员；持有公司5%以上股份的股东；证券监督管理机构工作人员以及由于法定职责对证券交易进行管理的其他人员；证券公司、中介机构、证券交易结算机构和证券交易服务机构的有关人员。上述人员对上市公司的了解和掌握经营决策的程度决定了他们利用内幕信息牟取私利的便利性和危害性要远远大于一般股民，他们进行内幕交易犯罪的主观恶性应该更大，对其的处罚自然应该比普通股民更为严厉。作为第一类“证券交易内幕信息的知情人员”的法定刑可以考虑：情节严重的，处七年以下有期徒刑或者拘役，并处或者单处违法所得一倍以上五倍以下罚金；情节特别严重的，处七年以上10年以下有期徒刑，并处违法所得一倍以上五倍以下罚金。

第二类“非法获取内幕信息的其他人员”主要是指非法取得内幕信息的人员，包括记者、编辑、新闻主持人、普通秘书和司机等，即属于《中华人民共和国证券法》第七十条的“非法获取内幕信息的其他人员”。这些人员一般都属于平民阶层的股民，不掌握任何上市公司内部的重要信息，又无法对证券市场产生直接影响，对于这些人员的刑事处罚应该较轻缓一些。作为第二类“非法获取内幕信息的其他人员”的法定刑可以考虑：情节严重的，处三年以下有期徒刑或者拘役，并处或者单处违法所得一倍以上五倍以下罚金。

从当今世界范围看，很多国家都对不同的内幕交易犯罪主体处以不同的刑罚。德国对第一交易主体（个人）可以处以七年以上有期徒刑，并科处罚金，而对第二交易犯罪主体（个人）只处罚50万马克。日本《刑法》对第一交易犯罪主体处以有期徒刑半年至三年，并且可以累计加重并科资格刑和民事赔偿责任，而对第二交易犯罪主体（个人）则只处罚金50万日元。国外这种对不同犯罪主体处罚相区别的情况已经成为罪刑相适应原则在证券犯罪中最好的体现，处罚起来比较科学，让人心服口服。

现行刑法对内幕交易犯罪主体在犯罪事实认定和量刑上是没有任何区别的，立法上一概予以相同的法定刑处罚，表现出我国内幕交易犯罪主体刑事处罚的严厉性。我们不难发现，第一类“知悉内幕信息的知情人员”，要么身居高位，承担着监督和管理证券市场的重任，要么身处要职，总揽上市公司经营和发展的实权，他们对上市公司的了解和掌握经营决策的程度决定了他们利用内幕信息牟取私利的便利性和危害性要远远大于一般股民。而第二类“非法获取内幕信息的其他人员”，一般都属于平民阶层的股民，既不掌握任何上市公司内部的重要信息，又无法对证券市场产生直接影响，如果和那些身居高位的人士承受一样的刑事处罚，对于大多数人员来说，其负有的不作为的义务就是绝对的。特殊主体和一般主体在这本罪中混合在一起，既没有区分两者在人员身份上的不同，也没有比较因职务高低而对内幕交易方面的差异。

这种对内幕交易犯罪主体粗糙的划分，必然忽视了不同主体对内幕信息的敏感程度，对既不属于公司经营管理阶层也不直接参与交易的第二类内幕交易犯罪主体与第一类具有特殊身份的犯罪主体做出同样的刑事处罚。按照这种推定逻辑，一名清洁工如果只得到一点内幕信息，对其只是一知半解，就可与编造并传播内幕消息的上市公司董事长同样被视为掌握证券交易内幕信息并接受相同的处罚，这对一个普通的投资者来说也是不公平的。

附：

1. 世界各国内幕交易人员范围界定

各国交易所	公司高层人员	中介机构人员	业务关系人员	新闻及家庭人员
上交所 SSSE	董事、监事及高管人员	律师、会计师、审计师、评估师、投资顾问、工商、税务等	主管部门、控股公司的经理、秘书、打字员、司机等	记者、编辑、主持人、编排人员
深交所 SSE	基本同上	基本同上	控股公司的经理、董事会秘书	基本同上
伦敦交易所 LSE	董事、监事及高管人员	律师、会计师、审计师、评估师等	因业务关系可能获得信息的人员	家庭成员

续表

各国交易所	公司高层人员	中介机构人员	业务关系人员	新闻及家庭人员
雅加达交易所 JSX	董事、监事、高管人员、主管行政人员	律师、会计师、审计师	与公司直接发生业务关系的人员	未说明
东京交易所 TSE	董事、监事、高管人员、与公司发生业务关系的政府官员，如警察、检察官、法官、税务官、仲裁员和拥有上市公司股票总额10%以上的大股东	律师、会计师、审计师	与公司有关系的准内部人员，持有上市公司10%以上股份的大股东的内部职员和准内部职员的家属、朋友、亲戚	新闻记者、证券分析师
香港联交所 SEHK	董事、监事及高管人员	律师、会计师、审计师、评估师	因业务关系而可能获得信息的人员	未说明
孟买交易所 BSE	董事、监事及高管人员	未说明	与公司有业务关系的人员	未说明
柏林交易所 BSE	董事、管理委员会人员	律师、会计师、审计师、评估师和承销商	未说明	未说明
纽约交易所 NYSE	高级职员、董事、财务主管	律师、会计师、承销商、咨询人员、证券分析师	占多数股权的股东、董事会秘书	与证券公司有直接业务联系的并可获得秘密情报的其他人员
台湾交易所 TWSE	董事、监察人、经理人	律师、会计师、审计师、评估师	与公司有业务关系的人员及其家属	基于职业或控制关系可以获得信息的人员

——嘉木制表

2. 美国有关收购、信息披露等的规定

美国1934年《证券交易法》第14节（e）规定，对于有关收购要约或请求或要约邀请，或证券持有人反对或赞成上述要约、请求或邀请的任何请求，禁止任何人错误陈述重要事实，或遗漏陈述根据行为时的情况避免误导的重要事实，或从事任何欺诈性、欺骗性或操纵性的行为或做法。

美国证券交易委员会根据1934年《证券交易法》第14节（e）的授权，

制定了相关规定以有效规制内部人和接受信息者在收购要约中的证券交易行为。按照规则 14e–3 的规定，任何拥有与收购要约有关的重要信息的人，只要其知道或理应知道该信息是非公开的且是直接或间接从采取实质步骤开始要约收购的人那里获得的，都要遵守“公开或戒绝交易”规则。这些人员包括：（1）该收购要约收购或将要收购的证券的发行人；（2）任何代表要约人或发行人的高级管理人员、董事、合伙人或雇员。不过，美国证券交易委员会也指出，在有关信息公开一段合理时间后，则可以从事证券交易而不算违反规则 14e–3 规定。但是，如果公开披露违反诚信义务的话，那么唯一的选择就是禁止交易（泄露）。

但是对于某些机构和法人，特别是开展综合业务的金融机构，只要其能证明：（1）做出投资决定的人不知道非公开的信息；（2）该机构已经建立旨在确保其雇员不违反规则 14e–3 的政策和程序，则可以买卖收购要约所涉及的证券，而不违反规则 14e–3 的规定。此外，以下两种情况也豁免遵守“公开或戒绝规则”的要求：（1）经纪商或代理要约人的其他机构在收购要约中买进证券；（2）任何人卖出证券给要约人。当然，这两种情况只是表明所涉及的交易可以豁免规则 14e–3 的责任，但不影响联邦证券法其他条文如《规则 10b–5》等所规定的义务。

当然，这两种情况只是表明所涉及的交易可以豁免规则 14e–3 的责任，但不影响联邦证券法其他条文，如证券交易委员会规则 10b–5 所规定的义务。

证券交易委员会规则 14e–3 则禁止如下人员泄露信息：（1）具有某种身份的人，包括要约人、目标公司或者代表它们、附属它们的人；（2）从上述人员处获得信息的接受信息者。但是这种禁止泄露的规定并不妨碍向那些涉及计划或者执行收购要约的有关人员透露信息，包括协助要约人或者发行人来计划、准备和执行收购要约的人。

证券交易委员会认为，向以下机构或媒体公开信息属于有效的信息披露：（1）其证券上市交易的全国性证券交易所；（2）全国证券交易商协会（如果其证券在 NASDAQ 上市交易）；（3）全国发行的日报；（4）全国性的新闻机构。必须给市场以足够的时间来消化该信息。

3. 美国有关泄露内幕信息的规定

《美国证券交易委员会规则》10b–5 的规定：“任何人直接或间接利用州际商业的方法或工具，或者利用邮政或者利用国家证券交易所的设施进行下列行为，皆为非法：（a）使用任何装备、设置或人为方法进行欺诈；（b）对重大事实的虚假陈述或遗漏陈述在制作报告时能使报告不止被误解所必要的重大事实，或（c）在买卖证券时，参与那些从事或将从事对任何人进行欺诈或欺骗的任何交易、活动或业务程序。”

1934 年《证券交易法》第 10 节（b）规定，任何人直接或间接利用州际商业方式或工具，或者利用邮递或者利用国家证券交易所的设施进行下列行为，皆为非法；（b）违反了委员会制定的对公众利益或保护投资者为必要或适当的规则和条例，对在国家证券交易所已注册证券或未注册的任何证券使用任何操纵手段欺诈手段或阴谋。

1984 年《内幕交易制裁法》第 2 节规定，没有泄密人的不端行为，信息获得人的交易就不会发生，并且一个泄密人因此是在不法行为中最直接的有罪者。

1988 年 10 月，参议院通过了 H.R.513 法案，当时的美国总统于 11 月 19 日签署生效，称为《内幕交易与证券欺诈执行法案》，又称 1934 年《证券交易法》第 21A 节（a）款。

为鼓励人们对“内幕交易”进行“检举”，1934 年《证券交易法》第 21A 节（a）规定，证交会所追索的任何民事制裁金的 10% 部分可以由证交会自行决定，作为对任何提供信息造成罚款的个人以奖赏。

1988 年的修正案还修改了 1934 年《证券交易法》第 32 节将违反《证券交易法》的个人刑事处罚最高额由 10 万美元增加到 100 万美元，对其他机构的刑事处罚最高额由 50 万美元增加到 250 万美元。1984 年和 1988 年两个国会法案表明国会从立法角度试图扩大内幕交易的适用范围和惩罚力度。

4. 日本有关泄露内幕信息的规定

日本《证券交易法》第 197 条规定，违反《证券交易法》第 166 条第 1 项或第 3 项、第 167 条第 1 项或第 3 项的规定者，将被处以 3 年以下有期徒刑或 300 万日元以下罚金或者二者并处。

35. 泄露上市公司尚未公布的重要信息是否构成犯罪[①]

——得克萨斯州 A 硫磺公司隐瞒重大信息案

案例回放

1963 年 3 月 12 日，得克萨斯州 A 硫磺公司（以下简称 A 硫磺公司），探测队在加拿大东部发现含有铜锌的矿藏，化验结果证明该矿含铜量多达 1.2%，含锌量达 8.5%。A 硫磺公司立即下令严守秘密，并设法取得该块土地。到了 1964 年 3 月底，A 硫磺公司已经取得该矿土地所有权。与此同时，该消息不胫而走，公司便于 1964 年 2 月 12 日发出新闻以“澄清谣言”，声明外界传言过于夸大，该公司一向在该地附近探矿，所得甚微，至目前为止该矿藏的大小及含量无法确定，外界所传消息均靠不住。然而，这一事件仍然惊动了加拿大矿业部，加拿大矿业部于同年 4 月 15 日晚发表声明，要求 A 硫磺公司迅速就此事进行说明。A 硫磺公司不得不在 4 月 16 日举行董事会，并在同日上午 10 时向报界公布：“A 硫磺公司于加拿大安大略省某区发现锌、铜、银为主的矿藏。目前已完成七个钻孔，发现并指出该矿体至少有 800 英尺长，300 英尺宽，及 800 英尺以上的垂直深度。初步资料显示有矿砂 2,500 万吨以上，且矿体甚浅，容易开采……”此消息于 11 时左右在 Don Jones Broad Tape 出现。而自 1964 年 2 月 12 日起至 1964 年 4 月 16 日宣布此消息止，A 硫磺公司副董事长、董事、工程师等人以及得知消息的亲友已陆续大量购买了该公司股票。最初的购买价格在每股 17 至 18 美元，消息公布后股价暴涨，至 1968 年每股股价为 150 美元。为此，美国证券交易管理委员会（以下简称 SEC）向法院起诉，指出 A 硫磺公司副董事长、董事、工程师等人犯有内幕交易罪的嫌疑。

---

① 案例编写人：顾雷

案例焦点

原审地区法院认定：（1）由于一个矿藏不能只通过一个钻孔而定，故 A 硫磺公司在 1963 年 3 月 12 日的发现虽然很有希望，但不能以此证明矿藏的存在，直到 1964 年 4 月 9 日下午 7 时第三钻孔的成功方确定矿藏的存在。因此，前两个钻孔不能称之为“重要事实”，被告对 1964 年 4 月 9 日之前买入的股票不负责任；（2）4 月 16 日上午 10 时买入股票的内部人员因利用了一般投资者所不知道的重要事实，应负责任；（3）A 硫磺公司在 2 月 12 日所发表的新闻不构成误导，所以亦不负责任。然而，美国 SEC 对地区法院的判决不服而上诉至巡回法院。

美国巡回法院经审理后判决：（1）由于第一个钻孔所引起的兴趣，以及被告等立即购进股票之事实，可见其能影响投资人的决定，故应视为“重要事实”；（2）被告将这些事实告诉自己的亲友的行为当然也属违法；（3）在内部人员能依重要事实行事前，该事实必须已经切实公布于众；（4）公司于 2 月 12 日所发布的新闻内容含糊，并非基于公司当时所知道的具体消息，其是否因此而违法，发回地区法院审理。A 硫磺公司对巡回法院的上述判决不服，诉至最高法院。

最高法院经过审理后，拒绝接受被告 A 硫磺公司的上诉，判决维持美国巡回法院的决定。美国最高法院认为，上诉人 A 硫磺公司有义务去披露真实的矿藏信息，其对股东负有公开的义务。但上诉人 A 硫磺公司在 2 月 12 日声明外界传言过于夸大，用该地附近探矿含量甚微以及目前该矿藏的含量无法确定等虚假信息欺骗广大股东，隐瞒了真实的情况，其行为已经违反了《证券交易法》第 10 节（b）和《证券交易委员会规则》10b–5 的规定。

在巡回法院判决后，SEC 又在地区法院控告该公司于 1964 年 2 月 12 日的新闻稿内容含糊，误导众多投资者抛售股票而遭受损失，应该向投资者进行证券民事赔偿。为此，美国最高法院于再审后做出以下判决：被告 A 硫磺公司 2 月 12 日的新闻稿将矿藏发现称为“未成熟，夸大以及无根据”系误导，A 硫磺公司显然违反了证券法的有关规定，因此 A 硫磺公司应该进行证券民事赔偿，其计算标准按 SEC 的意见办。[①]

风险警示

A 硫磺公司内幕交易案明确了哪些信息是真正的证券市场的内幕交易重大信息。

我们认为，本案涉及的“重大信息”界定是认定罪与非罪的一个关键问题。世界各国和地区对“重大信息”的解释也不尽相同。欧共体将重大（内幕）信息界定为：尚未公开的、与一个或几个可转让证券的发行人有关的、精确的，并有可能对该证券的价格产生重大影响的信息。新加坡 1986 年《证券业法》对内幕信息概括为：“不为公众所知的，一旦公布便很可能对证券价格产生重大影响的信息。”我国香港地区 1990 年《证券内幕交易条例》对内幕信息表述为：上市证券的交易人所知道明确消息，便可能会令上述证券的价格有重要的变动。美国最高法院是这样解释的：“如果一个理智的投资者，在他做出投资时，可能认为这个被忽略的事实是重要的，那么它就是重要的。换句话说，即这个被忽略的事实公开后，极有可能被理智的投资者看成改变了自己所掌握的信息的性质，那么，这些事实也就是重要的。”[②] 日本《证券交易法》规定的重大信息，主要包括股票发行、资本减少、自己股份回购、股份分割、利润分配、合并、营业转让或受让、解散、新产品的销售额，及其他对投资者判断有重要影响的信息。我国台湾地区所谓“证券交易法施行细则”第七条规定了以下九种事项属于内幕信息：（1）存款不足的，拒绝往来或其他丧失债信情事者；（2）因诉讼、非诉、行政处分或行政争诉事件，对公司财务或业务有重大影响者；（3）严重减产，或全部或部分停工，公司厂房或主要设备出租，全部或主要部分资产质押，对公司营业有影响者；（4）所谓“公司法”

---

① 顾肖荣、郁忠民主编：《美国日本证券犯罪实例精选》，上海社会科学院出版社 1999 年版，第 388—389 页。

② 张丽珍：《美国法律规制内幕交易的新近发展》，载《政治与法律》，第 2002 年第 4 期。

第一百八十五条第一款所规定的各项情事者；（5）经法院依所谓“公司法”第二百八十七条第五款规定其股票为禁止转让之裁定者；（6）董事长、总经理或三分之一以上董事发生变动者；（7）变更注册会计师的情况；（8）签订重要契约，改变业务证券的重要内容，完成新产品开发或收购他人企业；（9）其他足以影响公司继续营业之重大情事者。

《中华人民共和国证券法》第六十二条规定了“重大信息”的基本含义，即可能对上市公司股票交易价格产生较大影响，而投资者尚未得知的事件，可以称为重大事件（信息）。根据我国证券市场的实践和有关证券法律的规定，我们总结了以下信息为重大信息：

第一，重大事件主要包括：（1）公司的经营方针和经营范围的重大变化；（2）公司的重大投资行为和重大的购置财产的决定；（3）公司订立重要合同，可能对公司的资产、负债、权益和经营成果产生重要影响；（4）公司发生重大债务和未能清偿到期重大债务的违约情况；（5）公司发生重大亏损或者遭受超过净资产10%以上的重大损失；（6）公司生产经营的外部条件发生的重大变化；（7）公司的董事长，三分之一以上的董事，或者经理发生变动；（8）持有公司5%以上股份的股东，其持有股份情况发生较大变化；（9）公司减资、合并、分立、解散及申请破产的决定；（10）涉及公司的重大诉讼，法院依法撤销股东大会、董事会决议。

第二，公司分配股利或者增资的计划。

第三，公司股权结构的重大变化。

第四，公司债务担保的重大变更。

第五，公司营业用主要资产的抵押、出售或者报废一次超过该资产的30%。

第六，公司董事、监事、经理或者高级管理人员的行为可能承担重大损害赔偿责任。

第七，上市公司收购的有关方案。

第八，国务院证券监督管理机构认定的对证券交易价格有显著影响的其他重要信息。

防控措施

在本案中，首先，A 硫磺公司探测队在加拿大东部第一个钻孔就发现含量铜锌的矿藏，其含铜量达 1.2%，含锌量达 8.5%，而每吨含有三点九五盎司银。当时，A 硫磺公司立即下令停止挖掘，并严守秘密。同时，当此消息外泄后，A 硫磺公司便立即发出新闻以“澄清谣言”，声明公司一向在该地附近探矿，最近的试掘并没有勘探出丰富的矿藏，外界所传消息均靠不住。然而，时隔不久，在加拿大证券监管机构的介入下，A 硫磺公司不得不在 1964 年 4 月 16 日上午 10 时向外界公布：“A 硫磺公司于加拿大安大略省某区发现锌、铜、银为主的矿藏。”显然，如果不是重大信息，A 硫磺公司不会做出如此反复无常的举动。也就是说，前两个钻孔已经完全可以证明存在“重要事实”，即“A 硫磺公司于加拿大安大略省某区发现锌、铜、银为主的矿藏”的消息当然可以引起大量被告立即购进股票，并进而影响投资人的决定，视为“重要事实”并不为过。因此，地区法院认为被告 A 硫磺公司不能只通过一个钻孔来确定一个矿藏的说法是没有太多道理的。

其次，这个信息对证券市场价格有重大影响。从整个案件发展过程看，A 硫磺公司向外界公布“A 硫磺公司于加拿大安大略省某区发现锌、铜、银为主的矿藏”消息后不久，股价随之暴涨，从每股 17 美元涨至每股股价为 150 美元。显然，公开 A 硫磺公司于加拿大安大略省某区发现锌、铜、银为主的矿藏的消息影响了股票价格。

最后，A 硫磺公司探测队在加拿大东部第一个钻孔就发现含铜锌的矿藏，这个消息也是真实的，与 A 硫磺公司最后对外发布的信息基本一致，不算凭空想象，也不是“谣传”，是真实的信息，可以构成重要内幕信息。因此，A 硫磺公司在 1964 年 2 月 12 日所发表的新闻构成误导，应该承担法律赔偿责任。地区法院判决被告 A 硫磺公司及部分个人被告不负赔偿责任是错误的。地区法院认为前两个钻孔不能称之为“重要事实”，因为一个矿藏不能只通过一个钻孔而定，1963 年 3 月 12 日的发现虽然很有希望，但不能以此证明矿藏之存在，所以，只有 1964 年 4 月 9 日下午 7 时第三钻孔的成功方确定矿藏的存在，也就是说，此时的消息才算是重大信息。

其实，对"真实、准确的信息"应从广义上理解，它不仅包括事实，也包括那些关于正在发展中的事物的准确信息。只要不是凭空想象，不是谣传，尽管尚未实现，尚未构成事实，也应该认定为真实、准确的信息，也就是说，只要确实来自信息源，且与信息源的信息基本一致，不论该信息的内容最终是否实现或按知情人的预测方向运行，也不论该信息是否为信息发源地的人所编造或是否事后被发现"虚假"，都应当构成重大（内幕）信息。因此，判令A硫磺公司构成虚假陈述而进行证券民事赔偿完全是正确的。[①]

附：

美国有关证券市场重大信息的规定

（1）《证券交易委员会规则》10b–5节规定：

"任何人直接或间接利用州际商业方式或工具，或利用邮政或国家证券交易所进行下列行为，皆为非法：

（a）使用任何设施，计划，或技术进行欺骗；

（b）对重大事实进行不真实的报告或漏报在制作报告时能使报告不致被误解所必要的重大事实；

（c）在任何证券的买进或销售中，参与那些从事或将从事对任何人进行欺诈或欺骗的行为、活动或业务程序。"

（2）1984、1988年《证券交易法》两个修正案。

①《证券交易法》第20A节（a）款。

根据第20A节（a）款的规定，如果任何人在持有任何实质性非公开信息时，进行交易或将该信息进行与证券交易有关的传递，从而违反1934年《证券交易法》及其任何规则，证交会则可以向法院寻求相当于该非法交易所获利润损失三倍的民事制裁金惩罚。"利润"或"损失"的定义是：买入或卖出价格与该

① 顾雷、王宝杰著：《证券市场违规犯罪透视与法律遏制》，中国检察出版社2004年版，第138页。

非公开信息公开以后一个合理时期的该证券的价值之差。证交会提请这种处罚的对象可以是有此违反行为的人以及任何控制违法行为者的人，而在多数情况下指违法者所工作的公司。对于“控制者”的罚款不得超过100万美元，并且只能在证交会证明它由于知道或疏忽而未能采取适当措施或建立充分的程序以防止此类违法行为时予以施加。

② 1988年的修正案还修改了《证券交易法》第32节，将违反《证券交易法》的个人刑事处罚最高额由10万美元增加到100万美元，对其他机构的刑事处罚最高额由50万美元增加到250万美元。1984年和1988年两个国会法案表明国会从立法角度试图扩大内幕交易的适用范围和惩罚力度。

36. 上市公司内部人的责任不同于公司股东，但获悉内幕信息是否同样构成内幕交易行为[①]

——内幕信息领受人非法获取内幕信息案

案例回放

1959年12月25日上午，A上市公司董事经过讨论，董事会做出第四季度每股分派0.375美元股利的决定。上午11点左右，公司董事会暂时休会后，通过电传将该信息通知纽约证券交易所。在传送过程中，由于传输、打字等原因，电传在11点12分才到达西部联盟（Western Union），12点29分才传送到纽约证券交易所。与此同时，该公司还按惯例将分派股利的消息通知了道琼斯新闻自动显示服务机构（Dow Jones News Ticker Service）。由于差错或疏忽，直到11点45分才告知《华尔街日报》，其声明到11点48分才出现在道琼斯股票自动显示牌上。

① 案例编写人：顾雷

在董事会休会过程中，A 上市公司董事、经纪商的代表考某打电话给经纪人基某，告知其公司的股利将要减少。接到该信息后，基某立即报出两笔卖单，一笔是为 10 个账户卖出 2,000 股，另一笔是为 11 个账户卖空 5,000 股，这 5,000 股中有 400 股是为考某的三个客户卖出的。这两笔交易分别在 11 点 15 分和 11 点 18 分，以 40 美元和 42 美元的价格成交。

案例焦点

当股利分派公告于 11 点 48 分出现在道琼斯显示牌上后，由于大量抛盘汹涌而出，纽约证券交易所不得不暂停该公司股票的交易。下午 1 点 59 分公司股票以 36 美元的价格恢复交易后，其股价一直在 35 美元和 37 美元之间徘徊，最终以 35 美元收盘。于是，原审法院判定基某犯有内幕交易罪。基某不服，提出内部人的责任仅限于公司现行股东，当卖出股票时对非股东则没有特别责任，因此并不能算真正的内幕交易。基某上诉至美国巡回法院。

美国巡回法院审理后认为，这种将广大买方排除在免遭滥用特别信息的保护之外的主张过于狭窄。《证券法》和《证券交易委员会规则 10b-5》都没有设立人为的责任墙（artificial walls of responsibility）。两个文件都规定，任何人在要约销售或销售证券时从事法定的禁止行为都是非法的。既然从董事、高级管理人员或其他内部人员那里购买股票的人，能得到信息披露的保护，就没有理由不让卖出股票的人受到同样的保护。因此，该案于 1961 年由上诉法院做出裁决，判定基某的行为构成内幕交易。

1960 年 10 月 15 日，美国最高法院经过审理后，同样认定基某犯有内幕交易罪，于是维持了上诉法院的判决。美国最高法院认定，公司内部人，如董事、高级管理人员、控股的股东等负有披露重要信息的义务，公司内部人必须披露凭其地位获得的，而其交易对象并不知晓，如果知晓将影响其投资决策的重要信息。虽然基某与考某存在一定的经纪关系，也就是说，基某对客户——考某负有受托义务，已经符合“戒绝交易或公布消息说”理论。在这种情况下，基某唯一的选择就是放弃交易。否则，内部人员拥有非公开的重要信息，从事证券交易的将毫无例外地构成违法。[①]

风险警示

内幕信息领受人从A上市公司的董事处获得公司分派股利的非公开信息后，该内幕信息领受人应承担什么法律责任？

在本案中，基某从上市公司的董事——考某那里获得未公开的信息，而考某是公司内部人员。很显然，考某和公司之间的关系，应当禁止基某——经纪商的合伙人从事交易。这种禁止并不限于他自己的账户，而且包括为全权委托账户卖出股票以及诱使和执行其他卖单。因此，基某违反了1934年《证券交易法》第10节（b）、第17节（a）和规则10b-5的规定，构成内幕交易行为，必须受到处罚。

我们认为，内幕信息接受者不一定都负有披露或戒绝的义务，只有在接受信息者知道或应该知道内部人是不正当地将公司内部信息泄露给他时，才承担义务。因此，在判断接受信息者是否要承担披露或戒绝的义务之前，首先要确定内部人的信息泄露（tip）是否违反了内部人的诚信义务。判断信息泄露本身是否属于“欺骗、操纵或欺诈”股东的行为，首先要考虑的是内部人是否违反其义务。这就要求法院采取客观的标准，即内部人是否从信息泄露中直接或间接获得个人利益，诸如金钱收益、转化为未来收益等。[②]美国证券交易委员会认为判断的标准就是看内部人自己是否直接或间接从信息泄露中获利。没有牟取个人私利的话，则不违反对股东的义务，内部人没有违反义务，也就不存在派生违反义务。

在本案中，A上市公司股利分派行为将对证券的市场价值和投资者的决策产

---

① 基某与公司董事考某之间并不是雇主与雇员的关系，而且考某也并不是为了公司发展业务需要将内幕信息告诉基某的，因此，可以适用“戒绝交易或公布消息说”。

② 参见：Brudney, Insiders, Outsiders, and in formational Advantages Under the Federal Securities Laws, 93 Harv. L. Rev. p. 322, p. 348（1979）.

生直接的影响，而股利分派的消息并不是基某推测出来的，而是基某知道公司董事会正在采取行动将该信息公开披露而未实际宣布时，从公司董事考某那里得到的，显然应该属于内幕信息。而股利分派在内的重要公司信息应该及时披露。在这种情况下，作为证券经营机构工作人员的基某应当做的是远离市场，而不是赶在信息披露之前，违背信息披露的目的从事证券交易，更不得牺牲客户的利益来牟取暴利。但事实上，基某却悄悄将其全权委托账户的股票套现，以赚取大量不义之财，因此推断基某具有内幕交易嫌疑是可以接受的。

当然，内幕信息领受者的范围是非常广泛的，从报纸、杂志、新闻机构的记者、编辑、电视台主持人到资料员、司机、打字员，从理发师从正在修指甲的公司董事不经意的闲聊中获得公司信息到通过窃听方式获取公司信息等情况下，是否所有的内幕信息领受者都应承担法律责任？

为了解决这一难题，美国法院逐步演变出规制内幕交易的三大理论之一——“信息泄露理论”。所谓“信息泄露理论”是指接受信息者的责任来自内幕信息泄露者（Tipper），也就是说，内幕信息领受者披露或戒绝的义务衍生于内幕人员的义务，在内幕交易知情人员违反诚信义务后，通过不正当途径获得的内幕信息，再告诉第三者，而接受信息者由于其扮演的参与角色也要承担相应的义务。如果该第三人（内幕信息领受人）知道义务人违反义务的情况，则要对受益人承担推定的受托义务（Constructive trust），第三人应该承担相应的法律责任，而利用这些信息所获得的利润归于受益人。[①] 本案中的基某正是内幕信息领受人（第三人），他从上市公司董事考某处得知了有关其公司的股利减少的内幕信息。作为职业经纪人的基某显然知道这属于高度机密的内幕信息，董事考某告诉他是直接违反证券法的。因为内幕信息泄露者上市公司董事、经纪商的代表考某是有义务承担上市公司内幕信息保密义务的，根据“信息泄露理论”，基某因此也获得了相应的内幕信息保密义务。但是，基某在接到该信息后，为了牟取暴利，反而立即报出两笔卖单，一笔是为 10 个账户卖出 2,000 股，另一笔是为 11 个账户卖空 5,000 股。显然，基某的行为应该构成内幕交易。

---

① L. Loss & J. Seligman, Securities Regulation, Volume VIII, Third Edition, p. 3556,（1991）.

美国最高法院认为基某违反了《证券交易法》第10节（b）、第17节（a）和《证券交易委员会规则》10b-5的规定，构成内幕交易犯罪是正确的。因此，并不是所有接受信息者都必须承担法律责任，只有那些负有公开义务，而且通过不正当途径获得的内幕信息的才构成内幕交易犯罪。

我国证券法和《禁止证券欺诈行为暂行办法》对非法获取内幕信息并泄露证券内幕信息的方式和手段做了规定：（1）以骗取、窃取、窃听、监听等非法手段获取并泄露的；（2）通过私下交易等不正当途径获取内幕信息并泄露的；（3）利用各种手段从知情人员处套取、索取内幕信息并泄露的；（4）使用其他方法或手段获取内幕信息并泄露的。

具体而言，第一种情况，以“骗取”手段获取并泄露的是指内幕信息领受者（Tippee）[①]通过欺骗内幕信息泄露者的方法，即通过虚假事实或者隐瞒真相的方式骗得内幕信息泄露者的信任并得知内幕信息的。以“窃取”手段获取并泄露的是指内幕信息领受者通过偷盗或者其他秘密窃取手法获得的内幕信息泄露者不愿意直接公开的内幕信息。以“窃听”手段获取并泄露的是指内幕信息领受者通过偷听或者其他秘密手段窃听到内幕信息泄露者的证券内幕信息的情况。以“监听”手段获取并泄露的是指内幕信息领受者通过监听内幕信息泄露者的电话、谈话以及录音等知道了内幕信息的情况。

第二种情况，内幕信息泄露者与内幕信息领受者之间通过金钱交易、钱权交易、色相交易以及其他不正当手段途径获取内幕信息的。

第三种情况，套取内幕信息并泄露的是指内幕信息领受者故意设置圈套或者通过其他不正当手段从内幕信息泄露者处获得证券内幕信息的情形。索取内幕信息并泄露的是指内幕信息领受人无端或者以利益相诱惑内幕信息泄露者，使之动心而将证券内幕信息泄漏给内幕信息领受人的情形。

---

① 内幕信息领受者，这一术语可以追溯到1961年，为美国哈佛大学法学院Louis Loss教授，在其所著的《证券监管》（Securities Regulation）中首创。其是指那些从内部人那里获得内幕信息，且知道或理应知道获得的是内幕信息的人。该术语不久为法院的判例所接受，1989年该词被收入《牛津英语词典》。

第四种情况，其他方法或手段是指除上述三种情况外的其他非法手段，诸如采取殴打、谩骂、威胁或者由于职务关系、工作关系、管理关系、持股关系等法律关系而知悉证券交易内幕信息并泄露的。

无论是《中华人民共和国证券法》第七十条规定的非法获取内幕信息的其他人员，或者是《禁止证券欺诈行为暂行办法》第四条规定的通过不正当手段或者其他途径获得内幕信息的非内幕人员，都被赋予特别的义务。而承担这种义务的前提无非就是存在一种关系，可以使义务人能直接或间接获得为公司目的而非个人利益的信息，或者可以使义务人乘机利用其交易对象无法获得的信息，具有内在的不公平性，因此必须承担相应的法律责任。

《中华人民共和国证券法》第七十条在规定内幕交易时，就明确规定了“非法获取内幕信息的其他人员”不得“买进”“卖出”或者“建议他人买卖该证券”。根据《禁止证券欺诈行为暂行办法》的规定，泄露证券内幕信息者不仅包括上市公司的董事、监事、高级管理人员、秘书、打字员、发行人律师、会计师、资产评估师、投资顾问、工商税务人员等，还包括对上市公司有一定行政权限的人员以及由于职业关系可能接触到内幕信息的其他人员，如新闻人员、报刊编辑、电台主持人，甚至是编排印刷工作人员都可能成为内幕交易人员。显然，这里的“非法获取内幕信息的其他人员”就是指间接获取内幕信息的人员，也就是内幕信息领受人。

具体而言，“非法获取证券交易内幕交易信息的人员”包括：（1）发行人的董事、监事、高级管理人员的秘书、打字员以及其他可能通过履行职务接触或者获取内幕信息的职员；（2）发行人聘请的律师、会计师、资产评估人员、投资顾问等专业人员，证券经营机构的管理人员、业务人员，以及其他因其业务可能接触或获得内幕信息的人员；（3）根据法律、法规的规定对发行人可以行使一定管理权和监督权的人员，包括工商、税务等有关经济管理机关的工作人员等；（4）由于本人的职业地位与发行人有合同关系或者工作联系，有可能接触或者获得内幕信息的人员，包括新闻记者、报刊编辑、电台主持人以及编排印刷人员等。

因此，基某应该属于第二类“非法获取证券交易内幕交易信息的人员”，只不过美国将其中的这些人员称为消息领受人。其本质与上述第二类非法获取证券交易内幕交易信息的人员并无太大区别。

附：

1. 美国有关内幕信息领受人的规定

1984年“内幕”者交易处罚案为1934年《证券交易法》中加了第20A节（a）款。该款规定，任何违反1934年《证券交易法》及其任何规则，在持有实质性的非公开信息时进行交易者，对于在市场同时交易同一证券的任何人负有责任。这一节的责任也延伸及任何传送实质性非公开信息者和任何“控制”违犯者的人。

1934年《证券交易法》第10节（b）规定，禁止使用“与购买或出售任何证券有关，……违反（证券交易）委员会所制定的规则和条例，任何操纵手段、欺诈手段或阴谋”。证券交易委员会根据该节所颁布的规则10b–5在有关的部分规定：“任何人直接或间接，利用州际商业方式或工具，或利用邮政或国家内证券交易所的设施进行下列活动，皆为非法：（a）使用任何装备、设置或人为方法进行欺骗，或……（c）在任何证券的买卖中，参与那些从事或将从事对任何人进行欺诈或欺骗的交易、活动或业务程序。”

但是对于某些机构和法人，特别是开展综合业务的金融机构，只要其能证明：（1）做出投资决定的人不知道非公开的信息；（2）该机构已经建立旨在确保其雇员不违反规则14e–3的政策和程序，则可以买卖收购要约所涉及的证券，而不违反规则14e–3的规定。此外，以下两种情况也豁免遵守“公开或戒绝规则”的要求：（1）经纪商或代理要约人的其他机构在收购要约中买进证券；（2）任何人卖出证券给要约人。当然，这两种情况只是表明所涉及的交易可以豁免规则14e–3的责任，但不影响联邦证券法其他条文如规则10b–5等所规定的义务。

1988年10月，参议院通过了H.R.513法案，当时的美国总统于11月19日签署生效，称为《内幕交易与证券欺诈执行法案》，又称《证券交易法》第21A节（a）款。

1988 年的修正案还修改了《证券交易法》第 32 节，将违反《证券交易法》的个人刑事处罚最高额由 10 万美元增加到 100 万美元，对其他机构的刑事处罚最高额由 50 万美元增加到 250 万美元。1984 年和 1988 年两个国会法案表明国会从立法角度试图扩大内幕交易的适用范围和惩罚力度。

2. 我国有关内幕信息领受人的规定

《中华人民共和国证券法》第六十七条规定，禁止证券交易内幕信息的知情人员利用内幕信息进行证券交易活动。第六十八条规定，下列人员为知悉证券交易内幕信息的知情人员：（1）发行股票或者公司债券的公司董事、监事、经理、副经理及有关的高级管理人员；（2）持有公司百分之五以上股份的股东；（3）发行股票公司的控股公司的高级管理人员；（4）由于所任公司职务可以获取公司有关证券交易信息的人员；（5）证券监督管理机构工作人员以及由于法定的职责对证券交易进行管理的其他人员；（6）由于法定职责而参与证券交易的社会中介机构或者证券登记结算机构、证券交易服务机构的有关人员；（7）国务院证券监督管理机构规定的其他人员。

第六十九条规定，证券交易活动中，涉及公司的经营、财务或者对该公司证券的市场价格有重大影响的尚未公开的信息，为内幕信息。下列各项信息皆属内幕信息：（1）本法第六十二条第二款所列重大事件；（2）公司分配股利或者增资的计划；（3）公司股权结构的重大变化；（4）公司债务担保的重大变更；（5）公司营业用主要资产的抵押、出售或者报废一次超过该资产的百分之三十；（6）公司的董事、监事、经理、副经理或者其他高级管理人员的行为可能依法承担重大损害赔偿责任；（7）上市公司收购的有关方案；（8）国务院证券监督管理机构认定的对证券交易价格有显著影响的其他重要信息。

第七十条规定，知悉证券交易内幕信息的知情人员或者非法获取内幕信息的其他人员，不得买入或者卖出所持有的该公司的证券，或者泄露该信息或者建议他人买卖该证券。持有百分之五以上股份的股东收购上市公司的股份，本法另有规定的，适用其规定。

第七十二条规定，禁止国家工作人员、新闻传播媒介从业人员和有关人员编造并传播虚假信息，严重影响证券交易。禁止证券交易所、证券公司、证券登记结算机构、证券交易服务机构、社会中介机构及其从业人员，证券业协会、证券监督管理机构及其工作人员，在证券交易活动中作出虚假陈述或者信息误导。各种传播媒介传播证券交易信息必须真实、客观，禁止误导。

第一百七十七条规定，依照本法规定，经核准上市交易的证券，其发行人未按照有关规定披露信息，或者所披露的信息有虚假记载、误导性陈述或者有重大遗漏的，由证券监督管理机构责令改正，对发行人处以三十万元以上六十万元以下的罚款。对直接负责的主管人员和其他直接责任人员给予警告，并处以三万元以上三十万元以下的罚款。构成犯罪的，依法追究刑事责任。前款发行人未按期公告其上市文件或者报送有关报告的，由证券监督管理机构责令改正，对发行人处以五万元以上十万元以下的罚款。

第一百八十一条规定，证券交易所、证券公司、证券登记结算机构、证券交易服务机构的从业人员、证券业协会或者证券监督管理机构的工作人员，故意提供虚假资料，伪造、变造或者销毁交易记录，诱骗投资者买卖证券的，取消从业资格，并处以三万元以上五万元以下的罚款；属于国家工作人员的，还应当依法给予行政处分。构成犯罪的，依法追究刑事责任。

第一百八十三条规定，证券交易内幕信息的知情人员或者非法获取证券交易内幕信息的人员，在涉及证券的发行、交易或者其他对证券的价格有重大影响的信息尚未公开前，买入或者卖出该证券，或者泄露该信息或者建议他人买卖该证券的，责令依法处理非法获得的证券，没收违法所得，并处以违法所得一倍以上五倍以下或者非法买卖的证券等值以下的罚款。构成犯罪的，依法追究刑事责任。证券监督管理机构工作人员进行内幕交易的，从重处罚。

37. 上市公司内部员工与外勤人员联手购买本公司股票，是否可以认定为操作证券价格行为[①]

——日本H证券公司合谋操纵证券交易价格案

案例回放

日本名古屋H金融公司（以下简称H公司）的董事长W买进N公司的大量股票后，便与G证券公司的外勤人员合谋，对N公司的股票，反复假装买卖，变相操纵股价，导致其股价高涨，使他人误认为这种股票行情见涨，而进入买卖交易。而且，他们以引诱他人进入证券市场买卖这种股票为目的，在将近2个月的时间内，以证券公司为中介，卖出买进N公司的同种股票，总数达388万股，这样就使原来每股500日元左右的股价上涨到每股1,700日元左右。在假装买卖（并无转移权利的目的）的同时，他们还现实地买进股票计4.4万股。同时，H公司与G证券公司的外勤人员在半个月时间内，事前通谋，通过买进以后又以同样的价格卖出等手法变相操纵证券价格，共计12.3万股，导致股份上涨，共同实施了使行情发生变动的一连串的买卖交易，构成通谋买卖操纵股票价格犯罪。

日本东京地方检察院指控H公司与G证券公司的外勤人员触犯了日本《证券交易法》第二十八条、第一百二十五条的操纵证券交易价格罪，以及禁止未经批准而经营证券业务的规定。东京地方法院经过审理后认为，H公司与G证券公司的外勤人员上述行为违反了《证券交易法》第一百二十五条的规定，宣告其有罪，判处董事长W有期徒刑2年。

案例焦点

本案的争议焦点是合谋操纵证券交易价格的行为是如何构成的。

---

① 案例编写人：顾雷

日本东京高等法院认为，H公司与G证券公司的外勤人员存在合谋，通过假装买卖和通谋买卖的委托或受托，在自己抛售股票时，与他人通谋以约定价格使其作购买该股票的行为，共同炒作N公司的股票，其行为违反了日本《证券交易法》第一百二十五条有关任何人不得以使他人对有价证券的买卖产生误解为目的，与他人通谋制造上市有价证券买卖繁荣的假象的规定，应该受到法律处罚。

我们认为，在本案中，H公司与G证券公司的外勤人员相互串通共谋，违反有关法律规定，以事先约定的时间、价格和方式相互进行证券交易，在有价证券市场上实施一连串的买卖交易行为。这种人为的行为会影响其他投资者对市场行情的判断，使投资者对该有价证券产生买卖繁荣的误解，进行大量股票买卖而影响行情变动，使原来每股500日元左右的股价上涨到每股1,700日元左右，严重影响当地证券交易价格和证券交易量，从而影响正常的证券交易秩序。也就是说，H公司与G证券公司的外勤人员约定，以双方约定的价格在自己卖出或者买入时做相反的买卖。上述各种假装买卖和通谋买卖的行为，通常要通过证券经纪人才能进行，形成委托和受托关系。如果受托人认识到委托人是实施假装买卖或通谋而仍然受托时，对这些委托当然要处罚。在相同时间内针对某证券进行的交易，在价格及数量方面相同或相近，更重要的是交易方向相反。这样就增加了投资判断失误的危险，造成投资者严重的经济损失，应该认定为该行为构成操纵证券交易价格罪。

当然，如果行为人虽以自己不同的账户在相同时间内进行证券交易，但其所交易的证券在数量和价格方面不相近，方向也不相反，或虽在相同的时间进行证券交易，其投资交易的证券在数量和价格方面也相近，但其交易方向并不相反，或其所交易的证券在数量和价格方面虽然相近，交易方面也相反，但不是在相同的时间内进行的，都不构成操纵证券交易价格的行为。

操纵证券交易价格是人为地影响证券的供求关系。操纵行为扭曲了证券市场价格，扰乱了证券市场正常发挥其资源配置的功能，虚构供求关系，误导资金流向。投资者受制于少数操纵者的个人意志而非市场本身正常的供求关系。这是与证券市场的“公平、公正、公开”原则背道而驰的。因此，世界各国无不例外地对操纵证券市场价格进行严厉打击。美国证券立法严厉禁止各种形式的价格操纵行为，对散布操纵性信息，串通共谋、约定价格，一方卖出而另一方作相应买进，或者故意抬价压价等操纵证券行情行为均给予严厉的处罚，有的州刑法规定操纵证券交易价格犯罪的最高法定刑是 10 年监禁和 250 万美元罚金。美国法典十八第三百七十一节规定：对以任何方式、为任何目的共谋对美国证券市场进行操纵或者欺诈，且他们其中的一个或多人的行为有助于共谋的，每人得各处以 10,000 美元以下的罚金或五年以下的监禁，或并处罚金和监禁。

在美国司法实践中，关于操纵证券交易价格最为有名的是所罗门兄弟公司操纵案和米尔肯操纵案。所罗门兄弟公司是美国国债一级自营商，法律规定其代客买卖的比例不能超过该批国债总额的 35%。但该公司为了能够操纵美国国债市场，在几次代客申购国债过程中，假借他人名义，总共购买了每批国债总额的 90%，非法获得巨额暴利，一时间成为华尔街最大的国债承销商。经美国证券交易委员会查处，该公司被没收非法赢利，处以罚款，暂停一级自营商资格。1990 年，米尔肯以操纵行情等六项重罪被判 10 年监禁，此前美国证券交易委员会还对米尔肯进行了高达 6 亿美元的罚款处理。①

韩国《证券和交易法》对操纵证券交易价格犯罪也进行了相对严格的规定。该法第一百零五条规定，事先与他人达成协议，售出证券，而后者则在同一时间，按照与售价相同的价格买入这些证券；事先与他人达成协议，购买证券，而后者则在同一时间，按照与购入价相同价格卖出这些证券；通过采取不转移所有权的办法进行虚假证券交易的行为，都是操纵证券交易价格犯罪。在韩国，构成操纵证券交易价格罪的，将被处以 3 年以下劳役监禁和 2,000 万韩元以下罚金。在日本，操纵证券交易价格罪的行为构成多种多样，一般而言，包括联手操作、相对委托、洗售等方式。构成操纵证券交易价格罪的，要处以 3 年以下监禁和 300 万日元以下罚金。日本《证券交易法》第一百二十五条规定，对

① 米尔肯是 20 世纪 80 年代末美国垃圾债券的霸主，其经手承销的垃圾债券（高风险、高收益债券的俗称）总额达上万亿美元，通过承销、操纵行情、偷税等活动，估计其获利数额约有几十亿美元。

该有价证券并不转移所有权而伪装进行买卖交易者，在自己出售有价证券时，与他人通谋以约定价格使其作购买该有价证券之行为以及与他人通谋以约定价格使其作出售该有价证券之行为，都可以视为操纵证券交易价格犯罪。[①]

风险警示

本案中，主要涉及合谋进行操纵证券交易价格。H公司的董事长W买进N公司的大量股票后，便与G证券公司的外勤人员合谋，对N公司的股票，反复假装买卖，寻致其股价高涨，变相操纵股价，导致交易量和交易额的增大而发生变化，诱使其他投资者跟进买卖，而操纵者乘机抛售以牟取不义之财。东京地方法院经过审理后认为，H公司与G证券公司的外勤人员违反了《证券交易法》第一百二十五条。

一般而言，证券操纵中的"合谋"主要有以下几种形式。

1. 合谋操纵

合谋操纵，又称为"相对委托"或"通谋买卖"，指行为人与他人通谋，由一方作出交易委托，另一方按照已经知悉的对方委托内容，在同一时间、地点，以相同的数量、价格委托证券商，并达成交易的行为。日本《证券交易法》第一百二十五条对合谋买卖行为的要件规定为：第一，主观上与虚买虚卖相同，即主观上具有制造某种或数种证券积极交易的假象的目的，以引诱他人进入证券市场买卖股票；第二，客观上交易双方有通谋行为，即要求双方的委托在时间、价格、数量上有相似性。也就是说，在不正当操纵证券时，两个或者更多的个人或者机构联合起来组成一个临时性的联盟，由相同或不同当事人，或者为了相同或不同当事人已经或将要在实际上相同的时间以实际相同的价格卖出该证券的实际相同类型的指令，而发出购买该证券的指令，或者由相同或不同当事人，或者为了相同或不同当事人已经或将要在实际相同的时间以实际上相同的价格购买该证券的实际相同类型的指令，而发出卖出该证券的指令，共同

---

① 祝二军著：《证券犯罪的认定与处理》，人民法院出版社2000年版，第436—443页。

完成对证券交易价格的操控。

2. 串谋合约

串谋合约典型地应用于合谋操纵中。串谋合约可以是几个人为了通过一个联合账户积极买卖某种股票而达成的简单的、口头的协议；也可以是一个明确了各成员各方面的权利和义务的合同。例如，以双方约定的价格在自己卖出或者买入时做相反的交易，即所交易的证券在价格和数量方面相同或相近，交易方向相反。如果上市公司以自己不同的账户在相同的时间内进行证券交易。这种串谋通常被称为辛迪加，这种合约指定了经理及其回报，它明确了各成员出资额；它说明了有效期和分享利益或分担损失的方式；它强调了任何事情上各方应行动一致。平时，参与者收到组织寄来的信，他们背书签名再把信还给合谋操纵的组织者。[①]

3. 内线同谋

在20世纪20年代，邀请股份公司的重要主管和执行官员加入合谋串谋中是相当普遍的。这种同谋服务于合伙串谋者和内线知情者的双方相互利益。这种同谋的三种方式使合伙串谋受益：（1）它使合伙串谋者能够从该公司获得期权；（2）它使公司在经营方面保证对合伙串谋者友好；（3）它向合伙串谋经理人员积极提供重要的信息。

通过这种串谋，内线人保证对合伙串谋者友好。因为他们是靠合伙串谋操纵获利的，所以内线人在每个方面都很合作，他们不会透露关于公司或合伙串谋的不利消息，他们不会和串谋合伙作对，也不会帮助别人这样做。

4. 专家同谋

由于专家对市场了如指掌，这对于安排合伙串谋的操纵时间极为有用。在很多案例中，操纵者会安排这些专家入座经纪人席，操纵账户，自由买卖。他们运用自己优秀的判断，引导合伙串谋的买卖操纵，而使合伙同谋赚得更大利润。

而专家可以从这种的操纵中获利，在参议院对股票交易活动的调查中清楚

① 顾肖荣、张国炎著:《证券期货犯罪比较研究》，法律出版社2003年版，第176—178页。

地指明了这一点。例如，在一次FOX合伙串谋中，被授权在交易席中自由进行买卖操纵的两位专家，作为参与者得到42,000美元；此外，经理开给他们一张10,000美元的支票来“感谢他们在运作一个有序的市场中所做的工作”。[①]

附：

1. 我国刑法对操纵证券交易价格行为的规定

第一百八十二条（操纵证券、期货市场罪）规定，有下列情形之一，操纵证券、期货市场，情节严重的，处五年以下有期徒刑或者拘役，并处或者单处罚金；情节特别严重的，处五年以上十年以下有期徒刑，并处罚金：（1）单独或者合谋，集中资金优势、持股或者持仓优势或者利用信息优势联合或者连续买卖，操纵证券、期货交易价格或者证券、期货交易量的；（2）与他人串通，以事先约定的时间、价格和方式相互进行证券、期货交易，影响证券、期货交易价格或者证券、期货交易量的；（3）在自己实际控制的账户之间进行证券交易或者以自己为交易对象，自买自卖期货合约，影响证券、期货交易价格或者证券、期货交易量的；（4）以其他方法操纵证券、期货市场的。单位犯前款罪的，对单位判处罚金，并对其直接负责的主管人员和其他直接责任人员，依照前款的规定处罚。

2. 我国证券法对操纵证券交易价格行为的规定

《中华人民共和国证券法》第七十一条规定，禁止任何人以下列手段获取不正当利益或者转嫁风险：（1）通过单独或者合谋，集中资金优势、持股优势或者利用信息优势联合或者连续买卖，操纵证券交易价格；（2）与他人串通，以事先约定的时间、价格和方式相互进行证券交易或者相互买卖并不持有的证券，影响证券交易价格或者证券交易量；（3）以自己为交易对象，进行不转移所有权的自买自卖，影响证券交易价格或者证券交易量；（4）以其他方法操纵证券交易价格。

第一百八十四条规定，任何人违反本法第七十一条规定，操纵证券交易价

---

① 顾肖荣、张国炎著《证券期货犯罪比较研究》，法律出版社2003年版，第180页。

格，或者制造证券交易的虚假价格或者证券交易量，获取不正当利益或者转嫁风险的，没收违法所得，并处以违法所得一倍以上五倍以下的罚款。构成犯罪的，依法追究刑事责任。

2015 年修订的《证券市场禁入规定》中规定：违反法律、行政法规或者中国证监会有关规定，情节严重的，可以对有关责任人员采取 3 至 5 年的证券市场禁入措施；行为恶劣、严重扰乱证券市场秩序、严重损害投资者利益或者在重大违法活动中起主要作用等情节较为严重的，可以对有关责任人员采取 5 至 10 年的证券市场禁入措施；违反法律、行政法规或者中国证监会有关规定，从事欺诈发行、内幕交易、操纵市场等违法行为，严重扰乱证券、期货市场秩序并造成严重社会影响，或者获取违法所得等不当利益数额特别巨大，或者致使投资者利益遭受特别严重损害的，可以对有关责任人员采取终身的证券市场禁入措施。

3. 韩国《证券和交易法》对操纵证券交易价格犯罪规定

《证券和交易法》第一百零五条（对操纵价格等不公平交易的限制）规定，任何人都不得在交易挂牌证券时，为了制造出交易活跃的假象或使得他人做出错误判断而采取以下行动：（1）事先与他人达成协议，售出证券，而后者则在同一时间，按照与售价相同的价格买入这些证券；（2）事先与他人达成协议，购买证券，而后者则在同一时间，按照与购入价相同的价格卖出这些证券；（3）通过采取不转移所有权的办法进行虚假的证券交易；或（4）委托或接受他人委托进行本款第一至三项所指的行为。

任何人都不得为了在证券市场上引诱他人购买或销售证券，而采取下列行为：（1）委托他人或受人委托，独自或与他人合谋在进行交易时，制造交易活跃的假象或制造使人误解的表象，或使得该证券的价格发生波动；（2）散布谣言，使得证券的价格在其本人或他人的操纵下发生波动；或（3）蓄意散布关于证券交易的假材料或使人发生误解的材料。

任何人都不能违反总统法令的规定，为了把某种证券的价格钉住或稳定住，委托他人及接受他人委托，独立或联合他人在证券市场上进行交易。

任何人都不能进行以下与证券的买卖或其他交易有关的活动：（1）为了获

取不正当的利益，故意散布假行情、不真实的情况或其他谣言，或故意进行欺骗；（2）为了获取货币收入或其他具有财产价值的利益，通过提供虚假的主要事实、使用略去所需资料的文件等手段引诱他人做出错误理解。

《证券和交易法》第二百零八条规定，有违反该法第一百零五条规定者，将被处以3年以下劳役监禁和2,000万元以下罚金。[①]

4. 日本法律有关操纵证券交易价格的规定

日本《证券交易法》第一百二十五条规定，任何人都不得与他人通谋制造上市有价证券买卖繁荣的假象，以使他人对有价证券的买卖产生误解为目的，而进行下列行为：（1）对该有价证券并不转移所有权而伪装进行买卖交易者；（2）在自己出售有价证券时，与他人通谋以约定价格使其作购买该有价证券之行为；（3）在自己购买有价证券时，与他人通谋以约定价格使其作出售该有价证券之行为；（4）进行以上各款行为的委托或受托。

任何人都不得在有价证券市场上以引诱买卖有价证券为目的而进行下列行为：（1）单独或与他人共谋，使之对该有价证券产生买卖繁荣的误解，或行情将有变动而进行买卖交易，或者进行委托或受托的行为；（2）自己或与他人共谋，散布有价证券行情要有变动的流言；（3）进行有价证券的买卖时，对主要事项故意制造虚假的或能够产生误解的表示。

任何人都不得单独或与他人共谋，违反政令规定，以固定或稳定有价证券行情为目的，在有价证券市场不断地进行买卖交易，或者委托或受托行为。

第一百九十七条规定，违反第一百二十五条规定者，要处以3年以下监禁和300万日元以下罚金。

第一百五十九条第一款第一、二、三、八项对假装买卖做出进一步规定，对在证券交易所上市的有价证券、有价证券指数或者期权，任何人都不得制造有价证券买卖交易繁荣的现象和其他容易使人产生误解的有关有价证券买卖交易的各种情况，并且不得以使他人产生误解为目的而实施下列行为：（a）对该有价证券不以转移权利为目的而假装进行买卖交易的；（b）对

---

① 祝二军著：《证券犯罪的认定与处理》，人民法院出版社2000年版，第436—443页。

该有价证券指数或者关系到该有价证券的有价证券指数期货交易，不以金钱的授受为目的而假装进行买卖交易的；（c）对关系到该期权的有价证券期权交易，不以取得或交付该期权为目的而假装进行交易的；（d）上述（a）到（c）所列举的行为的委托或者受托。

第一百五十九条第一款对通谋买卖也做出以下具体规定：对在证券交易所上市的有价证券、有价证券指数或者期权，任何人都不得制造有价证券买卖交易繁荣的现象和其他容易使人产生误解的有关有价证券买卖交易的各种情况，并且不得以使他人产生误解为目的而实施下列行为：（a）预先与他人通谋，约定在自己售出有价证券的同时，使其以相同的价格购买该有价证券，在此约定的基础上，售出该有价证券的；（b）预先与他人通谋，约定在自己购买有价证券的同时，使其以相同的价格售出该有价证券，在此约定的基础上，购买该有价证券的；（c）预先与他人通谋，约定在自己申请有价证券指数或关系到有价证券的有价证券指数及期货交易的同时，使他人以与自己相同的约定指数或约定数值充当该交易的相对人，在此约定的基础上，申请该交易的；（d）预先与他人通谋，约定在自己申请关系到期权的有价证券期权交易的同时，使他人以与自己交易的对价额相同的数额充当该交易的相对人，在此约定的基础上，申请该交易的；（e）上述（a）到（d）所列举的委托或受托（委托罪、受托罪）。

5. 我国香港地区《证券条例》对操纵证券交易行为的规定

我国香港地区《证券条例》第一百三十五条规定，当任何证券的市场价格借下列方法被推高、压低、固定或稳定时，即就该证券而言，便构成制造虚假市场：（a）由某些人合力互相进行出售及购买，目的是确保该种证券达到某市场价格，但该市场价格，就发行该种证券的法人的资产或该法人的利润而言，是并无充分理由支持的；（b）具有阻止或限制关于证券的购买或出售而自由商议市场价格的作用的任何作为；（c）使用任何虚构的交易或手段或其他任何形式的欺骗或诡计。

我国香港地区《证券条例》还规定了如下操纵证券交易行为：（1）不涉及实益拥有权转变的证券交易；对冲性交易［《证券条例》第一百三十五（三）（四）条］。（2）流传或散播资料［《证券条例》第一百三十五（五）条］。（3）

使用欺诈或欺骗手段（《证券条例》第一百三十六条）。（4）证券价格的限制（《证券条例》第一百三十七条）。

第一百三十九条规定，任何人违反第一百三十五、一百三十六或一百三十七条的任何规定，即属犯罪，处5万港元以下的罚款或2年以下的监禁。

第一百四十一条规定，任何违反第一百三十五、一百三十六或一百三十七条的人，除按照第一百三十九条承担刑事责任外，还有责任对自己造成的损害支付赔偿。违反第一百三十五、一百三十六或一百三十七条，可能导致某些证券价格的上升或下跌，从而给那些证券的购买者和出售者造成损失。根据第141（1）条，这些受损的当事人，可以起诉那些违反第一百三十五、一百三十六或一百三十七条的人，请求损害赔偿。第一百四十一（二）条规定，尽管有关违反规定的行为并没有依据第一百三十九条被指控或被判罪，但这些违规行为的受害人仍可对违规人提起请求赔偿的诉讼。

6. 我国台湾地区“证券交易法”有关操纵证券交易价格行为的规定

我国台湾地区“证券交易法”第一百七十一条对操纵市场行为规定：（1）在有价证券集中交易市场报价，在已经有人承诺接受，却不实际成交或不履行交割，足以影响市场秩序的行为。（2）在集中交易市场，不转移证券所有权而伪做买卖的行为。（3）意图抬高或压低集中交易市场某种有价证券的交易价格，与他人通谋，以约定价格于自己出售或购买证券时，让约定人同时进行购买或出售的相对行为。（4）意图抬高或压低集中交易市场某种有价证券的交易价格，自行或以他人名义，对该有价证券连续以高价买入或低价卖出的行为。（5）意图影响集中交易市场有价证券交易价格，而散布流言或不实资料的行为。（6）直接或间接从事其他影响集中交易市场某种有价证券交易价格的操纵行为。

第一百七十一条规定，对构成操纵证券市场罪的，处7年以下有期徒刑，拘役或科或并科25万元以下罚金。

第一百五十五条第三项规定，违反前两项规定者，对善意买入或卖出有价证券之人所受之损害，应负赔偿之责。也就是说，操纵证券市场的行为人，对于善意买入或卖出该种有价证券之相对人因此而遭受到的损害，应负赔偿责任。

四、金融市场最新法律法规及政策

导 读

近年来，互联网技术、信息通信技术不断取得突破，推动互联网与金融快速融合，促进了金融创新，提高了金融资源配置效率，但也存在风险隐患。为了更好遵循“鼓励创新、防范风险、趋利避害、健康发展”总体要求，从金融业健康发展全局出发，促进互联网金融健康发展，作者将近年来互联网金融市场中最重要的法律、法规、行政法规、司法解释、部门规章制度以及通知等编撰成册，例如收录了《关于加大通过互联网开展资产管理业务整治力度及开展验收工作的通知》以及《关于规范整顿“现金贷”业务的通知》，等监管类法规，目的就是帮助读者在了解监管部门对互联网金融的政策导向，让互金平台、广大投资者以及金融机构充分了解互联网资产管理的最新条件、最新要求，让广大借款人真实地知晓现金贷的真实面目，并对那些无时无刻不在的无场景依托、无指定用途、无客户群体限定、无抵押的“现金贷”有一个全面认识，充分保护金融消费者权益。

与此同时，鉴于我国资产管理业务高速发展，在满足居民和企业投融资需求、改善社会融资结构等方面发挥了积极作用，但存在业务发展不规范、多层嵌套、刚性兑付、规避金融监管和宏观调控等问题，编者整理了不少大多数非银行金融机构并不了解国家最新法律法规和金融政策，帮助广大读者建立对过度借贷、重复授信、不当催收、畸高利率、侵犯个人隐私的清醒的心理防线，对隐藏其中的金融风险、人身危险和社会风险隐患，诸如恶意欺诈、发放高利贷和暴力催收等非法行为有一个正确的防范准备，引导广大金融消费者有效预防和识别少数机构以不道德方式诱致借款人过度举债和债务陷阱……

为了切实帮助非银行金融机构、互金平台以及消费金融公司有效防范风险，编者整理了最新的金融资产管理办法，特别是资金信托，证券公司、基金管理

公司、基金管理子公司、期货公司、保险资产管理机构、金融资产管理公司发行的各类金融资产管理产品，使读者（投资者）清楚地认识国家已经明确要求，资管行业必须打破刚性兑付的老旧规则，正在向着市场化迈进，向读者（投资者）传递“卖者尽责、买者自负”的理念。

总之，我们希望这些金融市场风险法律、法规和部门规章制度的编撰，有助于提升金融消费者自我保护能力，加强投资者教育，提高投资者金融知识水平和风险意识有所帮助，提高非银行金融机构的遵纪守法的自觉性，不踩政策红线，不干违法业务，不推应负法律责任，共同推动我国金融市场走向更高、更快、更健康的美好明天。

1. 互联网金融市场

互联网金融风险专项整治工作实施方案

（2016 年 4 月 12 日　国办发〔2016〕21 号）

规范发展互联网金融是国家加快实施创新驱动发展战略、促进经济结构转型升级的重要举措，对于提高我国金融服务的普惠性，促进大众创业、万众创新具有重要意义。经党中央、国务院同意，2015 年 7 月人民银行等十部门联合印发了《关于促进互联网金融健康发展的指导意见》(以下简称《指导意见》)；有关部门及时出手，打击处置一批违法经营金额大、涉及面广、社会危害大的互联网金融风险案件，社会反映良好。为贯彻落实党中央、国务院决策部署，鼓励和保护真正有价值的互联网金融创新，整治违法违规行为，切实防范风险，建立监管长效机制，促进互联网金融规范有序发展，制定本方案。

一、工作目标和原则

（一）工作目标

落实《指导意见》要求，规范各类互联网金融业态，优化市场竞争环境，扭转互联网金融某些业态偏离正确创新方向的局面，遏制互联网金融风险案件高发频发势头，提高投资者风险防范意识，建立和完善适应互联网金融发展特点的监管长效机制，实现规范与发展并举、创新与防范风险并重，促进互联网金融健康可持续发展，切实发挥互联网金融支持大众创业、万众创新的积极作用。

（二）工作原则

打击非法，保护合法。明确各项业务合法与非法、合规与违规的边界，守好法律和风险底线。对合法合规行为予以保护支持，对违法违规行为予以坚决打击。

积极稳妥，有序化解。工作稳扎稳打，讲究方法步骤，针对不同风险领域，明确重点问题，分类施策。根据违法违规情节轻重和社会危害程度区别对待，做好风险评估，依法、有序、稳妥处置风险，防范处置风险的风险。同时坚持公平公正开展整治，不搞例外。

明确分工，强化协作。按照部门职责、《指导意见》明确的分工和本方案要求，采取“穿透式”监管方法，根据业务实质明确责任。坚持问题导向，集中力量对当前互联网金融主要风险领域开展整治，有效整治各类违法违规活动。充分考虑互联网金融活动特点，加强跨部门、跨区域协作，共同承担整治任务，共同落实整治责任。

远近结合，边整边改。立足当前，切实防范化解互联网金融领域存在的风险，对违法违规行为形成有效震慑。着眼长远，以专项整治为契机，及时总结提炼经验，形成制度规则，建立健全互联网金融监管长效机制。

二、重点整治问题和工作要求

（一）P2P 网络借贷和股权众筹业务

1. P2P 网络借贷平台应守住法律底线和政策红线，落实信息中介性质，不得设立资金池，不得发放贷款，不得非法集资，不得自融自保、代替客户承诺保本保息、期限错配、期限拆分、虚假宣传、虚构标的，不得通过虚构、夸大融资项目收益前景等方法误导出借人，除信用信息采集及核实、贷后跟踪、抵质押管理等业务外，不得从事线下营销。

2. 股权众筹平台不得发布虚假标的，不得自筹，不得“明股实债”或变相乱集资，应强化对融资者、股权众筹平台的信息披露义务和股东权益保护要求，不得进行虚假陈述和误导性宣传。

3.P2P 网络借贷平台和股权众筹平台未经批准不得从事资产管理、债权或股权转让、高风险证券市场配资等金融业务。P2P 网络借贷平台和股权众筹平台客户资金与自有资金应分账管理，遵循专业化运营原则，严格落实客户资金第三方存管要求，选择符合条件的银行业金融机构作为资金存管机构，保护客户资金安全，不得挪用或占用客户资金。

4. 房地产开发企业、房地产中介机构和互联网金融从业机构等未取得相关金融资质，不得利用 P2P 网络借贷平台和股权众筹平台从事房地产金融业务；取得相关金融资质的，不得违规开展房地产金融相关业务。从事房地产金融业务的企业应遵守宏观调控政策和房地产金融管理相关规定。规范互联网“众筹买房”等行为，严禁各类机构开展“首付贷”性质的业务。

（二）通过互联网开展资产管理及跨界从事金融业务

1. 互联网企业未取得相关金融业务资质不得依托互联网开展相应业务，开展业务的实质应符合取得的业务资质。互联网企业和传统金融企业平等竞争，行为规则和监管要求保持一致。采取“穿透式”监管方法，根据业务实质认定业务属性。

2. 未经相关部门批准，不得将私募发行的多类金融产品通过打包、拆分等形式向公众销售。采取“穿透式”监管方法，根据业务本质属性执行相应的监管规定。销售金融产品应严格执行投资者适当性制度标准，披露信息和提示风险，不得将产品销售给与风险承受能力不相匹配的客户。

3. 金融机构不得依托互联网通过各类资产管理产品嵌套开展资产管理业务、规避监管要求。应综合资金来源、中间环节与最终投向等全流程信息，采取“穿透式”监管方法，透过表面判定业务本质属性、监管职责和应遵循的行为规则与监管要求。

4. 同一集团内取得多项金融业务资质的，不得违反关联交易等相关业务规范。按照与传统金融企业一致的监管规则，要求集团建立“防火墙”制度，遵循关联交易等方面的监管规定，切实防范风险交叉传染。

（三）第三方支付业务

1. 非银行支付机构不得挪用、占用客户备付金，客户备付金账户应开立在人民银行或符合要求的商业银行。人民银行或商业银行不向非银行支付机构备付金账户计付利息，防止支付机构以“吃利差”为主要盈利模式，理顺支付机构业务发展激励机制，引导非银行支付机构回归提供小额、快捷、便民小微支付服务的宗旨。

2. 非银行支付机构不得连接多家银行系统，变相开展跨行清算业务。非银行支付机构开展跨行支付业务应通过人民银行跨行清算系统或者具有合法资质的清算机构进行。

3. 开展支付业务的机构应依法取得相应业务资质，不得无证经营支付业务，开展商户资金结算、个人 POS 机收付款、发行多用途预付卡、网络支付等业务。

（四）互联网金融领域广告等行为

互联网金融领域广告等宣传行为应依法合规、真实准确，不得对金融产品和业务进行不当宣传。未取得相关金融业务资质的从业机构，不得对金融业务或公司形象进行宣传。取得相关业务资质的，宣传内容应符合相关法律法规规定，需经有权部门许可的，应当与许可的内容相符合，不得进行误导性、虚假违法宣传。

三、综合运用各类整治措施，提高整治效果

（一）严格准入管理

设立金融机构、从事金融活动，必须依法接受准入管理。未经相关有权部门批准或备案从事金融活动的，由金融管理部门会同工商部门予以认定和查处，情节严重的，予以取缔。工商部门根据金融管理部门的认定意见，依法吊销营业执照；涉嫌犯罪的，公安机关依法查处。非金融机构、不从事金融活动的企业，在注册名称和经营范围中原则上不得使用“交易所”、“交易中心”、“金融”、“资产管理”、“理财”、“基金”、“基金管理”、“投资

管理”、“财富管理”、“股权投资基金”、“网贷”、“网络借贷”、“P2P”、“股权众筹”、“互联网保险”、“支付”等字样。凡在名称和经营范围中选择使用上述字样的企业（包括存量企业），工商部门将注册信息及时告知金融管理部门，金融管理部门、工商部门予以持续关注，并列入重点监管对象，加强协调沟通，及时发现识别企业擅自从事金融活动的风险，视情采取整治措施。

（二）强化资金监测

加强互联网金融从业机构资金账户及跨行清算的集中管理，对互联网金融从业机构的资金账户、股东身份、资金来源和资金运用等情况进行全面监测。严格要求互联网金融从业机构落实客户资金第三方存管制度，存管银行要加强对相关资金账户的监督。在整治过程中，特别要做好对客户资金的保护工作。

（三）建立举报和“重奖重罚”制度

针对互联网金融违法违规活动隐蔽性强的特点，发挥社会监督作用，建立举报制度，出台举报规则，中国互联网金融协会设立举报平台，鼓励通过“信用中国”网站等多渠道举报，为整治工作提供线索。推行“重奖重罚”制度，按违法违规经营数额的一定比例进行处罚，提高违法成本，对提供线索的举报人给予奖励，奖励资金列入各级财政预算，强化正面激励。加强失信、投诉和举报信息共享。

（四）加大整治不正当竞争工作力度

对互联网金融从业机构为抢占市场份额向客户提供显失合理的超高回报率以及变相补贴等不正当竞争行为予以清理规范。高风险高收益金融产品应严格执行投资者适当性标准，强化信息披露要求。明确互联网金融从业机构不得以显性或隐性方式，通过自有资金补贴、交叉补贴或使用其他客户资金向客户提供高回报金融产品。高度关注互联网金融产品承诺或实际收益水平显著高于项目回报率或行业水平相关情况。中国互联网金融协会建立专家评审委员会，商相关部门对互联网金融不正当竞争行为进行评估认定，并将结果移交相关部门作为惩处依据。

（五）加强内控管理

由金融管理部门和地方人民政府金融管理部门监管的机构应当对机构自身与互联网平台合作开展的业务进行清理排查，严格内控管理要求，不得违反相关法律法规，不得与未取得相应金融业务资质的互联网企业开展合作，不得通过互联网开展跨界金融活动进行监管套利。金融管理部门和地方人民政府在分领域、分地区整治中，应对由其监管的机构与互联网企业合作开展业务的情况进行清理整顿。

（六）用好技术手段

利用互联网思维做好互联网金融监管工作。研究建立互联网金融监管技术支持系统，通过网上巡查、网站对接、数据分析等技术手段，摸底互联网金融总体情况，采集和报送相关舆情信息，及时向相关单位预警可能出现的群体性事件，及时发现互联网金融异常事件和可疑网站，提供互联网金融平台安全防护服务。

四、加强组织协调，落实主体责任

（一）部门统筹

成立由人民银行负责同志担任组长，有关部门负责同志参加的整治工作领导小组（以下简称领导小组），总体推进整治工作，做好工作总结，汇总提出长效机制建议。领导小组办公室设在人民银行，银监会、证监会、保监会、工商总局和住房城乡建设部等派员参与办公室日常工作。人民银行、银监会、证监会、保监会和工商总局根据各自部门职责、《指导意见》明确的分工和本方案要求，成立分领域工作小组，分别负责相应领域的专项整治工作，明确对各项业务合法合规性的认定标准，对分领域整治过程中发现的新问题，划分界限作为整治依据，督促各地区按照全国统一部署做好各项工作。

（二）属地组织

各省级人民政府成立以分管金融的负责同志为组长的落实整治方案领导小组（以下称地方领导小组），组织本地区专项整治工作，制定本地区专项整治工作方案并向领导小组报备。各地方领导小组办公室设在省（区、市）金融办（局）或人民银行省会（首府）城市中心支行以上分支机构。各省级人民政府应充分发挥资源统筹调动、靠近基层一线优势，做好本地区摸底排查工作，按照注册地对从业机构进行归口管理，对涉嫌违法违规的从业机构，区分情节轻重分类施策、分类处置，同时切实承担起防范和处置非法集资第一责任人的责任。各省级人民政府应全面落实源头维稳措施，积极预防、全力化解、妥善处置金融领域不稳定问题，守住不发生系统性区域性金融风险的底线，维护社会和谐稳定。

（三）条块结合

各相关部门应积极配合金融管理部门开展工作。工商总局会同金融管理部门负责互联网金融广告的专项整治工作，金融管理部门与工商总局共同开展以投资理财名义从事金融活动的专项整治。工业和信息化部负责加强对互联网金融从业机构网络安全防护、用户信息和数据保护的监管力度，对经相关部门认定存在违法违规行为的互联网金融网站和移动应用程序依法予以处置，做好专项整治的技术支持工作。住房城乡建设部与金融管理部门共同对房地产开发企业和房地产中介机构利用互联网从事金融业务或与互联网平台合作开展金融业务的情况进行清理整顿。中央宣传部、国家互联网信息办公室牵头负责互联网金融新闻宣传和舆论引导工作。公安部负责指导地方公安机关对专项整治工作中发现的涉嫌非法集资、非法证券期货活动等犯罪问题依法查处，强化防逃、控赃、追赃、挽损工作；指导、监督、检查互联网金融从业机构落实等级保护工作，监督指导互联网金融网站依法落实网络和信息安全管理制度、措施，严厉打击侵犯用户个人信息安全的违法犯罪活动；指导地方公安机关在地方党委、政府的领导下，会同相关部门共同做好群体性事件的预防和处置工作，维护社会稳定。国家信访局负责信访人相关信访诉求事项的接待受理工作。中央维稳办、最高人民法院、最高人民检察院等配合做好相关工作。中国互联网金融协会要发挥行业自律作用，健全自律规则，实施必要的自律惩戒，建立举报制度，做好风险预警。

（四）共同负责

各有关部门、各省级人民政府应全面掌握牵头领域或本行政区域的互联网金融活动开展情况。在省级人民政府统一领导下，各金融管理部门省级派驻机构与省（区、市）金融办（局）共同牵头负责本地区分领域整治工作，共同承担分领域整治任务。对于产品、业务交叉嵌套，需要综合全流程业务信息以认定业务本质属性的，相关部门应建立数据交换和业务实质认定机制，认定意见不一致的，由领导小组研究认定并提出整治意见，必要时组成联合小组进行整治。整治过程中相关牵头部门确有需要获取从业机构账户数据的，经过法定程序后给予必要的账户查询便利。

五、稳步推进各项整治工作

（一）开展摸底排查

各省级人民政府制定本地区清理整顿方案，2016 年 5 月 15 日前向领导小组报备。同时，各有关部门、各省级人民政府分别对牵头领域或本行政区域的情况进行清查。对于跨区域经营的互联网金融平台，注册所在地和经营所在地的省级人民政府要加强合作，互通汇总摸查情况，金融管理部门予以积极支持。被调查的单位和个人应接受依法进行的检查和调查，如实说明有关情况并提供有关文件、资料，不得拒绝、阻碍和隐瞒。相关部门可依法对与案件有关的情况和资料采取记录、复制、录音等手段取得证据。在证据可能灭失或以后难以取得的情况下，可依法先行登记保存，当事人或有关人员不得销毁或转移证据。对于涉及资金量大、人数众多的大型互联网金融平台或短时间内发展迅速的互联网金融平台、企业，一经发现涉嫌重大非法集资等违法行为，马上报告相关部门。各省级人民政府根据摸底排查情况完善本地区清理整顿方案。此项工作于 2016 年 7 月底前完成。

（二）实施清理整顿

各有关部门、各省级人民政府对牵头领域或本行政区域的互联网金融从业机构和业务活动开展集中整治工作。对清理整顿中发现的问题，向违规从业机构出具整改意见，并监督从业机构落实整改要求。对违规情节较轻的，要求限期整改；拒不整改或违规情节较重的，依法依规坚决予以关闭或取缔；涉嫌犯罪的，移送相关司法机关。专项整治不改变、不替代非法集资和非法交易场所的现行处置制度安排。此项工作于 2016 年 11 月底前完成。

（三）督查和评估

领导小组成员单位和地方领导小组分别组织自查。领导小组组织开展对重点领域和重点地区的督查和中期评估，对于好的经验做法及时推广，对于整治工作落实不力，整治一批、又出一批的，应查找问题、及时纠偏，并建立问责机制。此项工作同步于 2016 年 11 月底前完成。

（四）验收和总结

领导小组组织对各领域、各地区清理整顿情况进行验收。各有关部门、各省级人民政府形成牵头领域或本行政区域的整治报告，报送领导小组办公室，此项工作应于 2017 年 1 月底前完成。领导小组办公室汇总形成总体报告和建立健全互联网金融监管长效机制的建议，由人民银行会同相关部门报国务院，此项工作于 2017 年 3 月底前完成。

六、做好组织保障，建设长效机制

各有关部门、各省级人民政府要做好组织保障，以整治工作为契机，以整治过程中发现的问题为导向，按照边整边改、标本兼治的思路，抓紧推动长效机制建设，贯穿整治工作始终。

（一）完善规章制度

加快互联网金融领域各项规章制度制定工作，对于互联网金融各类创新业务，及时研究制定相关政策要求和监管规则。立足实践，研究解决互联网金融领域暴露出的金融监管体制不适应等问题，强化功能监管和综合监管，抓紧明确跨界、交叉型互联网金融产品的“穿透式”监管规则。

（二）加强风险监测

建立互联网金融产品集中登记制度，研究互联网金融平台资金账户的统一设立和集中监测，依靠对账户的严格管理和对资金的集中监测，实现对互联网金融活动的常态化监测和有效监管。加快推进互联网金融领域信用体系建设，强化对征信机构的监管，使征信为互联网金融活动提供更好的支持。加强互联网金融监管技术支持，扩展技术支持系统功能，提高安全监控能力。加强部门间信息共享，建立预警信息传递、核查、处置快速反应机制。

（三）完善行业自律

充分发挥中国互联网金融协会作用，制定行业标准和数据统计、信息披露、反不正当竞争等制度，完善自律惩戒机制，开展风险教育，形成依法依规监管与自律管理相结合、对互联网金融领域全覆盖的监管长效机制。

（四）加强宣传教育和舆论引导

各有关部门、各省级人民政府应加强政策解读及舆论引导，鼓励互联网金融在依法合规的前提下创新发展。以案说法，用典型案例教育群众，提高投资者风险防范意识。主动、适时发声，统一对外宣传口径，有针对性地回应投资人关切和诉求。以适当方式适时公布案件进展，尽量减少信息不对称的影响。加强舆情监测，强化媒体责任，引导投资人合理合法反映诉求，为整治工作营造良好的舆论环境。

关于加大通过互联网开展资产管理业务整治力度及开展验收工作的通知

（2018 年 3 月 28 日　整治办函〔2018〕29 号）

为做好通过互联网开展资产管理业务领域清理整顿工作，我办先后下发《关于做好通过互联网开展资产管理及跨界从事金融业务风险专项整治清理整顿工作的通知》（整治办函〔2016〕96 号）、《关于进一步做好互联网金融风险专项整治清理整顿工作的通知》（银发〔2017〕119 号）、《关于对互联网平台与各类交易场所合作从事违法违规业务开展清理整顿的通知》（整治办函〔2017〕64 号）等文件，明确了合法合规标准和清理整顿要求。各省领导小组办公室（以下简称各省整治办）认真落实各项要求，相关工作取得积极进展，存量违法违规业务规模有所下降，增量风险有所控制。

根据专项整治总体进度安排，下一阶段将进入验收及总结阶段。验收是本领域专项整治工作的关键环节，是对专项整治开展以来工作成效的检验。请各省整治办高度重视，明确工作目标，加大工作力度，引导从业机构依法合规开展业务，坚决打击违法违规互联网资产管理活动，打赢防范化解金融风险攻坚战。根据《国务院办公厅关于印发互联网金融风险专项整治工作实施方案的通知》（国办发〔2016〕21号）、《通过互联网开展资产管理及跨界从事金融业务风险专项整治工作实施方案》（银发〔2016〕113号）文件精神，现就本领域验收工作有关事宜通知如下：

一、验收标准

1. 通过互联网开展资产管理业务的本质是开展资产管理业务。资产管理业务作为金融业务，属于特许经营行业，须纳入金融监管。非金融机构不得发行、销售资产管理产品，国家另有规定的除外。

依托互联网公开发行、销售资产管理产品，须取得中央金融管理部门颁发的资产管理业务牌照或资产管理产品代销牌照。未经许可，不得依托互联网公开发行、销售资产管理产品。

2. 未经许可，依托互联网以发行销售各类资产管理产品（包括但不限于“定向委托计划”“定向融资计划”“理财计划”“资产管理计划”“收益权转让”）等方式公开募集资金的行为，应当明确为非法金融活动，具体可能构成非法集资、非法吸收公众存款、非法发行证券等。相关认定标准参照《中华人民共和国刑法》《最高人民法院关于审理非法集资刑事案件具体应用法律若干问题的解释》《非法金融机构和非法金融业务活动取缔办法》《中华人民共和国证券法》等相关法律法规规定执行。

3. 未经许可，依托互联网自行销售资产管理产品的行为，须立即停止，存量业务应当最迟于2018年6月底前压缩至零。个别从业机构情况特别复杂、确有必要适当延长整改时限的，应经省级人民政府批准，并由省级人民政府指定相关部门负责后续整改监督及验收。

4. 互联网平台不得为各类交易场所代销（包括“引流”等方式变相提供代销服务）涉嫌突破国发〔2011〕38号文、国办发〔2012〕37号文以及清理整顿各类交易场所“回头看”政策要求的资产管理产品。互联网平台应配合各类交易场所妥善化解存量业务。

二、验收流程

1. 成立验收专班，制定工作方案。各省整治办应成立由省金融办（局）、人民银行分支机构以及银监局、证监局、保监局、公安、通信管理、市场监督管理等部门组成的验收工作专班，并充分调动第三方专业机构力量，制定验收工作方案并组织开展验收。

2. 验收阶段工作从2018年4月至2018年6月底，各省整治办可根据实际情况，对辖内从业机构进行分批次验收。验收应当实现重点对象全覆盖，对前期随机抽查发现仍在开展互联网资产管理业务的非重点对象也应纳入验收工作范围。

3. 各省整治办应要求辖内从业机构提交整改落实报告及验收申请，对照整治办函〔2016〕96 号文、银发〔2017〕119 号文、整治办函〔2017〕64 号文以及本通知明确的各项验收标准和相关法律法规，组织开展验收。验收措施可包括网络巡查、现场访谈、核查合同、调取账务数据、信息公示等，切实掌握从业机构违法违规业务化解情况。

三、分类处置

1. 对于已补齐资产管理业务相关牌照的机构，由各省整治办出具验收合格意见，并移交相关牌照发放部门进行日常监管。

2. 对于仍未持有资产管理业务相关牌照，但存量业务已经化解至零、未新增业务的机构，各省整治办应要求机构及其控制人出具不再从事互联网资产管理业务的承诺书，并限期办理工商及 ICP 备案变更等，确保工商注册信息及网站内容等不得含有与资产管理业务相关的误导性陈述。

3. 对于存量互联网资产管理业务未化解至零的机构，应明确为从事非法金融活动，纳入取缔类进行处置。各省整治办应当组织地方金融监管部门及中央金融管理部门派驻机构共同出具行政认定和处置意见，协调相关职能部门予以处置，包括注销电信经营许可、封禁网站、下架移动 APP、吊销工商营业执照，要求从事金融业务的持牌机构不得向其提供各类金融服务等。

各省整治办应组织相关部门对非法金融活动是否涉及非法集资、非法发行证券等进一步研判定性，并根据定性情况移送处置非法集资、打击非法证券活动等工作机制予以查处。

4. 对于网贷机构将互联网资产管理业务剥离、分立为不同实体的，应当将分立后的实体视为原网贷机构的组成部分，一并进行验收，承接互联网资产管理业务的实体未将存量业务压缩至零前，不得对相关网贷机构予以备案登记。各地应加强拟备案网贷机构的股东资质审核，对于存量违法违规业务未化解完成的互联网资产管理机构，不得对其实际控制人或股东投资设立的网贷机构予以备案登记。

各省整治办应当建立辖内网贷领域风险整治和互联网资产管理领域风险整治的协调协作机制，并加强与其他相关地区的沟通协作，加强信息互通。

四、其他相关要求

1. 以罚促改。对于未经许可依托互联网公开发行、销售资产管理产品的，应开展行政处罚，特别是对存量业务化解不力的机构，各省整治办应组织中央金融管理部门当地派驻机构对其是否存在变相吸收公众存款、非法发行证券等行为进行行政调查，按照《非法金融机构和非法金融业务活动取缔办法》《中华人民共和国证券法》《中华人民共和国商业银行法》等法律法规从重处罚。

2. 做好预案。各省整治局、在相关工作开展过程中，要做好风险应对预案，避免形成连锁反应和交叉传染。对拟取缔对象要稳妥制定取缔方案，协调机构实际控制人做好兑付安排，对停止金融服务工作做出具体安排，确保取缔工作平稳有序。各省整治办要协调地方政府相关部门全面落实源头维稳措施，积极预防、全力化解、妥善处置风险，守住不发生系统性金融风险的底线，维护社会稳定。

3. 协同配合。对于实际经营场所与注册地分离的互联网平台，由注册地省级整治力、负责组织验收，实际经营所在地省级整治办应积极配合、提供支持。

4. 信息公示。验收工作开展过程中，各省整治办应通过省金融办（局）官方网站及时公布辖内验收合格的机构、完成整改且承诺不再从事互联网资管业务的机构、取缔类机构名单，并动态更新，帮助公众有效识别风险。

5. 定期报告。请各省整治办自 2018 年 4 月起，每月月底前向我办报送当月验收工作进展情况（见附表）。

关于规范整顿“现金贷”业务的通知

（2017 年 12 月 1 日　整治办函〔2017〕141 号）

近期，具有无场景依托、无指定用途、无客户群体限定、无抵押等特征的“现金贷”业务快速发展，在满足部分群体正常消费信贷需求方面发挥了一定作用，但过度借贷、重复授信、不当催收、畸高利率、侵犯个人隐私等问题十分突出，存在着较大的金融风险和社会风险隐患。

为贯彻落实全国金融工作会议精神，依据《中华人民共和国银行业监督管理法》《中华人民共和国商业银行法》《非法金融机构和非法金融业务活动取缔办法》《关于小额贷款公司试点的指导意见》《互联网金融风险专项整治工作实施方案》《P2P 网络借贷风险专项整治工作实施方案》《通过互联网开展资产管理及跨界从事金融业务风险专项整治工作实施方案》《网络借贷信息中介机构业务活动管理暂行办法》等有关法律法规和政策文件，现就规范整顿“现金贷”业务有关事宜通知如下。

一、提高认识，准确把握“现金贷”业务开展原则

（一）设立金融机构、从事金融活动，必须依法接受准入管理。未依法取得经营放贷业

务资质，任何组织和个人不得经营放贷业务。

（二）各类机构以利率和各种费用形式对借款人收取的综合资金成本应符合最高人民法院关于民间借贷利率的规定，禁止发放或撮合违反法律有关利率规定的贷款。各类机构向借款人收取的综合资金成本应统一折算为年化形式，各项贷款条件以及逾期处理等信息应在事前全面、公开披露，向借款人提示相关风险。

（三）各类机构应当遵守“了解你的客户”原则，充分保护金融消费者权益，不得以任何方式诱致借款人过度举债，陷入债务陷阱。应全面持续评估借款人的信用情况、偿付能力、贷款用途等，审慎确定借款人适当性、综合资金成本、贷款金额上限、贷款期限、贷款展期限制、“冷静期”要求、贷款用途限定、还款方式等。不得向无收入来源的借款人发放贷款，单笔贷款的本息费债务总负担应明确设定金额上限，贷款展期次数一般不超过 2 次。

（四）各类机构应坚持审慎经营原则，全面考虑信用记录缺失、多头借款、欺诈等因素对贷款质量可能造成的影响，加强风险内控，谨慎使用“数据驱动”的风控模型，不得以各种方式隐匿不良资产。

（五）各类机构或委托第三方机构均不得通过暴力、恐吓、侮辱、诽谤、骚扰等方式催收贷款。

（六）各类机构应当加强客户信息安全保护，不得以“大数据”为名窃取、滥用客户隐私信息，不得非法买卖或泄露客户信息。

二、统筹监管，开展对网络小额贷款清理整顿工作

（一）小额贷款公司监管部门暂停新批设网络（互联网）小额贷款公司；暂停新增批小额贷款公司跨省（区、市）开展小额贷款业务。已经批准筹建的，暂停批准开业。

小额贷款公司的批设部门应符合国务院有关文件规定。对于不符合相关规定的已批设机构，要重新核查业务资质。

（二）严格规范网络小额贷款业务管理。暂停发放无特定场景依托、无指定用途的网络小额贷款，逐步压缩存量业务，限期完成整改。应采取有效措施防范借款人“以贷养贷”、“多头借贷”等行为。禁止发放“校园贷”和“首付贷”。禁止发放贷款用于股票、期货等投机经营。地方金融监管部门应建立持续有效的监管安排，中央金融监管部门将加强督导。

（三）加强小额贷款公司资金来源审慎管理。禁止以任何方式非法集资或吸收公众存款。禁止通过互联网平台或地方各类交易场所销售、转让及变相转让本公司的信贷资产。禁止通过网络借贷信息中介机构融入资金。以信贷资产转让、资产证券化等名义融入的资金应与表内融资合并计算，合并后的融资总额与资本净额的比例暂按当地现行比例规定执行，各地不

得进一步放宽或变相放宽小额贷款公司融入资金的比例规定。

对于超比例规定的小额贷款公司，应制定压缩规模计划，限期内达到相关比例要求，由小额贷款公司监管部门监督执行。

网络小额贷款清理整顿工作由各省（区、市）小额贷款公司监管部门具体负责。中央金融监管部门将制定并下发网络小额贷款风险专项整治的实施方案，进一步细化有关工作要求。

三、加大力度，进一步规范银行业金融机构参与“现金贷”业务

（一）银行业金融机构（包括银行、信托公司、消费金融公司等）应严格按照《个人贷款管理暂行办法》等有关监管和风险管理要求，规范贷款发放活动。

（二）银行业金融机构不得以任何形式为无放贷业务资质的机构提供资金发放贷款，不得与无放贷业务资质的机构共同出资发放贷款。

（三）银行业金融机构与第三方机构合作开展贷款业务的，不得将授信审查、风险控制等核心业务外包。“助贷”业务应当回归本源，银行业金融机构不得接受无担保资质的第三方机构提供增信服务以及兜底承诺等变相增信服务，应要求并保证第三方合作机构不得向借款人收取息费。

（四）银行业金融机构及其发行、管理的资产管理产品不得直接投资或变相投资以“现金贷”、“校园贷”、“首付贷”等为基础资产发售的（类）证券化产品或其他产品。

银行业金融机构参与“现金贷”业务的规范整顿工作，由银监会各地派出机构负责开展，各地整治办配合。

四、持续推进，完善P2P网络借贷信息中介机构业务管理

（一）不得撮合或变相撮合不符合法律有关利率规定的借贷业务；禁止从借贷本金中先行扣除利息、手续费、管理费、保证金以及设定高额逾期利息、滞纳金、罚息等。

（二）不得将客户的信息采集、甄别筛选、资信评估、开户等核心工作外包。

（三）不得撮合银行业金融机构资金参与P2P网络借贷。

（四）不得为在校学生、无还款来源或不具备还款能力的借款人提供借贷撮合业务。不得提供“首付贷”、房地产场外配资等购房融资借贷撮合服务。不得提供无指定用途的借贷撮合业务。

各地网络借贷风险专项整治联合工作办公室应当结合《关于开展“现金贷”业务活动清理整顿工作的通知》（网贷整治办函〔2017〕19号）要求，对网络借贷信息中介机构开展“现金贷”业务进行清理整顿。

五、分类处置，加大对各类违法违规机构处置力度

（一）各类机构违反前述规定开展业务的，由各监管部门按照情节轻重，采取暂停业务、责令改正、通报批评、不予备案、取消业务资质等措施督促其整改，情节严重的坚决取缔；同时，视情由省级人民政府相关职能部门及金融监管部门依法实施行政处罚。对协助各类机构违法违规开展业务的网站、平台等，有关部门应叫停并依法追究责任。

（二）对于未经批准经营放贷业务的组织或个人，在银监会指导下，各地依法予以严厉打击和取缔；对于借机逃废债、不支持配合清理整顿工作的，加大处罚、打击力度；涉嫌非法经营的，移送相关部门进行查处；金融机构和非银行支付机构停止提供金融服务，通信管理部门依法处置互联网金融网站和移动应用程序。涉嫌非法集资、非法证券等违法违规活动的，分别按照处置非法集资、打击非法证券活动、清理整顿各类交易场所等工作机制予以查处。

（三）对涉嫌恶意欺诈和暴力催收等严重违法违规的机构，及时将线索移交公安机关，切实防范风险，确保社会大局稳定。

六、抓好落实，注重长效，确保规范整顿工作效果

（一）各地应加强组织领导和统筹协调，由地方金融监管部门牵头，明确各类机构的整治主责任部门，摸清风险底数，制定整顿计划，压实辖内从业机构主体责任，全面深入开展清理整顿，抓紧建立属地责任与跨区域协同相结合的工作机制。同时，做好应急预案，守住风险底线。

（二）各地应引导辖内相关机构充分利用国家金融信用信息基础数据库和中国互联网金融协会信用信息共享平台，防范借款人多头借贷、过度借贷。各地应当引导借款人依法履行债务清偿责任，建立失信信息公开、联合惩戒等制度，使得失信者一处失信、处处受限。

（三）各地应开展风险警示教育，提高民众识别不公平、欺诈性贷款活动和违法违规金融活动的能力，增强风险防范意识。

（四）各地应建立举报和重奖重罚制度，充分利用中国互联网金融协会举报平台等渠道，对提供违法违规活动线索的举报人给予奖励，充分发挥社会监督作用，对违法违规行为进行重罚，形成有效震慑。

（五）各地应严格按照本通知要求开展规范整顿。对监管责任缺位和落实不力的，将严肃问责。

（六）各地应将整治计划和月度工作进展（月后 5 个工作日内）报送 P2P 网贷风险专项整治工作小组办公室（银监会），并抄送互联网金融风险专项整治领导小组办公室（人民银行）。

关于对互联网平台与各类交易场所合作从事违法违规业务开展清理整顿的通知

（2017年6月30日　整治办函〔2017〕64号）

前期，人民银行会同银监会、证监会、保监会等16部委，共同印发《关于进一步做好互联网金融风险专项整治清理整顿工作的通知》（银发〔2017〕119号），明确了互联网金融专项整治期间各项违法违规业务“严控增量、化解存量”的要求。近期我办发现，一些互联网平台仍然与各类交易场所合作开展违法违规业务，存在较大风险隐患。现将有关情况及工作要求通知如下：

一、有关情况

2011年、2012年，国务院先后下发了《国务院关于清理整顿各类交易场所切实防范金融风险的决定》（国发〔2011〕38号）、《国务院办公厅关于清理整顿各类交易场所的实施意见》（国办发〔2012〕37号），明确各类交易场所不得将任何权益拆分为均等份额公开发行、不得将权益按照标准化交易单位持续挂牌交易、权益持有人累计不得超过200人等要求。今年以来，清理整顿各类交易场所部际联席会议部署清理整顿“回头看”工作，再次明确了交易场所不得将权益拆分发行、降低投资者门槛、变相突破200人私募上限等政策红线。

一些互联网平台明知上述要求，仍然与各类交易场所合作，将权益拆分面向不特定对象发行，或以“大拆小”“团购”“分期”等各种方式变相突破200人限制。一些产品无固定期限、资金和资产无法对应，存在资金池问题；一些产品未向投资者披露信息和提示风险，甚至将高风险资产进行包装粉饰，向不具备风险承受能力的中小投资者出售，一旦信用风险爆发，可能影响社会稳定。

二、清理整顿工作要求

请各地整治办高度重视互联网平台与各类交易场所合作从事违法违规业务的危害性，从防范金融风险、维护金融安全、服务经济社会发展大局出发，坚决整治乱象、消除危害。具体要求如下：

（一）请各地整治办会同人民银行分支机构责令辖内互联网平台认真学习国发〔2011〕38号和国办发〔2012〕37号文、清理整顿各类交易场所“回头看”工作、及本通知相关要求，并于2017年7月15日前，停止与各类交易场所合作开展涉嫌突破政策红线的违法违规业务的增量。同时，互联网平台须积极配合各类交易场所，妥善化解存量违法违规业务。

（二）对于2017年7月16日以后仍继续与各类交易场所合作开展违法违规业务的互联网平台，请各地整治办会同人民银行分支机构及其他相关部门，对相关互联网平台开展现场检查，查实互联网平台是否存在变相吸收公众存款、非法发放贷款、代销违法违规产品、无代销资质销售金融产品、未取得相关资质开办资产管理业务等问题，并按相关法律法规进行处罚。

（三）防范处置风险。各地整治办在相关工作开展过程中，要讲究方式方法，制定风险预案，注意风险隔离，避免形成连锁反应和交叉感染，坚决守住风险底线。

（四）请各地整治办会同人民银行分支机构对辖内互联网平台与各类交易场所合作开展违法违规业务的情况进行全面排查和持续监测，保证问题全面整治，防止相关违法违规业务死灰复燃。

（五）人民银行分支机构会同各地整治办于7月15日前，将辖内互联网平台与各类交易场所合作开展违法违规业务清理整顿情况，报告全国整治办。报告内容需含与各类交易场所合作的辖内互联网平台名录、合作业务（产品）名称和情况、相关违法违规业务存量规模和增量停止情况。

中国人民银行关于加强支付结算管理防范电信网络新型违法犯罪有关事项的通知

（2016年9月30日　银发〔2016〕261号）

中国人民银行上海总部，各分行、营业管理部，各省会（首府）城市中心支行，深圳市中心支行；国家开发银行，各政策性银行、国有商业银行、股份制商业银行，中国邮政储蓄银行；中国银联股份有限公司，中国支付清算协会；各非银行支付机构：

为有效防范电信网络新型违法犯罪，切实保护人民群众财产安全和合法权益，现就加强支付结算管理有关事项通知如下：

一、加强账户实名制管理

（一）全面推进个人账户分类管理

1. 个人银行结算账户。自2016年12月1日起，银行业金融机构（以下简称银行）为个人开立银行结算账户的，同一个人在同一家银行（以法人为单位，下同）只能开立一个Ⅰ类户，已开立Ⅰ类户，再新开户的，应当开立Ⅱ类户或Ⅲ类户。银行对本银行行内异地存取现、转账等业务，收取异地手续费的，应当自本通知发布之日起三个月内实现免费。

个人于2016年11月30日前在同一家银行开立多个Ⅰ类户的，银行应当对同一存款人开户数量较多的情况进行摸排清理，要求存款人作出说明，核实其开户的合理性。对于无法核实开户合理性的，银行应当引导存款人撤销或归并账户，或者采取降低账户类别等措施，使存款人运用账户分类机制，合理存放资金，保护资金安全。

2. 个人支付账户。自2016年12月1日起，非银行支付机构（以下简称支付机构）为个人开立支付账户的，同一个人在同一家支付机构只能开立一个Ⅲ类账户。支付机构应当于2016年11月30日前完成存量支付账户清理工作，联系开户人确认需保留的账户，其余账户降低类别管理或予以撤并；开户人未按规定时间确认的，支付机构应当保留其使用频率较高和金额较大的账户，后续可根据其申请进行变更。

（二）暂停涉案账户开户人名下所有账户的业务

自2017年1月1日起，对于不法分子用于开展电信网络新型违法犯罪的作案银行账户和支付账户，经设区的市级及以上公安机关认定并纳入电信网络新型违法犯罪交易风险事件管理平台“涉案账户”名单的，银行和支付机构中止该账户所有业务。

银行和支付机构应当通知涉案账户开户人重新核实身份，如其未在3日内向银行或者支付机构重新核实身份的，应当对账户开户人名下其他银行账户暂停非柜面业务，支付账户暂停所有业务。银行和支付机构重新核实账户开户人身份后，可以恢复除涉案账户外的其他账户业务；账户开户人确认账户为他人冒名开立的，应当向银行和支付机构出具被冒用身份开户并同意销户的声明，银行和支付机构予以销户。

（三）建立对买卖银行账户和支付账户、冒名开户的惩戒机制

自2017年1月1日起，银行和支付机构对经设区的市级及以上公安机关认定的出租、出借、出售、购买银行账户（含银行卡，下同）或者支付账户的单位和个人及相关组织者，假冒他人身份或者虚构代理关系开立银行账户或者支付账户的单位和个人，5年内暂停其银行账户非柜面业务、支付账户所有业务，3年内不得为其新开立账户。人民银行将上述单位和个人信息移送金融信用信息基础数据库并向社会公布。

（四）加强对冒名开户的惩戒力度

银行在办理开户业务时，发现个人冒用他人身份开立账户的，应当及时向公安机关报案并将被冒用的身份证件移交公安机关。

（五）建立单位开户审慎核实机制

对于被全国企业信用信息公示系统列入“严重违法失信企业名单”，以及经银行和支付机构核实单位注册地址不存在或者虚构经营场所的单位，银行和支付机构不得为其开户。银行和支付机构应当至少每季度排查企业是否属于严重违法企业，情况属实的，应当在3个月内暂停其业务，逐步清理。

对存在法定代表人或者负责人对单位经营规模及业务背景等情况不清楚、注册地和经营地均在异地等异常情况的单位，银行和支付机构应当加强对单位开户意愿的核查。银行应当对法定代表人或者负责人面签并留存视频、音频资料等，开户初期原则上不开通非柜面业务，待后续了解后再审慎开通。支付机构应当留存单位法定代表人或者负责人开户时的视频、音频资料等。

支付机构为单位开立支付账户，应当参照《人民币银行结算账户管理办法》（中国人民银行令〔2003〕第5号发布）第十七条、第二十四条、第二十六条等相关规定，要求单位提供相关证明文件，并自主或者委托合作机构以面对面方式核实客户身份，或者以非面对面方式通过至少三个合法安全的外部渠道对单位基本信息进行多重交叉验证。对于本通知发布之日前已经开立支付账户的单位，支付机构应当于2017年6月底前按照上述要求核实身份，完成核实前不得为其开立新的支付账户；逾期未完成核实的，支付账户只收不付。支付机构完成核实工作后，将有关情况报告法人所在地人民银行分支机构。

支付机构应当加强对使用个人支付账户开展经营性活动的资金交易监测和持续性客户管理。

（六）加强对异常开户行为的审核

有下列情形之一的，银行和支付机构有权拒绝开户：

1. 对单位和个人身份信息存在疑义，要求出示辅助证件，单位和个人拒绝出示的。

2. 单位和个人组织他人同时或者分批开立账户的。

3. 有明显理由怀疑开立账户从事违法犯罪活动的。

银行和支付机构应当加强账户交易活动监测，对开户之日起6个月内无交易记录的账户，银行应当暂停其非柜面业务，支付机构应当暂停其所有业务，银行和支付机构向单位和个人重新核实身份后，可以恢复其业务。

（七）严格联系电话号码与身份证件号码的对应关系

银行和支付机构应当建立联系电话号码与个人身份证件号码的一一对应关系，对多人使用同一联系电话号码开立和使用账户的情况进行排查清理，联系相关当事人进行确认。对于成年人代理未成年人或者老年人开户预留本人联系电话等合理情形的，由相关当事人出具说明后可以保持不变；对于单位批量开户，预留财务人员联系电话等情形的，应当变更为账户所有人本人的联系电话；对于无法证明合理性的，应当对相关银行账户暂停非柜面业务，支付账户暂停所有业务。

二、加强转账管理

（八）增加转账方式，调整转账时间

自 2016 年 12 月 1 日起，银行和支付机构提供转账服务时应当执行下列规定：

1. 向存款人提供实时到账、普通到账、次日到账等多种转账方式选择，存款人在选择后才能办理业务。

2. 除向本人同行账户转账外，个人通过自助柜员机（含其他具有存取款功能的自助设备，下同）转账的，发卡行在受理 24 小时后办理资金转账。在发卡行受理后 24 小时内，个人可以向发卡行申请撤销转账。受理行应当在受理结果界面对转账业务办理时间和可撤销规定作出明确提示。

3. 银行通过自助柜员机为个人办理转账业务的，应当增加汉语语音提示，并通过文字、标识、弹窗等设置防诈骗提醒；非汉语提示界面应当对资金转出等核心关键字段提供汉语提示，无法提示的，不得提供转账。

（九）加强银行非柜面转账管理

自 2016 年 12 月 1 日起，银行在为存款人开通非柜面转账业务时，应当与存款人签订协议，约定非柜面渠道向非同名银行账户和支付账户转账的日累计限额、笔数和年累计限额等，超出限额和笔数的，应当到银行柜面办理。

除向本人同行账户转账外，银行为个人办理非柜面转账业务，单日累计金额超过 5 万元的，应当采用数字证书或者电子签名等安全可靠的支付指令验证方式。单位、个人银行账户非柜面转账单日累计金额分别超过 100 万元、30 万元的，银行应当进行大额交易提醒，单位、个人确认后方可转账。

（十）加强支付账户转账管理

自 2016 年 12 月 1 日起，支付机构在为单位和个人开立支付账户时，应当与单位和个人签订协议，约定支付账户与支付账户、支付账户与银行账户之间的日累计转账限额和笔数，超出限额和笔数的，不得再办理转账业务。

（十一）加强交易背景调查

银行和支付机构发现账户存在大量转入转出交易的，应当按照“了解你的客户”原则，对单位或者个人的交易背景进行调查。如发现存在异常的，应当按照审慎原则调整向单位和个人提供的相关服务。

（十二）加强特约商户资金结算管理

银行和支付机构为特约商户提供 T+0 资金结算服务的，应当对特约商户加强交易监测和风险管理，不得为入网不满 90 日或者入网后连续正常交易不满 30 日的特约商户提供 T+0 资金结算服务。

三、加强银行卡业务管理

（十三）严格审核特约商户资质，规范受理终端管理

任何单位和个人不得在网上买卖 POS 机（包括 MPOS）、刷卡器等受理终端。银行和支付机构应当对全部实体特约商户进行现场检查，逐一核对其受理终端的使用地点。对于违规移机使用、无法确认实际使用地点的受理终端一律停止业务功能。银行和支付机构应当于 2016 年 11 月 30 日前形成检查报告备查。

（十四）建立健全特约商户信息管理系统和黑名单管理机制

中国支付清算协会、银行卡清算机构应当建立健全特约商户信息管理系统，组织银行、支付机构详细记录特约商户基本信息、启动和终止服务情况、合规风险状况等。对同一特约商户或者同一个人控制的特约商户反复更换服务机构等异常状况的，银行和支付机构应当审慎为其提供服务。

中国支付清算协会、银行卡清算机构应当建立健全特约商户黑名单管理机制，将因存在重大违规行为被银行和支付机构终止服务的特约商户及其法定代表人或者负责人、公安机关认定为违法犯罪活动转移赃款提供便利的特约商户及相关个人、公安机关认定的买卖账户的单位和个人等，列入黑名单管理。中国支付清算协会应当将黑名单信息移送金融信用信息基础数据库。银行和支付机构不得将黑名单中的单位以及由相关个人担任法定代表人或者负责人的单位拓展为特约商户；已经拓展为特约商户的，应当自该特约商户被列入黑名单之日起 10 日内予以清退。

四、强化可疑交易监测

（十五）确保交易信息真实、完整、可追溯

支付机构与银行合作开展银行账户付款或者收款业务的，应当严格执行《银行卡收单业务管理办法》（中国人民银行令〔2013〕第9号发布）、《非银行支付机构网络支付业务管理办法》（中国人民银行公告〔2015〕第43号公布）等制度规定，确保交易信息的真实性、完整性、可追溯性以及在支付全流程中的一致性，不得篡改或者隐匿交易信息，交易信息应当至少保存5年。银行和支付机构应当于2017年3月31日前按照网络支付报文相关金融行业技术标准完成系统改造，逾期未完成改造的，暂停有关业务。

（十六）加强账户监测

银行和支付机构应当加强对银行账户和支付账户的监测，建立和完善可疑交易监测模型，账户及其资金划转具有集中转入分散转出等可疑交易特征的（详见附件1），应当列入可疑交易。

对于列入可疑交易的账户，银行和支付机构应当与相关单位或者个人核实交易情况；经核实后银行和支付机构仍然认定账户可疑的，银行应当暂停账户非柜面业务，支付机构应当暂停账户所有业务，并按照规定报送可疑交易报告或者重点可疑交易报告；涉嫌违法犯罪的，应当及时向当地公安机关报告。

（十七）强化支付结算可疑交易监测的研究

中国支付清算协会、银行卡清算机构应当根据公安机关、银行、支付机构提供的可疑交易情形，构建可疑交易监测模型，向银行和支付机构发布。

五、健全紧急止付和快速冻结机制

（十八）理顺工作机制，按期接入电信网络新型违法犯罪交易风险事件管理平台

2016年11月30日前，支付机构应当理顺本机构协助有权机关查询、止付、冻结和扣划工作流程；实现查询账户信息和交易流水以及账户止付、冻结和扣划等；指定专人专岗负责协助查询、止付、冻结和扣划工作，不得推诿、拖延。银行、从事网络支付的支付机构应当根据有关要求，按时完成本单位核心系统的开发和改造工作，在2016年底前全部接入电信网络新型违法犯罪交易风险事件管理平台。

六、加大对无证机构的打击力度

（十九）依法处置无证机构

人民银行分支机构应当充分利用支付机构风险专项整治工作机制，加强与地方政府以及工商部门、公安机关的配合，及时出具相关非法从事资金支付结算的行政认定意见，加大对无证机构的打击力度，尽快依法处置一批无证经营机构。人民银行上海总部，各分行、营业管理部、省会（首府）城市中心支行应当按月填制《无证经营支付业务专项整治工作进度表》（见附件2），将辖区工作进展情况上报总行。

七、建立责任追究机制

（二十）严格处罚，实行责任追究

人民银行分支机构、银行和支付机构应当履职尽责，确保打击治理电信网络新型违法犯罪工作取得实效。

凡是发生电信网络新型违法犯罪案件的，应当倒查银行、支付机构的责任落实情况。银行和支付机构违反相关制度以及本通知规定的，应当按照有关规定进行处罚；情节严重的，人民银行依据《中华人民共和国中国人民银行法》第四十六条的规定予以处罚，并可采取暂停1个月至6个月新开立账户和办理支付业务的监管措施。

凡是人民银行分支机构监管责任不落实，导致辖区内银行和支付机构未有效履职尽责，公众在电信网络新型违法犯罪活动中遭受严重资金损失，产生恶劣社会影响的，应当对人民银行分支机构进行问责。

人民银行分支机构、银行、支付机构、中国支付清算协会、银行卡清算机构应当按照规定向人民银行总行报告本通知执行情况并填报有关统计表（具体报送方式及内容见附件3）。

请人民银行上海总部，各分行、营业管理部、省会（首府）城市中心支行，深圳市中心支行及时将该通知转发至辖区内各城市商业银行、农村商业银行、农村合作银行、村镇银行、城市信用社、农村信用社和外资银行等。

各单位在执行中如遇问题，请及时向人民银行报告。

附件：1. 涉电信诈骗犯罪可疑特征报送指引（略）

2. 无证经营支付业务专项整治工作进度表（略）

3. 报告模板（略）

网络借贷信息中介机构业务活动管理暂行办法

（2016年8月17日中国银行业监督管理委员会、工业和信息化部、公安部、国家互联网信息办公室令2016年第1号公布　自公布之日起施行）

第一章　总　　则

第一条　为规范网络借贷信息中介机构业务活动，保护出借人、借款人、网络借贷信息中介机构及相关当事人合法权益，促进网络借贷行业健康发展，更好满足中小微企业和个人投融资需求，根据《关于促进互联网金融健康发展的指导意见》提出的总体要求和监管原则，依据《中华人民共和国民法通则》、《中华人民共和国公司法》、《中华人民共和国合同法》等法律法规，制定本办法。

第二条　在中国境内从事网络借贷信息中介业务活动，适用本办法，法律法规另有规定的除外。

本办法所称网络借贷是指个体和个体之间通过互联网平台实现的直接借贷。个体包含自然人、法人及其他组织。网络借贷信息中介机构是指依法设立，专门从事网络借贷信息中介业务活动的金融信息中介公司。该类机构以互联网为主要渠道，为借款人与出借人（即贷款人）实现直接借贷提供信息搜集、信息公布、资信评估、信息交互、借贷撮合等服务。

本办法所称地方金融监管部门是指各省级人民政府承担地方金融监管职责的部门。

第三条　网络借贷信息中介机构按照依法、诚信、自愿、公平的原则为借款人和出借人提供信息服务，维护出借人与借款人合法权益，不得提供增信服务，不得直接或间接归集资金，不得非法集资，不得损害国家利益和社会公共利益。

借款人与出借人遵循借贷自愿、诚实守信、责任自负、风险自担的原则承担借贷风险。网络借贷信息中介机构承担客观、真实、全面、及时进行信息披露的责任，不承担借贷违约风险。

第四条　按照《关于促进互联网金融健康发展的指导意见》中“鼓励创新、防范风险、趋利避害、健康发展”的总体要求和“依法监管、适度监管、分类监管、协同监管、创新监管”的监管原则，落实各方管理责任。国务院银行业监督管理机构及其派出机构负责制定网络借贷信息中介机构业务活动监督管理制度，并实施行为监管。各省级人民政府负责本辖区网络借贷信息中介机构的机构监管。工业和信息化部负责对网络借贷信息中介机构业务活动涉及的电信业务进行监管。公安部牵头负责对网络借贷信息中介机构的互联网服务进行安全监管，依法查处违反网络安全监管的违法违规活动，打击网络借贷涉及的金融犯罪及相关犯罪。国家互联网信息办公室负责对金融信息服务、互联网信息内容等业务进行监管。

第二章　备案管理

第五条　拟开展网络借贷信息中介服务的网络借贷信息中介机构及其分支机构，应当在领取营业执照后，于10个工作日以内携带有关材料向工商登记注册地地方金融监管部门备案登记。

地方金融监管部门负责为网络借贷信息中介机构办理备案登记。地方金融监管部门应当在网络借贷信息中介机构提交的备案登记材料齐备时予以受理，并在各省（区、市）规定的时限内完成备案登记手续。备案登记不构成对网络借贷信息中介机构经营能力、合规程度、资信状况的认可和评价。

地方金融监管部门有权根据本办法和相关监管规则对备案登记后的网络借贷信息中介机构进行评估分类，并及时将备案登记信息及分类结果在官方网站上公示。

网络借贷信息中介机构完成地方金融监管部门备案登记后，应当按照通信主管部门的相关规定申请相应的电信业务经营许可；未按规定申请电信业务经营许可的，不得开展网络借贷信息中介业务。

网络借贷信息中介机构备案登记、评估分类等具体细则另行制定。

第六条　开展网络借贷信息中介业务的机构，应当在经营范围中实质明确网络借贷信息中介，法律、行政法规另有规定的除外。

第七条　网络借贷信息中介机构备案登记事项发生变更的，应当在5个工作日以内向工商登记注册地地方金融监管部门报告并进行备案信息变更。

第八条　经备案的网络借贷信息中介机构拟终止网络借贷信息中介服务的，应当在终止业务前提前至少10个工作日，书面告知工商登记注册地地方金融监管部门，并办理备案注销。

经备案登记的网络借贷信息中介机构依法解散或者依法宣告破产的，除依法进行清算外，由工商登记注册地地方金融监管部门注销其备案。

第三章　业务规则与风险管理

第九条　网络借贷信息中介机构应当履行下列义务：

（一）依据法律法规及合同约定为出借人与借款人提供直接借贷信息的采集整理、甄别筛选、网上发布，以及资信评估、借贷撮合、融资咨询、在线争议解决等相关服务；

（二）对出借人与借款人的资格条件、信息的真实性、融资项目的真实性、合法性进行必要审核；

（三）采取措施防范欺诈行为，发现欺诈行为或其他损害出借人利益的情形，及时公告并终止相关网络借贷活动；

（四）持续开展网络借贷知识普及和风险教育活动，加强信息披露工作，引导出借人以小额分散的方式参与网络借贷，确保出借人充分知悉借贷风险；

（五）按照法律法规和网络借贷有关监管规定要求报送相关信息，其中网络借贷有关债权债务信息要及时向有关数据统计部门报送并登记；

（六）妥善保管出借人与借款人的资料和交易信息，不得删除、篡改，不得非法买卖、泄露出借人与借款人的基本信息和交易信息；

（七）依法履行客户身份识别、可疑交易报告、客户身份资料和交易记录保存等反洗钱和反恐怖融资义务；

（八）配合相关部门做好防范查处金融违法犯罪相关工作；

（九）按照相关要求做好互联网信息内容管理、网络与信息安全相关工作；

（十）国务院银行业监督管理机构、工商登记注册地省级人民政府规定的其他义务。

第十条 网络借贷信息中介机构不得从事或者接受委托从事下列活动：

（一）为自身或变相为自身融资；

（二）直接或间接接受、归集出借人的资金；

（三）直接或变相向出借人提供担保或者承诺保本保息；

（四）自行或委托、授权第三方在互联网、固定电话、移动电话等电子渠道以外的物理场所进行宣传或推介融资项目；

（五）发放贷款，但法律法规另有规定的除外；

（六）将融资项目的期限进行拆分；

（七）自行发售理财等金融产品募集资金，代销银行理财、券商资管、基金、保险或信托产品等金融产品；

（八）开展类资产证券化业务或实现以打包资产、证券化资产、信托资产、基金份额等形式的债权转让行为；

（九）除法律法规和网络借贷有关监管规定允许外，与其他机构投资、代理销售、经纪等业务进行任何形式的混合、捆绑、代理；

（十）虚构、夸大融资项目的真实性、收益前景，隐瞒融资项目的瑕疵及风险，以歧义性语言或其他欺骗性手段等进行虚假片面宣传或促销等，捏造、散布虚假信息或不完整信息损害他人商业信誉，误导出借人或借款人；

（十一）向借款用途为投资股票、场外配资、期货合约、结构化产品及其他衍生品等高风险的融资提供信息中介服务；

（十二）从事股权众筹等业务；

（十三）法律法规、网络借贷有关监管规定禁止的其他活动。

第十一条 参与网络借贷的出借人与借款人应当为网络借贷信息中介机构核实的实名注册用户。

第十二条 借款人应当履行下列义务：

（一）提供真实、准确、完整的用户信息及融资信息；

（二）提供在所有网络借贷信息中介机构未偿还借款信息；

（三）保证融资项目真实、合法，并按照约定用途使用借贷资金，不得用于出借等其他目的；

（四）按照约定向出借人如实报告影响或可能影响出借人权益的重大信息；

（五）确保自身具有与借款金额相匹配的还款能力并按照合同约定还款；

（六）借贷合同及有关协议约定的其他义务。

第十三条 借款人不得从事下列行为：

（一）通过故意变换身份、虚构融资项目、夸大融资项目收益前景等形式的欺诈借款；

（二）同时通过多个网络借贷信息中介机构，或者通过变换项目名称、对项目内容进行非实质性变更等方式，就同一融资项目进行重复融资；

（三）在网络借贷信息中介机构以外的公开场所发布同一融资项目的信息；

（四）已发现网络借贷信息中介机构提供的服务中含有本办法第十条所列内容，仍进行交易；

（五）法律法规和网络借贷有关监管规定禁止从事的其他活动。

第十四条 参与网络借贷的出借人，应当具备投资风险意识、风险识别能力、拥有非保本类金融产品投资的经历并熟悉互联网。

第十五条 参与网络借贷的出借人应当履行下列义务：

（一）向网络借贷信息中介机构提供真实、准确、完整的身份等信息；

（二）出借资金为来源合法的自有资金；

（三）了解融资项目信贷风险，确认具有相应的风险认知和承受能力；

（四）自行承担借贷产生的本息损失；

（五）借贷合同及有关协议约定的其他义务。

第十六条 网络借贷信息中介机构在互联网、固定电话、移动电话等电子渠道以外的物理场所只能进行信用信息采集、核实、贷后跟踪、抵质押管理等风险管理及网络借贷有关监管规定明确的部分必要经营环节。

第十七条 网络借贷金额应当以小额为主。网络借贷信息中介机构应当根据本机构风险管理能力，控制同一借款人在同一网络借贷信息中介机构平台及不同网络借贷信息中介机构平台的借款余额上限，防范信贷集中风险。

同一自然人在同一网络借贷信息中介机构平台的借款余额上限不超过人民币20万元；同一法人或其他组织在同一网络借贷信息中介机构平台的借款余额上限不超过人民币100万元；同一自然人在不同网络借贷信息中介机构平台借款总余额不超过人民币100万元；同一法人或其他组织在不同网络借贷信息中介机构平台借款总余额不超过人民币500万元。

第十八条 网络借贷信息中介机构应当按照国家网络安全相关规定和国家信息安全等级保护制度的要求，开展信息系统定级备案和等级测试，具有完善的防火墙、入侵检测、数据加密以及灾难恢复等网络安全设施和管理制度，建立信息科技管理、科技风险管理和科技审计有关制度，配置充足的资源，采取完善的管理控制措施和技术手段保障信息系统安全稳健运行，保护出借人与借款人的信息安全。

网络借贷信息中介机构应当记录并留存借贷双方上网日志信息，信息交互内容等数据，留存期限为自借贷合同到期起5年；每两年至少开展一次全面的安全评估，接受国家或行业主管部门的信息安全检查和审计。

网络借贷信息中介机构成立两年以内，应当建立或使用与其业务规模相匹配的应用级灾备系统设施。

第十九条 网络借贷信息中介机构应当为单一融资项目设置募集期，最长不超过20个工作日。

第二十条 借款人支付的本金和利息应当归出借人所有。网络借贷信息中介机构应当与出借人、借款人另行约定费用标准和支付方式。

第二十一条 网络借贷信息中介机构应当加强与金融信用信息基础数据库运行机构、征信机构等的业务合作，依法提供、查询和使用有关金融信用信息。

第二十二条 各方参与网络借贷信息中介机构业务活动，需要对出借人与借款人的基本信息和交易信息等使用电子签名、电子认证时，应当遵守法律法规的规定，保障数据的真实性、完整性及电子签名、电子认证的法律效力。

网络借贷信息中介机构使用第三方数字认证系统，应当对第三方数字认证机构进行定期评估，保证有关认证安全可靠并具有独立性。

第二十三条 网络借贷信息中介机构应当采取适当的方法和技术，记录并妥善保存网络借贷业务活动数据和资料，做好数据备份。保存期限应当符合法律法规及网络借贷有关监管规定的要求。借贷合同到期后应当至少保存5年。

第二十四条 网络借贷信息中介机构暂停、终止业务时应当至少提前10个工作日通过官方网站等有效渠道向出借人与借款人公告，并通过移动电话、固定电话等渠道通知出借人与借款人。网络借贷信息中介机构业务暂停或者终止，不影响已经签订的借贷合同当事人有关权利义务。

网络借贷信息中介机构因解散或宣告破产而终止的，应当在解散或破产前，妥善处理已撮合存续的借贷业务，清算事宜按照有关法律法规的规定办理。

网络借贷信息中介机构清算时，出借人与借款人的资金分别属于出借人与借款人，不属于网络借贷信息中介机构的财产，不列入清算财产。

第四章　出借人与借款人保护

第二十五条　未经出借人授权，网络借贷信息中介机构不得以任何形式代出借人行使决策。

第二十六条　网络借贷信息中介机构应当向出借人以醒目方式提示网络借贷风险和禁止性行为，并经出借人确认。

网络借贷信息中介机构应当对出借人的年龄、财务状况、投资经验、风险偏好、风险承受能力等进行尽职评估，不得向未进行风险评估的出借人提供交易服务。

网络借贷信息中介机构应当根据风险评估结果对出借人实行分级管理，设置可动态调整的出借限额和出借标的限制。

第二十七条　网络借贷信息中介机构应当加强出借人与借款人信息管理，确保出借人与借款人信息采集、处理及使用的合法性和安全性。

网络借贷信息中介机构及其资金存管机构、其他各类外包服务机构等应当为业务开展过程中收集的出借人与借款人信息保密，未经出借人与借款人同意，不得将出借人与借款人提供的信息用于所提供服务之外的目的。

在中国境内收集的出借人与借款人信息的储存、处理和分析应当在中国境内进行。除法律法规另有规定外，网络借贷信息中介机构不得向境外提供境内出借人和借款人信息。

第二十八条　网络借贷信息中介机构应当实行自身资金与出借人和借款人资金的隔离管理，并选择符合条件的银行业金融机构作为出借人与借款人的资金存管机构。

第二十九条　出借人与网络借贷信息中介机构之间、出借人与借款人之间、借款人与网络借贷信息中介机构之间等纠纷，可以通过以下途径解决：

（一）自行和解；

（二）请求行业自律组织调解；

（三）向仲裁部门申请仲裁；

（四）向人民法院提起诉讼。

第五章　信 息 披 露

第三十条　网络借贷信息中介机构应当在其官方网站上向出借人充分披露借款人基本信息、融资项目基本信息、风险评估及可能产生的风险结果、已撮合未到期融资项目资金运用情况等有关信息。

披露内容应符合法律法规关于国家秘密、商业秘密、个人隐私的有关规定。

第三十一条 网络借贷信息中介机构应当及时在其官方网站显著位置披露本机构所撮合借贷项目等经营管理信息。

网络借贷信息中介机构应当在其官方网站上建立业务活动经营管理信息披露专栏，定期以公告形式向公众披露年度报告、法律法规、网络借贷有关监管规定。

网络借贷信息中介机构应当聘请会计师事务所定期对本机构出借人与借款人资金存管、信息披露情况、信息科技基础设施安全、经营合规性等重点环节实施审计，并且应当聘请有资质的信息安全测评认证机构定期对信息安全实施测评认证，向出借人与借款人等披露审计和测评认证结果。

网络借贷信息中介机构应当引入律师事务所、信息系统安全评价等第三方机构，对网络信息中介机构合规和信息系统稳健情况进行评估。

网络借贷信息中介机构应当将定期信息披露公告文稿和相关备查文件报送工商登记注册地地方金融监管部门，并置备于机构住所供社会公众查阅。

第三十二条 网络借贷信息中介机构的董事、监事、高级管理人员应当忠实、勤勉地履行职责，保证披露的信息真实、准确、完整、及时、公平，不得有虚假记载、误导性陈述或者重大遗漏。

借款人应当配合网络借贷信息中介机构及出借人对融资项目有关信息的调查核实，保证提供的信息真实、准确、完整。

网络借贷信息披露具体细则另行制定。

第六章 监督管理

第三十三条 国务院银行业监督管理机构及其派出机构负责制定统一的规范发展政策措施和监督管理制度，负责网络借贷信息中介机构的日常行为监管，指导和配合地方人民政府做好网络借贷信息中介机构的机构监管和风险处置工作，建立跨部门跨地区监管协调机制。

各地方金融监管部门具体负责本辖区网络借贷信息中介机构的机构监管，包括对本辖区网络借贷信息中介机构的规范引导、备案管理和风险防范、处置工作。

第三十四条 中国互联网金融协会从事网络借贷行业自律管理，并履行下列职责：

（一）制定自律规则、经营细则和行业标准并组织实施，教育会员遵守法律法规和网络借贷有关监管规定；

（二）依法维护会员的合法权益，协调会员关系，组织相关培训，向会员提供行业信息、法律咨询等服务，调解纠纷；

（三）受理有关投诉和举报，开展自律检查；

（四）成立网络借贷专业委员会；

（五）法律法规和网络借贷有关监管规定赋予的其他职责。

第三十五条 借款人、出借人、网络借贷信息中介机构、资金存管机构、担保人等应当签订资金存管协议，明确各自权利义务和违约责任。

资金存管机构对出借人与借款人开立和使用资金账户进行管理和监督，并根据合同约定，对出借人与借款人的资金进行存管、划付、核算和监督。

资金存管机构承担实名开户和履行合同约定及借贷交易指令表面一致性的形式审核责任，但不承担融资项目及借贷交易信息真实性的实质审核责任。

资金存管机构应当按照网络借贷有关监管规定报送数据信息并依法接受相关监督管理。

第三十六条 网络借贷信息中介机构应当在下列重大事件发生后，立即采取应急措施并向工商登记注册地地方金融监管部门报告：

（一）因经营不善等原因出现重大经营风险；

（二）网络借贷信息中介机构或其董事、监事、高级管理人员发生重大违法违规行为；

（三）因商业欺诈行为被起诉，包括违规担保、夸大宣传、虚构隐瞒事实、发布虚假信息、签订虚假合同、错误处置资金等行为。

地方金融监管部门应当建立网络借贷行业重大事件的发现、报告和处置制度，制定处置预案，及时、有效地协调处置有关重大事件。

地方金融监管部门应当及时将本辖区网络借贷信息中介机构重大风险及处置情况信息报送省级人民政府、国务院银行业监督管理机构和中国人民银行。

第三十七条 除本办法第七条规定的事项外，网络借贷信息中介机构发生下列情形的，应当在5个工作日以内向工商登记注册地地方金融监管部门报告：

（一）因违规经营行为被查处或被起诉；

（二）董事、监事、高级管理人员违反境内外相关法律法规行为；

（三）国务院银行业监督管理机构、地方金融监管部门等要求的其他情形。

第三十八条 网络借贷信息中介机构应当聘请会计师事务所进行年度审计，并在上一会计年度结束之日起4个月内向工商登记注册地地方金融监管部门报送年度审计报告。

第七章 法律责任

第三十九条 地方金融监管部门存在未依照本办法规定报告重大风险和处置情况、未依照本办法规定向国务院银行业监督管理机构提供行业统计或行业报告等违反法律法规及本办法规定情形的，应当对有关责任人依法给予行政处分；构成犯罪的，依法追究刑事责任。

第四十条 网络借贷信息中介机构违反法律法规和网络借贷有关监管规定，有关法律法规有处罚规定的，依照其规定给予处罚；有关法律法规未作处罚规定的，工商登记注册地地方金融监管部门可以采取监管谈话、出具警示函、责令改正、通报批评、将其违法违规和不履行公开承诺等情况记入诚信档案并公布等监管措施，以及给予警告、人民币3万元以下罚款和依法可以采取的其他处罚措施；构成犯罪的，依法追究刑事责任。

网络借贷信息中介机构违反法律规定从事非法集资活动或欺诈的，按照相关法律法规和工作机制处理；构成犯罪的，依法追究刑事责任。

第四十一条 网络借贷信息中介机构的出借人及借款人违反法律法规和网络借贷有关监管规定，依照有关规定给予处罚；构成犯罪的，依法追究刑事责任。

第八章 附 则

第四十二条 银行业金融机构及国务院银行业监督管理机构批准设立的其他金融机构和省级人民政府批准设立的融资担保公司、小额贷款公司等投资设立具有独立法人资格的网络借贷信息中介机构，设立办法另行制定。

第四十三条 中国互联网金融协会网络借贷专业委员会按照《关于促进互联网金融健康发展的指导意见》和协会章程开展自律并接受相关监管部门指导。

第四十四条 本办法实施前设立的网络借贷信息中介机构不符合本办法规定的，除违法犯罪行为按照本办法第四十条处理外，由地方金融监管部门要求其整改，整改期不超过12个月。

第四十五条 省级人民政府可以根据本办法制定实施细则，并报国务院银行业监督管理机构备案。

第四十六条 本办法解释权归国务院银行业监督管理机构、工业和信息化部、公安部、国家互联网信息办公室。

第四十七条 本办法所称不超过、以下、以内，包括本数。

关于促进互联网金融健康发展的指导意见

（2015年7月14日 银发〔2015〕221号）

近年来，互联网技术、信息通信技术不断取得突破，推动互联网与金融快速融合，促进了金融创新，提高了金融资源配置效率，但也存在一些问题和风险隐患。为全面贯彻落实党的十八大和十八届二中、三中、四中全会精神，按照党中央、国务院决策部署，遵循“鼓励创新、防范风险、趋利避害、健康发展”的总体要求，从金融业健康发展全局出发，进一步推进金融改革创新和对外开放，促进互联网金融健康发展，经党中央、国务院同意，现提出以下意见。

一、鼓励创新，支持互联网金融稳步发展

互联网金融是传统金融机构与互联网企业（以下统称从业机构）利用互联网技术和信息通信技术实现资金融通、支付、投资和信息中介服务的新型金融业务模式。互联网与金融深度融合是大势所趋，将对金融产品、业务、组织和服务等方面产生更加深刻的影响。互联网金融对促进小微企业发展和扩大就业发挥了现有金融机构难以替代的积极作用，为大众创业、万众创新打开了大门。促进互联网金融健康发展，有利于提升金融服务质量和效率，深化金融改革，促进金融创新发展，扩大金融业对内对外开放，构建多层次金融体系。作为新生事物，互联网金融既需要市场驱动，鼓励创新，也需要政策助力，促进发展。

（一）积极鼓励互联网金融平台、产品和服务创新，激发市场活力

鼓励银行、证券、保险、基金、信托和消费金融等金融机构依托互联网技术，实现传统金融业务与服务转型升级，积极开发基于互联网技术的新产品和新服务。支持有条件的金融机构建设创新型互联网平台开展网络银行、网络证券、网络保险、网络基金销售和网络消费金融等业务。支持互联网企业依法合规设立互联网支付机构、网络借贷平台、股权众筹融资平台、网络金融产品销售平台，建立服务实体经济的多层次金融服务体系，更好地满足中小微企业和个人投融资需求，进一步拓展普惠金融的广度和深度。鼓励电子商务企业在符合金融法律法规规定的条件下自建和完善线上金融服务体系，有效拓展电商供应链业务。鼓励从业机构积极开展产品、服务、技术和管理创新，提升从业机构核心竞争力。

（二）鼓励从业机构相互合作，实现优势互补

支持各类金融机构与互联网企业开展合作，建立良好的互联网金融生态环境和产业链。鼓励银行业金融机构开展业务创新，为第三方支付机构和网络贷款平台等提供资金存管、支付清算等配套服务。支持小微金融服务机构与互联网企业开展业务合作，实现商业模式创新。支持证券、基金、信托、消费金融、期货机构与互联网企业开展合作，拓宽金融产品销售渠道，创新财富管理模式。鼓励保险公司与互联网企业合作，提升互联网金融企业风险抵御能力。

（三）拓宽从业机构融资渠道，改善融资环境

支持社会资本发起设立互联网金融产业投资基金，推动从业机构与创业投资机构、产业投资基金深度合作。鼓励符合条件的优质从业机构在主板、创业板等境内资本市场上市融资。鼓励银行业金融机构按照支持小微企业发展的各项金融政策，对处于初创期的从业机构予以

支持。针对互联网企业特点，创新金融产品和服务。

（四）坚持简政放权，提供优质服务

各金融监管部门要积极支持金融机构开展互联网金融业务。按照法律法规规定，对符合条件的互联网企业开展相关金融业务实施高效管理。工商行政管理部门要支持互联网企业依法办理工商注册登记。电信主管部门、国家互联网信息管理部门要积极支持互联网金融业务，电信主管部门对互联网金融业务涉及的电信业务进行监管，国家互联网信息管理部门负责对金融信息服务、互联网信息内容等业务进行监管。积极开展互联网金融领域立法研究，适时出台相关管理规章，营造有利于互联网金融发展的良好制度环境。加大对从业机构专利、商标等知识产权的保护力度。鼓励省级人民政府加大对互联网金融的政策支持。支持设立专业化互联网金融研究机构，鼓励建设互联网金融信息交流平台，积极开展互联网金融研究。

（五）落实和完善有关财税政策

按照税收公平原则，对于业务规模较小、处于初创期的从业机构，符合我国现行对中小企业特别是小微企业税收政策条件的，可按规定享受税收优惠政策。结合金融业营业税改征增值税改革，统筹完善互联网金融税收政策。落实从业机构新技术、新产品研发费用税前加计扣除政策。

（六）推动信用基础设施建设，培育互联网金融配套服务体系

支持大数据存储、网络与信息安全维护等技术领域基础设施建设。鼓励从业机构依法建立信用信息共享平台。推动符合条件的相关从业机构接入金融信用信息基础数据库。允许有条件的从业机构依法申请征信业务许可。支持具备资质的信用中介组织开展互联网企业信用评级，增强市场信息透明度。鼓励会计、审计、法律、咨询等中介服务机构为互联网企业提供相关专业服务。

二、分类指导，明确互联网金融监管责任

互联网金融本质仍属于金融，没有改变金融风险隐蔽性、传染性、广泛性和突发性的特点。加强互联网金融监管，是促进互联网金融健康发展的内在要求。同时，互联网金融是新生事物和新兴业态，要制定适度宽松的监管政策，为互联网金融创新留有余地和空间。通过鼓励创新和加强监管相互支撑，促进互联网金融健康发展，更好地服务实体经济。互联网金融监管应遵循“依法监管、适度监管、分类监管、协同监管、创新监管”的原则，科学合理界定各业态的业务边界及准入条件，落实监管责任，明确风险底线，保护合法经营，坚决打

击违法和违规行为。

（七）互联网支付

互联网支付是指通过计算机、手机等设备，依托互联网发起支付指令、转移货币资金的服务。互联网支付应始终坚持服务电子商务发展和为社会提供小额、快捷、便民小微支付服务的宗旨。银行业金融机构和第三方支付机构从事互联网支付，应遵守现行法律法规和监管规定。第三方支付机构与其他机构开展合作的，应清晰界定各方的权利义务关系，建立有效的风险隔离机制和客户权益保障机制。要向客户充分披露服务信息，清晰地提示业务风险，不得夸大支付服务中介的性质和职能。互联网支付业务由人民银行负责监管。

（八）网络借贷

网络借贷包括个体网络借贷（即 P2P 网络借贷）和网络小额贷款。个体网络借贷是指个体和个体之间通过互联网平台实现的直接借贷。在个体网络借贷平台上发生的直接借贷行为属于民间借贷范畴，受合同法、民法通则等法律法规以及最高人民法院相关司法解释规范。个体网络借贷要坚持平台功能，为投资方和融资方提供信息交互、撮合、资信评估等中介服务。个体网络借贷机构要明确信息中介性质，主要为借贷双方的直接借贷提供信息服务，不得提供增信服务，不得非法集资。网络小额贷款是指互联网企业通过其控制的小额贷款公司，利用互联网向客户提供的小额贷款。网络小额贷款应遵守现有小额贷款公司监管规定，发挥网络贷款优势，努力降低客户融资成本。网络借贷业务由银监会负责监管。

（九）股权众筹融资

股权众筹融资主要是指通过互联网形式进行公开小额股权融资的活动。股权众筹融资必须通过股权众筹融资中介机构平台（互联网网站或其他类似的电子媒介）进行。股权众筹融资中介机构可以在符合法律法规规定前提下，对业务模式进行创新探索，发挥股权众筹融资作为多层次资本市场有机组成部分的作用，更好服务创新创业企业。股权众筹融资方应为小微企业，应通过股权众筹融资中介机构向投资人如实披露企业的商业模式、经营管理、财务、资金使用等关键信息，不得误导或欺诈投资者。投资者应当充分了解股权众筹融资活动风险，具备相应风险承受能力，进行小额投资。股权众筹融资业务由证监会负责监管。

（十）互联网基金销售

基金销售机构与其他机构通过互联网合作销售基金等理财产品的，要切实履行风险披露义务，不得通过违规承诺收益方式吸引客户；基金管理人应当采取有效措施防范资产配置中的期限错配和流动性风险；基金销售机构及其合作机构通过其他活动为投资人提供收益的，应当对收益构成、先决条件、适用情形等进行全面、真实、准确表述和列示，不得与基金产品收益混同。第三方支付机构在开展基金互联网销售支付服务过程中，应当遵守人民银行、证监会关于客户备付金及基金销售结算资金的相关监管要求。第三方支付机构的客户备付金只能用于办理客户委托的支付业务，不得用于垫付基金和其他理财产品的资金赎回。互联网基金销售业务由证监会负责监管。

（十一）互联网保险

保险公司开展互联网保险业务，应遵循安全性、保密性和稳定性原则，加强风险管理，完善内控系统，确保交易安全、信息安全和资金安全。专业互联网保险公司应当坚持服务互联网经济活动的基本定位，提供有针对性的保险服务。保险公司应建立对所属电子商务公司等非保险类子公司的管理制度，建立必要的防火墙。保险公司通过互联网销售保险产品，不得进行不实陈述、片面或夸大宣传过往业绩、违规承诺收益或者承担损失等误导性描述。互联网保险业务由保监会负责监管。

（十二）互联网信托和互联网消费金融

信托公司、消费金融公司通过互联网开展业务的，要严格遵循监管规定，加强风险管理，确保交易合法合规，并保守客户信息。信托公司通过互联网进行产品销售及开展其他信托业务的，要遵守合格投资者等监管规定，审慎甄别客户身份和评估客户风险承受能力，不能将产品销售给与风险承受能力不相匹配的客户。信托公司与消费金融公司要制定完善产品文件签署制度，保证交易过程合法合规，安全规范。互联网信托业务、互联网消费金融业务由银监会负责监管。

三、健全制度，规范互联网金融市场秩序

发展互联网金融要以市场为导向，遵循服务实体经济、服从宏观调控和维护金融稳定的总体目标，切实保障消费者合法权益，维护公平竞争的市场秩序。要细化管理制度，为互联网金融健康发展营造良好环境。

（十三）互联网行业管理

任何组织和个人开设网站从事互联网金融业务的，除应按规定履行相关金融监管程序外，还应依法向电信主管部门履行网站备案手续，否则不得开展互联网金融业务。工业和信息化部负责对互联网金融业务涉及的电信业务进行监管，国家互联网信息办公室负责对金融信息服务、互联网信息内容等业务进行监管，两部门按职责制定相关监管细则。

（十四）客户资金第三方存管制度

除另有规定外，从业机构应当选择符合条件的银行业金融机构作为资金存管机构，对客户资金进行管理和监督，实现客户资金与从业机构自身资金分账管理。客户资金存管账户应接受独立审计并向客户公开审计结果。人民银行会同金融监管部门按照职责分工实施监管，并制定相关监管细则。

（十五）信息披露、风险提示和合格投资者制度

从业机构应当对客户进行充分的信息披露，及时向投资者公布其经营活动和财务状况的相关信息，以便投资者充分了解从业机构运作状况，促使从业机构稳健经营和控制风险。从业机构应当向各参与方详细说明交易模式、参与方的权利和义务，并进行充分的风险提示。要研究建立互联网金融的合格投资者制度，提升投资者保护水平。有关部门按照职责分工负责监管。

（十六）消费者权益保护

研究制定互联网金融消费者教育规划，及时发布维权提示。加强互联网金融产品合同内容、免责条款规定等与消费者利益相关的信息披露工作，依法监督处理经营者利用合同格式条款侵害消费者合法权益的违法、违规行为。构建在线争议解决、现场接待受理、监管部门受理投诉、第三方调解以及仲裁、诉讼等多元化纠纷解决机制。细化完善互联网金融个人信息保护的原则、标准和操作流程。严禁网络销售金融产品过程中的不实宣传、强制捆绑销售。人民银行、银监会、证监会、保监会会同有关行政执法部门，根据职责分工依法开展互联网金融领域消费者和投资者权益保护工作。

（十七）网络与信息安全

从业机构应当切实提升技术安全水平，妥善保管客户资料和交易信息，不得非法买卖、泄露客户个人信息时。人民银行、银监会、证监会、保监会、工业和信息化部、公安部、国家互联网信息办公室分别负责对相关从业机构的网络与信息安全保障进行监管，并制定相关监管细则和技术安全标准。

（十八）反洗钱和防范金融犯罪

从业机构应当采取有效措施识别客户身份，主动监测并报告可疑交易，妥善保存客户资料和交易记录。从业机构有义务按照有关规定，建立健全有关协助查询、冻结的规章制度，协助公安机关和司法机关依法、及时查询、冻结涉案财产，配合公安机关和司法机关做好取证和执行工作。坚决打击涉及非法集资等互联网金融犯罪，防范金融风险，维护金融秩序。

金融机构在和互联网企业开展合作、代理时应根据有关法律和规定签订包括反洗钱和防范金融犯罪要求的合作、代理协议，并确保不因合作、代理关系而降低反洗钱和金融犯罪执行标准。人民银行牵头负责对从业机构履行反洗钱义务进行监管，并制定相关监管细则。打击互联网金融犯罪工作由公安部牵头负责。

（十九）加强互联网金融行业自律

充分发挥行业自律机制在规范从业机构市场行为和保护行业合法权益等方面的积极作用。人民银行会同有关部门，组建中国互联网金融协会。协会要按业务类型，制订经营管理规则和行业标准，推动机构之间的业务交流和信息共享。协会要明确自律惩戒机制，提高行业规则和标准的约束力。强化守法、诚信、自律意识，树立从业机构服务经济社会发展的正面形象，营造诚信规范发展的良好氛围。

（二十）监管协调与数据统计监测

各监管部门要相互协作、形成合力，充分发挥金融监管协调部际联席会议制度的作用。人民银行、银监会、证监会、保监会应当密切关注互联网金融业务发展及相关风险，对监管政策进行跟踪评估，适时提出调整建议，不断总结监管经验。财政部负责互联网金融从业机构财务监管政策。人民银行会同有关部门，负责建立和完善互联网金融数据统计监测体系，相关部门按照监管职责分工负责相关互联网金融数据统计和监测工作，并实现统计数据和信息共享。

最高人民法院、最高人民检察院、公安部
关于办理非法集资刑事案件若干问题的意见

（2019 年 1 月 30 日）

为依法惩治非法吸收公众存款、集资诈骗等非法集资犯罪活动，维护国家金融管理秩序，保护公民、法人和其他组织合法权益，根据刑法、刑事诉讼法等法律规定，结合司法实践，现就办理非法吸收公众存款、集资诈骗等非法集资刑事案件有关问题提出以下意见：

一、关于非法集资的“非法性”认定依据问题

人民法院、人民检察院、公安机关认定非法集资的“非法性”，应当以国家金融管理法

律法规作为依据。对于国家金融管理法律法规仅作原则性规定的，可以根据法律规定的精神并参考中国人民银行、中国银行保险监督管理委员会、中国证券监督管理委员会等行政主管部门依照国家金融管理法律法规制定的部门规章或者国家有关金融管理的规定、办法、实施细则等规范性文件的规定予以认定。

二、关于单位犯罪的认定问题

单位实施非法集资犯罪活动，全部或者大部分违法所得归单位所有的，应当认定为单位犯罪。

个人为进行非法集资犯罪活动而设立的单位实施犯罪的，或者单位设立后，以实施非法集资犯罪活动为主要活动的，不以单位犯罪论处，对单位中组织、策划、实施非法集资犯罪活动的人员应当以自然人犯罪依法追究刑事责任。

判断单位是否以实施非法集资犯罪活动为主要活动，应当根据单位实施非法集资的次数、频度、持续时间、资金规模、资金流向、投入人力物力情况、单位进行正当经营的状况以及犯罪活动的影响、后果等因素综合考虑认定。

三、关于涉案下属单位的处理问题

办理非法集资刑事案件中，人民法院、人民检察院、公安机关应当全面查清涉案单位，包括上级单位（总公司、母公司）和下属单位（分公司、子公司）的主体资格、层级、关系、地位、作用、资金流向等，区分情况依法作出处理。

上级单位已被认定为单位犯罪，下属单位实施非法集资犯罪活动，且全部或者大部分违法所得归下属单位所有的，对该下属单位也应当认定为单位犯罪。上级单位和下属单位构成共同犯罪的，应当根据犯罪单位的地位、作用，确定犯罪单位的刑事责任。

上级单位已被认定为单位犯罪，下属单位实施非法集资犯罪活动，但全部或者大部分违法所得归上级单位所有的，对下属单位不单独认定为单位犯罪。下属单位中涉嫌犯罪的人员，可以作为上级单位的其他直接责任人员依法追究刑事责任。

上级单位未被认定为单位犯罪，下属单位被认定为单位犯罪的，对上级单位中组织、策划、实施非法集资犯罪的人员，一般可以与下属单位按照自然人与单位共同犯罪处理。

上级单位与下属单位均未被认定为单位犯罪的，一般以上级单位与下属单位中承担组织、领导、管理、协调职责的主管人员和发挥主要作用的人员作为主犯，以其他积极参加非法集资犯罪的人员作为从犯，按照自然人共同犯罪处理。

四、关于主观故意的认定问题

认定犯罪嫌疑人、被告人是否具有非法吸收公众存款的犯罪故意，应当依据犯罪嫌疑人、被告人的任职情况、职业经历、专业背景、培训经历、本人因同类行为受到行政处罚或者刑事追究情况以及吸收资金方式、宣传推广、合同资料、业务流程等证据，结合其供述，进行综合分析判断。

犯罪嫌疑人、被告人使用诈骗方法非法集资，符合《最高人民法院关于审理非法集资刑事案件具体应用法律若干问题的解释》第四条规定的，可以认定为集资诈骗罪中“以非法占有为目的”。

办案机关在办理非法集资刑事案件中，应当根据案件具体情况注意收集运用涉及犯罪嫌疑人、被告人的以下证据：是否使用虚假身份信息对外开展业务；是否虚假订立合同、协议；是否虚假宣传，明显超出经营范围或者夸大经营、投资、服务项目及盈利能力；是否吸收资金后隐匿、销毁合同、协议、账目；是否传授或者接受规避法律、逃避监管的方法，等等。

五、关于犯罪数额的认定问题

非法吸收或者变相吸收公众存款构成犯罪，具有下列情形之一的，向亲友或者单位内部人员吸收的资金应当与向不特定对象吸收的资金一并计入犯罪数额：

（一）在向亲友或者单位内部人员吸收资金的过程中，明知亲友或者单位内部人员向不特定对象吸收资金而予以放任的；

（二）以吸收资金为目的，将社会人员吸收为单位内部人员，并向其吸收资金的；

（三）向社会公开宣传，同时向不特定对象、亲友或者单位内部人员吸收资金的。

非法吸收或者变相吸收公众存款的数额，以行为人所吸收的资金全额计算。集资参与人收回本金或者获得回报后又重复投资的数额不予扣除，但可以作为量刑情节酌情考虑。

六、关于宽严相济刑事政策把握问题

办理非法集资刑事案件，应当贯彻宽严相济刑事政策，依法合理把握追究刑事责任的范围，综合运用刑事手段和行政手段处置和化解风险，做到惩处少数、教育挽救大多数。要根据行为人的客观行为、主观恶性、犯罪情节及其地位、作用、层级、职务等情况，综合判断行为人的责任轻重和刑事追究的必要性，按照区别对待原则分类处理涉案人员，做到罚当其罪、罪责刑相适应。

重点惩处非法集资犯罪活动的组织者、领导者和管理人员，包括单位犯罪中的上级单位（总公司、母公司）的核心层、管理层和骨干人员，下属单位（分公司、子公司）的管理层和骨干人员，以及其他发挥主要作用的人员。

对于涉案人员积极配合调查、主动退赃退赔、真诚认罪悔罪的，可以依法从轻处罚；其中情节轻微的，可以免除处罚；情节显著轻微、危害不大的，不作为犯罪处理。

七、关于管辖问题

跨区域非法集资刑事案件按照《国务院关于进一步做好防范和处置非法集资工作的意见》（国发〔2015〕59 号）确定的工作原则办理。如果合并侦查、诉讼更为适宜的，可以合并办理。

办理跨区域非法集资刑事案件，如果多个公安机关都有权立案侦查的，一般由主要犯罪地公安机关作为案件主办地，对主要犯罪嫌疑人立案侦查和移送审查起诉；由其他犯罪地公安机关作为案件分办地根据案件具体情况，对本地区犯罪嫌疑人立案侦查和移送审查起诉。

管辖不明或者有争议的，按照有利于查清犯罪事实、有利于诉讼的原则，由其共同的上级公安机关协调确定或者指定有关公安机关作为案件主办地立案侦查。需要提请批准逮捕、移送审查起诉、提起公诉的，由分别立案侦查的公安机关所在地的人民检察院、人民法院受理。

对于重大、疑难、复杂的跨区域非法集资刑事案件，公安机关应当在协调确定或者指定案件主办地立案侦查的同时，通报同级人民检察院、人民法院。人民检察院、人民法院参照前款规定，确定主要犯罪地作为案件主办地，其他犯罪地作为案件分办地，由所在地的人民检察院、人民法院负责起诉、审判。

本条规定的“主要犯罪地”，包括非法集资活动的主要组织、策划、实施地，集资行为人的注册地、主要营业地、主要办事机构所在地，集资参与人的主要所在地等。

八、关于办案工作机制问题

案件主办地和其他涉案地办案机关应当密切沟通协调，协同推进侦查、起诉、审判、资产处置工作，配合有关部门最大限度追赃挽损。

案件主办地办案机关应当统一负责主要犯罪嫌疑人、被告人涉嫌非法集资全部犯罪事实的立案侦查、起诉、审判，防止遗漏犯罪事实；并应就全案处理政策、追诉主要犯罪嫌疑人、被告人的证据要求及诉讼时限、追赃挽损、资产处置等工作要求，向其他涉案地办案机关进行通报。其他涉案地办案机关应当对本地区犯罪嫌疑人、被告人涉嫌非法集资的犯罪事实及时立案侦查、起诉、审判，积极协助主办地处置涉案资产。

案件主办地和其他涉案地办案机关应当建立和完善证据交换共享机制。对涉及主要犯罪嫌疑人、被告人的证据，一般由案件主办地办案机关负责收集，其他涉案地提供协助。案件主办地办案机关应当及时通报接收涉及主要犯罪嫌疑人、被告人的证据材料的程序及要求。其他涉案地办案机关需要案件主办地提供证据材料的，应当向案件主办地办案机关提出证据需求，由案件主办地收集并依法移送。无法移送证据原件的，应当在移送复制件的同时，按照相关规定作出说明。

九、关于涉案财物追缴处置问题

办理跨区域非法集资刑事案件，案件主办地办案机关应当及时归集涉案财物，为统一资产处置做好基础性工作。其他涉案地办案机关应当及时查明涉案财物，明确其来源、去向、用途、流转情况，依法办理查封、扣押、冻结手续，并制作详细清单，对扣押款项应当设立明细账，在扣押后立即存入办案机关唯一合规账户，并将有关情况提供案件主办地办案机关。

人民法院、人民检察院、公安机关应当严格依照刑事诉讼法和相关司法解释的规定，依法移送、审查、处理查封、扣押、冻结的涉案财物。对审判时尚未追缴到案或者尚未足额退赔的违法所得，人民法院应当判决继续追缴或者责令退赔，并由人民法院负责执行，处置非法集资职能部门、人民检察院、公安机关等应当予以配合。

人民法院对涉案财物依法作出判决后，有关地方和部门应当在处置非法集资职能部门统筹协调下，切实履行协作义务，综合运用多种手段，做好涉案财物清运、财产变现、资金归集、资金清退等工作，确保最大限度减少实际损失。

根据有关规定，查封、扣押、冻结的涉案财物，一般应在诉讼终结后返还集资参与人。涉案财物不足全部返还的，按照集资参与人的集资额比例返还。退赔集资参与人的损失一般优先于其他民事债务以及罚金、没收财产的执行。

十、关于集资参与人权利保障问题

集资参与人，是指向非法集资活动投入资金的单位和个人，为非法集资活动提供帮助并获取经济利益的单位和个人除外。

人民法院、人民检察院、公安机关应当通过及时公布案件进展、涉案资产处置情况等方式，依法保障集资参与人的合法权利。集资参与人可以推选代表人向人民法院提出相关意见和建议；推选不出代表人的，人民法院可以指定代表人。人民法院可以视案件情况决定集资参与人代表人参加或者旁听庭审，对集资参与人提起附带民事诉讼等请求不予受理。

十一、关于行政执法与刑事司法衔接问题

处置非法集资职能部门或者有关行政主管部门，在调查非法集资行为或者行政执法过程中，认为案情重大、疑难、复杂的，可以商请公安机关就追诉标准、证据固定等问题提出咨询或者参考意见；发现非法集资行为涉嫌犯罪的，应当按照《行政执法机关移送涉嫌犯罪案件的规定》等规定，履行相关手续，在规定的期限内将案件移送公安机关。

人民法院、人民检察院、公安机关在办理非法集资刑事案件过程中，可商请处置非法集资职能部门或者有关行政主管部门指派专业人员配合开展工作，协助查阅、复制有关专业资料，就案件涉及的专业问题出具认定意见。涉及需要行政处理的事项，应当及时移交处置非

法集资职能部门或者有关行政主管部门依法处理。

十二、关于国家工作人员相关法律责任问题

国家工作人员具有下列行为之一，构成犯罪的，应当依法追究刑事责任：

（一）明知单位和个人所申请机构或者业务涉嫌非法集资，仍为其办理行政许可或者注册手续的；

（二）明知所主管、监管的单位有涉嫌非法集资行为，未依法及时处理或者移送处置非法集资职能部门的；

（三）查处非法集资过程中滥用职权、玩忽职守、徇私舞弊的；

（四）徇私舞弊不向司法机关移交非法集资刑事案件的；

（五）其他通过职务行为或者利用职务影响，支持、帮助、纵容非法集资的。

最高人民法院关于审理民间借贷案件适用法律若干问题的规定

（2015 年 6 月 23 日最高人民法院审判委员会第 1655 次会议通过 2015 年 8 月 6 日最高人民法院公告公布 自 2015 年 9 月 1 日起施行 法释〔2015〕18 号）

为正确审理民间借贷纠纷案件，根据《中华人民共和国民法通则》《中华人民共和国物权法》《中华人民共和国担保法》《中华人民共和国合同法》《中华人民共和国民事诉讼法》《中华人民共和国刑事诉讼法》等相关法律之规定，结合审判实践，制定本规定。

第一条 本规定所称的民间借贷，是指自然人、法人、其他组织之间及其相互之间进行资金融通的行为。

经金融监管部门批准设立的从事贷款业务的金融机构及其分支机构，因发放贷款等相关金融业务引发的纠纷，不适用本规定。

第二条 出借人向人民法院起诉时，应当提供借据、收据、欠条等债权凭证以及其他能够证明借贷法律关系存在的证据。

当事人持有的借据、收据、欠条等债权凭证没有载明债权人，持有债权凭证的当事人提起民间借贷诉讼的，人民法院应予受理。被告对原告的债权人资格提出有事实依据的抗辩，

人民法院经审理认为原告不具有债权人资格的，裁定驳回起诉。

第三条 借贷双方就合同履行地未约定或者约定不明确，事后未达成补充协议，按照合同有关条款或者交易习惯仍不能确定的，以接受货币一方所在地为合同履行地。

第四条 保证人为借款人提供连带责任保证，出借人仅起诉借款人的，人民法院可以不追加保证人为共同被告；出借人仅起诉保证人的，人民法院可以追加借款人为共同被告。

保证人为借款人提供一般保证，出借人仅起诉保证人的，人民法院应当追加借款人为共同被告；出借人仅起诉借款人的，人民法院可以不追加保证人为共同被告。

第五条 人民法院立案后，发现民间借贷行为本身涉嫌非法集资犯罪的，应当裁定驳回起诉，并将涉嫌非法集资犯罪的线索、材料移送公安或者检察机关。

公安或者检察机关不予立案，或者立案侦查后撤销案件，或者检察机关作出不起诉决定，或者经人民法院生效判决认定不构成非法集资犯罪，当事人又以同一事实向人民法院提起诉讼的，人民法院应予受理。

第六条 人民法院立案后，发现与民间借贷纠纷案件虽有关联但不是同一事实的涉嫌非法集资等犯罪的线索、材料的，人民法院应当继续审理民间借贷纠纷案件，并将涉嫌非法集资等犯罪的线索、材料移送公安或者检察机关。

第七条 民间借贷的基本案件事实必须以刑事案件审理结果为依据，而该刑事案件尚未审结的，人民法院应当裁定中止诉讼。

第八条 借款人涉嫌犯罪或者生效判决认定其有罪，出借人起诉请求担保人承担民事责任的，人民法院应予受理。

第九条 具有下列情形之一，可以视为具备合同法第二百一十条关于自然人之间借款合同的生效要件：

（一）以现金支付的，自借款人收到借款时；

（二）以银行转账、网上电子汇款或者通过网络贷款平台等形式支付的，自资金到达借款人账户时；

（三）以票据交付的，自借款人依法取得票据权利时；

（四）出借人将特定资金账户支配权授权给借款人的，自借款人取得对该账户实际支配权时；

（五）出借人以与借款人约定的其他方式提供借款并实际履行完成时。

第十条 除自然人之间的借款合同外，当事人主张民间借贷合同自合同成立时生效的，人民法院应予支持，但当事人另有约定或者法律、行政法规另有规定的除外。

第十一条 法人之间、其他组织之间以及它们相互之间为生产、经营需要订立的民间借贷合同，除存在合同法第五十二条、本规定第十四条规定的情形外，当事人主张民间借贷合同有效的，人民法院应予支持。

第十二条 法人或者其他组织在本单位内部通过借款形式向职工筹集资金，用于本单位生产、经营，且不存在合同法第五十二条、本规定第十四条规定的情形，当事人主张民间借贷合同有效的，人民法院应予支持。

第十三条 借款人或者出借人的借贷行为涉嫌犯罪，或者已经生效的判决认定构成犯罪，当事人提起民事诉讼的，民间借贷合同并不当然无效。人民法院应当根据合同法第五十二条、本规定第十四条之规定，认定民间借贷合同的效力。

担保人以借款人或者出借人的借贷行为涉嫌犯罪或者已经生效的判决认定构成犯罪为由，主张不承担民事责任的，人民法院应当依据民间借贷合同与担保合同的效力、当事人的过错程度，依法确定担保人的民事责任。

第十四条 具有下列情形之一，人民法院应当认定民间借贷合同无效：

（一）套取金融机构信贷资金又高利转贷给借款人，且借款人事先知道或者应当知道的；

（二）以向其他企业借贷或者向本单位职工集资取得的资金又转贷给借款人牟利，且借款人事先知道或者应当知道的；

（三）出借人事先知道或者应当知道借款人借款用于违法犯罪活动仍然提供借款的；

（四）违背社会公序良俗的；

（五）其他违反法律、行政法规效力性强制性规定的。

第十五条 原告以借据、收据、欠条等债权凭证为依据提起民间借贷诉讼，被告依据基础法律关系提出抗辩或者反诉，并提供证据证明债权纠纷非民间借贷行为引起的，人民法院应当依据查明的案件事实，按照基础法律关系审理。

当事人通过调解、和解或者清算达成的债权债务协议，不适用前款规定。

第十六条 原告仅依据借据、收据、欠条等债权凭证提起民间借贷诉讼，被告抗辩已经偿还借款，被告应当对其主张提供证据证明。被告提供相应证据证明其主张后，原告仍应就借贷关系的成立承担举证证明责任。

被告抗辩借贷行为尚未实际发生并能作出合理说明，人民法院应当结合借贷金额、款项交付、当事人的经济能力、当地或者当事人之间的交易方式、交易习惯、当事人财产变动情况以及证人证言等事实和因素，综合判断查证借贷事实是否发生。

第十七条 原告仅依据金融机构的转账凭证提起民间借贷诉讼，被告抗辩转账系偿还双方之前借款或其他债务，被告应当对其主张提供证据证明。被告提供相应证据证明其主张后，原告仍应就借贷关系的成立承担举证证明责任。

第十八条 根据《关于适用〈中华人民共和国民事诉讼法〉的解释》第一百七十四条第二款之规定，负有举证证明责任的原告无正当理由拒不到庭，经审查现有证据无法确认借贷行为、借贷金额、支付方式等案件主要事实，人民法院对其主张的事实不予认定。

第十九条 人民法院审理民间借贷纠纷案件时发现有下列情形，应当严格审查借贷发生的原因、时间、地点、款项来源、交付方式、款项流向以及借贷双方的关系、经济状况等事实，综合判断是否属于虚假民事诉讼：

（一）出借人明显不具备出借能力；

（二）出借人起诉所依据的事实和理由明显不符合常理；

（三）出借人不能提交债权凭证或者提交的债权凭证存在伪造的可能；

（四）当事人双方在一定期间内多次参加民间借贷诉讼；

（五）当事人一方或者双方无正当理由拒不到庭参加诉讼，委托代理人对借贷事实陈述不清或者陈述前后矛盾；

（六）当事人双方对借贷事实的发生没有任何争议或者诉辩明显不符合常理；

（七）借款人的配偶或合伙人、案外人的其他债权人提出有事实依据的异议；

（八）当事人在其他纠纷中存在低价转让财产的情形；

（九）当事人不正当放弃权利；

（十）其他可能存在虚假民间借贷诉讼的情形。

第二十条 经查明属于虚假民间借贷诉讼，原告申请撤诉的，人民法院不予准许，并应当根据民事诉讼法第一百一十二条之规定，判决驳回其请求。

诉讼参与人或者其他人恶意制造、参与虚假诉讼，人民法院应当依照民事诉讼法第一百一十一条、第一百一十二条和第一百一十三条之规定，依法予以罚款、拘留；构成犯罪的，应当移送有管辖权的司法机关追究刑事责任。

单位恶意制造、参与虚假诉讼的，人民法院应当对该单位进行罚款，并可以对其主要负责人或者直接责任人员予以罚款、拘留；构成犯罪的，应当移送有管辖权的司法机关追究刑事责任。

第二十一条 他人在借据、收据、欠条等债权凭证或者借款合同上签字或者盖章，但未表明其保证人身份或者承担保证责任，或者通过其他事实不能推定其为保证人，出借人请求其承担保证责任的，人民法院不予支持。

第二十二条 借贷双方通过网络贷款平台形成借贷关系，网络贷款平台的提供者仅提供媒介服务，当事人请求其承担担保责任的，人民法院不予支持。

网络贷款平台的提供者通过网页、广告或者其他媒介明示或者有其他证据证明其为借贷提供担保，出借人请求网络贷款平台的提供者承担担保责任的，人民法院应予支持。

第二十三条 企业法定代表人或负责人以企业名义与出借人签订民间借贷合同，出借人、企业或者其股东能够证明所借款项用于企业法定代表人或负责人个人使用，出借人请求将企业法定代表人或负责人列为共同被告或者第三人的，人民法院应予准许。

企业法定代表人或负责人以个人名义与出借人签订民间借贷合同，所借款项用于企业生产经营，出借人请求企业与个人共同承担责任的，人民法院应予支持。

第二十四条 当事人以签订买卖合同作为民间借贷合同的担保，借款到期后借款人不能还款，出借人请求履行买卖合同的，人民法院应当按照民间借贷法律关系审理，并向当事人释明变更诉讼请求。当事人拒绝变更的，人民法院裁定驳回起诉。

按照民间借贷法律关系审理作出的判决生效后，借款人不履行生效判决确定的金钱债务，出借人可以申请拍卖买卖合同标的物，以偿还债务。就拍卖所得的价款与应偿还借款本息之间的差额，借款人或者出借人有权主张返还或补偿。

第二十五条 借贷双方没有约定利息，出借人主张支付借期内利息的，人民法院不予支持。

自然人之间借贷对利息约定不明，出借人主张支付利息的，人民法院不予支持。除自然人之间借贷的外，借贷双方对借贷利息约定不明，出借人主张利息的，人民法院应当结合民间借贷合同的内容，并根据当地或者当事人的交易方式、交易习惯、市场利率等因素确定利息。

第二十六条 借贷双方约定的利率未超过年利率 24%，出借人请求借款人按照约定的利率支付利息的，人民法院应予支持。

借贷双方约定的利率超过年利率 36%，超过部分的利息约定无效。借款人请求出借人返还已支付的超过年利率 36% 部分的利息的，人民法院应予支持。

第二十七条 借据、收据、欠条等债权凭证载明的借款金额，一般认定为本金。预先在本金中扣除利息的，人民法院应当将实际出借的金额认定为本金。

第二十八条 借贷双方对前期借款本息结算后将利息计入后期借款本金并重新出具债权凭证，如果前期利率没有超过年利率 24%，重新出具的债权凭证载明的金额可认定为后期借款本金；超过部分的利息不能计入后期借款本金。约定的利率超过年利率 24%，当事人主张超过部分的利息不能计入后期借款本金的，人民法院应予支持。

按前款计算，借款人在借款期间届满后应当支付的本息之和，不能超过最初借款本金与以最初借款本金为基数，以年利率 24% 计算的整个借款期间的利息之和。出借人请求借款人支付超过部分的，人民法院不予支持。

第二十九条 借贷双方对逾期利率有约定的，从其约定，但以不超过年利率 24% 为限。

未约定逾期利率或者约定不明的，人民法院可以区分不同情况处理：

（一）既未约定借期内的利率，也未约定逾期利率，出借人主张借款人自逾期还款之日起按照年利率 6% 支付资金占用期间利息的，人民法院应予支持；

（二）约定了借期内的利率但未约定逾期利率，出借人主张借款人自逾期还款之日起按照借期内的利率支付资金占用期间利息的，人民法院应予支持。

第三十条 出借人与借款人既约定了逾期利率，又约定了违约金或者其他费用，出借人可以选择主张逾期利息、违约金或者其他费用，也可以一并主张，但总计超过年利率 24%

的部分，人民法院不予支持。

第三十一条 没有约定利息但借款人自愿支付，或者超过约定的利率自愿支付利息或违约金，且没有损害国家、集体和第三人利益，借款人又以不当得利为由要求出借人返还的，人民法院不予支持，但借款人要求返还超过年利率36%部分的利息除外。

第三十二条 借款人可以提前偿还借款，但当事人另有约定的除外。

借款人提前偿还借款并主张按照实际借款期间计算利息的，人民法院应予支持。

第三十三条 本规定公布施行后，最高人民法院于1991年8月13日发布的《关于人民法院审理借贷案件的若干意见》同时废止；最高人民法院以前发布的司法解释与本规定不一致的，不再适用。

最高人民法院 最高人民检察院关于办理诈骗刑事案件具体应用法律若干问题的解释

（2011年2月21日最高人民法院审判委员会第1512次会议、2010年11月24日最高人民检察院第十一届检察委员会第49次会议通过 2011年3月1日最高人民法院、最高人民检察院公告公布 自2011年4月8日起施行 法释〔2011〕7号）

为依法惩治诈骗犯罪活动，保护公私财产所有权，根据刑法、刑事诉讼法有关规定，结合司法实践的需要，现就办理诈骗刑事案件具体应用法律的若干问题解释如下：

第一条 诈骗公私财物价值三千元至一万元以上、三万元至十万元以上、五十万元以上的，应当分别认定为刑法第二百六十六条规定的“数额较大”、“数额巨大”、“数额特别巨大”。

各省、自治区、直辖市高级人民法院、人民检察院可以结合本地区经济社会发展状况，在前款规定的数额幅度内，共同研究确定本地区执行的具体数额标准，报最高人民法院、最高人民检察院备案。

第二条 诈骗公私财物达到本解释第一条规定的数额标准，具有下列情形之一的，可以依照刑法第二百六十六条的规定酌情从严惩处：

（一）通过发送短信、拨打电话或者利用互联网、广播电视、报刊杂志等发布虚假信息，对不特定多数人实施诈骗的；

（二）诈骗救灾、抢险、防汛、优抚、扶贫、移民、救济、医疗款物的；

（三）以赈灾募捐名义实施诈骗的；

（四）诈骗残疾人、老年人或者丧失劳动能力人的财物的；

（五）造成被害人自杀、精神失常或者其他严重后果的。

诈骗数额接近本解释第一条规定的“数额巨大”、“数额特别巨大”的标准，并具有前款规定的情形之一或者属于诈骗集团首要分子的，应当分别认定为刑法第二百六十六条规定的“其他严重情节”、“其他特别严重情节”。

第三条 诈骗公私财物虽已达到本解释第一条规定的“数额较大”的标准，但具有下列情形之一，且行为人认罪、悔罪的，可以根据刑法第三十七条、刑事诉讼法第一百四十二条的规定不起诉或者免予刑事处罚：

（一）具有法定从宽处罚情节的；

（二）一审宣判前全部退赃、退赔的；

（三）没有参与分赃或者获赃较少且不是主犯的；

（四）被害人谅解的；

（五）其他情节轻微、危害不大的。

第四条 诈骗近亲属的财物，近亲属谅解的，一般可不按犯罪处理。

诈骗近亲属的财物，确有追究刑事责任必要的，具体处理也应酌情从宽。

第五条 诈骗未遂，以数额巨大的财物为诈骗目标的，或者具有其他严重情节的，应当定罪处罚。

利用发送短信、拨打电话、互联网等电信技术手段对不特定多数人实施诈骗，诈骗数额难以查证，但具有下列情形之一的，应当认定为刑法第二百六十六条规定的“其他严重情节”，以诈骗罪（未遂）定罪处罚：

（一）发送诈骗信息五千条以上的；

（二）拨打诈骗电话五百人次以上的；

（三）诈骗手段恶劣、危害严重的。

实施前款规定行为，数量达到前款第（一）、（二）项规定标准十倍以上的，或者诈骗手段特别恶劣、危害特别严重的，应当认定为刑法第二百六十六条规定的“其他特别严重情节”，以诈骗罪（未遂）定罪处罚。

第六条 诈骗既有既遂，又有未遂，分别达到不同量刑幅度的，依照处罚较重的规定处罚；达到同一量刑幅度的，以诈骗罪既遂处罚。

第七条 明知他人实施诈骗犯罪，为其提供信用卡、手机卡、通讯工具、通讯传输通道、网络技术支持、费用结算等帮助的，以共同犯罪论处。

第八条 冒充国家机关工作人员进行诈骗，同时构成诈骗罪和招摇撞骗罪的，依照处罚较重的规定定罪处罚。

第九条 案发后查封、扣押、冻结在案的诈骗财物及其孳息，权属明确的，应当发还被害人；权属不明确的，可按被骗款物占查封、扣押、冻结在案的财物及其孳息总额的比例发还被害人，但已获退赔的应予扣除。

第十条 行为人已将诈骗财物用于清偿债务或者转让给他人，具有下列情形之一的，应当依法追缴：

（一）对方明知是诈骗财物而收取的；

（二）对方无偿取得诈骗财物的；

（三）对方以明显低于市场的价格取得诈骗财物的；

（四）对方取得诈骗财物系源于非法债务或者违法犯罪活动的。

他人善意取得诈骗财物的，不予追缴。

第十一条 以前发布的司法解释与本解释不一致的，以本解释为准。

最高人民法院关于审理非法集资刑事案件具体应用法律若干问题的解释

（2010年11月22日最高人民法院审判委员会第1502次会议通过　2010年12月13日最高人民法院公告公布　自2011年1月4日起施行　法释〔2010〕18号）

为依法惩治非法吸收公众存款、集资诈骗等非法集资犯罪活动，根据刑法有关规定，现就审理此类刑事案件具体应用法律的若干问题解释如下：

第一条 违反国家金融管理法律规定，向社会公众（包括单位和个人）吸收资金的行为，同时具备下列四个条件的，除刑法另有规定的以外，应当认定为刑法第一百七十六条规定的“非法吸收公众存款或者变相吸收公众存款”：

（一）未经有关部门依法批准或者借用合法经营的形式吸收资金；

（二）通过媒体、推介会、传单、手机短信等途径向社会公开宣传；

（三）承诺在一定期限内以货币、实物、股权等方式还本付息或者给付回报；

（四）向社会公众即社会不特定对象吸收资金。

未向社会公开宣传，在亲友或者单位内部针对特定对象吸收资金的，不属于非法吸收或者变相吸收公众存款。

第二条 实施下列行为之一，符合本解释第一条第一款规定的条件的，应当依照刑法第一百七十六条的规定，以非法吸收公众存款罪定罪处罚：

（一）不具有房产销售的真实内容或者不以房产销售为主要目的，以返本销售、售后包租、约定回购、销售房产份额等方式非法吸收资金的；

（二）以转让林权并代为管护等方式非法吸收资金的；

（三）以代种植（养殖）、租种植（养殖）、联合种植（养殖）等方式非法吸收资金的；

（四）不具有销售商品、提供服务的真实内容或者不以销售商品、提供服务为主要目的，以商品回购、寄存代售等方式非法吸收资金的；

（五）不具有发行股票、债券的真实内容，以虚假转让股权、发售虚构债券等方式非法吸收资金的；

（六）不具有募集基金的真实内容，以假借境外基金、发售虚构基金等方式非法吸收资金的；

（七）不具有销售保险的真实内容，以假冒保险公司、伪造保险单据等方式非法吸收资金的；

（八）以投资入股的方式非法吸收资金的；

（九）以委托理财的方式非法吸收资金的；

（十）利用民间“会”、“社”等组织非法吸收资金的；

（十一）其他非法吸收资金的行为。

第三条 非法吸收或者变相吸收公众存款，具有下列情形之一的，应当依法追究刑事责任：

（一）个人非法吸收或者变相吸收公众存款，数额在20万元以上的，单位非法吸收或者变相吸收公众存款，数额在100万元以上的；

（二）个人非法吸收或者变相吸收公众存款对象30人以上的，单位非法吸收或者变相吸收公众存款对象150人以上的；

（三）个人非法吸收或者变相吸收公众存款，给存款人造成直接经济损失数额在10万元以上的，单位非法吸收或者变相吸收公众存款，给存款人造成直接经济损失数额在50万元以上的；

（四）造成恶劣社会影响或者其他严重后果的。

具有下列情形之一的，属于刑法第一百七十六条规定的“数额巨大或者有其他严重情节”：

（一）个人非法吸收或者变相吸收公众存款，数额在100万元以上的，单位非法吸收或者变相吸收公众存款，数额在500万元以上的；

（二）个人非法吸收或者变相吸收公众存款对象 100 人以上的，单位非法吸收或者变相吸收公众存款对象 500 人以上的；

（三）个人非法吸收或者变相吸收公众存款，给存款人造成直接经济损失数额在 50 万元以上的，单位非法吸收或者变相吸收公众存款，给存款人造成直接经济损失数额在 250 万元以上的；

（四）造成特别恶劣社会影响或者其他特别严重后果的。

非法吸收或者变相吸收公众存款的数额，以行为人所吸收的资金全额计算。案发前后已归还的数额，可以作为量刑情节酌情考虑。

非法吸收或者变相吸收公众存款，主要用于正常的生产经营活动，能够及时清退所吸收资金，可以免予刑事处罚；情节显著轻微的，不作为犯罪处理。

第四条 以非法占有为目的，使用诈骗方法实施本解释第二条规定所列行为的，应当依照刑法第一百九十二条的规定，以集资诈骗罪定罪处罚。

使用诈骗方法非法集资，具有下列情形之一的，可以认定为“以非法占有为目的”：

（一）集资后不用于生产经营活动或者用于生产经营活动与筹集资金规模明显不成比例，致使集资款不能返还的；

（二）肆意挥霍集资款，致使集资款不能返还的；

（三）携带集资款逃匿的；

（四）将集资款用于违法犯罪活动的；

（五）抽逃、转移资金、隐匿财产，逃避返还资金的；

（六）隐匿、销毁账目，或者搞假破产、假倒闭，逃避返还资金的；

（七）拒不交代资金去向，逃避返还资金的；

（八）其他可以认定非法占有目的的情形。

集资诈骗罪中的非法占有目的，应当区分情形进行具体认定。行为人部分非法集资行为具有非法占有目的的，对该部分非法集资行为所涉集资款以集资诈骗罪定罪处罚；非法集资共同犯罪中部分行为人具有非法占有目的，其他行为人没有非法占有集资款的共同故意和行为的，对具有非法占有目的的行为人以集资诈骗罪定罪处罚。

第五条 个人进行集资诈骗，数额在 10 万元以上的，应当认定为“数额较大”；数额在 30 万元以上的，应当认定为“数额巨大”；数额在 100 万元以上的，应当认定为“数额特别巨大”。

单位进行集资诈骗，数额在 50 万元以上的，应当认定为“数额较大”；数额在 150 万元以上的，应当认定为“数额巨大”；数额在 500 万元以上的，应当认定为“数额特别巨大”。

集资诈骗的数额以行为人实际骗取的数额计算，案发前已归还的数额应予扣除。行为人为实施集资诈骗活动而支付的广告费、中介费、手续费、回扣，或者用于行贿、赠与等费用，不予扣除。行为人为实施集资诈骗活动而支付的利息，除本金未归还可予折抵本金以外，应当计入诈骗数额。

第六条 未经国家有关主管部门批准，向社会不特定对象发行、以转让股权等方式变相发行股票或者公司、企业债券，或者向特定对象发行、变相发行股票或者公司、企业债券累计超过200人的，应当认定为刑法第一百七十九条规定的“擅自发行股票、公司、企业债券”。构成犯罪的，以擅自发行股票、公司、企业债券罪定罪处罚。

第七条 违反国家规定，未经依法核准擅自发行基金份额募集基金，情节严重的，依照刑法第二百二十五条的规定，以非法经营罪定罪处罚。

第八条 广告经营者、广告发布者违反国家规定，利用广告为非法集资活动相关的商品或者服务作虚假宣传，具有下列情形之一的，依照刑法第二百二十二条的规定，以虚假广告罪定罪处罚：

（一）违法所得数额在10万元以上的；

（二）造成严重危害后果或者恶劣社会影响的；

（三）二年内利用广告作虚假宣传，受过行政处罚二次以上的；

（四）其他情节严重的情形。

明知他人从事欺诈发行股票、债券，非法吸收公众存款，擅自发行股票、债券，集资诈骗或者组织、领导传销活动等集资犯罪活动，为其提供广告等宣传的，以相关犯罪的共犯论处。

第九条 此前发布的司法解释与本解释不一致的，以本解释为准。

2. 传统金融市场

商业银行理财子公司管理办法

（2018年12月2日中国银行保险监督管理委员会令2018年第7号公布 自公布之日起施行）

第一章 总 则

第一条 为加强对商业银行理财子公司的监督管理，依法保护投资者合法权益，根据《中华人民共和国银行业监督管理法》等法律、行政法规以及《关于规范金融机构资产管理业务的指导意见》（以下简称《指导意见》）、《商业银行理财业务监督管理办法》（以下简称《理财业务管理办法》），制定本办法。

第二条 本办法所称银行理财子公司是指商业银行经国务院银行业监督管理机构批准，在中华人民共和国境内设立的主要从事理财业务的非银行金融机构。

本办法所称理财业务是指银行理财子公司接受投资者委托，按照与投资者事先约定的投资策略、风险承担和收益分配方式，对受托的投资者财产进行投资和管理的金融服务。

第三条 银行理财子公司开展理财业务，应当诚实守信、勤勉尽职地履行受人之托、代人理财职责，遵守成本可算、风险可控、信息充分披露的原则，严格遵守投资者适当性管理要求，保护投资者合法权益。

第四条 银行业监督管理机构依法对银行理财子公司及其业务活动实施监督管理。

银行业监督管理机构应当与其他金融管理部门加强监管协调和信息共享，防范跨市场风险。

第二章 设立、变更与终止

第五条 设立银行理财子公司，应当采取有限责任公司或者股份有限公司形式。银行理财子公司名称一般为“字号＋理财＋组织形式”。未经国务院银行业监督管理机构批准，任何单位不得在其名称中使用“理财有限责任公司”或“理财股份有限公司”字样。

第六条 银行理财子公司应当具备下列条件：

（一）具有符合《中华人民共和国公司法》和国务院银行业监督管理机构规章规定的章程；

（二）具有符合规定条件的股东；

（三）具有符合本办法规定的最低注册资本；

（四）具有符合任职资格条件的董事、高级管理人员，并具备充足的从事研究、投资、估值、风险管理等理财业务岗位的合格从业人员；

（五）建立有效的公司治理、内部控制和风险管理体系，具备支持理财产品单独管理、单独建账和单独核算等业务管理的信息系统，具备保障信息系统有效安全运行的技术与措施；

（六）具有与业务经营相适应的营业场所、安全防范措施和其他设施；

（七）国务院银行业监督管理机构规章规定的其他审慎性条件。

第七条 银行理财子公司应当由在中华人民共和国境内注册成立的商业银行作为控股股东发起设立。作为控股股东的商业银行应当符合以下条件：

（一）具有良好的公司治理结构、内部控制机制和健全的风险管理体系；

（二）主要审慎监管指标符合监管要求；

（三）财务状况良好，最近 3 个会计年度连续盈利；

（四）监管评级良好，最近 2 年内无重大违法违规行为，已采取有效整改措施并经国务院银行业监督管理机构认可的除外；

（五）银行理财业务经营规范稳健；

（六）设立理财业务专营部门，对理财业务实行集中统一经营管理；理财业务专营部门连续运营 3 年以上，具有前中后台相互分离、职责明确、有效制衡的组织架构；

（七）具有明确的银行理财子公司发展战略和业务规划；

（八）入股资金为自有资金，不得以债务资金和委托资金等非自有资金入股；

（九）在银行理财子公司章程中承诺 5 年内不转让所持有的股权，不将所持有的股权进行质押或设立信托，经国务院银行业监督管理机构批准的除外；

（十）国务院银行业监督管理机构规章规定的其他审慎性条件。

第八条 境内外金融机构作为银行理财子公司股东的，应当具备以下条件：

（一）具有良好的公司治理结构；

（二）具有良好的社会声誉、诚信记录和纳税记录；

（三）经营管理良好，最近 2 年内无重大违法违规经营记录；

（四）财务状况良好，最近 2 个会计年度连续盈利；

（五）入股资金为自有资金，不得以债务资金和委托资金等非自有资金入股；

（六）在银行理财子公司章程中承诺 5 年内不转让所持有的股权，不将所持有的股权进行质押或设立信托，经国务院银行业监督管理机构批准的除外；

（七）符合所在地有关法律法规和相关监管规定要求；境外金融机构作为股东的，其所在国家或地区金融监管当局已经与国务院金融监督管理部门建立良好的监督管理合作机制；

（八）国务院银行业监督管理机构规章规定的其他审慎性条件。

第九条 境内非金融企业作为银行理财子公司股东的，应当具备以下条件：

（一）具有良好的公司治理结构；

（二）具有良好的社会声誉、诚信记录和纳税记录；

（三）经营管理良好，最近2年内无重大违法违规经营记录；

（四）财务状况良好，最近2个会计年度连续盈利；

（五）入股资金为自有资金，不得以债务资金和委托资金等非自有资金入股；

（六）在银行理财子公司章程中承诺5年内不转让所持有的股权，不将所持有的股权进行质押或设立信托，经国务院银行业监督管理机构批准的除外；

（七）最近1年年末总资产不低于50亿元人民币，最近1年年末净资产不得低于总资产的30%，权益性投资余额原则上不超过其净资产的50%（含本次投资资金，合并会计报表口径）；

（八）国务院银行业监督管理机构规章规定的其他审慎性条件。

第十条 有以下情形之一的企业不得作为银行理财子公司的股东：

（一）公司治理结构与机制存在明显缺陷；

（二）关联企业众多、股权关系复杂且不透明、关联交易频繁且异常；

（三）核心主业不突出且其经营范围涉及行业过多；

（四）现金流量波动受经济景气影响较大；

（五）资产负债率、财务杠杆率明显高于行业平均水平；

（六）代他人持有银行理财子公司股权；

（七）其他可能对银行理财子公司产生重大不利影响的情况。

第十一条 银行理财子公司的注册资本应当为一次性实缴货币资本，最低金额为10亿元人民币或等值自由兑换货币。

国务院银行业监督管理机构根据审慎监管的要求，可以调整银行理财子公司最低注册资本要求，但不得少于前款规定的金额。

第十二条 同一投资人及其关联方、一致行动人参股银行理财子公司的数量不得超过2家，或者控股银行理财子公司的数量不得超过1家。

第十三条 银行理财子公司机构设立须经筹建和开业两个阶段。

第十四条 筹建银行理财子公司，应当由作为控股股东的商业银行向国务院银行业监督管理机构提交申请，由国务院银行业监督管理机构按程序受理、审查并决定。国务院银行业监督管理机构应当自收到完整申请材料之日起 4 个月内作出批准或不批准的书面决定。

第十五条 银行理财子公司的筹建期为批准决定之日起 6 个月。未能按期完成筹建的，应当在筹建期限届满前 1 个月向国务院银行业监督管理机构提交筹建延期报告。筹建延期不得超过一次，延长期限不得超过 3 个月。

申请人应当在前款规定的期限届满前提交开业申请，逾期未提交的，筹建批准文件失效，由决定机关注销筹建许可。

第十六条 银行理财子公司开业，应当由作为控股股东的商业银行向银行业监督管理机构提交申请，由银行业监督管理机构受理、审查并决定。银行业监督管理机构自受理之日起 2 个月内作出核准或不予核准的书面决定。

第十七条 银行理财子公司应当在收到开业核准文件并领取金融许可证后，办理工商登记，领取营业执照。

银行理财子公司应当自领取营业执照之日起 6 个月内开业。不能按期开业的，应当在开业期限届满前 1 个月向国务院银行业监督管理机构提交开业延期报告。开业延期不得超过一次，延长期限不得超过 3 个月。

未在前款规定期限内开业的，开业核准文件失效，由决定机关注销开业许可，发证机关收回金融许可证，并予以公告。

第十八条 银行理财子公司董事和高级管理人员实行任职资格核准制度，由银行业监督管理机构参照《中国银监会非银行金融机构行政许可事项实施办法》规定的行政许可范围、条件和程序对银行理财子公司董事和高级管理人员任职资格进行审核，国务院银行业监督管理机构另有规定的除外。

第十九条 银行理财子公司应当严格控制分支机构的设立。根据需要设立分支机构的，应当具备以下条件：

（一）具有有效的公司治理、内部控制和风险管理体系，具备支持理财产品单独管理、单独建账和单独核算等业务管理的信息系统，具备保障信息系统有效安全运行的技术与措施；

（二）理财业务经营规范稳健，最近 2 年内无重大违法违规行为；

（三）具备拨付营运资金的能力；

（四）国务院银行业监督管理机构规章规定的其他审慎性条件。

银行理财子公司设立分支机构，由银行业监督管理机构受理、审查并决定，相关程序应当符合《中国银监会非银行金融机构行政许可事项实施办法》相关规定，国务院银行业监督管理机构另有规定的除外。

第二十条 银行理财子公司有下列变更事项之一的，应当报经国务院银行业监督管理机构批准：

（一）变更公司名称；

（二）变更注册资本；

（三）变更股权或调整股权结构；

（四）调整业务范围；

（五）变更公司住所或营业场所；

（六）修改公司章程；

（七）变更组织形式；

（八）合并或分立；

（九）国务院银行业监督管理机构规章规定的其他变更事项。

银行理财子公司股权变更后持股 5% 以上的股东应当经股东资格审核。银行理财子公司变更持股 1% 以上、5% 以下股东的，应当在 10 个工作日内向银行业监督管理机构报告。变更股权后的股东应当符合本办法规定的股东资质条件。

第二十一条 银行理财子公司有下列情况之一的，经国务院银行业监督管理机构批准后可以解散：

（一）公司章程规定的营业期限届满或者公司章程规定的其他解散事由出现；

（二）股东会议决议解散；

（三）因公司合并或者分立需要解散；

（四）依法被吊销营业执照、责令关闭或者被撤销；

（五）其他法定事由。

第二十二条 银行理财子公司因解散、依法被撤销或被宣告破产而终止的，其清算事宜按照国家有关法律法规办理。银行理财子公司不得将理财产品财产归入其自有资产，因依法解散、被依法撤销或者被依法宣告破产等原因进行清算的，理财产品财产不属于其清算财产。

第二十三条 银行理财子公司的机构变更和终止、调整业务范围及增加业务品种等行政许可事项由国务院银行业监督管理机构受理、审查并决定，相关许可条件和程序应符合《中国银监会非银行金融机构行政许可事项实施办法》相关规定，国务院银行业监督管理机构另有规定的除外。

第三章　业务规则

第二十四条 银行理财子公司可以申请经营下列部分或者全部业务：

（一）面向不特定社会公众公开发行理财产品，对受托的投资者财产进行投资和管理；

（二）面向合格投资者非公开发行理财产品，对受托的投资者财产进行投资和管理；

（三）理财顾问和咨询服务；

（四）经国务院银行业监督管理机构批准的其他业务。

第二十五条 银行理财子公司开展业务，应当遵守《指导意见》和《理财业务管理办法》的总则、分类管理、业务规则与风险管理、附则以及附件《商业银行理财产品销售管理要求》的相关规定，本办法另有规定的除外。

银行理财子公司开展理财业务，不适用《理财业务管理办法》第二十二条、第三十条第二款、第三十一条、第三十六条第一款、第三十九条、第四十条第一款、第四十二条第一款、第四十八条第二款、第四十九条、第七十四条至第七十七条、附件《商业银行理财产品销售管理要求》第三条第（三）项的规定。

第二十六条 银行理财子公司发行公募理财产品的，应当主要投资于标准化债权类资产以及上市交易的股票，不得投资于未上市企业股权，法律、行政法规和国务院银行业监督管理机构另有规定的除外。

第二十七条 银行理财子公司销售理财产品的，应当在非机构投资者首次购买理财产品前通过本公司渠道（含营业场所和电子渠道）进行风险承受能力评估；通过营业场所向非机构投资者销售理财产品的，应当按照国务院银行业监督管理机构的相关规定实施理财产品销售专区管理，在销售专区内对每只理财产品销售过程进行录音录像。银行理财子公司不得通过电视、电台、互联网等渠道对私募理财产品进行公开宣传。

银行理财子公司可以通过商业银行、农村合作银行、村镇银行、农村信用合作社等吸收公众存款的银行业金融机构，或者国务院银行业监督管理机构认可的其他机构代理销售理财产品。代理销售银行理财子公司理财产品的机构应当遵守国务院银行业监督管理机构关于代理销售业务的相关规定。

第二十八条 银行理财子公司理财产品不得直接投资于信贷资产，不得直接或间接投资于主要股东的信贷资产及其受（收）益权，不得直接或间接投资于主要股东发行的次级档资产支持证券，面向非机构投资者发行的理财产品不得直接或间接投资于不良资产受（收）益权。

银行理财子公司发行的理财产品不得直接或间接投资于本公司发行的理财产品，国务院银行业监督管理机构另有规定的除外。银行理财子公司发行的理财产品可以再投资一层由受金融监督管理部门依法监管的其他机构发行的资产管理产品，但所投资的资产管理产品不得再投资公募证券投资基金以外的资产管理产品。

银行理财子公司主要股东是指持有或控制银行理财子公司 5% 以上股份或表决权，或持有资本总额或股份总额不足 5% 但对银行理财子公司经营管理有重大影响的股东。

前款所称“重大影响”包括但不限于向银行理财子公司派驻董事、监事或高级管理人员，通过协议或其他方式影响银行理财子公司的财务和经营管理决策以及国务院银行业监督管理机构认定的其他情形。

第二十九条 银行理财子公司理财产品投资于非标准化债权类资产的，应当实施投前尽职调查、风险审查和投后风险管理。银行理财子公司全部理财产品投资于非标准化债权类资产的余额在任何时点均不得超过理财产品净资产的35%。

第三十条 同一银行理财子公司全部开放式公募理财产品持有单一上市公司发行的股票，不得超过该上市公司可流通股票的15%。

第三十一条 银行理财子公司发行分级理财产品的，应当遵守《指导意见》第二十一条相关规定。

分级理财产品的同级份额享有同等权益、承担同等风险，产品名称中应包含“分级”或“结构化”字样。

银行理财子公司不得违背风险收益相匹配原则，利用分级理财产品向特定一个或多个劣后级投资者输送利益。分级理财产品不得投资其他分级资产管理产品，不得直接或间接对优先级份额投资者提供保本保收益安排。

银行理财子公司应当向投资者充分披露理财产品的分级设计及相应风险、收益分配、风险控制等信息。

第三十二条 银行理财子公司的理财投资合作机构包括但不限于银行理财子公司理财产品所投资资产管理产品的发行机构、根据合同约定从事理财产品受托投资的机构以及与理财产品投资管理相关的投资顾问等。

银行理财子公司公募理财产品所投资资产管理产品的发行机构、根据合同约定从事理财产品受托投资的机构应当是具有专业资质并受金融监督管理部门依法监管的金融机构，其他理财投资合作机构应当是具有专业资质，符合法律、行政法规、《指导意见》和金融监督管理部门相关监管规定并受金融监督管理部门依法监管的机构。

银行理财子公司可以选择符合以下条件的私募投资基金管理人担任理财投资合作机构：

（一）在中国证券投资基金业协会登记满1年、无重大违法违规记录的会员；

（二）担任银行理财子公司投资顾问的，应当为私募证券投资基金管理人，其具备3年以上连续可追溯证券、期货投资管理业绩且无不良从业记录的投资管理人员应当不少于3人；

（三）金融监督管理部门规定的其他条件。

银行理财子公司所发行分级理财产品的投资顾问及其关联方不得以其自有资金或者募集资金投资于该分级理财产品的劣后级份额。

第三十三条 银行理财子公司可以运用自有资金开展存放同业、拆放同业等业务，投资国债、其他固定收益类证券以及国务院银行业监督管理机构认可的其他资产，其中持有现金、银行存款、国债、中央银行票据、政策性金融债券等具有较高流动性资产的比例不低于50%。

银行理财子公司以自有资金投资于本公司发行的理财产品，不得超过其自有资金的20%，不得超过单只理财产品净资产的10%，不得投资于分级理财产品的劣后级份额。

银行理财子公司应当确保理财业务与自营业务相分离，理财业务操作与自营业务操作相分离，其自有资产与发行的理财产品之间不得进行利益输送。

银行理财子公司不得为理财产品投资的非标准化债权类资产或权益类资产提供任何直接或间接、显性或隐性的担保或回购承诺。

第三十四条 银行理财子公司发行投资衍生产品的理财产品的，应当按照《银行业金融机构衍生产品交易业务管理暂行办法》获得相应的衍生产品交易资格，并遵守国务院银行业监督管理机构关于衍生产品业务管理的有关规定。

银行理财子公司开展理财业务涉及外汇业务的，应当具有开办相应外汇业务的资格，并遵守外汇管理的有关规定。

第三十五条 银行理财子公司发行理财产品的，应当在全国银行业理财信息登记系统对理财产品进行集中登记。

银行理财子公司不得发行未在全国银行业理财信息登记系统进行登记并获得登记编码的理财产品。

第四章 风险管理

第三十六条 银行理财子公司应当建立组织健全、职责清晰、有效制衡、激励约束合理的公司治理结构，明确股东（大）会、董事会、监事会、高级管理层、业务部门、风险管理部门和内部审计部门风险管理职责分工，建立相互衔接、协调运转的管理机制。

第三十七条 银行理财子公司董事会对理财业务的合规管理和风险管控有效性承担最终责任。董事会应当充分了解理财业务及其所面临的各类风险，根据本公司经营目标、投资管理能力、风险管理水平等因素，审核批准理财业务的总体战略和重要业务管理制度并监督实施。董事会应当监督高级管理层履行理财业务管理职责，评价理财业务管理的全面性、有效性和高级管理层的履职情况。

董事会可以授权其下设的专门委员会履行以上部分职能。

第三十八条 银行理财子公司高级管理层应当充分了解理财业务及其所面临的各类风险，根据本公司经营目标、投资管理能力、风险管理水平等因素，制定、定期评估并实施理财业务的总体战略和业务管理制度，确保具备从事理财业务及其风险管理所需要的专业人员、业务处理系统、会计核算系统和管理信息系统等人力、物力资源。

第三十九条 银行理财子公司监事会应当对董事会和高级管理层的履职情况进行监督评价并督促整改。监事长（监事会主席）应当由专职人员担任。

第四十条 银行理财子公司应当根据理财业务性质和风险特征，建立健全理财业务管理制度，包括产品准入管理、风险管理和内部控制、人员管理、销售管理、投资管理、合作机构管理、产品托管、产品估值、会计核算和信息披露等。

第四十一条 银行理财子公司与其主要股东之间，同一股东控股、参股或实际控制的其他机构之间，以及国务院银行业监督管理机构认定需要实施风险隔离的其他机构之间，应当建立有效的风险隔离机制，通过隔离资金、业务、管理、人员、系统、营业场所和信息等措施，防范风险传染、内幕交易、利益冲突和利益输送，防止利用未公开信息交易。风险隔离机制应当至少包括以下内容：

（一）确保机构名称、产品和服务名称、对外营业场所、品牌标识、营销宣传等有效区分，避免投资者混淆，防范声誉风险；

（二）对银行理财子公司的董事会成员和监事会成员的交叉任职进行有效管理，防范利益冲突；

（三）严格隔离投资运作等关键敏感信息传递，不得提供存在潜在利益冲突的投资、研究、客户敏感信息等资料。

第四十二条 银行理财子公司发行的理财产品投资于本公司或托管机构的主要股东、实际控制人、一致行动人、最终受益人，托管机构，同一股东或托管机构控股的机构，或者与本公司或托管机构有重大利害关系的机构发行或承销的证券，或者从事其他关联交易的，应当符合理财产品投资目标、投资策略和投资者利益优先原则，按照商业原则，以不优于对非关联方同类交易的条件进行，并向投资者充分披露信息。

银行理财子公司应当遵守法律、行政法规和金融监督管理部门关于关联交易的相关规定，全面准确识别关联方，建立健全理财业务关联交易内部评估和审批机制。理财业务涉及重大关联交易的，应当提交有权审批机构审批，并向银行业监督管理机构报告。

银行理财子公司不得以理财资金与关联方进行不正当交易、利益输送、内幕交易和操纵市场，包括但不限于投资于关联方虚假项目、与关联方共同收购上市公司、向本公司注资等。

第四十三条 银行理财子公司应当将投资管理职能与交易执行职能相分离，实行集中交易制度。

银行理财子公司应当建立公平交易制度和异常交易监控机制，对投资交易行为进行监控、分析、评估、核查，监督投资交易的过程和结果，不得开展可能导致不公平交易和利益输送的交易行为。

银行理财子公司应当对不同理财产品之间发生的同向交易和反向交易进行监控。同一理财产品不得在同一交易日内进行反向交易。确因投资策略或流动性等需要发生同日反向交易的，应当要求相关人员提供决策依据，并留存书面记录备查。国务院银行业监督管理机构另有规定的除外。

第四十四条 银行理财子公司应当按照理财产品管理费收入的 10% 计提风险准备金，风险准备金余额达到理财产品余额的 1% 时可以不再提取。风险准备金主要用于弥补因银行理财子公司违法违规、违反理财产品合同约定、操作错误或者技术故障等给理财产品财产或者投资者造成的损失。

第四十五条 银行理财子公司应当遵守净资本监管要求。相关监管规定由国务院银行业监督管理机构另行制定。

第四十六条 银行理财子公司应当建立健全内部控制和内外部审计制度，完善内部控制措施，提高内外部审计有效性，持续督促提升业务经营、风险管理、内控合规水平。

银行理财子公司应当按照国务院银行业监督管理机构关于内部审计的相关规定，至少每年对理财业务进行一次内部审计，并将审计报告报送董事会。董事会应当针对内部审计发现的问题，督促高级管理层及时采取整改措施。内部审计部门应当跟踪检查整改措施的实施情况，并及时向董事会提交有关报告。

银行理财子公司应当按照国务院银行业监督管理机构关于外部审计的相关规定，委托外部审计机构至少每年对理财业务和公募理财产品进行一次外部审计，并针对外部审计发现的问题及时采取整改措施。

第四十七条 银行理财子公司应当建立健全从业人员的资格认定、培训、考核评价和问责制度，确保理财业务人员具备必要的专业知识、行业经验和管理能力，充分了解相关法律法规、监管规定以及理财产品的法律关系、交易结构、主要风险及风险管控方式，遵守行为准则和职业道德标准。

银行理财子公司的董事、监事、高级管理人员和其他理财业务人员，其本人、配偶、利害关系人进行证券投资，应当事先向银行理财子公司申报，并不得与投资者发生利益冲突。银行理财子公司应当建立上述人员进行证券投资的申报、登记、审查、处置等管理制度，并报银行业监督管理机构备案。

银行理财子公司的董事、监事、高级管理人员和其他理财业务人员不得有下列行为：

（一）将自有财产或者他人财产混同于理财产品财产从事投资活动；

（二）不公平地对待所管理的不同理财产品财产；

（三）利用理财产品财产或者职务之便为理财产品投资者以外的人牟取利益；

（四）向理财产品投资者违规承诺收益或者承担损失；

（五）侵占、挪用理财产品财产；

（六）泄露因职务便利获取的未公开信息，利用该信息从事或者明示、暗示他人从事相关的交易活动；

（七）玩忽职守，不按照规定履行职责；

（八）法律、行政法规和国务院银行业监督管理机构规定禁止的其他行为。

第四十八条 银行理财子公司应当建立有效的投资者保护机制，设置专职岗位并配备与业务规模相匹配的人员，根据法律、行政法规、金融监管规定和合同约定妥善处理投资者投诉。

第五章 监督管理

第四十九条 银行理财子公司应当按照规定，向银行业监督管理机构报送与理财业务有关的财务会计报表、统计报表、外部审计报告、风险准备金使用情况和银行业监督管理机构要求报送的其他材料，并于每年度结束后 2 个月内报送理财业务年度报告。

第五十条 银行理财子公司在理财业务中出现或者可能出现重大风险和损失时，应当及时向银行业监督管理机构报告，并提交应对措施。

第五十一条 银行业监督管理机构应当按照规定对银行理财子公司业务进行现场检查。

第五十二条 银行业监督管理机构应当基于非现场监管和现场检查情况，定期对银行理财子公司业务进行评估。

第五十三条 银行理财子公司违反本办法规定从事理财业务活动的，应当根据国务院银行业监督管理机构或者其省一级派出机构提出的整改要求，在规定的时限内向国务院银行业监督管理机构或者其省一级派出机构提交整改方案并采取整改措施。

第五十四条 对于在规定的时限内未能采取有效整改措施的银行理财子公司，或者其行为严重危及本公司稳健运行、损害投资者合法权益的，国务院银行业监督管理机构或者其省一级派出机构有权按照《中华人民共和国银行业监督管理法》第三十七条的规定，采取下列措施：

（一）责令暂停发行理财产品；

（二）责令调整董事、高级管理人员或限制其权利；

（三）《中华人民共和国银行业监督管理法》第三十七条规定的其他措施。

第五十五条 银行理财子公司从事理财业务活动，有下列情形之一的，由银行业监督管理机构依照《中华人民共和国银行业监督管理法》第四十六条的规定，予以处罚：

（一）提供虚假的或者隐瞒重要事实的报表、报告等文件、资料的；

（二）未按照规定进行风险揭示或者信息披露的；

（三）根据《指导意见》经认定存在刚性兑付行为的；

（四）拒绝执行本办法第五十四条规定的措施的；

（五）严重违反本办法规定的其他情形。

第五十六条 银行理财子公司从事理财业务活动，未按照规定向银行业监督管理机构报告或者报送有关文件、资料的，由银行业监督管理机构依照《中华人民共和国银行业监督管理法》第四十七条的规定，予以处罚。

第五十七条 银行理财子公司从事理财业务活动的其他违法违规行为，由银行业监督管理机构依照《中华人民共和国银行业监督管理法》等法律法规予以处罚。

第五十八条 银行理财子公司从事理财业务活动，违反有关法律、行政法规以及国家有关银行业监督管理规定的，银行业监督管理机构除依照本办法第五十五条至第五十七条规定处罚外，还可以依照《中华人民共和国银行业监督管理法》第四十八条和《金融违法行为处罚办法》的相关规定，对直接负责的董事、高级管理人员和其他直接责任人员进行处理；涉嫌犯罪的，依法移送司法机关处理。

第六章　附　　则

第五十九条　本办法中“以上”均含本数，“以下”不含本数。

第六十条　本办法所称控股股东是指根据《中华人民共和国公司法》第二百一十六条规定，其出资额占有限责任公司资本总额 50% 以上，或其持有的股份占股份有限公司股本总额 50% 以上的股东；出资额或者持有股份的比例虽然不足 50%，但依其出资额或者持有的股份所享有的表决权已足以对股东（大）会的决议产生重大影响的股东。

第六十一条　本办法由国务院银行业监督管理机构负责解释。

第六十二条　本办法自公布之日起施行。

证券期货经营机构私募资产管理业务管理办法

（2018 年 10 月 22 日中国证券监督管理委员会令第 151 号公布　自 2018 年 10 月 22 日起施行）

第一章　总　　则

第一条　为规范证券期货经营机构私募资产管理业务，保护投资者及相关当事人的合法权益，维护证券期货市场秩序，根据《中华人民共和国证券法》、《中华人民共和国证券投资基金法》（以下简称《证券投资基金法》）、《证券公司监督管理条例》、《期货交易管理条例》、《关于规范金融机构资产管理业务的指导意见》（银发〔2018〕106 号，以下简称《指导意见》）及相关法律法规，制定本办法。

第二条　在中华人民共和国境内，证券期货经营机构非公开募集资金或者接受财产委托，设立私募资产管理计划（以下简称资产管理计划）并担任管理人，由托管机构担任托管人，依照法律法规和资产管理合同的约定，为投资者的利益进行投资活动，适用本办法。

本办法所称证券期货经营机构，是指证券公司、基金管理公司、期货公司及前述机构依法设立的从事私募资产管理业务的子公司。

证券期货经营机构非公开募集资金开展资产证券化业务，由中国证券监督管理委员会（以下简称中国证监会）另行规定。

第三条 证券期货经营机构从事私募资产管理业务，应当遵循自愿、公平、诚实信用和客户利益至上原则，恪尽职守，谨慎勤勉，维护投资者合法权益，服务实体经济，不得损害国家利益、社会公共利益和他人合法权益。

证券期货经营机构应当遵守审慎经营规则，制定科学合理的投资策略和风险管理制度，有效防范和控制风险，确保业务开展与资本实力、管理能力及风险控制水平相适应。

第四条 证券期货经营机构不得在表内从事私募资产管理业务，不得以任何方式向投资者承诺本金不受损失或者承诺最低收益。

投资者参与资产管理计划，应当根据自身能力审慎决策，独立承担投资风险。

第五条 证券期货经营机构从事私募资产管理业务，应当实行集中运营管理，建立健全内部控制和合规管理制度，采取有效措施，将私募资产管理业务与公司其他业务分开管理，控制敏感信息的不当流动和使用，防范内幕交易、利用未公开信息交易、利益冲突和利益输送。

第六条 资产管理计划财产的债务由资产管理计划财产本身承担，投资者以其出资为限对资产管理计划财产的债务承担责任。但资产管理合同依照《证券投资基金法》另有约定的，从其约定。

资产管理计划财产独立于证券期货经营机构和托管人的固有财产，并独立于证券期货经营机构管理的和托管人托管的其他财产。证券期货经营机构、托管人不得将资产管理计划财产归入其固有财产。

证券期货经营机构、托管人因资产管理计划财产的管理、运用或者其他情形而取得的财产和收益，归入资产管理计划财产。

证券期货经营机构、托管人因依法解散、被依法撤销或者被依法宣告破产等原因进行清算的，资产管理计划财产不属于其清算财产。

非因资产管理计划本身的债务或者法律规定的其他情形，不得查封、冻结、扣划或者强制执行资产管理计划财产。

第七条 中国证监会及其派出机构依据法律、行政法规和本办法的规定，对证券期货经营机构私募资产管理业务实施监督管理。

第八条 证券交易场所、期货交易所、证券登记结算机构、中国证券业协会（以下简称证券业协会）、中国期货业协会（以下简称期货业协会）、中国证券投资基金业协会（以下简称证券投资基金业协会）依照法律、行政法规和中国证监会的规定，对证券期货经营机构私募资产管理业务实施自律管理。

第二章　业务主体

第九条　证券期货经营机构从事私募资产管理业务，应当依法经中国证监会批准。法律、行政法规和中国证监会另有规定的除外。

第十条　证券期货经营机构从事私募资产管理业务，应当符合以下条件：

（一）净资产、净资本等财务和风险控制指标符合法律、行政法规和中国证监会的规定；

（二）法人治理结构良好，内部控制、合规管理、风险管理制度完备；

（三）具备符合条件的高级管理人员和三名以上投资经理；

（四）具有投资研究部门，且专职从事投资研究的人员不少于三人；

（五）具有符合要求的营业场所、安全防范设施、信息技术系统；

（六）最近两年未因重大违法违规行为被行政处罚或者刑事处罚，最近一年未因重大违法违规行为被监管机构采取行政监管措施，无因涉嫌重大违法违规正受到监管机构或有权机关立案调查的情形；

（七）中国证监会根据审慎监管原则规定的其他条件。

证券公司、基金管理公司、期货公司设立子公司从事私募资产管理业务，并由其投资研究部门为子公司提供投资研究服务的，视为符合前款第（四）项规定的条件。

第十一条　证券期货经营机构从事私募资产管理业务，应当履行以下管理人职责：

（一）依法办理资产管理计划的销售、登记、备案事宜；

（二）对所管理的不同资产管理计划的受托财产分别管理、分别记账，进行投资；

（三）按照资产管理合同的约定确定收益分配方案，及时向投资者分配收益；

（四）进行资产管理计划会计核算并编制资产管理计划财务会计报告；

（五）依法计算并披露资产管理计划净值，确定参与、退出价格；

（六）办理与受托财产管理业务活动有关的信息披露事项；

（七）保存受托财产管理业务活动的记录、账册、报表和其他相关资料；

（八）以管理人名义，代表投资者利益行使诉讼权利或者实施其他法律行为；

（九）法律、行政法规和中国证监会规定的其他职责。

第十二条　投资经理应当依法取得从业资格，具有三年以上投资管理、投资研究、投资咨询等相关业务经验，具备良好的诚信记录和职业操守，且最近三年未被监管机构采取重大行政监管措施、行政处罚。

第十三条　证券期货经营机构应当将受托财产交由依法取得基金托管资格的托管机构实施独立托管。法律、行政法规和中国证监会另有规定的除外。

托管人应当履行下列职责：

（一）安全保管资产管理计划财产；

（二）按照规定开设资产管理计划的托管账户，不同托管账户中的财产应当相互独立；

（三）按照资产管理合同约定，根据管理人的投资指令，及时办理清算、交割事宜；

（四）建立与管理人的对账机制，复核、审查管理人计算的资产管理计划资产净值和资产管理计划参与、退出价格；

（五）监督管理人的投资运作，发现管理人的投资或清算指令违反法律、行政法规、中国证监会的规定或者资产管理合同约定的，应当拒绝执行，并向中国证监会相关派出机构和证券投资基金业协会报告；

（六）办理与资产管理计划托管业务活动有关的信息披露事项；

（七）对资产管理计划财务会计报告、年度报告出具意见；

（八）保存资产管理计划托管业务活动的记录、账册、报表和其他相关资料；

（九）对资产管理计划投资信息和相关资料承担保密责任，除法律、行政法规、规章规定或者审计要求、合同约定外，不得向任何机构或者个人提供相关信息和资料；

（十）法律、行政法规和中国证监会规定的其他职责。

第十四条 证券期货经营机构可以自行销售资产管理计划，也可以委托具有基金销售资格的机构（以下简称销售机构）销售或者推介资产管理计划。

销售机构应当依法、合规销售或者推介资产管理计划。

第十五条 证券期货经营机构可以自行办理资产管理计划份额的登记、估值、核算，也可以委托中国证监会认可的其他机构代为办理。

第十六条 证券期货经营机构从事私募资产管理业务，可以聘请符合中国证监会规定条件并接受国务院金融监督管理机构监管的机构为其提供投资顾问服务。证券期货经营机构依法应当承担的责任不因聘请投资顾问而免除。

证券期货经营机构应当向投资者详细披露所聘请的投资顾问的资质、收费等情况，以及更换、解聘投资顾问的条件和程序，充分揭示聘请投资顾问可能产生的特定风险。

证券期货经营机构不得聘请个人或者不符合条件的机构提供投资顾问服务。

第十七条 证券期货经营机构、托管人、投资顾问及相关从业人员不得有下列行为：

（一）利用资产管理计划从事内幕交易、操纵市场或者其他不当、违法的证券期货业务活动；

（二）泄露因职务便利获取的未公开信息、利用该信息从事或者明示、暗示他人从事相关交易活动；

（三）为违法或者规避监管的证券期货业务活动提供交易便利；

（四）从事非公平交易、利益输送等损害投资者合法权益的行为；

（五）利用资产管理计划进行商业贿赂；

（六）侵占、挪用资产管理计划财产；

（七）利用资产管理计划或者职务便利为投资者以外的第三方谋取不正当利益；

（八）直接或者间接向投资者返还管理费；

（九）以获取佣金或者其他不当利益为目的，使用资产管理计划财产进行不必要的交易；

（十）法律、行政法规和中国证监会规定禁止的其他行为。

第三章　业务形式

第十八条　证券期货经营机构可以为单一投资者设立单一资产管理计划，也可以为多个投资者设立集合资产管理计划。

集合资产管理计划的投资者人数不少于二人，不得超过二百人。

第十九条　单一资产管理计划可以接受货币资金委托，或者接受投资者合法持有的股票、债券或中国证监会认可的其他金融资产委托。集合资产管理计划原则上应当接受货币资金委托，中国证监会认可的情形除外。

证券登记结算机构应当按照规定为接受股票、债券等证券委托的单一资产管理计划办理证券非交易过户等手续。

第二十条　资产管理计划应当具有明确、合法的投资方向，具备清晰的风险收益特征，并区分最终投向资产类别，按照下列规定确定资产管理计划所属类别：

（一）投资于存款、债券等债权类资产的比例不低于资产管理计划总资产 80% 的，为固定收益类；

（二）投资于股票、未上市企业股权等股权类资产的比例不低于资产管理计划总资产 80% 的，为权益类；

（三）投资于商品及金融衍生品的持仓合约价值的比例不低于资产管理计划总资产 80%，且衍生品账户权益超过资产管理计划总资产 20% 的，为商品及金融衍生品类；

（四）投资于债权类、股权类、商品及金融衍生品类资产的比例未达到前三类产品标准的，为混合类。

第二十一条　根据资产管理计划的类别、投向资产的流动性及期限特点、投资者需求等因素，证券期货经营机构可以设立存续期间办理参与、退出的开放式资产管理计划，或者存续期间不办理参与和退出的封闭式资产管理计划。

开放式资产管理计划应当明确投资者参与、退出的时间、次数、程序及限制事项。开放式集合资产管理计划每三个月至多开放一次计划份额的参与、退出，中国证监会另有规定的除外。

第二十二条　单一资产管理计划可以不设份额，集合资产管理计划应当设定为均等份额。

开放式集合资产管理计划不得进行份额分级。封闭式集合资产管理计划可以根据风险收益特征对份额进行分级。同级份额享有同等权益、承担同等风险。分级资产管理计划优先级与劣后级的比例应当符合法律、行政法规和中国证监会的规定。

分级资产管理计划的名称应当包含“分级”或“结构化”字样，证券期货经营机构应当向投资者充分披露资产管理计划的分级设计及相应风险、收益分配、风险控制等信息。

第二十三条 证券期货经营机构可以设立基金中基金资产管理计划，将80%以上的资产管理计划资产投资于接受国务院金融监督管理机构监管的机构发行的资产管理产品，但不得违反本办法第四十四条、第四十五条以及中国证监会的其他规定。

证券期货经营机构应当向投资者充分披露基金中基金资产管理计划所投资资产管理产品的选择标准、资产管理计划发生的费用、投资管理人及管理人关联方所设立的资产管理产品的情况。

本办法所称关联方按照《企业会计准则》的规定确定。

第二十四条 证券期货经营机构可以设立管理人中管理人资产管理计划，具体规则由中国证监会另行制定。

第四章 非公开募集

第二十五条 资产管理计划应当以非公开方式向合格投资者募集。

证券期货经营机构、销售机构不得公开或变相公开募集资产管理计划，不得通过报刊、电台、电视、互联网等传播媒体或者讲座、报告会、传单、布告、自媒体等方式向不特定对象宣传具体资产管理计划。

证券期货经营机构不得设立多个资产管理计划，同时投资于同一非标准化资产，以变相突破投资者人数限制或者其他监管要求。单一主体及其关联方的非标准化资产，视为同一非标准化资产。

任何单位和个人不得以拆分份额或者转让份额收（受）益权等方式，变相突破合格投资者标准或人数限制。

第二十六条 证券期货经营机构募集资产管理计划，应当与投资者、托管人签订资产管理合同。资产管理合同应当包括《证券投资基金法》第九十二条、第九十三条规定的内容。

资产管理合同应当对巨额退出、延期支付、延期清算、管理人变更或者托管人变更等或有事项，作出明确约定。

第二十七条 证券期货经营机构和销售机构在募集资产管理计划过程中，应当按照中国证监会的规定，严格履行适当性管理义务，充分了解投资者，对投资者进行分类，对资产管理计划进行风险评级，遵循风险匹配原则，向投资者推荐适当的产品，禁止误导投资者购买与其风险承受能力不相符合的产品，禁止向风险识别能力和风险承受能力低于产品风险等级的投资者销售资产管理计划。

投资者应当以真实身份和自有资金参与资产管理计划，并承诺委托资金的来源符合法律、行政法规的规定。投资者未作承诺，或者证券期货经营机构、销售机构知道或者应当知道投资者身份不真实、委托资金来源不合法的，证券期货经营机构、销售机构不得接受其参与资产管理计划。

第二十八条 销售机构应当在募集结束后十个工作日内，将销售过程中产生和保存的投资者信息及资料全面、准确、及时提供给证券期货经营机构。

资产管理计划存续期间持续销售的，销售机构应当在销售行为完成后五个工作日内，将销售过程中产生和保存的投资者信息及资料全面、准确、及时提供给证券期货经营机构。

第二十九条 集合资产管理计划募集期间，证券期货经营机构、销售机构应当在规定期限内，将投资者参与资金存入集合资产管理计划份额登记机构指定的专门账户。集合资产管理计划成立前，任何机构和个人不得动用投资者参与资金。

按照前款规定存入专门账户的投资者参与资金，独立于证券期货经营机构、销售机构的固有财产。非因投资者本身的债务或者法律规定的其他情形，不得查封、冻结、扣划或者强制执行存入专门账户的投资者参与资金。

第三十条 集合资产管理计划成立应当具备下列条件：

（一）募集过程符合法律、行政法规和中国证监会的规定；

（二）募集金额达到资产管理合同约定的成立规模，且不违反中国证监会规定的最低成立规模；

（三）投资者人数不少于二人；

（四）符合中国证监会规定以及资产管理合同约定的其他条件。

第三十一条 集合资产管理计划的募集金额缴足之日起十个工作日内，证券期货经营机构应当委托具有证券相关业务资格的会计师事务所进行验资并出具验资报告。

集合资产管理计划在取得验资报告后，由证券期货经营机构公告资产管理计划成立；单一资产管理计划在受托资产入账后，由证券期货经营机构书面通知投资者资产管理计划成立。

第三十二条 证券期货经营机构应当在资产管理计划成立之日起五个工作日内，将资产管理合同、投资者名单与认购金额、验资报告或者资产缴付证明等材料报证券投资基金业协会备案，并抄报中国证监会相关派出机构。

资产管理计划完成备案前不得开展投资活动，以现金管理为目的，投资于银行活期存款、国债、中央银行票据、政策性金融债、地方政府债券、货币市场基金等中国证监会认可的投资品种的除外。

证券投资基金业协会应当制定资产管理计划备案规则，明确工作程序和期限，并向社会公开。

第三十三条 证券期货经营机构应当在资产管理合同约定的募集期内，完成集合资产管理计划的募集。募集期届满，集合资产管理计划未达到本办法第三十条规定的成立条件的，证券期货经营机构应当承担下列责任：

（一）以其固有财产承担因募集行为而产生的债务和费用；

（二）在募集期届满后三十日内返还投资者已缴纳的款项，并加计银行同期活期存款利息。

第三十四条 证券期货经营机构以自有资金参与集合资产管理计划，应当符合法律、行政法规和中国证监会的规定，并按照《中华人民共和国公司法》和公司章程的规定，获得公司股东会、董事会或者其他授权程序的批准。

证券期货经营机构自有资金所持的集合资产管理计划份额，应当与投资者所持的同类份额享有同等权益、承担同等风险。

第三十五条 投资者可以通过证券交易所以及中国证监会认可的其他方式，向合格投资者转让其持有的集合资产管理计划份额，并按规定办理份额变更登记手续。转让后，持有资产管理计划份额的合格投资者合计不得超过二百人。

证券期货经营机构应当在集合资产管理计划份额转让前，对受让人的合格投资者身份和资产管理计划的投资者人数进行合规性审查。受让方首次参与集合资产管理计划的，应当先与证券期货经营机构、托管人签订资产管理合同。

证券期货经营机构、交易场所不得通过办理集合资产管理计划的份额转让，公开或变相公开募集资产管理计划。

第五章 投资运作

第三十六条 证券期货经营机构设立集合资产管理计划进行投资，除中国证监会另有规定外，应当采用资产组合的方式。

资产组合的具体方式和比例，依照法律、行政法规和中国证监会的规定在资产管理合同中约定。

第三十七条 资产管理计划可以投资于以下资产：

（一）银行存款、同业存单，以及符合《指导意见》规定的标准化债权类资产，包括但不限于在证券交易所、银行间市场等国务院同意设立的交易场所交易的可以划分为均等份额、具有合理公允价值和完善流动性机制的债券、中央银行票据、资产支持证券、非金融企业债务融资工具等；

（二）上市公司股票、存托凭证，以及中国证监会认可的其他标准化股权类资产；

（三）在证券期货交易所等国务院同意设立的交易场所集中交易清算的期货及期权合约等标准化商品及金融衍生品类资产；

（四）公开募集证券投资基金（以下简称公募基金），以及中国证监会认可的比照公募基金管理的资产管理产品；

（五）第（一）至（三）项规定以外的非标准化债权类资产、股权类资产、商品及金融衍生品类资产；

（六）第（四）项规定以外的其他受国务院金融监督管理机构监管的机构发行的资产管理产品；

（七）中国证监会认可的其他资产。

前款第（一）项至第（四）项为标准化资产，第（五）项至第（六）项为非标准化资产。

中国证监会对证券期货经营机构从事私募资产管理业务投资于本条第一款第（五）项规定资产另有规定的，适用其规定。

第三十八条 资产管理计划可以依法参与证券回购、融资融券、转融通以及中国证监会认可的其他业务。法律、行政法规和中国证监会另有规定的除外。

证券期货经营机构可以依法设立资产管理计划在境内募集资金，投资于中国证监会认可的境外金融产品。

第三十九条 资产管理计划不得直接投资商业银行信贷资产；不得违规为地方政府及其部门提供融资，不得要求或者接受地方政府及其部门违规提供担保；不得直接或者间接投资法律、行政法规和国家政策禁止投资的行业或领域。

第四十条 资产管理计划存续期间，证券期货经营机构应当严格按照法律、行政法规、中国证监会规定以及合同约定的投向和比例进行资产管理计划的投资运作。

资产管理计划改变投向和比例的，应当事先取得投资者同意，并按规定履行合同变更程序。

因证券期货市场波动、证券发行人合并、资产管理计划规模变动等证券期货经营机构之外的因素导致资产管理计划投资不符合法律、行政法规和中国证监会规定的投资比例或者合同约定的投资比例的，证券期货经营机构应当在流动性受限资产可出售、可转让或者恢复交易的十五个交易日内调整至符合相关要求。确有特殊事由未能在规定时间内完成调整的，证券期货经营机构应当及时向中国证监会相关派出机构和证券投资基金业协会报告。

第四十一条 证券期货经营机构应当确保资产管理计划所投资的资产组合的流动性与资产管理合同约定的参与、退出安排相匹配，确保在开放期保持适当比例的现金或者其他高流动性金融资产，且限制流动性受限资产投资比例。

第四十二条 资产管理计划的总资产不得超过该计划净资产的200%，分级资产管理计划的总资产不得超过该计划净资产的140%。

第四十三条 证券期货经营机构应当对资产管理计划实行净值化管理，确定合理的估值方法和科学的估值程序，真实公允地计算资产管理计划净值。

第四十四条 资产管理计划接受其他资产管理产品参与，证券期货经营机构应当切实履行主动管理职责，不得进行转委托，不得再投资除公募基金以外的其他资产管理产品。

第四十五条 资产管理计划投资于其他资产管理产品的，应当明确约定所投资的资产管理产品不再投资除公募基金以外的其他资产管理产品。

资产管理计划投资于其他资产管理产品的，计算该资产管理计划的总资产时应当按照穿透原则合并计算所投资资产管理产品的总资产。

资产管理计划投资于其他私募资产管理产品的，该资产管理计划按照穿透原则合并计算的投资同一资产的比例以及投资同一或同类资产的金额，应当符合本办法及中国证监会相关规定。

资产管理计划应当按照所投资资产管理产品披露投资组合的频率，及时更新计算该资产管理计划所投资资产的金额或比例。

证券期货经营机构不得将其管理的资产管理计划资产投资于该机构管理的其他资产管理计划，依法设立的基金中基金资产管理计划以及中国证监会另有规定的除外。

第四十六条 证券期货经营机构应当切实履行主动管理职责，不得有下列行为：

（一）为其他机构、个人或者资产管理产品提供规避投资范围、杠杆约束等监管要求的通道服务；

（二）在资产管理合同中约定由委托人或其指定第三方自行负责尽职调查或者投资运作；

（三）在资产管理合同中约定由委托人或其指定第三方下达投资指令或者提供投资建议；

（四）在资产管理合同中约定管理人根据委托人或其指定第三方的意见行使资产管理计划所持证券的权利；

（五）法律、行政法规和中国证监会禁止的其他行为。

第六章 信息披露

第四十七条 证券期货经营机构、托管人、销售机构和其他信息披露义务人应当依法披露资产管理计划信息，保证所披露信息的真实性、准确性、完整性、及时性，确保投资者能够按照资产管理合同约定的时间和方式查阅或者复制所披露的信息资料。

第四十八条 资产管理计划应向投资者提供下列信息披露文件：

（一）资产管理合同、计划说明书和风险揭示书；

（二）资产管理计划净值，资产管理计划参与、退出价格；

（三）资产管理计划定期报告，至少包括季度报告和年度报告；

（四）重大事项的临时报告；

（五）资产管理计划清算报告；

（六）中国证监会规定的其他事项。

证券期货经营机构向投资者提供的信息披露文件，应当及时报送中国证监会相关派出机构、证券投资基金业协会。

信息披露文件的内容与格式指引由中国证监会或者授权证券投资基金业协会另行制定。

第四十九条 证券期货经营机构募集资产管理计划，除向投资者提供资产管理合同外，还应当制作计划说明书和风险揭示书，详细说明资产管理计划管理和运作情况，充分揭示资产管理计划的各类风险。

计划说明书披露的信息应当与资产管理合同内容一致。销售机构应当使用证券期货经营机构制作的计划说明书和其他销售材料，不得擅自修改或者增减材料。

风险揭示书应当作为资产管理计划合同的一部分交由投资者签字确认。

第五十条 资产管理计划运作期间，证券期货经营机构应当按照以下要求向投资者提供相关信息：

（一）投资标准化资产的资产管理计划至少每周披露一次净值，投资非标准化资产的资产管理计划至少每季度披露一次净值；

（二）开放式资产管理计划净值的披露频率不得低于资产管理计划的开放频率，分级资产管理计划应当披露各类别份额净值；

（三）每季度结束之日起一个月内披露季度报告，每年度结束之日起四个月内披露年度报告；

（四）发生资产管理合同约定的或者可能影响投资者利益的重大事项时，在事项发生之日起五日内向投资者披露；

（五）中国证监会规定的其他要求。

资产管理计划成立不足三个月或者存续期间不足三个月的，证券期货经营机构可以不编制资产管理计划当期的季度报告和年度报告。

第五十一条 披露资产管理计划信息，不得有下列行为：

（一）虚假记载、误导性陈述或者重大遗漏；

（二）对投资业绩进行预测，或者宣传预期收益率；

（三）承诺收益，承诺本金不受损失或者限定损失金额或比例；

（四）夸大或者片面宣传管理人、投资经理及其管理的资产管理计划的过往业绩；

（五）恶意诋毁、贬低其他资产管理人、托管人、销售机构或者其他资产管理产品；

（六）中国证监会禁止的其他情形。

第五十二条 集合资产管理计划年度财务会计报告应当经具有证券相关业务资格的会计师事务所审计，审计机构应当对资产管理计划会计核算及净值计算等出具意见。

第七章 变更、终止与清算

第五十三条 资产管理合同需要变更的，证券期货经营机构应当按照资产管理合同约定的方式取得投资者和托管人的同意，保障投资者选择退出资产管理计划的权利，对相关后续事项作出公平、合理安排。

证券期货经营机构应当自资产管理合同变更之日起五个工作日内报证券投资基金业协会备案，并抄报中国证监会相关派出机构。

第五十四条 资产管理计划展期应当符合下列条件：

（一）资产管理计划运作规范，证券期货经营机构、托管人未违反法律、行政法规、中国证监会规定和资产管理合同的约定；

（二）资产管理计划展期没有损害投资者利益的情形；

（三）中国证监会规定的其他条件。

集合资产管理计划展期的，还应当符合集合资产管理计划的成立条件。

第五十五条 有下列情形之一的，资产管理计划终止：

（一）资产管理计划存续期届满且不展期；

（二）证券期货经营机构被依法撤销资产管理业务资格或者依法解散、被撤销、被宣告破产，且在六个月内没有新的管理人承接；

（三）托管人被依法撤销基金托管资格或者依法解散、被撤销、被宣告破产，且在六个月内没有新的托管人承接；

（四）经全体投资者、证券期货经营机构和托管人协商一致决定终止的；

（五）发生资产管理合同约定的应当终止的情形；

（六）集合资产管理计划存续期间，持续五个工作日投资者少于二人；

（七）法律、行政法规及中国证监会规定的其他情形。

证券期货经营机构应当自资产管理计划终止之日起五个工作日内报证券投资基金业协会备案，并抄报中国证监会相关派出机构。

第五十六条 资产管理计划终止的，证券期货经营机构应当在发生终止情形之日起五个工作日内开始组织清算资产管理计划财产。

清算后的剩余财产，集合资产管理计划应当按照投资者持有份额占总份额的比例或者资产管理合同的约定，以货币资金形式分配给投资者，中国证监会另有规定的除外；单一资产管理计划应当按照合同约定的形式将全部财产交还投资者自行管理。

证券期货经营机构应当在资产管理计划清算结束后五个工作日内将清算结果报证券投资基金业协会备案，并抄报中国证监会相关派出机构。

资产管理计划因委托财产流动性受限等原因延期清算的，证券期货经营机构应当及时向中国证监会相关派出机构和证券投资基金业协会报告。

第五十七条 证券期货经营机构、托管人、销售机构等机构应当按照法律、行政法规和中国证监会的规定保存资产管理计划的会计账册，妥善保存有关的合同、协议、交易记录等文件、资料和数据，任何人不得隐匿、伪造、篡改或者销毁。保存期限自资产管理计划终止之日起不少于二十年。

第八章　风险管理与内部控制

第五十八条　证券期货经营机构应当建立健全与私募资产管理业务相关的投资者适当性、投资决策、公平交易、会计核算、风险控制、合规管理、投诉处理等管理制度，覆盖私募资产管理业务的产品设计、募集、研究、投资、交易、会计核算、信息披露、清算、信息技术、投资者服务等各个环节，明确岗位职责和责任追究机制，确保各项制度流程得到有效执行。

第五十九条　证券期货经营机构应当采取有效措施，确保私募资产管理业务与其他业务在场地、人员、账户、资金、信息等方面相分离，不同投资经理管理的资产管理计划的持仓和交易等重大非公开投资信息相隔离，控制敏感信息的不当流动和使用，切实防范内幕交易、利用未公开信息交易、利益冲突和利益输送。

第六十条　证券期货经营机构应当明确投资决策流程与授权管理制度，建立、维护投资对象与交易对手备选库，设定清晰的清算流程和资金划转路径，对资产管理计划账户日常交易情况进行风险识别、监测，严格执行风险控制措施和投资交易复核程序，保证投资决策按照法律、行政法规、中国证监会的规定以及合同约定执行。

投资经理应当在授权范围内独立、客观地履行职责，重要投资应当有详细的研究报告和风险分析支持。

第六十一条　证券期货经营机构应当建立健全信用风险管理制度，对信用风险进行准确识别、审慎评估、动态监控、及时应对和全程管理。

证券期货经营机构应当对投资对象、交易对手开展必要的尽职调查，实施严格的准入管理和交易额度管理，评估并持续关注证券发行人、融资主体和交易对手的资信状况，以及担保物状况、增信措施和其他保障措施的有效性。出现可能影响投资者权益的事项，证券期货经营机构应当及时采取申请追加担保、依法申请财产保全等风险控制措施。

第六十二条　资产管理计划投资于本办法第三十七条第（五）项规定资产的，证券期货经营机构应当建立专门的质量控制制度，进行充分尽职调查并制作书面报告，设置专岗负责投后管理、信息披露等事宜，动态监测风险。

第六十三条　证券期货经营机构应当建立健全流动性风险监测、预警与应急处置制度，将私募资产管理业务纳入常态化压力测试机制，压力测试应当至少每季度进行一次。

证券期货经营机构应当结合市场状况和自身管理能力制定并持续更新流动性风险应急预案，明确预案触发情景、应急程序与措施、应急资金来源、公司董事会、管理层及各部门职责与权限等。

第六十四条 证券期货经营机构应当建立公平交易制度及异常交易监控机制，公平对待所管理的不同资产，对投资交易行为进行监控、分析、评估、核查，监督投资交易的过程和结果，保证公平交易原则的实现，不得开展可能导致不公平交易和利益输送的交易行为。

证券期货经营机构应当对不同资产管理计划之间发生的同向交易和反向交易进行监控。同一资产管理计划不得在同一交易日内进行反向交易。确因投资策略或流动性等需要发生同日反向交易的，应要求投资经理提供决策依据，并留存书面记录备查。

资产管理计划依法投资于本办法第三十七条第（三）项规定资产的，在同一交易日内进行反向交易的，不受前款规定限制。

第六十五条 证券期货经营机构的自营账户、资产管理计划账户、作为投资顾问管理的产品账户之间，以及不同资产管理计划账户之间，不得发生交易，有充分证据证明进行有效隔离并且价格公允的除外。

子公司从事私募资产管理业务的，证券期货经营机构的自营账户、资产管理计划账户以及作为投资顾问管理的产品账户与子公司的资产管理计划账户之间的交易，适用本条规定。

第六十六条 证券期货经营机构应当建立健全关联交易管理制度，对关联交易认定标准、交易定价方法、交易审批程序进行规范，不得以资产管理计划的资产与关联方进行不正当交易、利益输送、内幕交易和操纵市场。

证券期货经营机构以资产管理计划资产从事重大关联交易的，应当遵守法律、行政法规、中国证监会的规定和合同约定，事先取得投资者的同意，事后及时告知投资者和托管人，并向中国证监会相关派出机构和证券投资基金业协会报告，投资于证券期货的关联交易还应当向证券期货交易所报告。

第六十七条 证券期货经营机构应当建立健全信息披露管理制度，设置专门部门或者专岗负责信息披露工作，明确负责的高级管理人员，并建立复核机制，通过规范渠道向投资者披露有关信息，还应当定期对信息披露工作的真实性、准确性、完整性、及时性等进行评估。

第六十八条 证券期货经营机构和托管人应当加强对私募资产管理业务从业人员的管理，加强关键岗位的监督与制衡，投资经理、交易执行、风险控制等岗位不得相互兼任，并建立从业人员投资申报、登记、审查、处置等管理制度，防范与投资者发生利益冲突。

证券期货经营机构应当完善长效激励约束机制，不得以人员挂靠、业务包干等方式从事私募资产管理业务。

证券期货经营机构分管私募资产管理业务的高级管理人员、私募资产管理业务部门负责人以及投资经理离任的，证券期货经营机构应当立即对其进行离任审查，并自离任之日起三十个工作日内将审查报告报送中国证监会相关派出机构和证券投资基金业协会。

第六十九条 证券期货经营机构应当建立资产管理计划的销售机构和投资顾问的授权管理体系，明确销售机构和投资顾问的准入标准和程序，对相关机构资质条件、专业服务能力和风险管理制度等进行尽职调查，确保其符合法规规定。证券期货经营机构应当以书面方式明确界定双方的权利与义务，明确相关风险的责任承担方式。

证券期货经营机构应当建立对销售机构和投资顾问履职情况的监督评估机制，发现违法违规行为的，应当及时更换并报告中国证监会相关派出机构和证券投资基金业协会。

第七十条 证券期货经营机构应当每月从资产管理计划管理费中计提风险准备金，或者按照法律、行政法规以及中国证监会的规定计算风险资本准备。

风险准备金主要用于弥补因证券期货经营机构违法违规、违反资产管理合同约定、操作错误或者技术故障等给资产管理计划资产或者投资者造成的损失。风险准备金计提比例不得低于管理费收入的10%，风险准备金余额达到上季末资产管理计划资产净值的1%时可以不再提取。

计提风险准备金的证券期货经营机构，应当选定具有基金托管资格的商业银行开立专门的私募资产管理业务风险准备金账户，该账户不得与公募基金风险准备金账户及其他类型账户混用，不得存放其他性质资金。风险准备金的投资管理和使用，应当参照公募基金风险准备金监督管理有关规定执行。证券期货经营机构应当在私募资产管理业务管理年度报告中，对风险准备金的提取、投资管理、使用、年末结余等情况作专项说明。

第七十一条 证券期货经营机构合规管理和风险管理部门应当定期对私募资产管理业务制度及执行情况进行检查，发现违反法律、行政法规、中国证监会规定或者合同约定的，应当及时纠正处理，并向中国证监会及相关派出机构、证券投资基金业协会报告。

第七十二条 证券期货经营机构应当建立健全应急处理机制，对发生延期兑付、负面舆论、群体性事件等风险事件的处理原则、方案等作出明确规定，并指定高级管理人员负责实施。出现重大风险事件的，应当及时向中国证监会及相关派出机构、证券投资基金业协会报告。

第九章 监督管理与法律责任

第七十三条 证券期货经营机构应当于每月十日前向中国证监会及相关派出机构、证券投资基金业协会报送资产管理计划的持续募集情况、投资运作情况、资产最终投向等信息。

证券期货经营机构应当在每季度结束之日起一个月内，编制私募资产管理业务管理季度报告，并报中国证监会相关派出机构和证券投资基金业协会备案。证券期货经营机构、托管人应当在每年度结束之日起四个月内，分别编制私募资产管理业务管理年度报告和托管年度报告，并报中国证监会相关派出机构和证券投资基金业协会备案。

证券期货经营机构应当在私募资产管理业务管理季度报告和管理年度报告中，就本办法所规定的风险管理与内部控制制度在报告期内的执行情况等进行分析，并由合规负责人、风控负责人、总经理分别签署。

第七十四条 证券期货经营机构进行年度审计，应当同时对私募资产管理业务的内部控制情况进行审计。

证券期货经营机构应当在每年度结束之日起四个月内将前述审计结果报送中国证监会及相关派出机构、证券投资基金业协会。

第七十五条 证券交易场所、期货交易所、中国期货市场监控中心（以下简称期货市场监控中心）应当对证券期货经营机构资产管理计划交易行为进行监控。发现存在重大风险、重大异常交易或者涉嫌违法违规事项的，应当及时报告中国证监会及相关派出机构。

证券投资基金业协会应当按照法律、行政法规和中国证监会规定对证券期货经营机构资产管理计划实施备案管理和监测监控。发现提交备案的资产管理计划不符合法律、行政法规和中国证监会规定的，不得予以备案，并报告中国证监会及相关派出机构；发现已备案的资产管理计划存在重大风险或者违规事项的，应当及时报告中国证监会及相关派出机构。

第七十六条 中国证监会及其派出机构对证券期货经营机构、托管人、销售机构和投资顾问等服务机构从事私募资产管理及相关业务的情况，进行定期或者不定期的现场和非现场检查，相关机构应当予以配合。

中国证监会相关派出机构应当定期对辖区证券期货经营机构私募资产管理业务开展情况进行总结分析，纳入监管季度报告和年度报告，发现存在重大风险或者违规事项的，应当及时报告中国证监会。

第七十七条 中国证监会与中国人民银行、中国银行保险监督管理委员会建立监督管理信息共享机制，加强资产管理业务的统计信息共享。

中国证监会及其派出机构、证券交易场所、期货交易所、证券登记结算机构、期货市场监控中心、证券业协会、期货业协会、证券投资基金业协会应当加强证券期货经营机构私募资产管理业务数据信息共享。

证券交易场所、期货交易所、证券登记结算机构、期货市场监控中心、证券业协会、期货业协会、证券投资基金业协会应当按照中国证监会的要求，定期或者不定期提供证券期货经营机构私募资产管理业务专项统计、分析等数据信息。

中国证监会相关派出机构应当每月对证券期货经营机构资产管理计划备案信息和业务数据进行分析汇总，并按照本办法第七十六条的规定报告。

第七十八条 证券期货经营机构、托管人、销售机构和投资顾问等服务机构违反法律、行政法规、本办法及中国证监会其他规定的，中国证监会及相关派出机构可以对其采取责令改正、监管谈话、出具警示函、责令定期报告、暂不受理与行政许可有关的文件等行政监管措施；对直接负责的主管人员和其他直接责任人员，采取监管谈话、出具警示函、责令参加培训、认定为不适当人选等行政监管措施。

第七十九条 证券公司及其子公司、基金管理公司及其子公司违反本办法规定构成公司治理结构不健全、内部控制不完善等情形的，对证券公司、基金管理公司及其直接负责的董事、监事、高级管理人员和其他直接责任人员，依照《证券投资基金法》第二十四条、《证券公司监督管理条例》第七十条采取行政监管措施。

期货公司及其子公司违反本办法规定被责令改正且逾期未改正，其行为严重危及期货公司的稳健运行，损害客户合法权益，或者涉嫌严重违法违规正在被中国证监会及其派出机构调查的，依照《期货交易管理条例》第五十五条采取行政监管措施。

证券期货经营机构未尽合规审查义务，提交备案的资产管理计划明显或者频繁不符合法律、行政法规和中国证监会规定的，依照本条第一款、第二款规定，采取责令暂停私募资产管理业务三个月的行政监管措施；情节严重的，采取责令暂停私募资产管理业务六个月以上的行政监管措施。

第八十条 证券期货经营机构、托管人、销售机构和投资顾问等服务机构有下列情形之一且情节严重的，除法律、行政法规另有规定外，给予警告，并处三万元以下罚款，对直接负责的主管人员和其他直接责任人员，给予警告，并处三万元以下罚款：

（一）违反本办法第三条至第六条规定的基本原则；

（二）违反本办法第十一条、第十三条的规定，未按规定履行管理人和托管人职责，或者从事第十七条所列举的禁止行为；

（三）违反本办法第十四条、第十六条的规定，聘请不符合条件的销售机构、投资顾问；

（四）违反本办法第二十二条关于产品分级的规定；

（五）违反本办法第二十五条、第二十六条、第二十七条、第二十八条、第二十九条、第三十条、第三十一条、第三十二条、第三十四条、第三十五条关于非公开募集的规定；

（六）违反本办法第五章关于投资运作的规定；

（七）违反本办法第四十七条、第四十八条、第五十条、第五十一条，未按照规定向投资者披露资产管理计划信息；

（八）未按照本办法第八章的规定建立健全和有效执行资产管理业务相关制度，内部控制或者风险管理不完善，引发较大风险事件或者存在重大风险隐患；

（九）违反本法第四十八条、第七十三条，未按照规定履行备案或者报告义务，导致风险扩散。

第八十一条 证券期货经营机构、托管人、销售机构和投资顾问等服务机构的相关从业人员违反法律、行政法规和本办法规定，情节严重的，中国证监会可以依法采取市场禁入措施。

第十章 附 则

第八十二条 过渡期自本办法实施之日起至 2020 年 12 月 31 日。

过渡期内，证券期货经营机构应当自行制定整改计划，有序压缩不符合本办法规定的资产管理计划规模；对于不符合本办法规定的存量资产管理计划，其持有资产未到期的，证券期货经营机构可以设立老产品对接，或者予以展期。过渡期结束后，证券期货经营机构不得发行或者存续违反本办法规定的资产管理计划。

依据《证券公司客户资产管理业务管理办法》（证监会令第 93 号）、《证券公司定向资产管理业务实施细则》（证监会公告〔2012〕30 号）设立的存量定向资产管理计划投资于上市公司股票、挂牌公司股票的，其所持证券的所有权归属、权利行使、信息披露以及证券账户名称等不符合本办法规定的，不受前述过渡期期限的限制，但最晚应当在 2023 年 12 月 31 日前完成规范。

第八十三条 鼓励证券公司设立子公司从事私募资产管理业务，加强风险法人隔离。专门从事资产管理业务的证券公司除外。

鼓励证券公司设立子公司专门从事投资于本办法第三十七条第（五）项规定资产的私募资产管理业务。

中国证监会依据审慎监管原则，对依照本条第一款、第二款规定设立子公司的证券公司，在分类评价、风险资本准备计算等方面实施差异化安排。

第八十四条 证券期货经营机构设立特定目的公司或者合伙企业从事私募资产管理业务的，参照适用本办法。

第八十五条 本办法自 2018 年 10 月 22 日起施行。《证券公司客户资产管理业务管理办法》（证监会令第 93 号）、《基金管理公司特定客户资产管理业务试点办法》（证监会令第 83 号）、《期货公司资产管理业务试点办法》（证监会令第 81 号）、《证券公司集合资产管理业务实施细则》（证监会公告〔2013〕28 号）、《证券公司定向资产管理业务实施细则》（证监会公告〔2012〕30 号）、《关于实施〈基金管理公司特定客户资产管理业务试点办法〉有关问题的规定》（证监会公告〔2012〕23 号）、《基金管理公司单一客户资产管理合同内容与格式准则》（证监会公告〔2012〕24 号）、《基金管理公司特定多个客户资产管理合同内容与格式准则》（证监会公告〔2012〕25 号）同时废止。

证券期货经营机构私募资产管理计划运作管理规定

（2018 年 10 月 22 日　证监会令〔2018〕31 号）

第一条 为规范证券期货经营机构私募资产管理计划（以下简称资产管理计划）运作，强化风险管控，保护投资者及相关当事人的合法权益，根据《中华人民共和国证券法》（以下简称《证券法》）、《中华人民共和国证券投资基金法》、《证券公司监督管理条例》、《期货交易管理条例》、《证券期货经营机构私募资产管理业务管理办法》（证监会令第 151 号，以下简称《管理办法》）、《关于规范金融机构资产管理业务的指导意见》（银发〔2018〕106 号，以下简称《指导意见》）及相关法律法规，制定本规定。

第二条 证券期货经营机构资产管理计划募集、投资、风险管理、估值核算、信息披露以及其他运作活动，适用本规定。

本规定所称证券期货经营机构，是指证券公司、基金管理公司、期货公司及前述机构依法设立的从事私募资产管理业务的子公司。

第三条 资产管理计划应当向合格投资者非公开募集。合格投资者是指具备相应风险识别能力和风险承受能力，投资于单只资产管理计划不低于一定金额且符合下列条件的自然人、法人或者其他组织：

（一）具有 2 年以上投资经历，且满足下列三项条件之一的自然人：家庭金融净资产不低于 300 万元，家庭金融资产不低于 500 万元，或者近 3 年本人年均收入不低于 40 万元；

（二）最近 1 年末净资产不低于 1,000 万元的法人单位；

（三）依法设立并接受国务院金融监督管理机构监管的机构，包括证券公司及其子公司、基金管理公司及其子公司、期货公司及其子公司、在中国证券投资基金业协会（以下简称证券投资基金业协会）登记的私募基金管理人、商业银行、金融资产投资公司、信托公司、保险公司、保险资产管理机构、财务公司及中国证监会认定的其他机构；

（四）接受国务院金融监督管理机构监管的机构发行的资产管理产品；

（五）基本养老金、社会保障基金、企业年金等养老基金，慈善基金等社会公益基金，合格境外机构投资者（QFII）、人民币合格境外机构投资者（RQFII）；

（六）中国证监会视为合格投资者的其他情形。合格投资者投资于单只固定收益类资产管理计划的金额不低于 30 万元，投资于单只混合类资产管理计划的金额不低于 40 万元，投资于单只权益类、商品及金融衍生品类资产管理计划的金额不低于 100 万元。资产管理计划投资于《管理办法》第三十七条第（五）项规定的非标准化资产的，接受单个合格投资者委托资金的金额不低于 100 万元。

资产管理计划接受其他资产管理产品参与的，不合并计算其他资产管理产品的投资者人数，但应当有效识别资产管理计划的实际投资者与最终资金来源。

第四条 证券期货经营机构、接受证券期货经营机构委托销售资产管理计划的机构（以下简称销售机构）应当充分了解投资者的资金来源、个人及家庭金融资产、负债等情况，并采取必要手段进行核查验证，确保投资者符合本规定第三条规定的条件。

第五条 资产管理计划的初始募集规模不得低于 1,000 万元。

集合资产管理计划的初始募集期自资产管理计划份额发售之日起不得超过 60 天，专门投资于未上市企业股权的集合资产管理计划的初始募集期自资产管理计划份额发售之日起不得超过 12 个月。

封闭式单一资产管理计划的投资者可以分期缴付委托资金，但应当在资产管理合同中事先明确约定分期缴付资金的数额、期限，且首期缴付资金不得少于 1,000 万元，全部资金缴付期限自资产管理计划成立之日起不得超过 3 年。

第六条 证券期货经营机构募集资产管理计划，应当编制计划说明书，列明以下内容：

（一）资产管理计划名称和类型；

（二）管理人与托管人概况、聘用投资顾问等情况；

（三）资产管理计划的投资范围、投资策略和投资限制情况，投资风险揭示；

（四）收益分配和风险承担安排；

（五）管理人、托管人报酬，以及与资产管理计划财产管理、运用有关的其他费用的计提标准和计提方式；

（六）参与费、退出费等投资者承担的费用和费率，以及投资者的重要权利和义务；

（七）募集期间；

（八）信息披露的内容、方式和频率；

（九）利益冲突情况以及可能影响投资者合法权益的其他重要事项；

（十）中国证监会规定的其他事项。

第七条 证券期货经营机构募集资产管理计划，应当制作风险揭示书。风险揭示书的内容应当具有针对性，表述应当清晰、明确、易懂，并以醒目方式充分揭示资产管理计划的市场风险、信用风险、流动性风险、操作风险、关联交易的风险、聘请投资顾问的特定风险等各类风险。

第八条 基金中基金资产管理计划、管理人中管理人资产管理计划应当按照规定分别在其名称中标明“FOF”、“MOM”或者其他能够反映该资产管理计划类别的字样。

员工持股计划、以收购上市公司为目的设立的资产管理计划等具有特定投资管理目标的资产管理计划应当按照规定在其名称中标明反映该资产管理计划投资管理目标的字样。

第九条 证券期货经营机构自有资金参与集合资产管理计划的持有期限不得少于 6 个月。参与、退出时，应当提前 5 个工作日告知投资者和托管人。

证券期货经营机构以自有资金参与单个集合资产管理计划的份额不得超过该计划总份额的 20%。证券期货经营机构及其附属机构以自有资金参与单个集合资产管理计划的份额合计不得超过该计划总份额的 50%。因集合资产管理计划规模变动等客观因素导致前述比例被动超标的，证券期货经营机构应当依照中国证监会规定及资产管理合同的约定及时调整达标。

为应对集合资产管理计划巨额赎回以解决流动性风险，或者中国证监会认可的其他情形，在不存在利益冲突并遵守合同约定的前提下，证券期货经营机构及其附属机构以自有资金参与及其后续退出集合资产管理计划可不受本条第一款、第二款规定的限制，但应当及时告知投资者和托管人，并向相关派出机构及证券投资基金业协会报告。

第十条 份额登记机构应当妥善保存登记数据，并将集合资产管理计划投资者名称、身份信息以及集合资产管理计划份额明细等数据备份至中国证监会认定的机构。其保存期限自集合资产管理计划账户销户之日起不得少于 20 年。

第十一条 证券期货经营机构应当及时将投资者参与资金划转至资产管理计划托管账户。

单一资产管理计划可以约定不聘请托管机构进行托管，但应当在资产管理合同中明确保障资产管理计划资产安全的制度措施和纠纷解决机制。

投资于《管理办法》第三十七条第（五）项规定资产的资产管理计划，应当在资产管理合同中准确、合理界定托管人安全保管资产管理计划财产、监督管理人投资运作等职责，并向投资者充分揭示风险。

第十二条 资产管理计划应当按照规定开立资金账户、证券账户、期货账户和其他账户，资金账户名称应当是“资产管理计划名称”，集合资产管理计划的证券账户、期货账户名称应当是“证券期货经营机构名称 - 托管人名称 - 资产管理计划名称”，单一资产管理计划的证券账户、期货账户名称应当是“证券期货经营机构名称 - 投资者名称 - 资产管理计划名称”。

第十三条 资产管理合同应当明确约定资产管理计划的建仓期。集合资产管理计划的建仓期自产品成立之日起不得超过 6 个月，专门投资于未上市企业股权的集合资产管理计划除外。

建仓期的投资活动，应当符合资产管理合同约定的投向和资产管理计划的风险收益特征。以现金管理为目的，投资于银行活期存款、国债、中央银行票据、政策性金融债、地方政府债券、货币市场基金等中国证监会认可的投资品种的除外。

建仓期结束后，资产管理计划的资产组合应当符合法律、行政法规、中国证监会规定和合同约定的投向和比例。

第十四条 资产管理计划在证券期货等交易所进行投资交易的，应当遵守交易所的相关规定。在交易所以外进行投资交易的，应当遵守相关管理规定。

证券期货经营机构应当采用信息技术等手段，对资产管理计划账户内的资金、证券是否充足进行审查。资产管理计划资金账户内的资金不足的，不得进行证券买入委托或期货买入卖出委托；资产管理计划证券账户内的证券不足的，不得进行证券卖出委托。

第十五条 一个集合资产管理计划投资于同一资产的资金，不得超过该计划资产净值的 25%；同一证券期货经营机构管理的全部集合资产管理计划投资于同一资产的资金，不得超过该资产的 25%。银行活期存款、国债、中央银行票据、政策性金融债、地方政府债券等中国证监会认可的投资品种除外。单一融资主体及其关联方的非标准化资产，视为同一资产合并计算。

全部投资者均为符合中国证监会规定的专业投资者且单个投资者投资金额不低于 1,000

万元的封闭式集合资产管理计划，以及完全按照有关指数的构成比例进行证券投资的资产管理计划等中国证监会认可的其他集合资产管理计划，不受前款规定限制。

同一证券期货经营机构管理的全部资产管理计划及公开募集证券投资基金（以下简称公募基金）合计持有单一上市公司发行的股票不得超过该上市公司可流通股票的30%。完全按照有关指数的构成比例进行证券投资的资产管理计划、公募基金，以及中国证监会认定的其他投资组合可不受前述比例限制。

第十六条 资产管理计划参与股票、债券、可转换公司债券、可交换公司债券等证券发行申购时，单个资产管理计划所申报的金额不得超过该资产管理计划的总资产，单个资产管理计划所申报的数量不得超过拟发行公司本次发行的总量。

同一证券期货经营机构管理的全部资产管理计划投资于非标准化债权类资产的资金不得超过其管理的全部资产管理计划净资产的35%。因证券市场波动、资产管理计划规模变动等客观因素导致前述比例被动超标的，证券期货经营机构应当及时报告中国证监会相关派出机构和证券投资基金业协会，且在调整达标前不得新增投资于非标准化债权类资产。

同一证券期货经营机构管理的全部资产管理计划投资于同一非标准化债权类资产的资金合计不得超过300亿元。

证券期货经营机构依照本规定第十七条第二款、《管理办法》第八十三条设立的子公司，按照其与证券期货经营机构合并计算的口径，适用本条第二款、第三款的规定。

第十七条 期货公司及其子公司从事私募资产管理业务，不得投资于《管理办法》第三十七条第（五）项规定资产，中国证监会另有规定的除外。

基金管理公司从事私募资产管理业务投资于《管理办法》第三十七条第（五）项规定资产的，应当通过设立专门的子公司进行。

期货公司及其子公司、基金管理公司从事私募资产管理业务，不得通过投资于《管理办法》第三十七条第（六）项规定资产变相扩大投资范围或者规避监管要求。

第十八条 资产管理计划投资于《管理办法》第三十七条第（五）项规定的非标准化资产的，所投资的资产应当合法、真实、有效、可特定化，原则上应当由有权机关进行确权登记。

资产管理计划不得投资于法律依据不充分的收（受）益权。

资产管理计划投资于不动产、特许收费权、经营权等基础资产的收（受）益权的，应当以基础资产产生的独立、持续、可预测的现金流实现收（受）益权。

第十九条 资产管理计划投资于《管理办法》第三十七条第（五）项规定的非标准化资产，涉及抵押、质押担保的，应当设置合理的抵押、质押比例，及时办理抵押、质押登记，确保抵押、质押真实、有效、充分。

资产管理计划不得接受收（受）益权、特殊目的机构股权作为抵押、质押标的资产。

第二十条 证券期货经营机构应当加强资产管理计划的久期管理，不得设立不设存续期限的资产管理计划。

封闭式资产管理计划的期限不得低于 90 天。

第二十一条 全部资产投资于标准化资产的集合资产管理计划和中国证监会认可的其他资产管理计划，可以按照合同约定每季度多次开放，其主动投资于流动性受限资产的市值在开放退出期内合计不得超过该资产管理计划资产净值的 20%。

前款规定的资产管理计划每个交易日开放的，其投资范围、投资比例、投资限制、参与和退出管理应当比照适用公募基金投资运作有关规则。

第二十二条 证券期货经营机构应当确保集合资产管理计划开放退出期内，其资产组合中 7 个工作日可变现资产的价值，不低于该计划资产净值的 10%。

第二十三条 资产管理计划直接或者间接投资于非标准化债权类资产的，非标准化债权类资产的终止日不得晚于封闭式资产管理计划的到期日或者开放式资产管理计划的最近一次开放日。

资产管理计划直接或者间接投资于非标准化股权类资产的，应当为封闭式资产管理计划，并明确非标准化股权类资产的退出安排。非标准化股权类资产的退出日不得晚于封闭式资产管理计划的到期日。

非标准化股权类资产无法按照约定退出的，资产管理计划可以延期清算，也可以按照投资者持有份额占总份额的比例或者资产管理合同的约定，将其持有的非标准化股权类资产分配给投资者，但不得违反《证券法》关于公开发行的规定。

第二十四条 封闭式资产管理计划存续期间，其所投资的非标准化资产部分到期、终止或者退出的，证券期货经营机构可以按照资产管理合同约定，对到期、终止或者退出的非标准化资产进行清算，以货币资金形式分配给投资者，但不得允许投资者提前退出或者变相提前退出。

第二十五条 开放式集合资产管理计划资产管理合同，应当明确约定计划巨额退出和连续巨额退出的认定标准、退出顺序、退出价格确定、退出款项支付、告知客户方式，以及单个客户大额退出的预约申请等事宜，相关约定应当符合公平、合理、公开的原则。

证券期货经营机构经与托管人协商，在确保投资者得到公平对待的前提下，可以依照法律、行政法规、中国证监会规定以及合同约定，延期办理巨额退出申请、暂停接受退出申请、延缓支付退出款项、收取短期赎回费，或者采取中国证监会认可的其他流动性管理措施。

第二十六条 证券期货经营机构将资产管理计划资产投资于本机构、托管人及前述机构的控股股东、实际控制人或者其他关联方发行的证券或者承销期内承销的证券，应当建立健全内部审批机制和评估机制，并应当遵循投资者利益优先原则，事先取得投资者的同意，事后告知投资者和托管人，并采取切实有效措施，防范利益冲突，保护投资者合法权益。

除前款规定外，证券期货经营机构不得将其管理的资产管理计划资产，直接或者通过投资其他资产管理计划等间接形式，为本机构、托管人及前述机构的控股股东、实际控制人或者其他关联方提供或者变相提供融资。全部投资者均为符合中国证监会规定的专业投资者且单个投资者投资金额不低于 1,000 万元，并且事先取得投资者同意的资产管理计划除外。

第二十七条 证券期货经营机构董事、监事、从业人员及其配偶不得参与本公司管理的单一资产管理计划。

证券期货经营机构董事、监事、从业人员及其配偶、控股股东、实际控制人或者其他关联方参与证券期货经营机构设立的资产管理计划，证券期货经营机构应当向投资者进行披露，对该资产管理计划账户进行监控，并及时向中国证监会相关派出机构和证券投资基金业协会报告。

证券期货经营机构不得将其管理的分级资产管理计划资产，直接或者间接为该分级资产管理计划劣后级投资者及其控股股东、实际控制人或者其他关联方提供或者变相提供融资。

第二十八条 固定收益类、权益类、商品及金融衍生品类资产管理计划存续期间，为规避特定风险并经全体投资者同意的，投资于对应类别资产的比例可以低于计划总资产 80%，但不得持续 6 个月低于计划总资产 80%。

第二十九条 资产管理计划不得直接或者间接投资于违反国家产业政策、环境保护政策的项目（证券市场投资除外），包括但不限于以下情形：

（一）投资项目被列入国家发展和改革委员会发布的淘汰类产业目录；

（二）投资项目违反国家环境保护政策要求；

（三）通过穿透核查，资产管理计划最终投向上述投资项目。

第三十条 固定收益类产品优先级与劣后级的比例不得超过 3∶1，权益类产品优先级与劣后级的比例不得超过 1∶1，商品及金融衍生品类、混合类产品优先级与劣后级的比例不得超过 2∶1。

分级资产管理计划若存在中间级份额，中间级份额应当计入优先级份额。

第三十一条 分级资产管理计划不得投资其他分级或者结构化金融产品，不得直接或者间接对优先级份额认购者提供保本保收益安排。

证券期货经营机构不得违背风险收益相匹配原则，利用分级资产管理计划向特定一个或多个劣后级投资者输送利益。

第三十二条 资产管理计划的投资顾问应当为依法可以从事资产管理业务的证券期货经营机构、商业银行资产管理机构、保险资产管理机构以及中国证监会认可的其他金融机构，或者同时符合以下条件的私募证券投资基金管理人：

（一）在证券投资基金业协会登记满 1 年、无重大违法违规记录的会员；

（二）具备 3 年以上连续可追溯证券、期货投资管理业绩且无不良从业记录的投资管理人员不少于 3 人；

（三）中国证监会规定的其他条件。

第三十三条 证券期货经营机构应当对投资顾问的投资建议进行审查，不得由投资顾问直接执行投资指令。

证券期货经营机构不得允许投资顾问及其关联方以其自有资金或者募集资金投资于分级资产管理计划的劣后级份额，不得向未提供实质服务的投资顾问支付费用或者支付与其提供的服务不相匹配的费用。

第三十四条 资产管理计划应当按照《企业会计准则》、《指导意见》以及中国证监会关于资产管理计划对金融工具进行核算与估值的规定、资产管理计划净值计价及风险控制要求，确认和计量资产管理计划净值。

证券期货经营机构应当定期对资产管理计划估值执行效果进行评估，必要时调整完善，保证公平、合理。

当有充足证据表明资产管理计划相关资产的计量方法已不能真实公允反映其价值时，证券期货经营机构应当与托管人进行协商，及时采用公允价值计量方法对资产管理计划资产净值进行调整。

第三十五条 证券期货经营机构应当对每个资产管理计划单独管理、单独建账、单独核算，不得有以下行为：

（一）将不同资产管理计划进行混同运作，或者出现资金与资产无法明确对应的其他情形；

（二）未按规定进行合理估值，脱离实际投资收益进行分离定价；

（三）未产生实际投资收益，仅以后期投资者的投资资金向前期投资者进行兑付；

（四）资产管理计划发生兑付风险时通过开放参与或者滚动发行等方式由后期投资者承担风险；

（五）法律、行政法规和中国证监会禁止的其他行为。

第三十六条 资产管理计划发生的费用，可以按照资产管理合同的约定，在计划资产中列支。资产管理计划成立前发生的费用，以及存续期间发生的与募集有关的费用，不得在计划资产中列支。

证券期货经营机构应当根据资产管理计划的投资范围、投资策略、产品结构等因素设定合理的管理费率。

第三十七条 证券期货经营机构可以与投资者在资产管理合同中约定提取业绩报酬。

业绩报酬提取应当与资产管理计划的存续期限、收益分配和投资运作特征相匹配，提取频率不得超过每 6 个月一次，提取比例不得超过业绩报酬计提基准以上投资收益的 60%。因投资者退出资产管理计划，证券期货经营机构按照资产管理合同的约定提取业绩报酬的，不受前述提取频率的限制。

第三十八条 证券期货经营机构应当按照资产管理合同的约定向投资者提供资产管理计

划年度报告，披露报告期内资产管理计划运作情况，包括但不限于下列信息：

（一）管理人履职报告；

（二）托管人履职报告（如适用）；

（三）资产管理计划投资表现；

（四）资产管理计划投资组合报告；

（五）资产管理计划财务会计报告；

（六）资产管理计划投资收益分配情况；

（七）投资经理变更、重大关联交易等涉及投资者权益的重大事项；

（八）中国证监会规定的其他事项。

资产管理计划季度报告应当披露前款除第（五）项之外的其他信息。

第三十九条 证券期货经营机构应当按照《指导意见》的规定，向中国人民银行报送资产管理计划信息，并接受中国人民银行对资产管理计划统计工作的监督检查。

期货公司及其子公司应当将其按照《管理办法》第七十三条规定报送的资产管理计划信息以及私募资产管理业务管理季度报告、年度报告，抄报期货市场监控中心。

第四十条 证券期货经营机构应当在本公司及相关行业协会网站对其私募资产管理业务资格及从业人员信息等基本情况进行公示。

第四十一条 证券期货经营机构应当针对私募资产管理业务的主要业务人员和相关管理人员建立收入递延支付机制，合理确定收入递延支付标准、递延支付年限和比例。递延支付年限原则上不少于3年，递延支付的收入金额原则上不少于40%。

第四十二条 证券期货经营机构、托管人、销售机构和投资顾问等服务机构违反本规定的，中国证监会及相关派出机构可以根据《管理办法》等规定，对其采取责令改正、监管谈话、出具警示函、责令定期报告、暂不受理与行政许可有关的文件等行政监管措施；对直接负责的主管人员和其他直接责任人员，采取监管谈话、出具警示函、责令参加培训、认定为不适当人选等行政监管措施。

证券期货经营机构违反本规定，依法应予行政处罚的，依照有关规定进行行政处罚；涉嫌犯罪的，依法移送司法机关，追究刑事责任。

第四十三条 本规定下列用语的含义：

（一）证券交易场所，是指上海证券交易所、深圳证券交易所和全国中小企业股份转让系统有限责任公司。

（二）家庭金融总资产，是指全体家庭成员共同共有的全部金融资产，包括银行存款、股票、债券、基金份额、资产管理计划、银行理财产品、信托计划、保险产品、期货及其他衍生产品等。家庭金融净资产是指家庭金融总资产减去全体家庭成员的全部负债。

（三）流动性受限资产，是指由于法律法规、监管、合同或者操作障碍等原因无法以合理价格予以变现的资产，包括到期日在10个交易日以上的逆回购与银行定期存款（含协议约定有条件提前支取的银行存款）、资产支持证券（票据）、流动受限的新股以及非公开发行股票、停牌股票、因发行人债务违约无法进行转让或交易的债券和非金融企业债务融资工具等资产。

（四）7个工作日可变现资产，包括可在交易所、银行间市场正常交易的股票、债券、非金融企业债务融资工具、期货及期权合约以及同业存单，7个工作日内到期或者可支取的逆回购、银行存款，7个工作日内能够确认收到的各类应收款项等。

（五）关联方按照《企业会计准则》的规定确定；专业投资者不包括募集两个以上投资者资金设立的私募资产管理产品。

第四十四条　过渡期自本规定实施之日起至2020年12月31日。

过渡期内，证券期货经营机构应当自行制定整改计划，有序压缩不符合本规定的资产管理计划规模；对于不符合本规定的存量资产管理计划，其持有资产未到期的，证券期货经营机构可以设立老产品对接，或者予以展期；过渡期结束后，证券期货经营机构不得再发行或者存续违反本规定的资产管理计划。

证券期货经营机构不符合本规定第十六条第二款规定指标的，在符合前款规定的前提下，其管理的资产管理计划在过渡期内可以新增投资于非标准化债权类资产的规模；过渡期结束后仍不达标的，不得新增投资于非标准化债权类资产。

本规定实施之日起至2018年12月31日，新设资产管理计划开立证券账户、期货账户的名称，可以不适用本规定第十二条的规定；自2019年1月1日起，新设资产管理计划开立证券账户、期货账户的名称，应当遵守本规定第十二条的规定。

第四十五条　证券期货经营机构设立特定目的公司或者合伙企业从事私募资产管理业务的，参照适用本规定。

第四十六条　本规定自2018年10月22日起施行。

商业银行理财业务监督管理办法

（2018年9月26日中国银行保险监督管理委员会令2018年第6号公布　自公布之日起施行）

第一章　总　　则

第一条　为加强对商业银行理财业务的监督管理，促进商业银行理财业务规范健康发展，依法保护投资者合法权益，根据《中华人民共和国银行业监督管理法》《中华人民共和国商业银行法》等法律、行政法规以及《关于规范金融机构资产管理业务的指导意见》(以下简称《指导意见》)，制定本办法。

第二条 本办法适用于在中华人民共和国境内设立的商业银行，包括中资商业银行、外商独资银行、中外合资银行。

第三条 本办法所称理财业务是指商业银行接受投资者委托，按照与投资者事先约定的投资策略、风险承担和收益分配方式，对受托的投资者财产进行投资和管理的金融服务。

本办法所称理财产品是指商业银行按照约定条件和实际投资收益情况向投资者支付收益、不保证本金支付和收益水平的非保本理财产品。

第四条 商业银行理财产品财产独立于管理人、托管机构的自有资产，因理财产品财产的管理、运用、处分或者其他情形而取得的财产，均归入银行理财产品财产。

商业银行理财产品管理人、托管机构不得将银行理财产品财产归入其自有资产，因依法解散、被依法撤销或者被依法宣告破产等原因进行清算的，银行理财产品财产不属于其清算财产。

第五条 商业银行理财产品管理人管理、运用和处分理财产品财产所产生的债权，不得与管理人、托管机构因自有资产所产生的债务相抵销；管理人管理、运用和处分不同理财产品财产所产生的债权债务，不得相互抵销。

第六条 商业银行开展理财业务，应当按照《指导意见》第八条的相关规定，诚实守信、勤勉尽职地履行受人之托、代人理财职责，投资者自担投资风险并获得收益。

商业银行开展理财业务，应当遵守成本可算、风险可控、信息充分披露的原则，严格遵守投资者适当性管理要求，保护投资者合法权益。

第七条 银行业监督管理机构依法对商业银行理财业务活动实施监督管理。

银行业监督管理机构应当对理财业务实行穿透式监管，向上识别理财产品的最终投资者，向下识别理财产品的底层资产，并对理财产品运作管理实行全面动态监管。

第二章　分类管理

第八条 商业银行应当根据募集方式的不同，将理财产品分为公募理财产品和私募理财产品。

本办法所称公募理财产品是指商业银行面向不特定社会公众公开发行的理财产品。公开发行的认定标准按照《中华人民共和国证券法》执行。

本办法所称私募理财产品是指商业银行面向合格投资者非公开发行的理财产品。合格投资者是指具备相应风险识别能力和风险承受能力，投资于单只理财产品不低于一定金额且符合下列条件的自然人、法人或者依法成立的其他组织：

（一）具有 2 年以上投资经历，且满足家庭金融净资产不低于 300 万元人民币，或者家庭金融资产不低于 500 万元人民币，或者近 3 年本人年均收入不低于 40 万元人民币；

（二）最近 1 年末净资产不低于 1,000 万元人民币的法人或者依法成立的其他组织；

（三）国务院银行业监督管理机构规定的其他情形。

私募理财产品的投资范围由合同约定，可以投资于债权类资产和权益类资产等。权益类资产是指上市交易的股票、未上市企业股权及其受（收）益权。

第九条 商业银行应当根据投资性质的不同，将理财产品分为固定收益类理财产品、权益类理财产品、商品及金融衍生品类理财产品和混合类理财产品。固定收益类理财产品投资于存款、债券等债权类资产的比例不低于 80%；权益类理财产品投资于权益类资产的比例不低于 80%；商品及金融衍生品类理财产品投资于商品及金融衍生品的比例不低于 80%；混合类理财产品投资于债权类资产、权益类资产、商品及金融衍生品类资产且任一资产的投资比例未达到前三类理财产品标准。

非因商业银行主观因素导致突破前述比例限制的，商业银行应当在流动性受限资产可出售、可转让或者恢复交易的 15 个交易日内将理财产品投资比例调整至符合要求，国务院银行业监督管理机构规定的特殊情形除外。

第十条 商业银行应当根据运作方式的不同，将理财产品分为封闭式理财产品和开放式理财产品。

本办法所称封闭式理财产品是指有确定到期日，且自产品成立日至终止日期间，投资者不得进行认购或者赎回的理财产品。开放式理财产品是指自产品成立日至终止日期间，理财产品份额总额不固定，投资者可以按照协议约定，在开放日和相应场所进行认购或者赎回的理财产品。

第十一条 商业银行发行投资衍生产品的理财产品的，应当具有衍生产品交易资格，并遵守国务院银行业监督管理机构关于衍生产品业务管理的有关规定。

商业银行开展理财业务涉及外汇业务的，应当具有开办相应外汇业务的资格，并遵守外汇管理的有关规定。

第十二条 商业银行总行应当按照以下要求，在全国银行业理财信息登记系统对理财产品进行集中登记：

（一）商业银行发行公募理财产品的，应当在理财产品销售前 10 日，在全国银行业理财信息登记系统进行登记；

（二）商业银行发行私募理财产品的，应当在理财产品销售前 2 日，在全国银行业理财信息登记系统进行登记；

（三）在理财产品募集和存续期间，按照有关规定持续登记理财产品的募集情况、认购赎回情况、投资者信息、投资资产、资产交易明细、资产估值、负债情况等信息；

（四）在理财产品终止后5日内完成终止登记。

商业银行应当确保本行理财产品登记信息的真实性、准确性、完整性和及时性。信息登记不齐全或者不符合要求的，应当进行补充或者重新登记。

商业银行不得发行未在全国银行业理财信息登记系统进行登记并获得登记编码的理财产品。商业银行应当在理财产品销售文件的显著位置列明该产品在全国银行业理财信息登记系统获得的登记编码，并提示投资者可以依据该登记编码在中国理财网查询产品信息。

银行业理财登记托管中心应当在国务院银行业监督管理机构的指导下，履行下列职责：

（一）持续加强全国银行业理财信息登记系统的建设和管理，确保系统独立、安全、高效运行；

（二）完善理财信息登记业务规则、操作规程和技术标准规范等，加强理财信息登记质量监控；

（三）向国务院银行业监督管理机构报告理财业务、理财信息登记质量和系统运行等有关情况；

（四）提供必要的技术支持、业务培训和投资者教育等服务；

（五）依法合规使用信息，建立保密制度并采取相应的保密措施，确保信息安全；

（六）国务院银行业监督管理机构规定的其他职责。

第三章　业务规则与风险管理

第一节　管理体系与管理制度

第十三条　商业银行董事会和高级管理层应当充分了解理财业务及其所面临的各类风险，根据本行的经营目标、投资管理能力、风险管理水平等因素，确定开展理财业务的总体战略和政策，确保具备从事理财业务和风险管理所需要的专业人员、业务处理系统、会计核算系统和管理信息系统等人力、物力资源。

第十四条　商业银行应当通过具有独立法人地位的子公司开展理财业务。暂不具备条件的，商业银行总行应当设立理财业务专营部门，对理财业务实行集中统一经营管理。

商业银行设立理财子公司的监管规定由国务院银行业监督管理机构另行制定。

第十五条　商业银行开展理财业务，应当确保理财业务与其他业务相分离，理财产品与其代销的金融产品相分离，理财产品之间相分离，理财业务操作与其他业务操作相分离。

第十六条　商业银行应当根据理财业务性质和风险特征，建立健全理财业务管理制度，包括产品准入管理、风险管理与内部控制、人员管理、销售管理、投资管理、合作机构管理、产品托管、产品估值、会计核算和信息披露等。

商业银行应当针对理财业务的风险特征，制定和实施相应的风险管理政策和程序，确保持续有效地识别、计量、监测和控制理财业务的各类风险，并将理财业务风险管理纳入其全面风险管理体系。商业银行应当按照国务院银行业监督管理机构关于内部控制的相关规定，建立健全理财业务的内部控制体系，作为银行整体内部控制体系的有机组成部分。

商业银行内部审计部门应当按照国务院银行业监督管理机构关于内部审计的相关规定，至少每年对理财业务进行一次内部审计，并将审计报告报送审计委员会及董事会。董事会应当针对内部审计发现的问题，督促高级管理层及时采取整改措施。内部审计部门应当跟踪检查整改措施的实施情况，并及时向董事会提交有关报告。

商业银行应当按照国务院银行业监督管理机构关于外部审计的相关规定，委托外部审计机构至少每年对理财业务和公募理财产品进行一次外部审计，并针对外部审计发现的问题及时采取整改措施。

第十七条 商业银行应当建立理财产品的内部审批政策和程序，在发行新产品之前充分识别和评估各类风险。理财产品由负责风险管理、法律合规、财务会计管理和消费者保护等相关职能部门进行审核，并获得董事会、董事会授权的专门委员会、高级管理层或者相关部门的批准。

第十八条 商业银行开展理财业务，应当确保每只理财产品与所投资资产相对应，做到每只理财产品单独管理、单独建账和单独核算，不得开展或者参与具有滚动发行、集合运作、分离定价特征的资金池理财业务。

本办法所称单独管理是指对每只理财产品进行独立的投资管理。单独建账是指为每只理财产品建立投资明细账，确保投资资产逐项清晰明确。单独核算是指对每只理财产品单独进行会计账务处理，确保每只理财产品具有资产负债表、利润表、产品净值变动表等财务会计报表。

第十九条 商业银行开展理财业务，应当按照《企业会计准则》和《指导意见》等关于金融工具估值核算的相关规定，确认和计量理财产品的净值。

第二十条 商业银行开展理财业务，应当遵守市场交易和公平交易原则，不得在理财产品之间、理财产品投资者之间或者理财产品投资者与其他市场主体之间进行利益输送。

第二十一条 商业银行理财产品投资于本行或托管机构，其主要股东、控股股东、实际控制人、一致行动人、最终受益人，其控股的机构或者与其有重大利害关系的公司发行或者承销的证券，或者从事其他重大关联交易的，应当符合理财产品的投资目标、投资策略和投资者利益优先原则，按照商业原则，以不优于对非关联方同类交易的条件进行，并向投资者充分披露信息。

商业银行应当按照金融监督管理部门关于关联交易的相关规定，建立健全理财业务关联交易内部评估和审批机制。理财业务涉及重大关联交易的，应当提交有权审批机构审批，并向银行业监督管理机构报告。

商业银行不得以理财资金与关联方进行不正当交易、利益输送、内幕交易和操纵市场，包括但不限于投资于关联方虚假项目、与关联方共同收购上市公司、向本行注资等。

第二十二条 商业银行开展理财业务，应当按照《商业银行资本管理办法（试行）》的相关规定计提操作风险资本。

第二十三条 商业银行应当建立有效的理财业务投资者投诉处理机制，明确受理和处理投资者投诉的途径、程序和方式，根据法律、行政法规、金融监管规定和合同约定妥善处理投资者投诉。

第二十四条 商业银行应当建立健全理财业务人员的资格认定、培训、考核评价和问责制度，确保理财业务人员具备必要的专业知识、行业经验和管理能力，充分了解相关法律、行政法规、监管规定以及理财产品的法律关系、交易结构、主要风险及风险管控方式，遵守行为准则和职业道德标准。

商业银行的董事、监事、高级管理人员和其他理财业务人员不得有下列行为：

（一）将自有财产或者他人财产混同于理财产品财产从事投资活动；

（二）不公平地对待所管理的不同理财产品财产；

（三）利用理财产品财产或者职务之便为理财产品投资者以外的人牟取利益；

（四）向理财产品投资者违规承诺收益或者承担损失；

（五）侵占、挪用理财产品财产；

（六）泄露因职务便利获取的未公开信息，利用该信息从事或者明示、暗示他人从事相关的交易活动；

（七）玩忽职守，不按照规定履行职责；

（八）法律、行政法规和国务院银行业监督管理机构规定禁止的其他行为。

第二节 销 售 管 理

第二十五条 商业银行理财产品销售是指商业银行将本行发行的理财产品向投资者进行宣传推介和办理认购、赎回等业务活动。

第二十六条 商业银行销售理财产品，应当加强投资者适当性管理，向投资者充分披露信息和揭示风险，不得宣传或承诺保本保收益，不得误导投资者购买与其风险承受能力不相匹配的理财产品。

商业银行理财产品宣传销售文本应当全面、如实、客观地反映理财产品的重要特性，充分披露理财产品类型、投资组合、估值方法、托管安排、风险和收费等重要信息，所使用的语言表述必须真实、准确和清晰。

商业银行发行理财产品，不得宣传理财产品预期收益率，在理财产品宣传销售文本中只能登载该理财产品或者本行同类理财产品的过往平均业绩和最好、最差业绩，并以醒目文字提醒投资者“理财产品过往业绩不代表其未来表现，不等于理财产品实际收益，投资须谨慎”。

第二十七条 商业银行应当采用科学合理的方法，根据理财产品的投资组合、同类产品过往业绩和风险水平等因素，对拟销售的理财产品进行风险评级。

理财产品风险评级结果应当以风险等级体现，由低到高至少包括一级至五级，并可以根据实际情况进一步细分。

第二十八条 商业银行应当对非机构投资者的风险承受能力进行评估，确定投资者风险承受能力等级，由低到高至少包括一级至五级，并可以根据实际情况进一步细分。

商业银行不得在风险承受能力评估过程中误导投资者或者代为操作，确保风险承受能力评估结果的真实性和有效性。

第二十九条 商业银行只能向投资者销售风险等级等于或低于其风险承受能力等级的理财产品，并在销售文件中明确提示产品适合销售的投资者范围，在销售系统中设置销售限制措施。

商业银行不得通过对理财产品进行拆分等方式，向风险承受能力等级低于理财产品风险等级的投资者销售理财产品。

其他资产管理产品投资于商业银行理财产品的，商业银行应当按照穿透原则，有效识别资产管理产品的最终投资者。

第三十条 商业银行应当根据理财产品的性质和风险特征，设置适当的期限和销售起点金额。

商业银行发行公募理财产品的，单一投资者销售起点金额不得低于 1 万元人民币。

商业银行发行私募理财产品的，合格投资者投资于单只固定收益类理财产品的金额不得低于 30 万元人民币，投资于单只混合类理财产品的金额不得低于 40 万元人民币，投资于单只权益类理财产品、单只商品及金融衍生品类理财产品的金额不得低于 100 万元人民币。

第三十一条 商业银行只能通过本行渠道（含营业网点和电子渠道）销售理财产品，或者通过其他商业银行、农村合作银行、村镇银行、农村信用合作社等吸收公众存款的银行业金融机构代理销售理财产品。

第三十二条 商业银行通过营业场所向非机构投资者销售理财产品的，应当按照国务院银行业监督管理机构的相关规定实施理财产品销售专区管理，并在销售专区内对每只理财产品销售过程进行录音录像。

第三十三条 商业银行应当按照国务院银行业监督管理机构的相关规定，妥善保存理财产品销售过程涉及的投资者风险承受能力评估、录音录像等相关资料。

商业银行应当依法履行投资者信息保密义务，建立投资者信息管理制度和保密制度，防范投资者信息被不当采集、使用、传输和泄露。商业银行与其他机构共享投资者信息的，应当在理财产品销售文本中予以明确，征得投资者书面授权或者同意，并要求其履行投资者信息保密义务。

第三十四条 商业银行应当建立理财产品销售授权管理体系，制定统一的标准化销售服务规程，建立清晰的报告路线，明确分支机构业务权限，并采取定期核对、现场核查、风险评估等方式加强对分支机构销售活动的管理。

第三节 投资运作管理

第三十五条 商业银行理财产品可以投资于国债、地方政府债券、中央银行票据、政府机构债券、金融债券、银行存款、大额存单、同业存单、公司信用类债券、在银行间市场和证券交易所市场发行的资产支持证券、公募证券投资基金、其他债权类资产、权益类资产以及国务院银行业监督管理机构认可的其他资产。

第三十六条 商业银行理财产品不得直接投资于信贷资产，不得直接或间接投资于本行信贷资产，不得直接或间接投资于本行或其他银行业金融机构发行的理财产品，不得直接或间接投资于本行发行的次级档信贷资产支持证券。

商业银行面向非机构投资者发行的理财产品不得直接或间接投资于不良资产、不良资产支持证券，国务院银行业监督管理机构另有规定的除外。

商业银行理财产品不得直接或间接投资于本办法第三十五条所列示资产之外，由未经金融监督管理部门许可设立、不持有金融牌照的机构发行的产品或管理的资产，金融资产投资公司的附属机构依法依规设立的私募股权投资基金以及国务院银行业监督管理机构另有规定的除外。

第三十七条 理财产品销售文件应当载明产品类型、投资范围、投资资产种类及其投资比例，并确保在理财产品成立后至到期日前，投资比例按照销售文件约定合理浮动，不得擅自改变理财产品类型。

金融市场发生重大变化导致理财产品投资比例暂时超出浮动区间且可能对理财产品收益产生重大影响的，商业银行应当及时向投资者进行信息披露。

商业银行应当根据市场情况调整投资范围、投资资产种类或投资比例，并按照有关规定事先进行信息披露。超出销售文件约定比例的，除高风险类型的理财产品超出比例范围投资较低风险资产外，应当先取得投资者书面同意，并在全国银行业理财信息登记系统做好理财产品信息登记；投资者不接受的，应当允许投资者按照销售文件约定提前赎回理财产品。

第三十八条 商业银行理财产品投资资产管理产品的，应当符合以下要求：

（一）准确界定相关法律关系，明确约定各参与主体的责任和义务，并符合法律、行政法规、《指导意见》和金融监督管理部门对该资产管理产品的监管规定；

（二）所投资的资产管理产品不得再投资于其他资产管理产品（公募证券投资基金除外）；

（三）切实履行投资管理职责，不得简单作为资产管理产品的资金募集通道；

（四）充分披露底层资产的类别和投资比例等信息，并在全国银行业理财信息登记系统登记资产管理产品及其底层资产的相关信息。

第三十九条 商业银行理财产品投资于非标准化债权类资产的，应当符合以下要求：

（一）确保理财产品投资与审批流程相分离，比照自营贷款管理要求实施投前尽职调查、风险审查和投后风险管理，并纳入全行统一的信用风险管理体系；

（二）商业银行全部理财产品投资于单一债务人及其关联企业的非标准化债权类资产余额，不得超过本行资本净额的10%；

（三）商业银行全部理财产品投资于非标准化债权类资产的余额在任何时点均不得超过理财产品净资产的35%，也不得超过本行上一年度审计报告披露总资产的4%。

第四十条 商业银行理财产品不得直接或间接投资于本行信贷资产受（收）益权，面向非机构投资者发行的理财产品不得直接或间接投资于不良资产受（收）益权。

商业银行理财产品投资于信贷资产受（收）益权的，应当审慎评估信贷资产质量和风险，按照市场化原则合理定价，必要时委托会计师事务所、律师事务所、评级机构等独立第三方机构出具专业意见。

商业银行应当向投资者及时、准确、完整地披露理财产品所投资信贷资产受（收）益权的相关情况，并及时披露对投资者权益或投资收益等产生重大影响的突发事件。

第四十一条 商业银行理财产品直接或间接投资于银行间市场、证券交易所市场或者国务院银行业监督管理机构认可的其他证券的，应当符合以下要求：

（一）每只公募理财产品持有单只证券或单只公募证券投资基金的市值不得超过该理财产品净资产的10%；

（二）商业银行全部公募理财产品持有单只证券或单只公募证券投资基金的市值，不得超过该证券市值或该公募证券投资基金市值的30%；

（三）商业银行全部理财产品持有单一上市公司发行的股票，不得超过该上市公司可流通股票的30%。

国务院银行业监督管理机构另有规定的除外。

非因商业银行主观因素导致突破前述比例限制的，商业银行应当在流动性受限资产可出售、可转让或者恢复交易的10个交易日内调整至符合要求，国务院银行业监督管理机构规定的特殊情形除外。

商业银行理财产品投资于国债、地方政府债券、中央银行票据、政府机构债券、政策性金融债券以及完全按照有关指数的构成比例进行投资的除外。

第四十二条 商业银行不得发行分级理财产品。

本办法所称分级理财产品是指商业银行按照本金和收益受偿顺序的不同，将理财产品划分为不同等级的份额，不同等级份额的收益分配不按份额比例计算，而是由合同另行约定、按照优先与劣后份额安排进行收益分配的理财产品。

商业银行每只开放式公募理财产品的杠杆水平不得超过140%，每只封闭式公募理财产品、每只私募理财产品的杠杆水平不得超过200%。

本办法所称杠杆水平是指理财产品总资产/理财产品净资产。商业银行计算理财产品总资产时，应当按照穿透原则合并计算理财产品所投资的底层资产。理财产品投资资产管理产品的，应当按照理财产品持有资产管理产品的比例计算底层资产。

第四十三条 商业银行应当建立健全理财业务流动性风险管理制度，加强理财产品及其所投资资产期限管理，专业审慎、勤勉尽责地管理理财产品流动性风险，确保投资者的合法权益不受损害并得到公平对待。

商业银行应当在理财产品设计阶段，综合评估分析投资策略、投资范围、投资资产流动性、销售渠道、投资者类型与风险偏好等因素，审慎决定是否采取开放式运作。

商业银行发行的封闭式理财产品的期限不得低于90天；开放式理财产品所投资资产的流动性应当与投资者赎回需求相匹配，确保持有足够的现金、活期存款、国债、中央银行票据、政策性金融债券等具有良好流动性的资产，以备支付理财产品投资者的赎回款项。开放式公募理财产品应当持有不低于该理财产品资产净值5%的现金或者到期日在一年以内的国债、中央银行票据和政策性金融债券。

第四十四条 商业银行理财产品直接或间接投资于非标准化债权类资产的，非标准化债权类资产的终止日不得晚于封闭式理财产品的到期日或者开放式理财产品的最近一次开放日。

商业银行理财产品直接或间接投资于未上市企业股权及其受（收）益权的，应当为封闭式理财产品，并明确股权及其受（收）益权的退出安排。未上市企业股权及其受（收）益权的退出日不得晚于封闭式理财产品的到期日。

第四十五条 商业银行应当加强理财产品开展同业融资的流动性风险、交易对手风险和操作风险等风险管理，做好期限管理和集中度管控，按照穿透原则对交易对手实施尽职调查和准入管理，设置适当的交易限额并根据需要进行动态调整。

商业银行应当建立健全买入返售交易质押品的管理制度，采用科学合理的质押品估值方法，审慎确定质押品折扣系数，确保其能够满足正常和压力情景下融资交易的质押品需求，并且能够及时向相关交易对手履行返售质押品的义务。

第四十六条 商业银行应当建立健全理财产品压力测试制度。理财产品压力测试应当至少符合以下要求：

（一）针对单只理财产品，合理审慎设定并定期审核压力情景，充分考虑理财产品的规模、投资策略、投资者类型等因素，审慎评估各类风险对理财产品的影响，压力测试的数据应当准确可靠并及时更新，压力测试频率应当与商业银行理财产品的规模和复杂程度相适应；

（二）针对每只公募理财产品，压力测试应当至少每季度进行一次，出现市场剧烈波动等情况时，应当提高压力测试频率；

（三）在可能情况下，应当参考以往出现的影响理财产品的外部冲击，对压力测试结果实施事后检验，压力测试结果和事后检验应当有书面记录；

（四）在理财产品投资运作和风险管理过程中应当充分考虑压力测试结果，必要时根据压力测试结果进行调整；

（五）制定有效的理财产品应急计划，确保其可以应对紧急情况下的理财产品赎回需求。应急计划的制定应当充分考虑压力测试结果，内容包括但不限于触发应急计划的各种情景、应急资金来源、应急程序和措施，董事会、高级管理层及相关部门实施应急程序和措施的权限与职责等；

（六）由专门的团队负责压力测试的实施与评估，该团队应当与投资管理团队保持相对独立。

第四十七条 商业银行应当加强对开放式公募理财产品认购环节的管理，合理控制理财产品投资者集中度，审慎确认大额认购申请，并在理财产品销售文件中对拒绝或暂停接受投资者认购申请的情形进行约定。

当接受认购申请可能对存量开放式公募理财产品投资者利益构成重大不利影响时，商业银行可以采取设定单一投资者认购金额上限或理财产品单日净认购比例上限、拒绝大额认购、暂停认购等措施，切实保护存量理财产品投资者的合法权益。

在确保投资者得到公平对待的前提下，商业银行可以按照法律、行政法规和理财产品销售文件约定，综合运用设置赎回上限、延期办理巨额赎回申请、暂停接受赎回申请、收取短期赎回费等方式，作为压力情景下开放式公募理财产品流动性风险管理的辅助措施。商业银行应当按照理财产品销售文件中约定的信息披露方式，在 3 个交易日内通知投资者相关处理措施。

本办法所称巨额赎回是指商业银行开放式公募理财产品单个开放日净赎回申请超过理财产品总份额的 10% 的赎回行为，国务院银行业监督管理机构另有规定的除外。

第四十八条 商业银行应当对理财投资合作机构的资质条件、专业服务能力和风险管理水平等开展尽职调查，实行名单制管理，明确规定理财投资合作机构的准入标准和程序、责任与义务、存续期管理、利益冲突防范机制、信息披露义务及退出机制，理财投资合作机构的名单应当至少由总行高级管理层批准并定期评估，必要时进行调整。商业银行应当以书面方式明确界定双方的权利义务和风险责任承担方式，切实履行投资管理职责，不因委托其他机构投资而免除自身应当承担的责任。

本办法所称理财投资合作机构包括但不限于商业银行理财产品所投资资产管理产品的发行机构、根据合同约定从事理财产品受托投资的机构以及与理财产品投资管理相关的投资顾问等。理财投资合作机构应当是具有专业资质并受金融监督管理部门依法监管的金融机构或国务院银行业监督管理机构认可的其他机构。

商业银行聘请理财产品投资顾问的，应当审查投资顾问的投资建议，不得由投资顾问直接执行投资指令，不得向未提供实质服务的投资顾问支付费用或者支付与其提供的服务不相匹配的费用。

商业银行首次与理财投资合作机构合作的，应当提前10日将该合作机构相关情况报告银行业监督管理机构。

第四十九条 商业银行不得用自有资金购买本行发行的理财产品，不得为理财产品投资的非标准化债权类资产或权益类资产提供任何直接或间接、显性或隐性的担保或回购承诺，不得用本行信贷资金为本行理财产品提供融资和担保。

第四节 理财托管

第五十条 商业银行应当选择具有证券投资基金托管业务资格的金融机构、银行业理财登记托管机构或者国务院银行业监督管理机构认可的其他机构托管所发行的理财产品。

第五十一条 从事理财产品托管业务的机构应当履行下列职责，确保实现实质性独立托管：

（一）安全保管理财产品财产；

（二）为每只理财产品开设独立的托管账户，不同托管账户中的资产应当相互独立；

（三）按照托管协议约定和理财产品发行银行的投资指令，及时办理清算、交割事宜；

（四）建立与理财产品发行银行的对账机制，复核、审查理财产品资金头寸、资产账目、资产净值、认购和赎回价格等数据，及时核查认购、赎回以及投资资金的支付和到账情况；

（五）监督理财产品投资运作，发现理财产品违反法律、行政法规、规章规定或合同约定进行投资的，应当拒绝执行，及时通知理财产品发行银行并报告银行业监督管理机构；

（六）办理与理财产品托管业务活动相关的信息披露事项，包括披露理财产品托管协议、对理财产品信息披露文件中的理财产品财务会计报告等出具意见，以及在公募理财产品半年度和年度报告中出具理财托管机构报告等；

（七）理财托管业务活动的记录、账册、报表和其他相关资料保存15年以上；

（八）对理财产品投资信息和相关资料承担保密责任，除法律、行政法规、规章规定、审计要求或者合同约定外，不得向任何机构或者个人提供相关信息和资料；

（九）国务院银行业监督管理机构规定的其他职责。

从事理财产品托管业务机构的董事、监事、高级管理人员和其他托管业务人员不得有本办法第二十四条第二款所列行为。

第五十二条 商业银行有下列情形之一的，国务院银行业监督管理机构可以要求其发行的理财产品由指定的机构进行托管：

（一）理财产品未实现实质性独立托管的；

（二）未按照穿透原则，在全国银行业理财信息登记系统中，向上穿透登记最终投资者信息，向下穿透登记理财产品投资的底层资产信息，或者信息登记不真实、准确、完整和及时的；

（三）国务院银行业监督管理机构规定的其他情形。

第五节　信息披露

第五十三条　商业银行应当按照国务院银行业监督管理机构关于信息披露的有关规定，每半年披露其从事理财业务活动的有关信息，披露的信息应当至少包括以下内容：当期发行和到期的理财产品类型、数量和金额、期末存续理财产品数量和金额，列明各类理财产品的占比及其变化情况，以及理财产品直接和间接投资的资产种类、规模和占比等信息。

第五十四条　商业银行应当在本行营业网点或官方网站建立理财产品信息查询平台，收录全部在售及存续期内公募理财产品的基本信息。

第五十五条　商业银行应当及时、准确、完整地向理财产品投资者披露理财产品的募集信息、资金投向、杠杆水平、收益分配、托管安排、投资账户信息和主要投资风险等内容。

第五十六条　商业银行发行公募理财产品的，应当在本行官方网站或者按照与投资者约定的方式，披露以下理财产品信息：

（一）在全国银行业理财信息登记系统获取的登记编码；

（二）销售文件，包括说明书、销售协议书、风险揭示书和投资者权益须知；

（三）发行公告，包括理财产品成立日期和募集规模等信息；

（四）定期报告，包括理财产品的存续规模、收益表现，并分别列示直接和间接投资的资产种类、投资比例、投资组合的流动性风险分析，以及前十项资产具体名称、规模和比例等信息；

（五）到期公告，包括理财产品的存续期限、终止日期、收费情况和收益分配情况等信息；

（六）重大事项公告；

（七）临时性信息披露；

（八）国务院银行业监督管理机构规定的其他信息。

商业银行应当在理财产品成立之后 5 日内披露发行公告，在理财产品终止后 5 日内披露到期公告，在发生可能对理财产品投资者或者理财产品收益产生重大影响的事件后 2 日内发布重大事项公告。

商业银行应当在每个季度结束之日起 15 日内、上半年结束之日起 60 日内、每年结束之日起 90 日内，编制完成理财产品的季度、半年和年度报告等定期报告。理财产品成立不足 90 日或者剩余存续期不超过 90 日的，商业银行可以不编制理财产品当期的季度、半年和年度报告。

第五十七条　商业银行应当在每个开放日结束后 2 日内，披露开放式公募理财产品在开放日的份额净值、份额累计净值、认购价格和赎回价格，在定期报告中披露开放式公募理财产品在季度、半年和年度最后一个市场交易日的份额净值、份额累计净值和资产净值。

商业银行应当至少每周向投资者披露一次封闭式公募理财产品的资产净值和份额净值。

第五十八条 商业银行应当在公募理财产品的存续期内，至少每月向投资者提供其所持有的理财产品账单，账单内容包括但不限于投资者持有的理财产品份额、认购金额、份额净值、份额累计净值、资产净值、收益情况、投资者理财交易账户发生的交易明细记录等信息。

第五十九条 商业银行发行私募理财产品的，应当按照与合格投资者约定的方式和频率，披露以下理财产品信息：

（一）在全国银行业理财信息登记系统获取的登记编码；

（二）销售文件，包括说明书、销售协议书、风险揭示书和投资者权益须知；

（三）至少每季度向合格投资者披露理财产品的资产净值、份额净值和其他重要信息；

（四）定期报告，至少包括季度、半年和年度报告；

（五）到期报告；

（六）重大事项报告；

（七）临时性信息披露；

（八）国务院银行业监督管理机构规定的其他信息。

第六十条 商业银行理财产品终止后的清算期原则上不得超过5日；清算期超过5日的，应当在理财产品终止前，根据与投资者的约定，在指定渠道向理财产品投资者进行披露。

第六十一条 商业银行应当在理财产品销售文件中明确约定与投资者联络和信息披露的方式、渠道和频率，以及在信息披露过程中各方的责任，确保投资者及时获取信息。

商业银行在未与投资者明确约定的情况下，在其官方网站公布理财产品相关信息，不能视为向投资者进行了信息披露。

第四章 监督管理

第六十二条 从事理财业务的商业银行应当按照规定，向银行业监督管理机构报送与理财业务有关的财务会计报表、统计报表、外部审计报告和银行业监督管理机构要求报送的其他材料，并于每年度结束后2个月内报送理财业务年度报告。

第六十三条 理财托管机构应当按照规定，向银行业监督管理机构报送与理财产品托管有关的材料，并于每年度结束后2个月内报送理财产品年度托管报告。

第六十四条 从事理财业务的商业银行在理财业务中出现重大风险和损失时，应当及时向银行业监督管理机构报告，并提交应对措施。

第六十五条 银行业监督管理机构应当定期对商业银行理财业务进行现场检查。

第六十六条 银行业监督管理机构应当基于非现场监管和现场检查情况，定期对商业银行理财业务进行评估，并将其作为监管评级的重要依据。

第六十七条 商业银行违反本办法规定从事理财业务活动的，应当根据国务院银行业监督管理机构或者其省一级派出机构提出的整改要求，在规定的时限内向国务院银行业监督管理机构或者其省一级派出机构提交整改方案并采取整改措施。

第六十八条 对于在规定的时限内未能采取有效整改措施的商业银行，或者其行为严重危及本行稳健运行、损害投资者合法权益的，国务院银行业监督管理机构或者其省一级派出机构有权按照《中华人民共和国银行业监督管理法》第三十七条的规定，采取下列措施：

（一）责令暂停发行理财产品；

（二）责令暂停开展理财产品托管等业务；

（三）责令调整董事、高级管理人员或者限制其权利；

（四）《中华人民共和国银行业监督管理法》第三十七条规定的其他措施。

第六十九条 商业银行开展理财业务，根据《指导意见》经认定存在刚性兑付行为的，应当足额补缴存款准备金和存款保险保费，按照国务院银行业监督管理机构的相关规定，足额计提资本、贷款损失准备和其他各项减值准备，计算流动性风险和大额风险暴露等监管指标。

第五章 法律责任

第七十条 商业银行从事理财业务活动，有下列情形之一的，由银行业监督管理机构依照《中华人民共和国银行业监督管理法》第四十六条的规定，予以处罚。

（一）提供虚假的或者隐瞒重要事实的报表、报告等文件、资料的；

（二）未按照规定进行风险揭示或者信息披露的；

（三）根据《指导意见》经认定存在刚性兑付行为的；

（四）拒绝执行本办法第六十八条规定的措施的；

（五）严重违反本办法规定的其他情形。

第七十一条 商业银行从事理财业务活动，未按照规定向银行业监督管理机构报告或者报送有关文件、资料的，由银行业监督管理机构依照《中华人民共和国银行业监督管理法》第四十七条的规定，予以处罚。

第七十二条 商业银行从事理财业务活动的其他违法违规行为，由银行业监督管理机构依照《中华人民共和国银行业监督管理法》《中华人民共和国商业银行法》等法律法规予以处罚。

第七十三条 商业银行从事理财业务活动，违反有关法律、行政法规以及国家有关银行业监督管理规定的，银行业监督管理机构除依照本办法第七十条至第七十二条规定处罚外，还可以依照《中华人民共和国银行业监督管理法》第四十八条和《金融违法行为处罚办法》

的相关规定，对直接负责的董事、高级管理人员和其他直接责任人员进行处理；涉嫌犯罪的，依法移送司法机关处理。

第六章　附　　则

第七十四条　政策性银行、农村合作银行、农村信用合作社等其他银行业金融机构开展理财业务，适用本办法规定。外国银行分行开展理财业务，参照本办法执行。

第七十五条　商业银行已经发行的保证收益型和保本浮动收益型理财产品应当按照结构性存款或者其他存款进行规范管理。

本办法所称结构性存款是指商业银行吸收的嵌入金融衍生产品的存款，通过与利率、汇率、指数等的波动挂钩或者与某实体的信用情况挂钩，使存款人在承担一定风险的基础上获得相应收益的产品。

结构性存款应当纳入商业银行表内核算，按照存款管理，纳入存款准备金和存款保险保费的缴纳范围，相关资产应当按照国务院银行业监督管理机构的相关规定计提资本和拨备。衍生产品交易部分按照衍生产品业务管理，应当有真实的交易对手和交易行为。

商业银行发行结构性存款应当具备相应的衍生产品交易业务资格。

商业银行销售结构性存款，应当参照本办法第三章第二节和本办法附件的相关规定执行。

第七十六条　具有代客境外理财业务资格的商业银行开展代客境外理财业务，参照本办法执行，并应当遵守法律、行政法规和金融监督管理部门的相关规定。

第七十七条　本办法中“以上”均含本数；“日”指工作日；“收益率”指年化收益率。

第七十八条　本办法附件《商业银行理财产品销售管理要求》是本办法的组成部分。

第七十九条　本办法由国务院银行业监督管理机构负责解释。

第八十条　本办法自公布之日起施行。《商业银行个人理财业务管理暂行办法》（中国银行业监督管理委员会令 2005 年第 2 号）、《商业银行个人理财业务风险管理指引》（银监发〔2005〕63 号）、《中国银行业监督管理委员会办公厅关于商业银行开展个人理财业务风险提示的通知》（银监办发〔2006〕157 号）、《中国银监会办公厅关于调整商业银行个人理财业务管理有关规定的通知》（银监办发〔2007〕241 号）、《中国银监会办公厅关于进一步规范商业银行个人理财业务有关问题的通知》（银监办发〔2008〕47 号）、《中国银监会办公厅关于进一步规范商业银行个人理财业务报告管理有关问题的通知》（银监办发〔2009〕172 号）、《中国银监会关于进一步规范商业银行个人理财业务投资管理有关问题的通知》（银监发〔2009〕65 号）、《中国银监会关于规范信贷资产转让及信贷资产类理财业务有关事项的通知》（银监发〔2009〕113 号）、《商业银行理财产品销售管理办法》（中国银行业监督管理委员会令 2011 年第 5 号）、《中国银监会关于进一步加强商业银行理财业务风险管理有关问题的通知》（银监发〔2011〕91 号）、《中国银监会关于规范商业银行理财业务投资运作有关问题的通知》（银监发〔2013〕8 号）、《中国银监会关于完善银行理财业务组织管理体系有关事项的通知》（银监发〔2014〕35 号）同时废止。本办法实施前出台的有关规章及规范性文件如与本办法不一致的，按照本办法执行。

第八十一条 本办法过渡期为施行之日起至 2020 年底。过渡期内，商业银行新发行的理财产品应当符合本办法规定；对于存量理财产品，商业银行可以发行老产品对接存量理财产品所投资的未到期资产，但应当严格控制在存量产品的整体规模内，并有序压缩递减。

商业银行应当制定本行理财业务整改计划，明确时间进度安排和内部职责分工，经董事会审议通过并经董事长签批后，报送银行业监督管理机构认可，同时报备中国人民银行。银行业监督管理机构监督指导商业银行实施整改计划，对于提前完成整改的商业银行，给予适当监管激励；对于未严格执行整改计划或者整改不到位的商业银行，适时采取相关监管措施。

过渡期结束之后，商业银行理财产品按照本办法和《指导意见》进行全面规范管理，因子公司尚未成立而达不到第三方独立托管要求的情形除外；商业银行不得再发行或者存续不符合《指导意见》和本办法规定的理财产品。

附件

商业银行理财产品销售管理要求

一、宣传销售文本管理

（一）宣传销售文本分为两类。

1. 宣传材料，指商业银行为宣传推介理财产品向投资者分发或者发布，使投资者可以获得的书面、电子或其他介质的信息。

2. 销售文件，包括：理财产品销售协议书、理财产品说明书、风险揭示书、投资者权益须知等；经投资者签字确认的销售文件，商业银行和投资者双方均应留存。

（二）商业银行应当加强对理财产品宣传销售文本制作和发放的管理，宣传销售文本应当由商业银行总行统一管理和授权，分支机构未经总行授权不得擅自制作和分发宣传销售文本。

（三）理财产品宣传销售文本应当全面、客观反映理财产品的重要特性和与产品有关的重要事实，语言表述应当真实、准确和清晰，不得有下列情形：

1. 虚假记载、误导性陈述或者重大遗漏；

2. 违规承诺收益或者承担损失；

3. 夸大或者片面宣传理财产品，违规使用“安全”“保证”“承诺”“保险”“避险”“有保障”“高收益”“无风险”等与产品风险收益特性不匹配的表述；

4. 登载单位或者个人的推荐性文字；

5. 在未提供客观证据的情况下，使用“业绩优良”“名列前茅”“位居前列”“最有价值”“首只”“最大”“最好”“最强”“唯一”等夸大过往业绩的表述；

6. 其他易使投资者忽视风险的情形。

（四）理财产品宣传销售文本只能登载商业银行开发设计的该款理财产品或本行同类理财产品过往平均业绩及最好、最差业绩，同时应当遵守下列规定：

1. 引用的统计数据、图表和资料应当真实、准确、全面，并注明来源，不得引用未经核实的数据；

2. 真实、准确、合理地表述理财产品业绩和商业银行管理水平；

3. 在宣传销售文本中应当以醒目文字提醒投资者“理财产品过往业绩不代表其未来表现，不等于理财产品实际收益，投资须谨慎”。

如理财产品宣传销售文本中使用模拟数据的，必须注明模拟数据。

（五）理财产品宣传销售文本提及第三方专业机构评价结果的，应当列明第三方专业评价机构名称及刊登或发布评价的渠道与日期。

（六）理财产品销售文件应当载明理财产品的认购和赎回安排、估值原则、估值方法、份额认购、赎回价格的计算方式，拟投资市场和资产的风险评估。

（七）理财产品销售文件应当载明理财产品的托管机构、理财投资合作机构的基本信息和主要职责等。

（八）理财产品宣传材料应当在醒目位置提示投资者，“理财非存款、产品有风险、投资须谨慎”。

（九）理财产品销售文件应当包含专页风险揭示书，风险揭示书应当使用通俗易懂的语言，并至少包含以下内容：

1. 在醒目位置提示投资者，“理财非存款、产品有风险、投资须谨慎”；

2. 提示投资者，“如影响您风险承受能力的因素发生变化，请及时完成风险承受能力评估”；

3. 提示投资者注意投资风险，仔细阅读理财产品销售文件，了解理财产品具体情况；

4. 本理财产品类型、期限、风险评级结果、适合购买的投资者，并配以示例说明最不利投资情形下的投资结果；

5. 理财产品的风险揭示应当至少包含本理财产品不保证本金和收益，并根据理财产品风险评级结果提示投资者可能会因市场变动而蒙受损失的程度，以及需要充分认识投资风险，谨慎投资等；

6. 投资者风险承受能力评级结果，由投资者填写；

7. 投资者风险确认语句抄录，包括确认语句栏和签字栏，确认语句栏应当完整载明的风险确认语句“本人已经阅读风险揭示，愿意承担投资风险”，并在此语句下预留足够空间供投资者完整抄录和签名确认。

（十）理财产品销售文件应当包含投资者权益须知的专页，投资者权益须知应当至少包括以下内容：

1. 投资者办理理财产品的流程；

2. 投资者风险承受能力评估流程、评级具体含义以及适合购买的理财产品等相关内容；

3. 商业银行向投资者进行信息披露的方式、渠道和频率等；

4. 投资者向商业银行投诉的方式和程序；

5. 商业银行联络方式及其他需要向投资者说明的内容。

（十一）理财产品销售文件应当载明收取销售费、托管费、投资管理费等相关收费项目、收费条件、收费标准和收费方式。销售文件未载明的收费项目，不得向投资者收取。

商业银行根据相关法律和国家政策规定，需要对已约定的收费项目、条件、标准和方式进行调整时，应当按照有关规定进行信息披露后方可调整；投资者不接受的，应当允许投资者按照销售文件的约定提前赎回理财产品。

（十二）理财产品名称应当恰当反映产品属性，不得使用带有诱惑性、误导性和承诺性的称谓以及易引发争议的模糊性语言。理财产品名称中含有拟投资资产名称的，拟投资该资产的比例须达到该理财产品规模的 80%以上。

（十三）理财产品宣传销售文本的内容发生变化时，商业银行应当及时更新，并确保投资者及时知晓。

二、非机构投资者风险承受能力评估

（一）商业银行应当在投资者首次购买理财产品前在本行网点进行风险承受能力评估。风险承受能力评估依据至少应当包括投资者年龄、财务状况、投资经验、投资目的、收益预期、风险偏好、流动性要求、风险认识以及风险损失承受程度等。

商业银行对超过 65 岁的投资者进行风险承受能力评估时，应当充分考虑投资者年龄、相关投资经验等因素。

商业银行完成投资者风险承受能力评估后应当将风险承受能力评估结果告知投资者，由投资者签名确认后留存。

（二）商业银行应当定期或不定期地在本行网点或采用网上银行方式对投资者进行风险承受能力持续评估。

超过一年未进行风险承受能力评估或发生可能影响自身风险承受能力情况的投资者，再次购买理财产品时，应当在商业银行网点或其网上银行完成风险承受能力评估，评估结果应当由投资者签名确认；未进行评估的，商业银行不得再次向其销售理财产品。

（三）商业银行应当制定本行统一的投资者风险承受能力评估书。

商业银行应当在投资者风险承受能力评估书中明确提示，如投资者发生可能影响其自身风险承受能力的情形，再次购买理财产品时应当主动要求商业银行对其进行风险承受能力评估。

（四）商业银行分支机构理财产品销售部门负责人或经授权的业务主管人员应当定期对已完成的投资者风险承受能力评估书进行审核。

（五）商业银行应当建立投资者风险承受能力评估信息管理系统，用于测评、记录和留存投资者风险承受能力评估内容和结果。

三、理财产品销售管理

（一）商业银行应当制定理财产品销售业务基本规程，对认购、赎回以及开户、销户、资料变更等业务作出规定。

（二）商业银行从事理财产品销售活动，不得有下列情形：

1. 将存款作为理财产品销售，将理财产品作为存款销售，将理财产品与存款进行强制性搭配销售，将理财产品与其他产品进行捆绑销售；

2. 采取抽奖、回扣或者赠送实物等方式销售理财产品；

3. 销售人员代替投资者签署文件；

4. 挪用投资者资金；

5. 国务院银行业监督管理机构规定禁止的其他情形。

（三）商业银行不得通过电视、电台、互联网等渠道对具体理财产品进行宣传，本行渠道（含营业网点和电子渠道）除外。

（四）商业银行通过电话、传真、短信、邮件等方式开展理财产品宣传时，如投资者明确表示不同意，商业银行不得再通过此种方式向投资者宣传理财产品。

（五）商业银行通过本行网上银行销售理财产品时，应当遵守本附件关于非机构投资者风险承受能力评估的相关规定；销售过程应有醒目的风险提示，风险确认等环节工作要求不得低于网点标准，销售过程应当保留完整记录。

（六）商业银行通过本行电话银行销售理财产品时，应当遵守本附件关于非机构投资者风险承受能力评估的相关规定；销售人员应当是具有理财从业资格的银行人员，销售过程应当使用统一的规范用语，妥善保管投资者信息，履行相应的保密义务。

商业银行通过本行电话银行向投资者销售理财产品应当征得投资者同意，明确告知投资者销售的是理财产品，不得误导投资者；销售过程中风险确认等环节工作要求不得低于网点标准，销售过程应当录音并妥善保存。

（七）商业银行销售风险评级为四级以上理财产品时，除非与投资者书面约定，否则应当在商业银行网点进行。

（八）对于单笔投资金额较大的投资者，商业银行应当在完成销售前将销售文件至少报经商业银行分支机构销售部门负责人审核或其授权的业务主管人员审核；单笔金额标准和审核权限，由商业银行根据理财产品特性和本行风险管理要求制定。

已经完成销售的理财产品销售文件，应至少报经商业银行分支机构理财产品销售部门负责人或其授权的业务主管人员定期审核。

（九）商业银行应当在私募理财产品的销售文件中约定不少于二十四小时的投资冷静期，并载明投资者在投资冷静期内的权利。在投资冷静期内，如果投资者改变决定，商业银行应当遵从投资者意愿，解除已签订的销售文件，并及时退还投资者的全部投资款项。投资冷静期自销售文件签字确认后起算。

（十）商业银行应当建立异常销售的监控、记录、报告和处理制度，重点关注理财产品销售业务中的不当销售和误导销售行为，至少应当包括以下异常情况：

1. 投资者频繁开立、撤销理财账户；

2. 投资者风险承受能力与理财产品风险不匹配；

3. 商业银行超过约定时间进行资金划付；

4. 其他应当关注的异常情况。

（十一）商业银行应当建立和完善理财产品销售质量控制制度，制定实施内部监督和独立审核措施，配备必要的人员，对本行理财产品销售人员的操守资质、服务合规性和服务质量等进行内部调查和监督。

内部调查应当采用多样化的方式进行。对理财产品销售质量进行调查时，内部调查监督人员还应当亲自或委托适当的人员，以投资者身份进行调查。

内部调查监督人员应当在审查销售服务记录、合同和其他材料等基础上，重点检查是否存在不当销售的情况。

四、销售人员管理

（一）销售人员是指商业银行面向投资者从事理财产品宣传推介、销售、办理认购和赎回等相关活动的人员。

（二）销售人员从事理财产品销售活动，应当遵循以下原则：

1. 勤勉尽职原则。销售人员应当以对投资者高度负责的态度执业，认真履行各项职责。

2. 诚实守信原则。销售人员应当以诚实、公正的态度、合法的方式执业，如实告知投资者可能影响其利益的重要情况和理财产品风险评级情况。

3. 公平对待投资者原则。在理财产品销售活动中发生分歧或矛盾时，销售人员应当公平对待投资者，不得损害投资者合法权益。

4. 专业胜任原则。销售人员应当具备理财产品销售的专业资格和技能，胜任理财产品销售工作。

（三）销售人员在向投资者宣传销售理财产品时，应当先做自我介绍，尊重投资者意愿，不得在投资者不愿或不便的情况下进行宣传销售。

（四）销售人员在为投资者办理购买理财产品手续前，应当遵守本附件规定，特别注意以下事项：

1. 有效识别投资者身份；

2. 向投资者介绍理财产品销售业务流程、收费标准及方式等；

3. 了解投资者风险承受能力评估情况、投资期限和流动性要求；

4. 提醒投资者阅读销售文件，特别是风险揭示书和投资者权益须知；

5. 确认投资者抄录了风险确认语句。

（五）销售人员从事理财产品销售活动，不得有下列情形：

1. 在销售活动中为自己或他人牟取不正当利益，承诺进行利益输送，通过给予他人财物或利益，或接受他人给予的财物或利益等形式进行商业贿赂；

2. 诋毁其他机构的理财产品或销售人员；

3. 散布虚假信息，扰乱市场秩序；

4. 违规接受投资者全权委托，私自代理投资者进行理财产品认购、赎回等交易；

5. 违规对投资者做出盈亏承诺，或与投资者以口头或书面形式约定利益分成或亏损分担；

6. 挪用投资者交易资金或理财产品；

7. 擅自更改投资者交易指令；

8. 其他可能有损投资者合法权益和所在机构声誉的行为。

（六）商业银行应当建立健全销售人员资格考核、继续培训、跟踪评价等管理制度，不得对销售人员采用以销售业绩作为单一考核和奖励指标的考核方法，并应当将投资者投诉情况、误导销售以及其他违规行为纳入考核指标体系。

商业银行应当对销售人员在销售活动中出现的违规行为进行问责处理，将其纳入本行人力资源评价考核内容，持续跟踪考核。

对于频繁被投资者投诉、投诉事项查证属实的销售人员，应当将其调离销售岗位；情节严重的，应当按照规定承担相应法律责任。

五、理财产品信息登记要求

（一）商业银行总行在全国银行业理财信息登记系统进行销售前信息登记，应当包括以下内容：

1. 理财产品的可行性评估报告，主要内容包括：产品基本特性、目标投资者、拟销售时间和规模、拟销售地区、理财资金投向、投资组合安排、估值方法、产品风险评估及管控措施等；

2. 内部审核文件；

3. 对理财投资合作机构、理财托管机构等相关方的尽职调查文件；

4. 与理财投资合作机构、理财托管机构等相关方签署的法律文件；

5. 理财产品销售文件，包括理财产品销售协议书、理财产品说明书、风险揭示书、投资者权益须知等；

6. 报告材料联络人的具体联系方式；

7. 国务院银行业监督管理机构要求的其他材料。

（二）商业银行分支机构应当在开始发售理财产品之日起 5 日内，将以下材料向银行业监督管理机构报告：

1. 总行理财产品发售授权书；

2. 理财产品销售文件，包括理财产品协议书、理财产品说明书、风险揭示书、投资者权益须知等；

3. 报告材料联络人的具体联系方式；

4. 银行业监督管理机构要求的其他材料。

关于规范金融机构资产管理业务的指导意见

（2018 年 4 月 27 日　银发〔2018〕106 号）

近年来，我国资产管理业务快速发展，在满足居民和企业投融资需求、改善社会融资结构等方面发挥了积极作用，但也存在部分业务发展不规范、多层嵌套、刚性兑付、规避金融监管和宏观调控等问题。按照党中央、国务院决策部署，为规范金融机构资产管理业务，统一同类资产管理产品监管标准，有效防控金融风险，引导社会资金流向实体经济，更好地支持经济结构调整和转型升级，经国务院同意，现提出以下意见：

一、规范金融机构资产管理业务主要遵循以下原则：

（一）坚持严控风险的底线思维。把防范和化解资产管理业务风险放到更加重要的位置，减少存量风险，严防增量风险。

（二）坚持服务实体经济的根本目标。既充分发挥资产管理业务功能，切实服务实体经济投融资需求，又严格规范引导，避免资金脱实向虚在金融体系内部自我循环，防止产品过于复杂，加剧风险跨行业、跨市场、跨区域传递。

（三）坚持宏观审慎管理与微观审慎监管相结合、机构监管与功能监管相结合的监管理念。实现对各类机构开展资产管理业务的全面、统一覆盖，采取有效监管措施，加强金融消费者权益保护。

（四）坚持有的放矢的问题导向。重点针对资产管理业务的多层嵌套、杠杆不清、套利严重、投机频繁等问题，设定统一的标准规制，同时对金融创新坚持趋利避害、一分为二，留出发展空间。

（五）坚持积极稳妥审慎推进。正确处理改革、发展、稳定关系，坚持防范风险与有序规范相结合，在下决心处置风险的同时，充分考虑市场承受能力，合理设置过渡期，把握好工作的次序、节奏、力度，加强市场沟通，有效引导市场预期。

二、资产管理业务是指银行、信托、证券、基金、期货、保险资产管理机构、金融资产投资公司等金融机构接受投资者委托，对受托的投资者财产进行投资和管理的金融服务。金融机构为委托人利益履行诚实信用、勤勉尽责义务并收取相应的管理费用，委托人自担投资风险并获得收益。金融机构可以与委托人在合同中事先约定收取合理的业绩报酬，业绩报酬计入管理费，须与产品一一对应并逐个结算，不同产品之间不得相互串用。

资产管理业务是金融机构的表外业务，金融机构开展资产管理业务时不得承诺保本保收益。出现兑付困难时，金融机构不得以任何形式垫资兑付。金融机构不得在表内开展资产管理业务。

私募投资基金适用私募投资基金专门法律、行政法规，私募投资基金专门法律、行政法规中没有明确规定的适用本意见，创业投资基金、政府出资产业投资基金的相关规定另行制定。

三、资产管理产品包括但不限于人民币或外币形式的银行非保本理财产品，资金信托，证券公司、证券公司子公司、基金管理公司、基金管理子公司、期货公司、期货公司子公司、保险资产管理机构、金融资产投资公司发行的资产管理产品等。依据金融管理部门颁布规则开展的资产证券化业务，依据人力资源社会保障部门颁布规则发行的养老金产品，不适用本意见。

四、资产管理产品按照募集方式的不同，分为公募产品和私募产品。公募产品面向不特定社会公众公开发行。公开发行的认定标准依照《中华人民共和国证券法》执行。私募产品面向合格投资者通过非公开方式发行。

资产管理产品按照投资性质的不同，分为固定收益类产品、权益类产品、商品及金融衍生品类产品和混合类产品。固定收益类产品投资于存款、债券等债权类资产的比例不低于80%，权益类产品投资于股票、未上市企业股权等权益类资产的比例不低于80%，商品及金融衍生品类产品投资于商品及金融衍生品的比例不低于80%，混合类产品投资于债权类资产、权益类资产、商品及金融衍生品类资产且任一资产的投资比例未达到前三类产品标准。非因金融机构主观因素导致突破前述比例限制的，金融机构应当在流动性受限资产可出售、可转让或者恢复交易的15个交易日内调整至符合要求。

金融机构在发行资产管理产品时，应当按照上述分类标准向投资者明示资产管理产品的类型，并按照确定的产品性质进行投资。在产品成立后至到期日前，不得擅自改变产品类型。混合类产品投资债权类资产、权益类资产和商品及金融衍生品类资产的比例范围应当在发行产品时予以确定并向投资者明示，在产品成立后至到期日前不得擅自改变。产品的实际投向不得违反合同约定，如有改变，除高风险类型的产品超出比例范围投资较低风险资产外，应当先行取得投资者书面同意，并履行登记备案等法律法规以及金融监督管理部门规定的程序。

五、资产管理产品的投资者分为不特定社会公众和合格投资者两大类。合格投资者是指具备相应风险识别能力和风险承担能力，投资于单只资产管理产品不低于一定金额且符合下列条件的自然人和法人或者其他组织。

（一）具有 2 年以上投资经历，且满足以下条件之一：家庭金融净资产不低于 300 万元，家庭金融资产不低于 500 万元，或者近 3 年本人年均收入不低于 40 万元。

（二）最近 1 年末净资产不低于 1,000 万元的法人单位。

（三）金融管理部门视为合格投资者的其他情形。

合格投资者投资于单只固定收益类产品的金额不低于 30 万元，投资于单只混合类产品的金额不低于 40 万元，投资于单只权益类产品、单只商品及金融衍生品类产品的金额不低于 100 万元。

投资者不得使用贷款、发行债券等筹集的非自有资金投资资产管理产品。

六、金融机构发行和销售资产管理产品，应当坚持“了解产品”和“了解客户”的经营理念，加强投资者适当性管理，向投资者销售与其风险识别能力和风险承担能力相适应的资产管理产品。禁止欺诈或者误导投资者购买与其风险承担能力不匹配的资产管理产品。金融机构不得通过拆分资产管理产品的方式，向风险识别能力和风险承担能力低于产品风险等级的投资者销售资产管理产品。

金融机构应当加强投资者教育，不断提高投资者的金融知识水平和风险意识，向投资者传递“卖者尽责、买者自负”的理念，打破刚性兑付。

七、金融机构开展资产管理业务，应当具备与资产管理业务发展相适应的管理体系和管理制度，公司治理良好，风险管理、内部控制和问责机制健全。

金融机构应当建立健全资产管理业务人员的资格认定、培训、考核评价和问责制度，确保从事资产管理业务的人员具备必要的专业知识、行业经验和管理能力，充分了解相关法律法规、监管规定以及资产管理产品的法律关系、交易结构、主要风险和风险管控方式，遵守行为准则和职业道德标准。

对于违反相关法律法规以及本意见规定的金融机构资产管理业务从业人员，依法采取处罚措施直至取消从业资格，禁止其在其他类型金融机构从事资产管理业务。

八、金融机构运用受托资金进行投资，应当遵守审慎经营规则，制定科学合理的投资策略和风险管理制度，有效防范和控制风险。

金融机构应当履行以下管理人职责：

（一）依法募集资金，办理产品份额的发售和登记事宜。

（二）办理产品登记备案或者注册手续。

（三）对所管理的不同产品受托财产分别管理、分别记账，进行投资。

（四）按照产品合同的约定确定收益分配方案，及时向投资者分配收益。

（五）进行产品会计核算并编制产品财务会计报告。

（六）依法计算并披露产品净值或者投资收益情况，确定申购、赎回价格。

（七）办理与受托财产管理业务活动有关的信息披露事项。

（八）保存受托财产管理业务活动的记录、账册、报表和其他相关资料。

（九）以管理人名义，代表投资者利益行使诉讼权利或者实施其他法律行为。

（十）在兑付受托资金及收益时，金融机构应当保证受托资金及收益返回委托人的原账户、同名账户或者合同约定的受益人账户。

（十一）金融监督管理部门规定的其他职责。

金融机构未按照诚实信用、勤勉尽责原则切实履行受托管理职责，造成投资者损失的，应当依法向投资者承担赔偿责任。

九、金融机构代理销售其他金融机构发行的资产管理产品，应当符合金融监督管理部门规定的资质条件。未经金融监督管理部门许可，任何非金融机构和个人不得代理销售资产管理产品。

金融机构应当建立资产管理产品的销售授权管理体系，明确代理销售机构的准入标准和程序，明确界定双方的权利与义务，明确相关风险的承担责任和转移方式。

金融机构代理销售资产管理产品，应当建立相应的内部审批和风险控制程序，对发行或者管理机构的信用状况、经营管理能力、市场投资能力、风险处置能力等开展尽职调查，要求发行或者管理机构提供详细的产品介绍、相关市场分析和风险收益测算报告，进行充分的信息验证和风险审查，确保代理销售的产品符合本意见规定并承担相应责任。

十、公募产品主要投资标准化债权类资产以及上市交易的股票，除法律法规和金融管理部门另有规定外，不得投资未上市企业股权。公募产品可以投资商品及金融衍生品，但应当符合法律法规以及金融管理部门的相关规定。

私募产品的投资范围由合同约定，可以投资债权类资产、上市或挂牌交易的股票、未上市企业股权（含债转股）和受（收）益权以及符合法律法规规定的其他资产，并严格遵守投资者适当性管理要求。鼓励充分运用私募产品支持市场化、法治化债转股。

十一、资产管理产品进行投资应当符合以下规定：

（一）标准化债权类资产应当同时符合以下条件：

1. 等分化，可交易。

2. 信息披露充分。

3. 集中登记，独立托管。

4. 公允定价，流动性机制完善。

5. 在银行间市场、证券交易所市场等经国务院同意设立的交易市场交易。

标准化债权类资产的具体认定规则由中国人民银行会同金融监督管理部门另行制定。

标准化债权类资产之外的债权类资产均为非标准化债权类资产。金融机构发行资产管理产品投资于非标准化债权类资产的，应当遵守金融监督管理部门制定的有关限额管理、流动性管理等监管标准。金融监督管理部门未制定相关监管标准的，由中国人民银行督促根据本意见要求制定监管标准并予以执行。

金融机构不得将资产管理产品资金直接投资于商业银行信贷资产。商业银行信贷资产受（收）益权的投资限制由金融管理部门另行制定。

（二）资产管理产品不得直接或者间接投资法律法规和国家政策禁止进行债权或股权投资的行业和领域。

（三）鼓励金融机构在依法合规、商业可持续的前提下，通过发行资产管理产品募集资金投向符合国家战略和产业政策要求、符合国家供给侧结构性改革政策要求的领域。鼓励金融机构通过发行资产管理产品募集资金支持经济结构转型，支持市场化、法治化债转股，降低企业杠杆率。

（四）跨境资产管理产品及业务参照本意见执行，并应当符合跨境人民币和外汇管理有关规定。

十二、金融机构应当向投资者主动、真实、准确、完整、及时披露资产管理产品募集信息、资金投向、杠杆水平、收益分配、托管安排、投资账户信息和主要投资风险等内容。国家法律法规另有规定的，从其规定。

对于公募产品，金融机构应当建立严格的信息披露管理制度，明确定期报告、临时报告、重大事项公告、投资风险披露要求以及具体内容、格式。在本机构官方网站或者通过投资者便于获取的方式披露产品净值或者投资收益情况，并定期披露其他重要信息：开放式产品按照开放频率披露，封闭式产品至少每周披露一次。

对于私募产品，其信息披露方式、内容、频率由产品合同约定，但金融机构应当至少每季度向投资者披露产品净值和其他重要信息。

对于固定收益类产品，金融机构应当通过醒目方式向投资者充分披露和提示产品的投资风险，包括但不限于产品投资债券面临的利率、汇率变化等市场风险以及债券价格波动情况，产品投资每笔非标准化债权类资产的融资客户、项目名称、剩余融资期限、到期收益分配、交易结构、风险状况等。

对于权益类产品，金融机构应当通过醒目方式向投资者充分披露和提示产品的投资风险，包括产品投资股票面临的风险以及股票价格波动情况等。

对于商品及金融衍生品类产品，金融机构应当通过醒目方式向投资者充分披露产品的挂钩资产、持仓风险、控制措施以及衍生品公允价值变化等。

对于混合类产品，金融机构应当通过醒目方式向投资者清晰披露产品的投资资产组合情况，并根据固定收益类、权益类、商品及金融衍生品类资产投资比例充分披露和提示相应的投资风险。

十三、主营业务不包括资产管理业务的金融机构应当设立具有独立法人地位的资产管理子公司开展资产管理业务，强化法人风险隔离，暂不具备条件的可以设立专门的资产管理业务经营部门开展业务。

金融机构不得为资产管理产品投资的非标准化债权类资产或者股权类资产提供任何直接或间接、显性或隐性的担保、回购等代为承担风险的承诺。

金融机构开展资产管理业务，应当确保资产管理业务与其他业务相分离，资产管理产品与其代销的金融产品相分离，资产管理产品之间相分离，资产管理业务操作与其他业务操作相分离。

十四、本意见发布后，金融机构发行的资产管理产品资产应当由具有托管资质的第三方机构独立托管，法律、行政法规另有规定的除外。

过渡期内，具有证券投资基金托管业务资质的商业银行可以托管本行理财产品，但应当为每只产品单独开立托管账户，确保资产隔离。过渡期后，具有证券投资基金托管业务资质的商业银行应当设立具有独立法人地位的子公司开展资产管理业务，该商业银行可以托管子公司发行的资产管理产品，但应当实现实质性的独立托管。独立托管有名无实的，由金融监督管理部门进行纠正和处罚。

十五、金融机构应当做到每只资产管理产品的资金单独管理、单独建账、单独核算，不得开展或者参与具有滚动发行、集合运作、分离定价特征的资金池业务。

金融机构应当合理确定资产管理产品所投资资产的期限，加强对期限错配的流动性风险管理，金融监督管理部门应当制定流动性风险管理规定。

为降低期限错配风险，金融机构应当强化资产管理产品久期管理，封闭式资产管理产品期限不得低于 90 天。资产管理产品直接或者间接投资于非标准化债权类资产的，非标准化债权类资产的终止日不得晚于封闭式资产管理产品的到期日或者开放式资产管理产品的最近一次开放日。

资产管理产品直接或者间接投资于未上市企业股权及其受（收）益权的，应当为封闭式资产管理产品，并明确股权及其受（收）益权的退出安排。未上市企业股权及其受（收）益权的退出日不得晚于封闭式资产管理产品的到期日。

金融机构不得违反金融监督管理部门的规定，通过为单一融资项目设立多只资产管理产品的方式，变相突破投资人数限制或者其他监管要求。同一金融机构发行多只资产管理产品投资同一资产的，为防止同一资产发生风险波及多只资产管理产品，多只资产管理产品投资该资产的资金总规模合计不得超过300亿元。如果超出该限额，需经相关金融监督管理部门批准。

十六、金融机构应当做到每只资产管理产品所投资资产的风险等级与投资者的风险承担能力相匹配，做到每只产品所投资资产构成清晰，风险可识别。

金融机构应当控制资产管理产品所投资资产的集中度：

（一）单只公募资产管理产品投资单只证券或者单只证券投资基金的市值不得超过该资产管理产品净资产的10%。

（二）同一金融机构发行的全部公募资产管理产品投资单只证券或者单只证券投资基金的市值不得超过该证券市值或者证券投资基金市值的30%。其中，同一金融机构全部开放式公募资产管理产品投资单一上市公司发行的股票不得超过该上市公司可流通股票的15%。

（三）同一金融机构全部资产管理产品投资单一上市公司发行的股票不得超过该上市公司可流通股票的30%。

金融监督管理部门另有规定的除外。

非因金融机构主观因素导致突破前述比例限制的，金融机构应当在流动性受限资产可出售、可转让或者恢复交易的10个交易日内调整至符合相关要求。

十七、金融机构应当按照资产管理产品管理费收入的10%计提风险准备金，或者按照规定计量操作风险资本或相应风险资本准备。风险准备金余额达到产品余额的1%时可以不再提取。风险准备金主要用于弥补因金融机构违法违规、违反资产管理产品协议、操作错误或者技术故障等给资产管理产品财产或者投资者造成的损失。金融机构应当定期将风险准备金的使用情况报告金融管理部门。

十八、金融机构对资产管理产品应当实行净值化管理，净值生成应当符合企业会计准则规定，及时反映基础金融资产的收益和风险，由托管机构进行核算并定期提供报告，由外部审计机构进行审计确认，被审计金融机构应当披露审计结果并同时报送金融管理部门。

金融资产坚持公允价值计量原则，鼓励使用市值计量。符合以下条件之一的，可按照企业会计准则以摊余成本进行计量：

（一）资产管理产品为封闭式产品，且所投金融资产以收取合同现金流量为目的并持有到期。

（二）资产管理产品为封闭式产品，且所投金融资产暂不具备活跃交易市场，或者在活跃市场中没有报价、也不能采用估值技术可靠计量公允价值。

金融机构以摊余成本计量金融资产净值，应当采用适当的风险控制手段，对金融资产净值的公允性进行评估。当以摊余成本计量已不能真实公允反映金融资产净值时，托管机构应当督促金融机构调整会计核算和估值方法。金融机构前期以摊余成本计量的金融资产的加权平均价格与资产管理产品实际兑付时金融资产的价值的偏离度不得达到5%或以上，如果偏离5%或以上的产品数超过所发行产品总数的5%，金融机构不得再发行以摊余成本计量金融资产的资产管理产品。

十九、经金融管理部门认定，存在以下行为的视为刚性兑付：

（一）资产管理产品的发行人或者管理人违反真实公允确定净值原则，对产品进行保本保收益。

（二）采取滚动发行等方式，使得资产管理产品的本金、收益、风险在不同投资者之间发生转移，实现产品保本保收益。

（三）资产管理产品不能如期兑付或者兑付困难时，发行或者管理该产品的金融机构自行筹集资金偿付或者委托其他机构代为偿付。

（四）金融管理部门认定的其他情形。

经认定存在刚性兑付行为的，区分以下两类机构进行惩处：

（一）存款类金融机构发生刚性兑付的，认定为利用具有存款本质特征的资产管理产品进行监管套利，由国务院银行保险监督管理机构和中国人民银行按照存款业务予以规范，足额补缴存款准备金和存款保险保费，并予以行政处罚。

（二）非存款类持牌金融机构发生刚性兑付的，认定为违规经营，由金融监督管理部门和中国人民银行依法纠正并予以处罚。

任何单位和个人发现金融机构存在刚性兑付行为的，可以向金融管理部门举报，查证属实且举报内容未被相关部门掌握的，给予适当奖励。

外部审计机构在对金融机构进行审计时，如果发现金融机构存在刚性兑付行为的，应当及时报告金融管理部门。外部审计机构在审计过程中未能勤勉尽责，依法追究相应责任或依法依规给予行政处罚，并将相关信息纳入全国信用信息共享平台，建立联合惩戒机制。

二十、资产管理产品应当设定负债比例（总资产/净资产）上限，同类产品适用统一的负债比例上限。每只开放式公募产品的总资产不得超过该产品净资产的140%，每只封闭式公募产品、每只私募产品的总资产不得超过该产品净资产的200%。计算单只产品的总资产时应当按照穿透原则合并计算所投资资产管理产品的总资产。

金融机构不得以受托管理的资产管理产品份额进行质押融资，放大杠杆。

二十一、公募产品和开放式私募产品不得进行份额分级。

分级私募产品的总资产不得超过该产品净资产的140%。分级私募产品应当根据所投资资产的风险程度设定分级比例（优先级份额/劣后级份额，中间级份额计入优先级份额）。固定收益类产品的分级比例不得超过3∶1，权益类产品的分级比例不得超过1∶1，商品及金融衍生品类产品、混合类产品的分级比例不得超过2∶1。发行分级资产管理产品的金融机构应当对该资产管理产品进行自主管理，不得转委托给劣后级投资者。

分级资产管理产品不得直接或者间接对优先级份额认购者提供保本保收益安排。

本条所称分级资产管理产品是指存在一级份额以上的份额为其他级份额提供一定的风险补偿，收益分配不按份额比例计算，由资产管理合同另行约定的产品。

二十二、金融机构不得为其他金融机构的资产管理产品提供规避投资范围、杠杆约束等监管要求的通道服务。

资产管理产品可以再投资一层资产管理产品，但所投资的资产管理产品不得再投资公募证券投资基金以外的资产管理产品。

金融机构将资产管理产品投资于其他机构发行的资产管理产品，从而将本机构的资产管理产品资金委托给其他机构进行投资的，该受托机构应当为具有专业投资能力和资质的受金融监督管理部门监管的机构。公募资产管理产品的受托机构应当为金融机构，私募资产管理产品的受托机构可以为私募基金管理人。受托机构应当切实履行主动管理职责，不得进行转委托，不得再投资公募证券投资基金以外的资产管理产品。委托机构应当对受托机构开展尽职调查，实行名单制管理，明确规定受托机构的准入标准和程序、责任和义务、存续期管理、利益冲突防范机制、信息披露义务以及退出机制。委托机构不得因委托其他机构投资而免除自身应当承担的责任。

金融机构可以聘请具有专业资质的受金融监督管理部门监管的机构作为投资顾问。投资顾问提供投资建议指导委托机构操作。

金融监督管理部门和国家有关部门应当对各类金融机构开展资产管理业务实行平等准入、给予公平待遇。资产管理产品应当在账户开立、产权登记、法律诉讼等方面享有平等的地位。金融监督管理部门基于风险防控考虑，确实需要对其他行业金融机构发行的资产管理产品采取限制措施的，应当充分征求相关部门意见并达成一致。

二十三、运用人工智能技术开展投资顾问业务应当取得投资顾问资质，非金融机构不得借助智能投资顾问超范围经营或者变相开展资产管理业务。

金融机构运用人工智能技术开展资产管理业务应当严格遵守本意见有关投资者适当性、投资范围、信息披露、风险隔离等一般性规定，不得借助人工智能业务夸大宣传资产管理产品或者误导投资者。金融机构应当向金融监督管理部门报备人工智能模型的主要参数以及资产配置的主要逻辑，为投资者单独设立智能管理账户，充分提示人工智能算法的固有缺陷和使用风险，明晰交易流程，强化留痕管理，严格监控智能管理账户的交易头寸、风险限额、交易种类、价格权限等。金融机构因违法违规或者管理不当造成投资者损失的，应当依法承担损害赔偿责任。

金融机构应当根据不同产品投资策略研发对应的人工智能算法或者程序化交易，避免算法同质化加剧投资行为的顺周期性，并针对由此可能引发的市场波动风险制定应对预案。因算法同质化、编程设计错误、对数据利用深度不够等人工智能算法模型缺陷或者系统异常，导致羊群效应、影响金融市场稳定运行的，金融机构应当及时采取人工干预措施，强制调整或者终止人工智能业务。

二十四、金融机构不得以资产管理产品的资金与关联方进行不正当交易、利益输送、内幕交易和操纵市场，包括但不限于投资于关联方虚假项目、与关联方共同收购上市公司、向本机构注资等。

金融机构的资产管理产品投资本机构、托管机构及其控股股东、实际控制人或者与其有其他重大利害关系的公司发行或者承销的证券，或者从事其他重大关联交易的，应当建立健全内部审批机制和评估机制，并向投资者充分披露信息。

二十五、建立资产管理产品统一报告制度。中国人民银行负责统筹资产管理产品的数据编码和综合统计工作，会同金融监督管理部门拟定资产管理产品统计制度，建立资产管理产品信息系统，规范和统一产品标准、信息分类、代码、数据格式，逐只产品统计基本信息、募集信息、资产负债信息和终止信息。中国人民银行和金融监督管理部门加强资产管理产品的统计信息共享。金融机构应当将含债权投资的资产管理产品信息报送至金融信用信息基础数据库。

金融机构于每只资产管理产品成立后 5 个工作日内，向中国人民银行和金融监督管理部门同时报送产品基本信息和起始募集信息；于每月 10 日前报送存续期募集信息、资产负债信息，于产品终止后 5 个工作日内报送终止信息。

中央国债登记结算有限责任公司、中国证券登记结算有限公司、银行间市场清算所股份有限公司、上海票据交易所股份有限公司、上海黄金交易所、上海保险交易所股份有限公司、中保保险资产登记交易系统有限公司于每月 10 日前向中国人民银行和金融监督管理部门同时报送资产管理产品持有其登记托管的金融工具的信息。

在资产管理产品信息系统正式运行前，中国人民银行会同金融监督管理部门依据统计制度拟定统一的过渡期数据报送模板；各金融监督管理部门对本行业金融机构发行的资产管理产品，于每月 10 日前按照数据报送模板向中国人民银行提供数据，及时沟通跨行业、跨市场的重大风险信息和事项。

中国人民银行对金融机构资产管理产品统计工作进行监督检查。资产管理产品统计的具体制度由中国人民银行会同相关部门另行制定。

二十六、中国人民银行负责对资产管理业务实施宏观审慎管理，会同金融监督管理部门制定资产管理业务的标准规制。金融监督管理部门实施资产管理业务的市场准入和日常监管，加强投资者保护，依照本意见会同中国人民银行制定出台各自监管领域的实施细则。

本意见正式实施后，中国人民银行会同金融监督管理部门建立工作机制，持续监测资产管理业务的发展和风险状况，定期评估标准规制的有效性和市场影响，及时修订完善，推动资产管理行业持续健康发展。

二十七、对资产管理业务实施监管遵循以下原则：

（一）机构监管与功能监管相结合，按照产品类型而不是机构类型实施功能监管，同一类型的资产管理产品适用同一监管标准，减少监管真空和套利。

（二）实行穿透式监管，对于多层嵌套资产管理产品，向上识别产品的最终投资者，向下识别产品的底层资产（公募证券投资基金除外）。

（三）强化宏观审慎管理，建立资产管理业务的宏观审慎政策框架，完善政策工具，从宏观、逆周期、跨市场的角度加强监测、评估和调节。

（四）实现实时监管，对资产管理产品的发行销售、投资、兑付等各环节进行全面动态监管，建立综合统计制度。

二十八、金融监督管理部门应当根据本意见规定，对违规行为制定和完善处罚规则，依法实施处罚，并确保处罚标准一致。资产管理业务违反宏观审慎管理要求的，由中国人民银行按照法律法规实施处罚。

二十九、本意见实施后，金融监督管理部门在本意见框架内研究制定配套细则，配套细则之间应当相互衔接，避免产生新的监管套利和不公平竞争。按照“新老划断”原则设置过渡期，确保平稳过渡。过渡期为本意见发布之日起至2020年底，对提前完成整改的机构，给予适当监管激励。过渡期内，金融机构发行新产品应当符合本意见的规定；为接续存量产品所投资的未到期资产，维持必要的流动性和市场稳定，金融机构可以发行老产品对接，但应当严格控制在存量产品整体规模内，并有序压缩递减，防止过渡期结束时出现断崖效应。金融机构应当制定过渡期内的资产管理业务整改计划，明确时间进度安排，并报送相关金融监督管理部门，由其认可并监督实施，同时报备中国人民银行。过渡期结束后，金融机构的资产管理产品按照本意见进行全面规范（因子公司尚未成立而达不到第三方独立托管要求的情形除外），金融机构不得再发行或存续违反本意见规定的资产管理产品。

三十、资产管理业务作为金融业务，属于特许经营行业，必须纳入金融监管。非金融机构不得发行、销售资产管理产品，国家另有规定的除外。

非金融机构违反上述规定，为扩大投资者范围、降低投资门槛，利用互联网平台等公开宣传、分拆销售具有投资门槛的投资标的、过度强调增信措施掩盖产品风险、设立产品二级交易市场等行为，按照国家规定进行规范清理，构成非法集资、非法吸收公众存款、非法发行证券的，依法追究法律责任。非金融机构违法违规开展资产管理业务的，依法予以处罚；同时承诺或进行刚性兑付的，依法从重处罚。

三十一、本意见自发布之日起施行。

本意见所称“金融管理部门”是指中国人民银行、国务院银行保险监督管理机构、国务院证券监督管理机构和国家外汇管理局。“发行”是指通过公开或者非公开方式向资产管理产品的投资者发出认购邀约，进行资金募集的活动。“销售”是指向投资者宣传推介资产管理产品，办理产品申购、赎回的活动。“代理销售”是指接受合作机构的委托，在本机构渠道向投资者宣传推介、销售合作机构依法发行的资产管理产品的活动。

后 记

伴随着中国经济发展增速放缓，金融体制改革也进入深水区，金融监管政策变化更为频繁。尤其在互联网金融领域的转型之初，我国金融市场迅速发展的同时也不可避免地暴露了各种各样金融风险。非法集资、欺诈销售、高利贷等金融乱象频繁发生，导致金融消费者合法权益遭受严重侵害，一定程度上动摇了公众对整个金融市场的信心。从现金贷的野蛮生长到互金平台的大量旁氏骗局，从易租宝的悄然兴起到 P2P 平台的集体爆雷，无数的教训不仅导致金融市场短暂萧条和萎缩，更重要的是危害机构和个体金融消费者的合法权益，危及到我国整个互联网金融存在的基础。

这一方面说明当前我国金融市场发展还有许多不完善地方，另一方面也为我们提供了不少金融市场风险典型案例，有助于我们反观金融市场的不足，有针对性地加以改善。而一个成熟发达的金融市场，恰恰是需要我们不断总结的，并把这种用惨痛教训换来的经验成为中国互联网金融市场发展不可或缺的重要推动力。

《爆雷的逻辑：金融市场风险防范与案例剖析》就是这样一本总结我国金融市场经验和教训的书籍。本书由天津金融资产交易所（以下简称天金所）和天津金融资产登记结算公司（以下简称天金登）编写。作为地方金融资产交易场所行业中的头部企业，天金所拥有一批深耕金融行业的专业人士，他们选取了近年来国内传统金融行业、新兴互联网金融行业以及国际金融市场中较为典型且具有高发性的风险事件，并结合自己的金融知识储备，从不同的法律角度进行了深入剖析，以给读者奉献一场精神盛宴。

本书的出版得到了许多领导、同事和业界朋友的关心和支持。王新清先生为本书作序。来自互联网金融界、法律界以及学术界的朋友们从不同角度对本书进行了评价。今天，我们要特别感谢的是，天金所及天金登参与编写本书的全体同事们，利用工作之余，放弃了休闲时间，凭着对法律的一份尊敬，凭着对金融的一份热爱，在长达 3 年的时间里，广泛收集和整理中外金融案例，最后加工成册。天金所首席经济学家顾雷博士、首席风险官郑杰女士对全部案例进行了多次修改，为本书的编撰工作倾注了大量心血。

本书最后得以出版，还要感谢中国法制出版社的大力支持和帮助。王林林编辑多次深入天津金融资产交易所，实地指导编写小组案例汇编工作，经常为编辑案例工作到深夜。在此，我们表示最诚挚的谢意。

当然，本书肯定还存在诸多不足之处。由于本书的案例评析及总结均是基于风险事件发生当时的背景，而互联网金融市场发展突飞猛进，书中有些案例不免具有了阶段性特点。另外，由于时间仓促和水平有限，本书如有疏漏或不当之处，欢迎各位业内同仁和广大读者批评指正。

本书编写组

图书在版编目（CIP）数据

爆雷的逻辑：金融市场风险防范与案例剖析 / 天津金融资产交易所编著 .
—北京：中国法制出版社，2019.8
ISBN 978-7-5216-0458-0

Ⅰ . ①爆… Ⅱ . ①天… Ⅲ . ①金融市场—风险分析②金融市场—风险管理 Ⅳ . ① F830.9

中国版本图书馆 CIP 数据核字（2019）第 180429 号

责任编辑：王林林　　封面设计：郑子艳　李　静

爆雷的逻辑：金融市场风险防范与案例剖析

BAOLEI DE LUOJI: JINRONG SHICHANG FENGXIAN FANGFAN YU ANLI POUXI

著者 / 天津金融资产交易所

经销 / 新华书店

印刷 / 三河市国英印务有限公司

开本 / 710 毫米 ×1000 毫米　16 开　　印张 / 25.25　字数 / 384 千

版次 / 2019 年 8 月第 1 版　　2019 年 8 月第 1 次印刷

中国法制出版社出版

书号 ISBN 978-7-5216-0458-0　　定价：76.00 元

北京西单横二条 2 号　邮政编码 100031　　传真：010-66031119

网址：http://www.zgfzs.com　　**编辑部电话：010-66067369**

市场营销部电话：010-66033393　　**邮购部电话：010-66033288**

（如有印装质量问题，请与本社印务部联系调换。电话：010-66032926）